Ueli Mäder | Ganga Jey Aratnam | Sarah Schilliger

Wie Reiche denken und lenken

Ueli Mäder
Ganga Jey Aratnam
Sarah Schilliger

Wie Reiche denken und lenken

Reichtum in der Schweiz: Geschichte, Fakten, Gespräche

Rotpunktverlag

Der Verlag dankt der Pro Helvetia,
Schweizer Kulturstiftung, und
dem Swisslos-Fonds Basel-Stadt
für die finanzielle Unterstützung.

prohelvetia

SWISSLOS-Fonds
Basel-Stadt

MIX
Papier aus verantwortungsvollen Quellen
FSC® C083411
FSC
www.fsc.org

www.rotpunktverlag.ch
www.reichtum-in-der-schweiz.ch

Vorlektorat: Simon Mugier
Lektorat: Jens Steiner
Umschlagbild: Raphael Anklin
Satz und Grafiken: Patrizia Grab
Druck und Bindung: CPI – Clausen & Bosse,
Leck, www.cpi.de

ISBN 978-3-85869-428-7
2., leicht aktualisierte Auflage 2010

Inhalt

1 Reichtum verstehen

»Ihr könnt mit so einer Studie die Reichen nie verstehen«, sagte uns eine reiche Frau. Denn: »Wer selbst gesund ist, kann sich nicht in eine andere Person einfühlen, die mit einer Krebsdiagnose leben muss.« Das stimmt wohl. Trotzdem versuchen wir, uns der Welt der Reichen weiter anzunähern. Wir tun dies über viele Umwege und berichten hier, wie der Reichtum entstanden und verteilt ist, wie Medien über Reiche berichten, wie Reiche sich und ihren Einfluss wahrnehmen, wie sich Reichtum erneuert und wie sozial verträglich er sein kann.

Wir knüpfen mit unserer Studie an unsere frühere Untersuchung über den Reichtum in der Schweiz (Mäder/Streuli 2002) an. Wir richten unseren Blick auf soziale Gegensätze, den gesellschaftlichen Wandel, auf die Selbst- und Fremdwahrnehmung von Reichen. Wir werten statistische Daten und Medienbeiträge aus, besuchen »reiche Orte«, porträtieren Reiche und reflektieren unsere Gespräche mit ihnen und weiteren Fachleuten. Dabei interessiert, wie Reiche denken und lenken, wie sie auf die Finanz- und Wirtschaftskrise reagieren und wie sie sich in den von ihnen autorisierten Interviews selber darstellen.

Reich sind für uns zunächst alle, die von den Erlösen ihrer Vermögen gut leben können. Reiche selbst betrachten rund 30 Millionen Franken als untere Reichtumsgrenze. Wer über 100 Millionen Franken (oder mehr) verfügt, gehört laut dem Wirtschaftsmagazin *Bilanz* zu den Superreichen. Wir konzentrieren uns auch in dieser Arbeit auf sie, beziehen aber weitere Reiche ebenfalls ein.

Die Schweiz ist ein kleines Land. Sie befindet sich flächenmäßig auf dem 140. Platz der Weltrangliste. In der Schweiz lebt ein Promille der Weltbevölkerung. Dieses Promille verfügt über ein Prozent des gesamten Sozialproduktes. Bei den Exporten liegt die Schweiz auf dem 20. Platz der Weltrangliste, bei den Importen auf dem 19. Platz. (Levy 2009) Bei den Finanzgeschäften ist die Schweiz ein Imperium. Sie nimmt bei den direkten Investitionen im Ausland mit 632 Milliarden Franken den vierten Platz ein. Diese starke Position geht historisch unter anderem auf den geringen Zentralismus und die bescheidenen Abgaben an den Feudaladel zurück. So flossen mehr Mittel in die frühe Industrialisierung. Hinzu kam die protestantische Ethik. Sie verlangte Sparsamkeit, Fleiß und viel Kinderarbeit. Die fehlenden Bodenschätze erhöhten den Innovationsdruck. Indirekt beteiligte sich die Schweiz auch am Kolonialismus. Wir gehen im geschichtlichen Teil dieses Buchs darauf ein und erinnern zudem an das Blutgeld, das die Schweiz mit dem Söldnerwesen verdiente.

Die Schweiz ist ein reiches Land. Sie hat 7,5 Millionen Einwohnerinnen und Einwohner. Von ihnen verfügt jede vierzigste Person über mehr als 1,2 Millionen Schweizer Franken (Capgemini und Merrill Lynch 2009). 3 Prozent der privaten Steuerpflichtigen haben gleich viel Nettovermögen wie die restlichen 97 Prozent. 68 Prozent haben weniger als 100 000 Franken Nettovermögen. Zusammen besitzen sie 6 Prozent aller Vermögen. Die Vermögen der 300 Reichsten stiegen laut *Bilanz* (4.12.2009) in zwanzig Jahren von 86 Milliarden Franken (1989) auf 449 Milliarden (2009). Im Jahr zuvor (2008) betrugen sie 459 Milliarden Franken. In der Schweiz befindet sich zudem überdurchschnittlich viel Geld von Reichen aus der ganzen Welt: Mit einem Marktanteil von 27 Prozent und einem verwalteten Vermögen von rund 2100 Milliarden Dollar ist die Schweiz der größte Offshore-Finanzplatz der Welt (Boston Consulting Group 2010). Wir werten hier vorhandene Statistiken aus und nehmen eigene Berechnungen vor.

Wir suchen auch Stätten von Reichen auf. Schließlich wohnt jede zehnte Person der Welt, die eine Milliarde Franken oder mehr besitzt, in der Schweiz. Dabei interessiert, wo und wie diese Personen leben – »zentral abgelegen«, abgeschottet, integriert? Ethnografische Zugänge vermitteln einzelne Hinweise.

Die Hälfte der 300 Reichsten ist in der Schweiz durch Erbschaften reich geworden. Familien geben viel Reichtum intern weiter (Schilliger 2007). Das Erbrecht unterstützt sie dabei. Zehn Prozent der Erben erhalten etwa drei Viertel der Erbschaften (Stutz et al. 2007). Von den rund 40 Milliarden Franken, die im Jahr 2009 vererbt wurden, erhielten Millionäre über die Hälfte (Kissling 2008). Die Börse hilft vielen Wohlhabenden, ihre Vermögen auch in schlechten Jahren zu vermehren, wenn die Sparbücher der einfachen Leute stagnieren. Und viele Medien konzentrieren sich in ihren Berichten auf die Privilegierten. Wir berichten hier, wie sie das tun.

Die Kluft zwischen oben und unten verschärft sich seit den 1990er-Jahren vor allem bei den Vermögen, aber auch bei den verfügbaren Einkommen. Dabei interessiert, was passiert, wenn das so weitergeht. Einzelne Reiche befürchten, dass die zunehmende Ungleichheit den sozialen Zusammenhalt gefährdet. Wir informieren, wie Reiche aktuelle gesellschaftliche Veränderungen und ihren eigenen Einfluss reflektieren. Wir nähern uns so einer Welt an, die schwierig zu verstehen ist. Sie ist vielfältig, nahe und entrückt. Auch irritierend. Zum Beispiel, wenn bei der Einweihung des Basler Schaulagers die Financiers mit dem Tram kommen und sehen, wie ein hoch bezahlter Angestellter von ihnen mit der schwarzen Limousine vorfährt.

Unser Vorgehen besteht im Wesentlichen aus sechs Schritten: erstens aus einer geschichtlichen Betrachtung, zweitens aus sekundärstatistischen Analysen und eigenen Berechnungen, drittens aus ethnografischen Annäherungen, viertens aus einer Sichtung von Dokumenten und Medienberichten, die vor allem im Jahr 2009 erschienen sind, fünftens aus zahlreichen Interviews mit Reichen und weiteren Fachleuten und sechstens aus einer Debatte über Perspektiven der Umverteilung, bei der wir auch die Steuerfrage einbeziehen. Wir versuchen so, dem Reichtum etwas auf die Spur zu kommen.

Dies im Sinne einer Annäherung, die noch weiter andauert. Das vorliegende Buch ist ein Zwischenbericht für ein breites Publikum. Unsere methodischen Zugänge erläutern wir in den einzelnen Kapiteln näher. Sie entsprechen unserer Fragestellung und unserem Forschungsinteresse. Wir wollen mehr darüber erfahren, wie Reiche denken und lenken.

Bei den statistischen Angaben bereiten wir den aktuellen Stand auf. Wir reflektieren dabei unterschiedliche Quellen und ergänzen sie durch eigene Auswertungen und Berechnungen, die vor allem Ganga Jey Aratnam angestellt hat. Erhebliche Unterschiede ergeben sich beispielsweise, ob wir von den nominellen oder von den verfügbaren Einkommen ausgehen. Steuerdaten sind wertvolle Daten. Sie stellen eine Vollerhebung dar und repräsentieren die Reichen besser (als Paneldaten). Gleichwohl ergeben auch die Steuerdaten kein komplettes Bild des Reichtums. Auch weil sie die Immobilien nicht zum Marktwert erfassen. Zudem wegen der Steuervermeidung und der Steuerhinterziehung, die mit steigendem Wohlstand zunimmt. Deshalb ist es wichtig, Fachleute und Vertrauenspersonen aus internationalen Organisationen der Vermögensverwaltung einzubeziehen, die uns auch auf »andere« Wahrheiten hinweisen.

Bei den ethnografischen Zugängen führen wir frühere Studien von Sarah Schilliger fort. Sie begab sich selbst ins Feld und erlebte so altbekannte Stätten neu. Wir konnten hier auch von den Arbeiten von Studierenden profitieren, die ebenfalls ausgewählte Orte teilnehmend beobachteten, beispielsweise als »Kindermädchen« oder Hausangestellte in reichen Familien, als Praktikantin in der Finanzberatung oder als Gärtner in Villen und exklusiven Golfklubs.

Bei der Sichtung der Medien interessiert, wie vor allem Zeitungen und Zeitschriften den Reichtum thematisieren und über Reiche berichten. Zum einen entnehmen wir den ausgewählten Berichten inhaltliche Fakten. Sie zeigen, wie ergiebig diese aktuellen Quellen sind. Zum anderen achten wir darauf, wie einzelne Diskurse geführt werden.

Bei den zahlreichen Interviews, die Ueli Mäder geführt hat, beziehen wir zunächst mehrere Reiche ein, die wir schon vor zehn Jahren befragten. Sie vermitteln uns einen Einblick in veränderte Lebenslagen und Einstellungen. Hinzu kommen dreißig weitere Gepräche mit reichen Personen. Wir berücksichtigen dabei vier Gruppen: erstens »alte Reiche« aristokratischer respektive patrizischer Herkunft, zweitens »industrielle Reiche«, drittens »Nachkriegsreiche« und viertens »neue Reiche«. Diese Typologie ist weiter zu differenzieren. Wir stützen uns bei diesem Versuch auf zusätzliche Interviews, die wir nach dem Schneeballprinzip auswählten. So führten wir über hundert Interviews mit Reichen, Hausangestellten und weiteren Fachleuten. Einzelne von ihnen kommen im vorliegenden Bericht ausführlich zu Wort. Die Auswahl konzentriert sich vor allem auf die Deutschschweiz. Wir beanspruchen damit keineswegs, den Reichtum in all seinen Facetten abzubilden. Wir versuchen vielmehr, wichtige Aspekte zu ergründen und im Kontext der sozialen Ungleichheit zu diskutieren. Bei den Interviews interessierte uns immer auch die Frage, ob die Finanzkrise zu einem Umdenken führt, was nur wenige der Befragten annehmen. Dass wir bei unseren Anfragen fast durchwegs auf offene Türen stießen, freut uns. Das sagt auch etwas über die Kultur von Reichen in der Schweiz aus. Von über hundert Anfragen wurden eine Anfrage nicht und eine abschlägig beantwortet. Alle anderen Personen willigten ein, sich interviewen zu lassen. Wir haben in diesen Gesprächen viel Eindrückliches erfahren. Einzelne Gespräche dürfen wir nur als Hintergrundinformation verwenden. Wir danken allen, die uns bei unserer Arbeit unterstützt und uns einen Einblick in ihre Lebenswelt und in ihr Denken vermittelt haben. Unser Dank gilt zuerst den beiden wissenschaftlichen Mitarbeitenden, den Soziologen Raphael Anklin und Simon Mugier. Sie haben viel recherchiert und alle Texte lektoriert, zusammen mit der Politikwissenschaftlerin Barbara Gysel. Wir danken auch der Sekretärin Victoria Jäggi und den Soziologinnen Eveline Huber, Barbara Loop und Isa Käslin. Sie haben alle Interviews transkribiert und teilweise mit uns interpretiert. Ein besonderer Dank gilt auch dem Rotpunktverlag für seine wertvolle Unterstützung, insbesondere dem Lektor Jens Steiner. Die vorliegende Publikation ist ein stark gekürzter und popularisierter Zwischenbericht über unsere Recherchen im Feld der Reichen. Wir führen unsere Arbeit fort, unter anderem auf der Website www.reichtum-in-der-schweiz.ch. Dort finden sich auch weitere Statistiken und Informationen. Wir freuen uns auf Reaktionen und weiterführende Hinweise.

2 Reichtum hat eine Geschichte

2.1 Reiche einst und jetzt: Boden und Kapital

Die Schweiz ist bisher von der internationalen Immobilienkrise, die in den letzten Jahren viele Hausbesitzende und Banken (fast) in den Ruin getrieben hat, verschont geblieben. Ein Unternehmen, das vom anhaltenden Schweizer Immobilienboom profitiert, ist das Bauunternehmen ArcelorMittal Construction Suisse SA mit Sitz im aargauischen Kirchdorf. Die Firma gehört zum transnationalen ArcelorMittal-Konzern, dem größten Stahlproduzenten der Welt. Den Grundstein des Konzerns legte der indische Unternehmer Lakshmi N. Mittal 1989 mit seiner Mittal Steel Company. Lakshmi Mittal lebt heute in London. Er ist mit seinem Privatvermögen von 28,7 Milliarden US-Dollar (2010) gemäß dem Wirtschaftsmagazin *Forbes* der reichste Einwohner Großbritanniens sowie der fünftreichste Mensch der Welt. (*Forbes*, 10.3.2010)

Aus einer historischen Perspektive hält jedoch ein anderer den Reichenrekord auf den britischen Inseln: der Bretone Alan Rufus, ein adliger Militär und Großgrundbesitzer aus dem 11. Jahrhundert. Er war Weggefährte von Wilhelm dem Eroberer, der als Normannenherzog England unter seine Kontrolle brachte und als König Wilhelm I. in die Geschichte einging. Alan Rufus soll sich durch besondere Kriegslust sowie durch einen ausgeprägten Expansionsdrang ausgezeichnet haben. Dies und seine Loyalität zu Wilhelm machten ihn zu einem der größten Landbesitzer des von den Normannen unterworfenen England. Krieg und gewaltsame Aneignung von Gütern und Land – ursprünglichste Formen der Kapitalakkumulation – spielten die entscheidende Rolle. Dabei ist Land in vormoderner Zeit weniger Spekulationsobjekt als Quelle von Einkünften: Die Bauern hatten Pachtzinsen und Feudalabgaben – etwa den Zehnt auf die Ernteerträge – zu entrichten. Anhand zeitgenössischer Quellen hat man Rufus' Einkünfte aus seinen Ländereien auf jährlich 1100 damalige Pfund geschätzt. Bei seinem Tod im Jahr 1093 soll er etwa 11 000 Pfund besessen haben. Das entspricht über 7,3 Prozent des damaligen englischen Bruttoinlandsprodukts, das Historiker auf 150 000 Pfund schätzen. Heute entspräche Rufus' Reichtum über 81 Milliarden aktuelle Pfund. Er wäre mehr als dreieinhalbmal so reich wie Lakshmi Mittal (22,4 Milliarden Pfund)[1]. (Beresford und Rubinstein 2007/*The Sunday Times,* 25.4.2010)

Dieser Vergleich interessiert uns auch, weil er die historische Entwicklung der Vermögensvermehrung vom Faktor Boden zu den beiden Faktoren Arbeit und Kapital zeigt. Lakshmi Mittals Vermögen speist sich aus dem Gewinn aus der Stahlproduktion sowie aus spekulativen Finanzgeschäften. Zwei Relativierungen: Erstens ist der Vergleich in methodischer Hinsicht gewagt. Alte Währungen und makroökonomische Größen können über Jahrhunderte weg nur sehr approximativ berechnet werden. Zweitens kann man zwar zugeben, dass die Einkommensspanne zu Rufus' Zeiten viel extremer war als heute. Der alte Adel ist mittlerweile entmachtet. Die Unterschiede wurden kleiner, als die Mehrheit der Bevölkerung nicht mehr einem bäuerlichen Erwerb nachging (vgl. Kuznets 1955). Weiter sorgten breitere Verteilung von Landbesitz, Produktivitätsfortschritte, Lohnsteigerungen, moderne Steuern und Sozialstaat für einen Ausgleich. Das entspricht auch dem aufklärerischen Anspruch nach bürgerlicher Gleichheit und sozialen Rechten (Marshall 1992). Der wirtschaftliche Boom nach dem Zweiten Weltkrieg steigerte die Einkommen erheblich und verbreiterte den Wohlstand in den meisten Industrieländern, auch wegen sozialpartnerschaftlicher Arrangements und staatlichen Umverteilungsmaßnahmen. In den späten 1970er-Jahren setzte jedoch eine Trendwende ein. Die Ungleichheit der Wohlstandsverteilung hat wieder zugenommen. Allerdings nicht, weil die Menschen ärmer werden, sondern weil die Reichen reicher wurden und werden. (Atkinson 2008/OECD 2008/Peters 2010)

Das gilt auch für die Schweiz: IKEA-Gründer Ingvar Kamprad, der in Lausanne residiert, verfügt laut *Forbes* über ein Vermögen von 23 Milliarden US-Dollar. Das Schweizer Wirtschaftsmagazin *Bilanz* schätzte Kamprads Vermögen 2009 gar auf 35,5 Milliarden Franken. (*Bilanz,* 4.12.2009/*Forbes,* 10.3.2010) Die Diskrepanz zwischen den beiden Zahlen zeigt, dass es verschiedene Annäherungsweisen braucht, um dem Reichtum als offenkundiger, aber versteckter Realität auf die Spur zu kommen. Wie wurde man einst reich? Welche Kontinuitäten bestehen zwischen den früheren und den heutigen Reichen und was hat sich seither verändert? Auf diese Fragen suchen die folgenden Abschnitte Antworten.

2.2 Das »tückische Gesetz der kleinen Zahl«

An der Spitze der Gesellschaft steht eine kleine Handvoll Privilegierter. Ihnen fallen die Macht, der Reichtum und ein Großteil der Produktionsüberschüsse zu. Der französische Historiker Fernand Braudel stellte eine Beharrlichkeit der sozialen Ungleichheit in Westeuropa vom 15. bis zum 18. Jahrhundert fest (1985). Der Aufstieg neuer Familien oder Gruppen ist in dieser Zeit selten und entwickelt sich oft über mehrere Generationen. Ob noch im feudalen Adelssystem oder schon zu Zeiten des aufstrebenden Bürgertums: Die Zugangswege zu Macht und Besitz sind schmal. Auf das »tückische Gesetz der kleinen Zahl« (Braudel 1985:516) stoßen wir auch noch zwischen dem 18. und dem 20. Jahrhundert. In den 1730er-Jahren stellte der französische Ökonom Jean-François Melon fest, dass unter zwanzig Millionen Menschen in Frankreich der Luxus auf gerade einmal eintausend Personen beschränkt war. (Braudel 1985:515) Gut hundert Jahre später, 1848, kam der Historiker und Politiker Adolphe Thiers zum Schluss, dass in Frankreich »höchstens zwei- bis dreihundert« Familien Reichtum im Überfluss besaßen (Thiers 1849: 57). Und auch 1936 konnte die linke französische Volksfront-Allianz noch feststellen, dass das ganze Land von etwa 200 Familien abhing (Braudel 1985: 515).

Doch nicht nur in Frankreich bildeten die wirklich Reichen und Mächtigen eine denkbar kleine Gruppe. Auch in Norditaliens Stadtstaaten oder in Städten wie Nürnberg oder London konzentrierten sich Reichtum und politische Macht bei wenigen Hundert. Wohin man auch blickt: Die Reichen und Mächtigen Europas machten meist nur gerade etwa ein bis zwei Prozent der Bevölkerung aus. (Mieck 1993: 189) Bisweilen begegnen wir auch Familien, die sich von Gott für eine besondere Rolle *auserwählt* fühlten (lateinisch *electus*, was direkt zum Begriff der *Elite* führt): die Adligen. Sie hoben sich vom Rest der Bevölkerung durch ihren Reichtum, ihren Lebensstil und ihr Herrschaftsmonopol ab.

2.3 Vorrechte durch Geburt und Erbschaft

Der Adel hatte in Europa bis zur Neuzeit die militärische, politische und ökonomische Führungsrolle inne. Er war verwandtschaftlich eng verflochten mit dem Kader des ersten Standes, der Geistlichkeit. Auch Erzbischöfe und Äbte regierten wie weltliche Fürsten und verfügten über enorme Besitztümer. Die Standeszugehörigkeit war durch die Abstammung definiert. Im 16., 17. und 18. Jahrhundert gehörten nur gerade 1 bis 2 Prozent der europäischen Bevölkerung zum Adel; 20 Prozent gehörten zur Stadtbevölkerung (teilweise mit Stadtbürgerrechten), die restlichen 78 Prozent waren (bäuerliche) Landbewohnerinnen und -bewohner. (Mieck 1993: 185)

Auf dem Gebiet der heutigen Schweiz blieb der Geburtsadel zahlenmäßig beschränkt. Er wurde durch gewisse ökonomische und politische Eigenheiten der Alten Eidgenossenschaft im Zaum gehalten. (Sablonier 1979/2008) Manche adlige Familien, die Wurzeln in der heutigen Schweiz hatten, entfalteten Macht und Reichtum andernorts, wie zum Beispiel die Dynastie der Habsburger. Die Königs- und Kaiserfamilie besetzte in Europa noch bis zum frühen 20. Jahrhundert zentrale Machtstellen und Besitztümer.

Trotzdem entstand in einigen Schweizer Städten ein Patriziat – eine Oberschicht aus alteingesessenen Familien, die Macht und Geld monopolisierten. Sie brachten bürgerliche mit adligen Werten zusammen und entwickelten mit der Zeit ein adliges Selbstverständnis. Das Patriziat erlebte seinen Aufstieg zwischen dem 16. und dem 18. Jahrhundert in Städten wie Bern und Luzern. Der Militärdienst im Sold der Herrscher Frankreichs, Spaniens und der italienischen Fürstentümer spielte eine wichtige Rolle (Bergier 1990). Manche patrizische Familie verdiente an den Vermittlungsgebühren und Erfolgsbeteiligungen bei den Bauern- und Handwerkersöhnen, die für die europäischen Herrscher in die Schlacht zogen. Das galt auch für die »Bauernaristokratie« in den Innerschweizer Kantonen. Rund ums Schwyzer Rathaus lässt sich noch heute der Reichtum, den der Solddienst den herrschenden Familien verschaffte, am Prunk der stattlichen Gebäude ersehen. Die Verwaltungs- und »Solddienstpatriziate« bildeten geschlossene Gesellschaften mit Strukturen, die mit der Zeit verkrusteten. Das galt besonders auch für die Stadt Bern und ihre Untertanengebiete, die bis zum Ende des 18. Jahrhunderts von gerade einmal fünfzig Familien regiert wurden (Holenstein 2008/Rieder 2008).

Das Berner Patriziat zeichnete sich dadurch aus, dass seine Mitglieder das Stadtbürgerrecht besaßen, also *Burger* waren, und die politischen Ämter unter sich aufteilten. Zwar gab es auch nicht-patrizische Burger, aber sie kamen im 17. und im 18. Jahrhundert selten an die lukrativen Töpfe von Regierung und Verwaltung heran. Die Ämter waren zudem mit erklecklichen Einkünften verbunden. Die Kombination von Ämtern, Landbesitz und Söldnergeschäft bewirkte eine immense Fülle an Herrschaft und Vermögen. Die regierenden Patrizierfamilien wurden durch ihre Heiratspolitik – die Ehepartner stammten aus dem gleichen Milieu – zu eigentlichen Clans und leisteten sich einen Lebensstil nach dem Vorbild der französischen Aristokratie. Sie distinguierten sich durch Hausangestellte, Gesellschaftsanlässe, Klubs, Kleidungsstil, Essgewohnheiten und nicht zuletzt durch ihre Sprache, eine eigene Mischform aus Berndeutsch und

Französisch. Ihrem Familiennamen setzten viele ein adliges »von« voran. Die späteren demokratischen Verfassungen der Kantone und der Eidgenossenschaft anerkannten keine Adelstitel, beließen aber diese Namensformen. So gibt es noch heute die von Graffenrieds, de Purys, von Erlachs oder de Bumans. *(Historisches Lexikon der Schweiz* 2010/Rieder 2008)

In Basel revoltierten die städtischen Handwerker 1691 erfolgreich gegen die patrizische Vorherrschaft. Das führte zu einer Verlagerung der politischen Macht vom Kleinen auf den Großen Rat. Trotzdem regierten die alten Familien bis zum Einmarsch der napoleonischen Truppen im Jahr 1798 mehrheitlich weiter. Und die »patrizische Struktur« existierte auch noch am Ende des 19. Jahrhunderts. (Sarasin 1990) Dabei handelte es sich um eine großbürgerliche Oberschicht – den sogenannten »Daig«. Diese Familien hatten das Stadtbürgerrecht schon vor 1800 besessen, heirateten meistens unter sich und waren tendenziell reicher als der Rest der Basler Bevölkerung. Der Historiker Philipp Sarasin (1990) rechnet knapp drei Viertel der obersten Einkommensschicht von 1896 zum Basler Daig. Das waren etwa Angehörige der Familien Burckhardt, Iselin, Koechlin, La Roche, Merian, Sarasin, Staehelin, Vischer und manche andere, die sich als Seidenfabrikanten, Bankiers, Kaufleute, Ärzte, Professoren, Juristen, Berufsmilitärs und Ratsherren betätigten. Die Ehefrauen kümmerten sich um den repräsentativen Haushalt. Nach dem Tod des Gatten zu reichen Witwen geworden, erschienen sie oft auch als Stifterinnen für kulturelle und wohltätige Zwecke.

Auch in Bern waren großer Reichtum und »adlige« Herkunft noch lange gekoppelt: Um 1900, also nach den demokratischen Umwälzungen und der Gründung des modernen Bundesstaats, machten Mitglieder patrizischer Familien mehr als die Hälfte aller Stadtberner Millionärinnen und Millionäre aus. Zählt man auch die nicht adligen Personen mit »Burgerrecht« dazu, dann waren 84,6 Prozent der Millionäre der Stadt Bern burgerlicher Herkunft. (Tanner 1995: 129 f.)

Ähnlich verhielt es sich auch in Zürich: Um 1870 stammten 7 der insgesamt 12 Millionäre aus alten »aristokratischen« Zürcher Geschlechtern (wie Bodmer oder Escher). Die weiteren 5 Millionäre besaßen ebenfalls das Stadtzürcher Bürgerrecht und gehörten damit zur alten Herrschaftsschicht. Um 1905 stammte noch ein Drittel der 70 Stadtzürcher Millionäre aus den alten Geschlechtern. (Tanner 1995)

2.4 Reich durch Handel, Banken und Industrie

Doch brachten es auch Aufsteiger zu Rang und Vermögen, die nicht dem Adel angehörten. Mit einer Mischung aus Geschick und Glück, manchmal auch Skrupellosigkeit, wurde Vermögen angehäuft und anschließend geschickt verwaltet. Solche neue Eliten waren zum Beispiel die deutschen Fugger oder die italienischen Medici im 14. und 15. Jahrhundert, die (ursprünglich deutschen) Rothschilds im 18. Jahrhundert oder die deutsch-schweizerischen Bärs (Privatbank Julius Bär). (Braunberger und Lembke 2009) Faktoren, die zu ihrem Aufstieg und zu ihrer Machterhaltung führten, waren unter anderem die strategische Platzierung von Verwandten an einflussreichen Posten sowie die Verbindung von Handel, Finanzgeschäften und Politik. Das war auch der Fall bei den französischen Hugenotten sowie bei italienischen und Tessiner Protestanten. Sie flüchteten in reformierte Teile Deutschlands und der Schweiz, die den Glaubensgenossen wohlgesinnt waren. Ein- und Aufsteiger füllten durch spezielle Fertigkeiten oder gute überregionale Geschäftsverbindungen oft eine Lücke. Sie konnten sich für die weitere wirtschaftliche und politische Entwicklung unentbehrlich machen. Im transnationalen Handel, im damit verbundenen Finanzwesen und etwa in der Textil- und Uhrenproduktion kam ihnen eine besondere Bedeutung zu. Die alteingesessene Elite Zürichs, Basels oder Genfs kopierte ihre Erfolgsmuster und profitierte dadurch. Teilweise öffnete man den Aufsteigern auch die Türen zum Stadtbürgerrecht, zu den Zünften, zu politischem Einfluss und zum Heiratsmarkt der städtischen Oberschicht. Diese Prozesse bilden den Hintergrund von Erfolgsgeschichten, die mit Namen wie Sarasin (Basel), von Muralt oder von Orelli (Zürich) verbunden sind. (Bodmer 1946/Faigle-Verly 1998)

Die Industrialisierung hat dann die Klasse von Fabrikanten, Händlern und Bankiers sehr reich werden lassen. In den USA etwa verschob sich im Verlauf des 19. Jahrhunderts der Reichtum von Großgrund- und Plantagenbesitzern des Südens hin zu den Unternehmern, Industriellen und Bankern des Nordens. (Phillips 2003) Ein Beispiel in der Schweiz ist das Neuenburger Städtchen La Chaux-de-Fonds. Hier setzte sich die Oberschicht aus Industriellen, Bankiers und Kaufleuten rund um das Uhren- und Schmuckgewerbe zusammen. Sie waren vielfach miteinander verwandt und geschäftlich vernetzt. Alle 14 Personen, die um 1880 ein Vermögen von mindestens einer halben Million Franken besaßen, übten einen von diesen Berufen aus. (Donzé 2007: 29) Zur Oberschicht gehörten auch Witwen und ledige Töchter von verstorbenen reichen Männern sowie reiche Rentnerinnen und Rentner. Vor der Einführung einer allgemeinen Altersversicherung im Jahr 1947 konnten sich nur Wohlhabende ein anständiges Dasein als Rentner oder Rentnerin leisten. Eine reiche Rentnerin war etwa Adèle Vuille-Sandoz, die ein Vermögen von 1,4 Millionen Franken versteuerte. Gleich nach ihr taucht in der Vermögensstatistik der Uhrenfabrikant Louis Philippe Courvoisier mit einem Vermögen von 1,1 Millionen Franken auf. Einige dieser Familien perfektionierten das Instrument der strategischen Heirat zwecks Vernetzung und waren am Schluss mit der ganzen Oberschicht verbandelt.

Ein Teil der wirtschaftlichen Elite La Chaux-de-Fonds' war jüdischen Glaubens, in der Mehrheit Nachkommen eingewanderter Händler und Kaufleute aus dem Elsass. Ihren Aufstieg und ihre Wohlstandssicherung verdankten sie den gleichen Praktiken, wie sie die christlichen Reichen anwandten: investieren, produzieren, weltweit absetzen, strategisch heiraten und familiäre und geschäftliche Netzwerke unterhalten. Dabei blieb man allerdings nach Konfession unter sich – Mischheiraten und entsprechend die Weitergabe von Vermögen waren zwischen der christlichen und der jüdischen Elite unüblich. (ebd.)

Wie wichtig die Verflechtungen von Warenhandel, Finanzgeschäften und Politik waren, zeigt etwa das Beispiel des Luzerner

Großratsmitglieds Albert von Moos-Mazzola. Von Moos war Verwaltungsratspräsident der von-Moos'schen Eisenwerke, Bankier, Oberst und hatte vor seinem Amt im Luzerner Kantonsparlament auch als Stadtluzerner Finanzdirektor gewaltet. Dieser einflussreiche Unternehmer-Politiker gehörte 1890 zu den zirka 150 Luzerner Reichen, die von der Einführung der steuerlichen Progression betroffen gewesen wären. Entsprechend wehrte er sich zusammen mit anderen großbürgerlichen Parlamentariern und erreichte einen Kompromiss, indem die Progression lediglich auf die kantonale, aber nicht auf die wichtigere kommunale Vermögenssteuer erhoben wurde. (Brunner 1981: 85) Der bekannteste Bankier-Unternehmer-Politiker ist zweifellos Alfred Escher (1819–1883), der als Zürcher Regierungsrat, Nationalrat, Begründer der Schweizerischen Nordostbahn und der Gotthardbahn wie auch der Schweizerischen Kreditanstalt in die Geschichte eingegangen ist. (Jung 2006)

Fallbeispiel 1: Die Familien Wille und Schwarzenbach

Die Familien Wille und Schwarzenbach sind ein eindrückliches Beispiel für die Vernetzung zwischen Industrie, Politik und altem Patriziat im frühen 20. Jahrhundert. Deren berühmteste Exponenten sind Ulrich Wille (1848–1925), General der Schweizer Armee im Ersten Weltkrieg, seine Enkelin Annemarie Schwarzenbach (1908–1942), Journalistin, Fotografin und Schriftstellerin, und deren Cousin James Schwarzenbach (1911–1994), rechtspopulistischer Nationalrat und Kopf der Überfremdungsbewegung der 1960er- und 1970er-Jahre. Die Willes, ursprünglich Vuille aus Neuchâtel, änderten nach ihrer Auswanderung nach Deutschland den Namen. Ulrich Willes Eltern emigrierten nach der Niederschlagung der 1848er-Revolution in Deutschland in die Schweiz zurück. Ulrich heiratete Clara von Bismarck, eine Angehörige der einflussreichen deutschen Adels-, Militärs- und Politikerfamilie Bismarck. Tochter Renée Wille vermählte sich mit dem reichen Zürcher Textilindustriellen Alfred Schwarzenbach, damals der weltweit größte Seidenfabrikant und Besitzer eines ausgedehnten Landgutes bei Horgen. Er war während vieler Jahre

Verwaltungsrat bei der Schweizerischen Kreditanstalt (SKA) sowie beim Maschinen- und Elektrotechnikkonzern BBC und Oberst der Schweizer Armee. Die gemeinsame Tochter Annemarie, die als Linke und Antifaschistin andere politische Anschauungen hatte als ihre Eltern und Großeltern, konnte in den 1930er-Jahren dank des substanziellen Vermögens der Familie deutsche Emigranten wie das Künstler-Geschwisterpaar Klaus und Erika Mann finanziell unterstützen. Ihr Cousin James Schwarzenbach, der als Parteigänger der Nationalen Front ein erbitterter Gegner solcher deutscher Emigranten und ihrer künstlerisch-politischen Tätigkeiten in Zürich war, entstammte der Familie des Bruders von Alfred Schwarzenbach, des Textilindustriellen Edwin Schwarzenbach, der mit Elisabeth von Muralt eine Frau aus altpatrizischem Zürcher Geschlecht geheiratet hatte. Ulrich und Clara Wille-von Bismarcks Tochter Isi heiratete einen Nachkommen der bern-burgischen Patrizierfamilie von Erlach und wurde Gutsherrin wie ihre Mutter und ihre Schwester Renée. Der zweitälteste Sohn der Familie Wille, Ulrich junior, später Korpskommandant der Schweizer Armee, heiratete Ines Rieter, Erbin der Winterthurer Textilmaschinendynastie Rieter. In deren Besitz befand sich auch die auf Stadtzürcher Boden gelegene Villa Wesendonck mit Park, das heutige Museum Rietberg. Ines Wille-Rieters Mutter war eine geborene Bodmer aus patrizischem Zürcher Geschlecht. Der Wille-Clan ist ein Musterbeispiel für die Verbindungen zwischen Aufsteigern, reichen Industriellen und dem Patriziat sowie für die Kontinuität militärischer Machtpositionen. *(Historisches Lexikon der Schweiz* 2010/Meienberg 1987/Schwarzenbach 2005/NZZ, 30.11.2005)

Fallbeispiel 2: Globalisierung, Netzwerke und Holdingstruktur – die Schmidheinys

Die Erfolgsgeschichte der Unternehmerfamilie Schmidheiny begann vor dem Ersten Weltkrieg mit Fabriken zur Zementherstellung. (Staub 1994) Die Bedingungen für ein profitables Geschäft waren gegeben: Für die Zementherstellung benötigt man große Mengen an

Energie, chemische Grundstoffe und Aluminium. Der Ausbau der Elektrizitätsproduktion aus Wasserkraft – wovon die Bauindustrie profitierte – wurde forciert. Die chemische Industrie etablierte sich, anfänglich vor allem dank Imitation fremder Verfahren (Straumann 1995). Und die Aluminiumindustrie leistete im Zweiten Weltkrieg unverzichtbare Dienste für die deutsche Kriegswirtschaft (Ruch et al. 2001: 123–161). Das notwendige naturwissenschaftliche und ingenieurtechnische Know-how lieferten das Eidgenössische Polytechnikum (später ETH) und die Schweizer Universitäten. Sie standen traditionell in engem Austausch mit der Wirtschaft. Zudem sorgte der starke Schweizer Franken auch in Krisen- und Kriegszeiten dafür, dass exportorientierte Industriezweige ihre Produktion und Gewinne verbessern konnten. Zum letzten Puzzleteil gehören die schweizerische Außenpolitik und Diplomatie. Sie halfen auch unter politisch heiklen Umständen, Kontakte zu knüpfen und strategische Märkte zu erschließen. Dabei nützte auch der gute Ruf der schweizerischen Neutralität. Alle diese Faktoren kamen für den Erfolg der Schmidheinys zusammen.

Industrielle Baustoffhersteller gab es in der Schweiz seit 1833, sie waren aber nicht sehr erfolgreich. Erst der Eisenbahnboom begünstigte diese Industrie. Erstens durch die Nachfrage nach Zementstoffen im Bahnbau selber. Zweitens lösten die Bahnen das Transportproblem des sperrigen Produkts. So schossen Kalkbrennereien seit den 1870er-Jahren wie Pilze aus dem Boden. Der Aufstieg zur späteren Holderbank – heute unter dem Namen Holcim der weltgrößte Zementkonzern – begann 1906 mit der Gründung der Rheintalischen Cementfabrik Rüti AG durch Ernst Schmidheiny (1871–1935). Er und sein Bruder Jakob waren von ihrem Vater, dem reichen Ziegeleiunternehmer und Heerbrugger Schlossbesitzer Jakob Schmidheiny senior (1838–1905), von Kindesbeinen an auf eine wirtschaftliche und gesellschaftliche Karriere vorbereitet worden. Jakob junior expandierte die väterlichen Ziegeleibetriebe erfolgreich. 1937 übernahm er das kriselnde Zürcher Maschinenbauunternehmen Escher Wyss. Unter anderem saß er auch im Verwaltungsrat der Schweizerischen Kreditanstalt (heute Credit Suisse). Währendessen baute Ernst Schmidheiny ein Zementimperium auf. Im Militär stieg er zum Oberst auf und saß bis 1919 auch für die Freisinnig-Demokratische Partei im Nationalrat. (Staub 1994) Eines seiner wirtschaftlichen Erfolgsrezepte gegen die ausländische Konkurrenz war die Kartellbildung. In den offiziellen Annalen der Firma Holcim wird dieser Schritt allerdings anders begründet (Holcim Schweiz 2010): Die überaus starke Zementnachfrage in der Schweiz vor dem Ersten Weltkrieg habe 1912 zur Gründung einer neuen, von mehreren Eigentümern verwalteten Aargauischen Portlandcementfabrik (in der aargauischen Gemeinde Holderbank) und 1913 zur Gründung des schweizerischen Zementkartells geführt. Die Portlandcementfabrik übernahm 1914 die Rüti AG, und damit erweiterte Ernst Schmidheiny seine Besitzbasis.

Im Ersten Weltkrieg bekam die Schweiz die Folgen des »Wirtschaftskriegs« durch die kriegführenden Länder zu spüren (vgl. Rossfeld und Straumann 2008). Das stellte auch die Zementindustrie, die auf Rohstoffe und auf Kohle angewiesen war, auf eine harte Probe. Ernst Schmidheiny übernahm die Leitung der zur Bundesverwaltung gehörenden Treuhandstelle in Zürich, über welche Waren aus Deutschland mit Waren von alliierter Seite ausgetauscht wurden. 1921 wurde Schmidheiny Mehrheitsaktionär der Portlandcementfabrik, die kräftig ins Ausland expandierte und deren Basis auch im Inland verstärkt wurde, beispielsweise durch den Erwerb der Eternitfabrik im glarnerischen Niederurnen im Jahr 1923. Die Fabrik benötigte Zement als Ausgangsprodukt. Der Zement wurde mit Asbestfasern gemischt und so zu einem dauerhaften Baustoff gefertigt. Die schädlichen Folgen von Asbest auf die menschliche Gesundheit – keine Chemikalie hat bis heute mehr Krebstote gefordert – war bereits seit dem ausgehenden 19. Jahrhundert dokumentiert, wurde aber von den Asbest produzierenden Unternehmen und verwendenden Stellen erst viel später anerkannt (*Die Zeit,* 29.1.2009). Mit den Jahren weitete sich das von den Schmidheinys durch Besitz oder Beteiligungen kontrollierte Asbestimperium auf dreißig Länder in der ganzen Welt aus. Bei der Übernahme der Eternit-Firma praktizierte

Schmidheiny ein Geschäftsmodell, das er später auch auf seine Zementfabriken anwandte: nämlich die Trennung zwischen Fabrikbetrieb und Beteiligungsgesellschaft, die den Namen Amiantus trug. Der Zementkönig bildete seine beiden Söhne Ernst junior (1902–1985) und Max Schmidheiny (1908–1991) fürs Geschäft aus. Er schickte sie mehrfach ins Ausland, um nach Übernahmekandidaten zu sondieren. Das zahlte sich aus. Denn 1925 erwarb die Holderbank die Aktienmehrheit an einer belgischen Zementfabrik, ein Jahr später geschah dasselbe in Holland und 1927 übernahmen Holderbank, Amiantus und die schweizerische Gesellschaft für Cement-Industrie die Kontrolle über die ägyptische Zementfabrik Tourah-Le Caire in der Nähe von Kairo. 1933 übernahm dieses ägyptische Werk dann die Kontrolle über eine libanesische Zementfabrik, nachdem die Schmidheiny'schen Eternit-Aktivitäten 1928 auch auf Deutschland ausgeweitet worden waren, wo die Deutsche Asbestzement AG Berlin gegründet wurde. Die Reihe der Übernahmen und Beteiligungen in den 1920er- und 1930er-Jahren ließe sich noch fortführen.[2] Das Wachstum der Holderbank führte 1930 zur Trennung zwischen Zementfabrikation und Holding, deren Präsident Ernst Schmidheiny senior wurde. Diese Trennung begünstigte den weiteren Aufstieg zum Weltkonzern, den auch der neue Schatten über Europa – der Faschismus – nicht bremsen konnte. Die beiden Söhne des 1935 bei einem Flugzeugabsturz tödlich verunglückten Ernst Schmidheiny gingen 1940, wie manche andere Zeitgenossen auch, vom Sieg Deutschlands und von einer möglichen Integration der Eidgenossenschaft in den deutschen Machtbereich aus. Ganz pragmatisch teilten Max und Ernst junior daher durch die Wohnsitzname einerseits in St. Gallen und andererseits in Genf ihre Einflusssphären auf, um sowohl mit den Deutschen wie mit den Alliierten in gutem Kontakt zu bleiben. (Staub 1994: 103 f. und 126 f. / Hug 2002: 706 f.)

Die ungebrochene Ausdehnung des Holderbank-Imperiums in der Zeit des Faschismus stellt eine später viel kritisierte Tatsache dar, ebenso das Engagement in Südafrika ab 1937. (vgl. Staub 1994: 106 und 128 ff. / Saager und Vogt 2005: 91 f.) Es löste das unsichere Ägypten-

Geschäft ab. Denn das einst zum britischen Kolonialreich gehörende Ägypten, das seit 1922 mit weitgehender Autonomie ausgestattet war, wurde 1936 nach dem Tod des den Schmidheinys freundlich gesinnten Königs Fuad selbständig und schlug einen antikolonialistischen Nationalisierungskurs ein. Die Schmidheinys schafften es als einziges Schweizer Unternehmen, für die Verstaatlichung eines Tochterunternehmens entschädigt zu werden. Solches Ungemach wie in Ägypten drohte in Südafrika nicht. Die ehemals verfeindeten britischen und burischen Südafrikaner hatten sich 1934 in der Gründung einer gemeinsamen Partei von europäischstämmigen Weißen ausgesöhnt. Opfer dieses Zusammenschlusses war die schwarze Bevölkerung. Ihr gegenüber wurde 1948 mit Zustimmung der weißen Arbeiterparteien das System der Apartheid durchgesetzt. Das Engagement der Schmidheinys in Südafrika begann bereits im Jahr 1938. 1947 übernahm man die erste Mehrheitsbeteiligung an einer südafrikanischen Zementfirma – weitere Investitionen und Beteiligungen folgten. Holderbank Financière Glarus AG war bis Ende der 1980er-Jahre das schweizerische Industrieunternehmen mit den größten wirtschaftlichen Interessen in Südafrika. Bedeutender war das Südafrika-Engagement nur noch für einige Schweizer Großbanken, insbesondere die Schweizerische Bankgesellschaft, in deren Verwaltungsrat Ernst Schmidheiny junior einige Jahre als Vizepräsident fungierte. In Südafrika profitierte die Familie Schmidheiny vom überaus tiefen Lohn- und Arbeitsschutzniveau, das man den schwarzen Arbeitern in den Asbestminen und in den Zementwerken zumutete. Deren Einkommen lag teilweise 40 bis 70 Prozent unter dem Existenzminimum. *(Bilanz,* 26.3.2003/30.4.2003/28.5.2003) Entsprechend warf das Engagement von Holderbank in Südafrika hohe Profite ab: in den 1960er- und 1970er-Jahren geschätzte 12 bis 15 Prozent der gesamten Konzerneinkünfte. (Gygax 2001:112) Ernst Schmidheiny engagierte sich auch in Interessenvereinigungen, die das von der UNO geschmähte Südafrika und seine Wirtschaft verteidigten.

In den frühen 1970er-Jahren saßen die drei Schmidheinys der dritten Generation, die Brüder Max und Ernst junior sowie ihr Cousin Peter, im Verwaltungsrat von rund 50 Unternehmen in der Schweiz, die verschiedene Branchen von der Baustoff- über die Maschinenbauindustrie, die Präzisionsindustrie, Banken, Versicherungen bis zur Hotellerie abdeckten. Allein die Holderbank-Gruppe als größtes Unternehmenskonglomerat der Familie erwirtschaftete 1975 einen Umsatz von 1,8 Milliarden Franken. (Holliger 1974: 64/Höpflinger 1977: 102) Heute ist aus der Holderbank die Holcim Group geworden, ein in 70 Ländern tätiger Baustoff- und Zementkonzern, der über 80 000 Arbeiterinnen und Arbeiter beschäftigt und im Jahr 2009 über 21 Milliarden Franken Umsatz erwirtschaftet hat. (Holcim Ltd. 2010)

Auch in der vierten Schmidheiny-Generation steht ein Brüderpaar im Rampenlicht: Thomas und Stephan Schmidheiny teilten in den frühen 1980er-Jahren das Zement- und Eternitimperium weitgehend unter sich auf und führten auch die familiäre Tradition des Stiftungswesens und des Mäzenatentums fort. Vor allem Stephan Schmidheiny hat sich auch als Förderer von ökologischer Nachhaltigkeit einen Namen gemacht, was ihn allerdings nicht von Beteiligungen an ökologisch bedenklichen Minengesellschaften abgehalten hat. Zu seinem Firmenbesitz gehörten auch riesige Wälder zur Holzproduktion in Lateinamerika; allein in Chile waren es 2003 120 000 Hektaren. (WOZ, 4.9.2003) Umstritten war auch der Erwerb der einst staatlichen sri-lankischen Zementfabrik in Puttalam. Die sri-lankische Regierung hatte das Werk 1993 im Kontext seines Privatisierungsprogramms an pakistanische Unternehmer verkauft. Dessen Erlöse wurden auch zur Finanzierung des Kriegs gegen die tamilischen Rebellen eingesetzt. Holderbank hatte bereits damals mitgeboten, unterlag aber in der ersten Runde und kam schließlich nach den Prozessen gegen die pakistanischen Käufer im zweiten Anlauf 1996 zur Aktienmehrheit. (*The Sunday Times Sri Lanka,* 10.3.1996) Das Umgekehrte erlebten die Schmidheinys auf dem »roten Kontinent«, wo Venezuelas Regierung unter Präsident Chávez 90 Prozent der Zementindustrie des Landes enteignete und verstaatlichte. Weil Venezuela bis dato noch keine Rate der vereinbarten Entschädigung in der Höhe von rund 550 Milliarden bezahlt hat, hat Holcim vor einem internationalen Schiedsgericht Klage eingereicht und fordert eine Entschädigung im Marktwert, was substanziell höher sei als der ursprüngliche Betrag. (NZZ, 23.3.2010/BAZ, 31.7.2009)

Selbst auf der Anklagebank sitzt Stephan Schmidheiny im Asbest-Prozess. Die Schweizer Eternit AG stieg im Lauf der 1970er-Jahre aus der Asbestproduktion aus. Doch Stephan Schmidheiny wird via die italienischen Beteiligungen für die Todesfälle und die Krankheiten der italienischen Eternit-Belegschaft haftbar gemacht. (BAZ, 25.1.2010)

Während Stephan Schmidheiny sich aus dem aktiven Baustoff-Geschäft zurückgezogen hat, hält sein Bruder Thomas noch immer 20 Prozent der Holcim-Aktien und ist auch an der Firma Conzetta beteiligt, einem Mischkonzern, der jährlich etwa 1,5 Milliarden Franken erwirtschaftet (*Bilanz,* 5.6.2009). Das Vermögen der beiden vorläufig letzten Vertreter des »Phänomens Schmidheiny« (so der Autor Carl M. Holliger 1974) wird für Thomas auf etwa 5,5 Milliarden Franken geschätzt und für Stephan auf 3,5 Milliarden (2009). Gemäß Viktor Parma und Werner Vontobel ist die Familie Schmidheiny vor allem auch deshalb zur »mächtigsten Unternehmerdynastie« der Schweiz aufgestiegen, weil sie das Geschäftsmodell der Holdingstruktur schon früh einführte (Parma und Vontobel 2009:50). Die 1930 gegründete Holderbank Financière Glarus AG (seit 2001 Holcim Ltd.) stellt nämlich eine Finanzholding dar, welche die Beteiligungen an den diversen Produktionsbetrieben lediglich verwaltet. Ein als Holding organisierter Konzern kann von Steuervorteilen profitieren, indem der Steuersitz der Gesellschaft in einem steuergünstigen Land gewählt wird. Zudem erlaubt es eine Holdingstruktur, die Kartellrechtsgrenze für Kapitalbeteiligungen an anderen Firmen zu überschreiten.

Die Schmidheinys sind keine Ausnahme. Die klassische ökonomische Theorie versteht Reichtum als Ausdruck von wirtschaftlichem Erfolg jener Leistungsträger, die sich mit ihrem Geschäftsmodell im Markt durchgesetzt haben. Wie der Fall Schmidheiny zeigt, präsentieren sich die Verhältnisse in der Realität komplexer. Die Netzwerkforschung kann zeigen, dass die ökonomische Vormachtstellung vieler Firmen und ihrer reichen Inhaber das Resultat von Einflussnahme und Absprachen, von Konzernstrukturen bis hin zur Kontrolle oder Kartellbildung ist. So zeichnet sich die Schweiz im 20. Jahrhundert durch eine außerordentlich hohe Konzentration von Netzwerkbeziehungen zwischen Banken, Versicherungen und Unternehmen der exportorientierten Großindustrie aus. Zwischen 1910 und 2000 bestand dieses dichte Unternehmensnetzwerk aus acht bis fünfzehn Unternehmen, die intensive Kontakte – zumeist über gegenseitige Einsitze in Verwaltungsräte – miteinander pflegten. Diese Vernetzung der schweizerischen Wirtschaftsführer – manche sprechen hier auch von Verfilzung – erreichte in den 1950er- und 1960er-Jahren ihren Höhepunkt. Und wie schon in früheren Zeiten heiratete man auch hier untereinander und sorgte dafür, dass Vermögen und Einfluss auch durch familiäre Verbindungen erhalten, vermehrt und gesichert wurden. (Schnyder et al. 2005)

Typisch ist dabei die außerordentlich starke Stellung des Finanz- und Versicherungssektors, der gestärkt aus den Wirren des Ersten Weltkriegs hervorgegangen war und nun seinen kometenhaften Aufstieg begann: Anders als früher kontrollierten nun schweizerische Banken den Markt der Unternehmensinvestitionen in der Schweiz. Und dank diesem starken Kapitalmarkt wurden schweizerische Unternehmen auch zu wichtigen Investoren im Ausland. Das förderte die Anhäufung und Vermehrung von Reichtum in der Hand einer kleinen Elite von Firmenbesitzern, Investoren und Managern. Seit den 1990er-Jahren sind diese Verbindungen deutlich lockerer geworden. Unter dem Druck des gestiegenen weltweiten Wettbewerbs und um ihre Gewinnmöglichkeiten zu erhöhen, haben sich die großen Unternehmen immer stärker am Shareholder-Value orientiert. Entsprechend stiegen die Börsenkurse und die Auszahlung von Dividenden. So wurden Börsengänge von Firmen und Börsengewinne – unter anderem aus Käufen und Verkäufen von Beteiligungen – zu einer wichtigen Einkommensquelle für viele Investoren und Aktionäre.

2.5 Fazit: Wie die Schweiz reich wurde – und mancher Schweizer sehr reich

»Die Schweiz ist eine friedliche, prosperierende und stabile moderne Marktwirtschaft mit tiefer Arbeitslosigkeit, hoch qualifizierten Arbeitskräften und einem der größten Pro-Kopf-Bruttoinlandsprodukte weltweit«, hält das Online-Factbook des amerikanischen Geheimdienstes CIA 2010 zur Schweiz fest. Nimmt man das Bruttoinlandsprodukt pro Kopf der Bevölkerung als Referenzgröße für Wohlstand, dann ist die Schweiz mit etwa 41 700 US-Dollar unter den reichsten zwanzig Ländern der Welt. (CIA 2010)[3] Gemäß einer Weltbank-Studie von 2006 ist die Schweiz sogar das reichste Land der Erde, wenn man sie nicht nur an der Wertschöpfung misst, sondern wenn man etwa auch das Bildungsniveau oder den Zustand der Umwelt in Geldwerte umrechnet. (The World Bank 2006: 20)

Wie gezeigt, spielten historisch eine Reihe von Faktoren mit. Nebst der günstigen geografischen Lage der Schweiz als Transit- und Handelsland spielte die beschriebene frühe Industrialisierung eine zentrale Rolle. Ein weiterer Faktor neben dem erwähnten Solddienst für die frühe Anhäufung von Kapital war die Beteiligung von hiesigen Kaufleuten am Kolonialwarenhandel. Dazu gehörte auch der berüchtigte Dreieckshandel mit Geld und Gütern aus Europa, Sklaven aus Afrika und den von ihnen produzierten Kolonialwaren in Lateinamerika (Bott et al. 2005/David et al. 2005). Daran waren auch Schweizer Banken via Kreditvergabe beteiligt, wie zum Beispiel die Zürcher Zinskommission Leu (1755–1798), die Vorläuferin der Credit-Suisse-Tochter Clariden Leu. Das wird zurzeit aufgearbeitet: Da die Zinskommission Leu als staatliche Bank während des Ancien Régime anerkannt wurde, gab die Zürcher Regierung grünes Licht zur historischen Beleuchtung der Verstrickungen mit dem Sklavenhandel. Auf die Resultate dieser Forschung darf man gespannt sein. (*Tages-Anzeiger*, 3.6.2010)[4] Drittens bildete sich auf dem Gebiet der Alten Eidgenossenschaft kein absolutistisch-bürokratischer Staat heraus wie etwa in Frankreich oder Preußen. Entsprechend blieb die Besteuerung von Reichen tief. Das Kapital konnte damit von seinen Besitzern »zurückbehalten« oder in private Geschäfte investiert werden. Somit war das Geld für die eigentliche Industrialisierung vorhanden.

Für die erfolgreiche Industrialisierung war ebenfalls wichtig, dass im 16. und 17. Jahrhundert gut vernetzte und wohlhabende reformierte Glaubensflüchtlinge einwanderten. Sie verfügten über lukrative Kenntnisse in der Uhren- und Textilproduktion und im Bankenwesen. Und seit dem 18. Jahrhundert bildeten arme ländliche Familien den Kern der Frühindustrialisierung: Nebst der Bauernarbeit stickten, spannen und woben sie in Heimarbeit oder fertigten Uhrenteile. Die Rohstoffe bezogen sie von sogenannten Verlegern, denen sie auch ihre Produkte wieder verkauften. Von diesen Verlegern und ihren Nachkommen wurden einige zu reichen Kaufleuten oder Fabrikbesitzern, als die einstigen Heimarbeiterinnen und Heimarbeiter in Fabriken zusammengefasst wurden, in denen bald Maschinen und ein neues Zeitregime den Takt angaben. Nun stand die Arbeitskraft dieser neuen Klasse von Arbeitenden inklusive Kindern ausschließlich für die industrielle Herstellung von Gütern zur Verfügung. 1842 arbeiteten 2400 Kinder unter 16 Jahren in den Zürcher Spinnereifabriken. Ihnen standen 1150 Frauen und 1450 Männer gegenüber (Gruner 1968: 114). Dafür bezogen sie anfänglich sehr tiefe Löhne und arbeiteten mitunter doppelt so viele Wochenstunden wie heute. Entsprechend hoch fielen die Profite der Unternehmer aus. (Gruner 1968/1987) Die »neue« bürgerliche Unternehmerschaft rekrutierte sich sowohl aus städtischen – teilweise aus patrizischen – Schichten wie auch aus aufgestiegenen einstigen ländlichen Gewerbetreibenden. Diese Schichten begrüßten den politischen und wirtschaftlichen Liberalismus, weshalb die moderne, bürgerlich-demokratische Bewegung sich in der Eidgenossenschaft bereits Mitte des 19. Jahrhunderts durchsetzen konnte. Die Baumwollverarbeitung war der Leitsektor der industriellen Revolution. Die massenhafte und billige Produktion dieses arbeitsintensiven Produkts verdankte sich nicht zuletzt der Fronarbeit durch schwarze Sklavinnen und Sklaven auf den Baumwollplantagen in den USA. Die europäischen Textilfabrikanten profitierten daneben von der Ausbeutung in Kolonien wie Indien oder Ägypten. Und schließlich fanden auf schweizerischem Territorium mit Ausnahme von 1798/1799, 1833 und 1847 auch seit dreihundert Jahren keine größeren Kriege und militärischen Schlachten mehr statt. Damit wurde die finanzielle Basis sowohl der politischen und wirtschaftlichen Elite wie auch des Staates geschont. (Bergier 1990/Eberle und Schäppi 2007)

In der Folge verdienten manche Familien durch Handel, in der Industrie und im Bankensektor, der in der Schweiz besonders wichtig wurde, ein Vermögen. Vor allem in Genf konnten sich die Privatbanken bis in die neuste Zeit halten – und mit ihnen auch die reichen Bankierfamilien wie etwa die 1805 gegründete Privatbank Pictet & Cie., die im Jahr 2008 ein Kundenvermögen von rund 260 Milliarden Euro verwaltete. (FAZ, 1.9.2008) Auch wenn die alten Patrizier- und Burgerfamilien heute längst kein Vorrecht auf politische Herrschaft mehr haben, so verfügen viele von ihnen noch immer über einen ansehnlichen, ererbten Besitz an Land, Gebäuden und Vermögen. Und sie profitieren meist von guter Bildung, politischem Know-how und einem erlesenen kulturellen Geschmack – Fertigkeiten, die ihre Ahnen seit Generationen kultiviert haben. Dazu hat sich eine bürgerliche Schicht von – hauptsächlich männlichen – Großverdienern und Vermögensmillionären oder -milliardären gesellt. Sie bilden heute die Elite der Superreichen in der Schweiz. Ihnen wenden wir uns nun zu.

3 Reichtum heute

»Die 300 Reichsten« der Schweiz, die die *Bilanz* alljährlich in ihrer Sondernummer mit dem gleichnamigen Titel vorstellt, sind Männer und Frauen mit mehr als 100 Millionen Franken Vermögen. Dazu gehört auch die Familie Zweifel aus Höngg, Hersteller der Chips gleichen Namens. Im Fußball-WM-Jahr 2010 stieg die Nachfrage nach den salzigen Snacks. Im Pantoffelkino lässt es sich so wunderbar mit den hoch bezahlten Kickern mitfiebern. Der Schweizer Torhüter Diego Benaglio verdiente 2009 übrigens 1,6 Millionen Euro. *(Tages-Anzeiger,* 27.3.2009) Sein Marktwert dürfte sich an der WM 2010 gesteigert haben. Profitiert haben auch die Zweifels. Obwohl sie mit nur 150 Millionen Franken im Jahr 2009 die Ärmsten der Schweizer Superreichen waren. *(Bilanz,* 4.12.2009/*20 Minuten,* 21.6.2010) Ohne Sofa und TV-Möbel kein WM-Fieber im trauten Heim. Oft stammt dieses Mobiliar aus der IKEA. Von der Liebe der Schweizerinnen und Schweizer zum schwedischen Möbeldesign profitiert wiederum IKEA-Gründer Ingvar Kamprad. Mit von der *Bilanz* geschätzten 35,5 Milliarden Franken ist der Schwede der Schweiz reichster Reicher. *(Bilanz,* 4.12.2009)

Die Schweiz hat – nach Singapur und Hongkong – die dritthöchste Millionärsdichte der Welt. 2009 lebten hier 221 700 Personen mit einem Anlagevermögen von über einer Million US-Dollar. (Boston Consulting Group 2010) Darunter tummeln sich Sprösslinge des alten Adels ebenso wie neureiche Erbinnen, CEOs und Unternehmer mit ihren Söhnen, Töchtern und Enkeln – von Nayla Hayek und Nick Hayek junior (Swatch) über Magdalena Martullo-Blocher (Ems-Chemie) bis zu Philippe Gaydoul (Denner). Oder auch Carl Hirschmann (Jet Aviation), obwohl dieser etwas aus dem Rahmen dessen fällt, was sich Reiche in der Schweiz an Extravaganzen leisten können. Im Folgenden machen wir uns auf die Spur nach den Reichen und ihrem Reichtum. Dabei wird sich zeigen, ob die Reichtumsforschung wirklich zu pessimistisch ist, wie etwa der *Weltwoche*-Journalist Markus Schneider findet. Schneider präsentiert in seinem Buch eine ganze Reihe von reichen Aufsteigern (Schneider 2007). Vom Tellerwäscher zum Millionär – von der Putzfrau zur Millionärin? Ausgeschlossen ist ein solcher »Klassenwechsel« nicht. Die Regel ist er jedoch keinesfalls. Denn die Mehrheit jener, die das wollen, schafft es nie. Die Klatschrubriken der Medien mit Berichten über Luxuslifestyle mit teurer Mode, Villen oder Restaurants vermitteln die Botschaft: Reich ist, wer sich viele teure Dinge leisten kann. Teuer sind Luxusprodukte nicht zuletzt, weil es Reiche gibt, die den geforderten Preis bezahlen. Reichtum ist auch ein Distinktionsmerkmal. Allerdings genügt Geld allein als Eintrittsticket in die Welt der schönen und mächtigen Reichen nicht. Die Träume von Lottomillionärinnen und -millionären vom besseren Leben platzen oft. Und so glauben viele an den Reichtum durch Leistung. Die Mehrheit der Bevölkerung akzeptiert ohne allzu viel Murren, dass es Menschen gibt, die ein Vielfaches verdienen und besitzen, weil sie vermeintlich mehr leisten und mehr Verantwortung tragen. Aber in Krisenzeiten oder wenn die Verhältnisse exzessiv erscheinen, wird aus Verantwortung plötzlich Verantwortungslosigkeit. Dann wird der (übermäßige) Reichtum der anderen als soziales Problem wahrgenommen. So spricht Hans Kissling (2008) von »unverdientem Reichtum« und »modernem Feudalismus«.

Mit Kissling und Schneider stehen sich zwei Autoren gegenüber, deren Bücher rund um soziale Klassen und Reichtum viel Aufmerksamkeit gefunden haben. Gemeinsam ist ihnen, dass sie den Aspekt der Leistung positiv betonen. Doch während Hans Kissling glaubt, dass die Mehrheit der heutigen Reichen ihren Reichtum »ohne Leistung«, nämlich hauptsächlich durch Erbschaft, erwerben würde, betont Markus Schneider, dass Leistung nach wie vor den Unterschied zwischen dem Tellerwäscher und dem Bankdirektor ausmachen könne. Als Beispiel dafür dienen Personen wie Marcel Ospel und Oswald Grübel, der ehemalige und der aktuelle CEO der Schweizer Großbank UBS. Beide haben es aus bescheidenen Verhältnissen ganz an die Spitze geschafft. Ospels Salär ergab 2006 ein tägliches Einkommen von 65 700 Franken. (*news.ch*, 21.3.2006) Doch welche Faktoren spielten neben Leistungswillen noch eine Rolle? Wie repräsentativ sind die Karrieren von Ospel und Grübel? Und wie stark trägt der Wunsch nach eigenem Reichtum zur Akzeptanz sozialer Ungleichheit bei? »Ungleichheit ist weder gut noch schlecht«, lautet die Hauptbotschaft des Buchs von Markus Schneider, »es kommt wie immer auf die Umstände an.« (Schneider 2007:11) Diesen Umständen wollen wir nun nachgehen. Die historische Reichtumsforschung versucht, die reichen Oberschichten in verschiedene Kategorien einzuteilen, je nach der Hauptquelle ihres Reichtums: große Landbesitzer und alteingesessene aristokratische Familien, Rentner beziehungsweise reiche Witwen und Erbinnen, Fabrikanten und Industrielle oder Angehörige von erfolgreichen Familienunternehmen. Wie gelangen Menschen heute zu Reichtum? Die wichtigsten Faktoren werden wir im Folgenden beleuchten.

3.1 Wie wird man reich?

Hohe Saläre

Die Einkünfte des obersten Prozents aller Lohnempfängerinnen und -empfänger haben seit den 1970er-Jahren um 70 Prozent oder mehr zugenommen (OECD 2008:32). Diese Angaben stammen aus Steuererklärungen. Die Möglichkeiten allerdings, Steuern zu vermeiden, wachsen mit zunehmendem Einkommen. Es ist anzunehmen, dass die Nettolöhne noch stärker gestiegen sind, weil die Steuererklärungen jeweils optimiert wurden. Eine Studie aus Großbritannien benutzt eine Metapher aus dem Sport: *racing away* – die Bezüger hoher Einkommen hätten die übrigen Angestellten in den letzten Jahren abgehängt. (Brewer et al. 2008) In 9 der 19 von der OECD untersuchten Länder nahmen die Einkommen der obersten 10 Prozent seit 1980 um zwischen 10 und knapp 40 Prozent zu. In dieser Gruppe befinden sich nebst einigen osteuropäischen Ländern (Ungarn, Polen, Tschechien) auch Länder wie Portugal, Großbritannien und die USA. In weiteren fünf Ländern wuchsen die Einkommen der Gutverdienenden um mindestens 5 Prozent. Nirgends nahmen die obersten Einkommen ab. (Atkinson 2008)

Allein zwischen 1993 und 2006 haben sich die Spitzengehälter in den USA fast vervierfacht. Angesichts dieses überproportionalen Wachstums kam es in den Jahren 2006/2007 zu einer hitzigen Debatte über die wachsende Kluft zwischen den »Super-Rich« und der »unteren« Oberschicht. Die *New York Times* benennt den neuen Graben: »Die Habenden versus die Mehr-Habenden«. Im Jahr 2004 betrug das durchschnittliche Haushalteinkommen des obersten Prozents der Steuerzahlenden in den USA 940 000 US-Dollar. Wenn man von diesem einen Prozent nun noch den obersten Zehntel genauer anschaut, dann kommt man für diese schmale Gruppe auf ein Haushalteinkommen von 4,5 Millionen Dollar. Schränkt man die Analyse gar auf das oberste Hundertstel dieses einen Prozents ein, dann erhält man ein Haushalteinkommen von 20 Millionen Dollar. Diese obersten 0,01 Prozent der US-amerikanischen Steuerzahlenden haben zwischen 1990 und 2004 ein reales Einkommenswachstum von 112 Prozent erlebt. Beim obersten Prozent betrug die Zunahme »nur« 57 Prozent. Und die große Mehrheit der Amerikanerinnen und Amerikaner, nämlich 90 Prozent der Steuerzahlenden, hat lediglich einen Einkommenszuwachs von 2 Prozent erfahren. Dies zeigt sehr deutlich, in welchem Ausmaß Topeinkommen im Laufe der 1990er- und der Nullerjahre weiter zugelegt haben und sich eine ultrareiche Superschicht herausgebildet hat. *(The New York Times,* 19.11.2006)

Bereits mitten in der Finanzkrise 2007 verdiente John Thain, damals frisch CEO der Investmentbank Merrill Lynch, 83,8 Millionen Dollar pro Jahr, inklusive Boni. Als seine Bank sich aufgrund einer jahrelangen riskanten Kredit- und Spekulationspraxis nicht mehr halten konnte, fädelte Thain 2008 die Übernahme durch die Bank of America ein. Der amerikanische Staat federte die Übernahme ab, indem er der Bank of America eine Garantie auf 90 Prozent der Verluste auf den sogenannten »faulen Papieren« ausstellte und den beiden Bankinstituten insgesamt 45 Milliarden Dollar aus dem ebenfalls mit Steuergeldern finanzierten amerikanischen Bankenrettungsplan zukommen ließ. Kurz vor der Übernahme der hoch verschuldeten Merrill Lynch ließ John Thain sich und den Kadern noch Boni in Milliardenhöhe ausbezahlen; eine besonders dreiste Form der Umverteilung von Steuergeldern. (*The Washington Post,* 28.1.2009 / *New York Daily News,* 22.1.2009 / *Bilanz,* 29.1.2010)

Vier Gründe erklären das Wachstum der obersten Einkommen. Erstens werden zu den Salären immer mehr Aktienanteile ausbezahlt. Zweitens gibt es eine starke Vernetzung zwischen Verwaltungsräten (beziehungsweise Aufsichtsräten) und Managern. Dabei bestimmen die Verwaltungsräte die Löhne der Manager (vgl. auch Kapitel 5). Drittens sind einflussreiche Beratungsfirmen aufgrund ihrer prozentualen Beteiligung an Vertragsabschlüssen an hohen Löhnen interessiert (vgl. Rothkopf 2008). Und viertens spielt die »Ökonomie der Superstars« (Rosen 1981): Der Starkult um absolute Topverdienende aus Showbusiness oder Sport beeinflusst auch die Lohngestaltung in den Teppichetagen großer Unternehmen. Einkommensmillionäre werden also reich durch eine Kombination aus hohen Löhnen, variablen Vergütungen (zum Beispiel Boni-Zahlungen) und Kapitaleinkommen (zum Beispiel Aktiengewinnen). So können aus Angestellten wohlhabende Personen werden. Reiche Manager sind Beispiele dafür.

Einkommensreichtum in der Schweiz

Auch in der Schweiz ist zwischen 1995/1996 und 2003 sowie zwischen 2003 und 2006 der Anteil hoher Einkommen gewachsen. (Jeitziner und Peters 2009/Peters 2010) Bei den obersten 10 Prozent betrug die jährliche Einkommenszunahme zwischen 2003 und 2006 über 3 Prozent. Dabei existieren bedeutende regionale Unterschiede. Am meisten legten die hohen Einkommen in den Kantonen Zug, Schwyz und Genf zu. (Peters 2010) Wie hoch ist aber eigentlich ein »hohes Einkommen« in der Schweiz? Und wer verdient wie viel? Obwohl die Höhe des individuellen Lohns hierzulande eines der bestgehüteten Geheimnisse ist, verfügen wir dank der Schweizerischen Arbeitskräfte-Erhebung (SAKE) über eine Ahnung, welche Löhne in welchen Branchen ausbezahlt werden. Der Bruttolohn der obersten 10 Prozent in der Tabakverarbeitung (genauer: die Schweizer Handels- und Verwaltungsabteilungen der Tabakkonzerne) betrug im Jahr 2006 durchschnittlich rund 52 000 Franken im Monat. Der Durchschnitt aller Bruttolöhne betrug lediglich 5881 Franken. (BFS Bundesamt für Statistik 2008: 6, 12) Die Lohnspreizung ist also enorm. Hochgerechnet verdienen die obersten 10 Prozent in der Tabakbranche ein Jahressalär von über einer dreiviertel Million Franken. Die Tabakverarbeitung gilt damit als einkommensstärkste Branche. Doch auch bei Banken und Versicherungen verdienten die obersten 10 Prozent im Jahr 2006 über eine halbe Million Franken oder einen monatlichen Bruttolohn von über 40 000 Franken (ebd.). Gemäß den Steuerdaten deklarierten im Jahr 2006 fast 4000 Steuerpflichtige in der Schweiz ein Jahreseinkommen von über einer Million Franken. (NZZ, 9.3.2010)

Allerdings verbergen sich in diesen Lohnsummen viele statistische Ausreißer, die für eine Untersuchung der Reichen relevant sind: die Topsaläre, die seit Jahren für hitzige öffentliche Diskussionen um Managerlöhne und »Abzockerei« sorgen. Volle Transparenz über die Einkünfte der Führungscrews in Großunternehmen ist nämlich kaum möglich. Denn Firmen sind nicht verpflichtet, Umsätze, Gewinne und Gehälter offenzulegen. Nur dort, wo eine begrenzte Öffentlichkeit via Aktien Anteile an den Unternehmen erwirbt, müssen Geschäftsberichte publiziert werden. In welchem Ausmaß in diesen Berichten auch detaillierte Gehaltslisten erscheinen, war bis vor der Revision des Aktienrechts im 2006 weitgehend den Unternehmen selber überlassen. Der wirtschaftsliberalen Tradition verpflichtete Aktionärinnen und Aktionäre haben deshalb immer wieder mehr

Transparenz gefordert. Dazu gehört etwa die Stiftung Ethos, die seit 2005 die »Vergütungen der Führungsinstanzen« in der Schweiz recherchiert und publiziert. Ethos will damit die Rechte – auch der kleinen – Aktionärinnen und Aktionäre gegenüber dem Management stärken, steht aber nicht für eine Lohnobergrenze ein. Im Rekordjahr 2006 betrug die durchschnittliche Vergütung von exekutiven Führungskräften in den untersuchten Unternehmen gemäß Ethos 2,3 Millionen Franken, wobei die Unterschiede je nach Unternehmen und Branche außerordentlich hoch ausfielen: Größere Unternehmen sowie Firmen aus Chemie, Pharma und Finanzdienstleistungen bezahlten ihre Führungsspitze besser als kleinere Unternehmen und solche aus der übrigen Industrie. So bezogen die Mitglieder von Geschäftsleitung und Verwaltungsrat der Bank UBS durchschnittlich knapp unter 19 Millionen Franken, während es bei der Konkurrenzbank Credit Suisse rund 18,8 Millionen und beim Pharmaunternehmen Novartis 11,8 Millionen waren. (Ethos 2007: 43) Nach der Finanzkrise wuchsen die Vergütungen 2009 gegenüber 2008 um durchschnittlich 21 Prozent. Dazu trug vor allem die Finanzbranche bei, wo das Wachstum 73 Prozent betrug. Dort erreichten die Vergütungen wieder das Niveau vor der Krise, während sie in den anderen Sektoren gegenüber 2008 nur gering zunahmen. (Ethos 2010: 5)

Weit mehr zu reden als der Durchschnitt der Kaderangestellten geben allerdings die absoluten Spitzenverdiener – alles Männer – in diesen Führungsgremien. Die Machtballung eines Daniel Vasella, bis Januar 2009 CEO und Verwaltungsratspräsident des Chemie- und Pharmaunternehmens Novartis in Personalunion, drückt sich in einer entsprechenden Kapitalballung aus: 2006 verdiente Vasella über 44 Millionen Franken, während für Peter Brabeck bei Nestlé aus der gleichen Ämterkombination über 17 Millionen Franken erwuchsen. Dagegen schaffte es Marcel Ospel, obwohl er »nur« Verwaltungsratspräsident bei der UBS war, dank seiner besonderen Exekutivaufgaben auf rund 27 Millionen Franken. (Ethos 2007: 49–50) In diesen Einkommenssphären machen bar ausbezahlte Löhne nur noch einen kleinen Teil der gesamten Vergütung aus. Bei Daniel Vasella betrug das Grundsalär 2006 wie 2008 lediglich 3 Millionen Franken. Boni und »Beteiligungspläne« machten jedoch 41 Millionen (2006) beziehungsweise gut 40 Millionen (2008) oder zirka 92 Prozent des gesamten Einkommens aus. (Ethos 2007: 50/Ethos 2009: 33) Private Kapitalgewinne werden in der Schweiz bislang nicht besteuert und Mitarbeiteroptionen sind steuerbegünstigt. Damit und mit weiteren Vergütungen, die beispielsweise direkt in Vorsorgeeinrichtungen fließen oder den Topverdienern in Form von durch die Firma mitfinanzierten Häusern, Autos, Reisen und dergleichen mehr zugutekommen, bleibt den Spitzenverdienern trotz der Steuerprogression auf ihrem regulären Lohneinkommen überdurchschnittlich viel zurück.

Angesichts der lauten Kritik an dieser Art der Lohnzusammensetzung hat die politische Elite den Weg in die Offensive gewählt: Unter dem ehemaligen Bundesrat und Justizminister Christoph Blocher, selber ein milliardenschwerer Unternehmer, wurde das Aktienrecht im Jahr 2006 teilrevidiert, sodass die einzelnen Lohnbestandteile von börsenkotierten Unternehmen seit 2007 ausgewiesen werden müssen. Damit wollte Justizminister Blocher auch einer Festsetzung von Managerlöhnen durch den Staat vorbeugen. Einzig die Aktionäre und Aktionärinnen als Eigentümer einer Firma sollten dazu befugt sein. (NZZ, 19.5.2006) Wie ernst es der politischen Elite mit dem Eigentümerschutz ist, zeigt die Debatte um die Rettung der durch die Finanzkrise 2007/2008 schwer angeschlagenen Bank UBS. Der Bund stieg als Aktionär bei der UBS ein und die Schweizerische Nationalbank übernahm »faule Papiere« von der UBS. Allerdings fand ein parlamentarischer Vorschlag, wonach der Bund die Lohnobergrenze bei von ihm mitfinanzierten Banken festlegen solle, im August 2009 im Ständerat keine Mehrheit. (NZZ, 11.8.2009) Stattdessen kündigte der Bundesrat kurz danach den Wiederverkauf seines UBS-Aktienpakets mit Gewinn an *(Tages-Anzeiger,* 20.8.2009). Dieser »Erfolg« dürfte die weit verbreitete Wahrnehmung, dass sich (riskante) Börsenspekulation lohnt, wieder stärken. Dazu passt auch, dass die Schweizer Politik darauf verzichtete, die staatliche Hilfe für die UBS an Reformbedingungen zu knüpfen.

Börsengewinne

Toleriert werden Börsengewinne auch, weil sie in Zeiten von Finanzmarktkrisen durchaus schrumpfen: Im Jahr 2007 verdiente Daniel Vasella »nur« noch knapp 30 Millionen Franken. (Ethos 2008: 28) Die *Bilanz* hob im Dezember 2008 hervor, dass die 300 Reichsten infolge der Krise insgesamt 70 Milliarden Franken verloren hätten, wobei die Zeitschrift diese Feststellung mit Verweis auf die Gewinne in den Vorgängerjahren relativierte. *(Bilanz,* 5.12.2008 a) Tatsächlich ist die Finanzkrise im Frühjahr 2010 für die Großunternehmen im Bankensektor, wo sich die Schweizer Topverdiener häufen, bereits wieder Schnee von gestern: Brady Dougan, CEO der Credit Suisse, erhielt für das Jahr 2009 ein Einkommen von 19,2 Millionen Franken, wovon nur 1,25 Millionen Franken Gehalt waren, der Rest Bonus. Dazu kamen Aktien aus dem sogenannten Performance Incentive Plan, einem mehrjährigen Bonusprogramm der Credit Suisse, im Wert von 70,9 Millionen. Damit machen Dougans Einnahmen aus seinen Tätigkeiten bei der Großbank über 90 Millionen Franken aus. *(Tages-Anzeiger,* 31.3.2010) Die Credit Suisse steht mit ihren großzügigen Boni-Zahlungen nicht allein da. Wie die *Bilanz* berechnet hat, dürften die größten europäischen und nordamerikanischen Banken insgesamt rund 300 Milliarden US-Dollar an Löhnen und Boni für das Jahr 2009 – also das Jahr eins nach der Finanzmarktkrise – zurückstellen *(Bilanz,* 29.1.2010).

Sowohl bei den sehr hohen Einkommen wie bei den Unternehmensgewinnen spielen Aktienanteile und damit Börsengewinne eine zunehmend wichtige Rolle, wie die genannten Beispiele zeigen. Für die USA wurde dies anhand der Einkommensentwicklung und -komponenten der einkommensstärksten einhundert CEOs (Geschäftsführende) untersucht. Demnach hat bei diesen Topmanagern der Einkommensanteil, der durch Aktien und andere Börsenpapiere abgedeckt wird, vor allem seit den späten 1970er-Jahren dramatisch zugenommen: von 20 Prozent im Jahr 1977 auf 40,5 Prozent im Jahr 1979 und schließlich auf 92,3 Prozent im Jahr 1999. (Duménil und Lévy 2004/Piketty und Saez 2003) Diese Entwicklung ist auf die zunehmende Börsenkapitalisierung von Firmen und auf die Börsengewinne seit den 1980er-Jahren zurückzuführen, auf die wachsende Tendenz von Unternehmen, in der Logik des Shareholder-Value einen immer größeren Teil des Gewinns in Form von Dividenden auszubezahlen, und auf die rasante Expansion des Finanzsektors in den letzten Jahrzehnten. Das gilt vor allem auch für den Typ des Börsenspekulanten und Finanzinvestors, der ausschließlich vom meist risikoreichen Spiel um den Kauf und Verkauf von Aktien, Beteiligungen, Optionen, Derivaten und weiteren Finanztiteln lebt. In Hochkonjunkturphasen können auf diese Weise enorme Einkünfte erzielt werden. Andere machen ihr Geschäft dagegen gerade in unsicheren Zeiten, wie etwa der amerikanische Hedgefondsmanager George Soros, der von Finanz- und Währungskrisen regelmäßig profitiert (vgl. *Forbes,* 3.11.2009). Schweizer Investoren spielen auf dem internationalen Markt für Hedgefonds eine wichtige Rolle: Jeder siebte Franken, der in Hedgefonds in London, New York oder anderswo fließt, kommt aus der Schweiz. *(Bilanz,* 26.3.2010)

Unternehmensgewinne

Christoph Blocher ist nicht nur ein äußerst einflussreicher Schweizer Politiker, sondern war bis zu seiner Amtstätigkeit als Bundesrat (2003–2006) auch ein sehr erfolgreicher Unternehmer. Der Pfarrerssohn, der vor seinem Betriebswirtschaftsstudium eine Ausbildung zum Landwirt gemacht hatte, erwarb sich sein umfangreiches Einkommen und Vermögen als Firmenbesitzer durch Unternehmensgewinne, Firmenbeteiligungen und Finanzspekulationen. Das Flaggschiff der Blocher'schen Unternehmungen war und ist die Ems-Chemie, die seit 2003 von der ältesten Tochter Magdalena Martullo-Blocher geführt wird. Das Vermögen der Familie Blocher wird auf 2,5 Milliarden Franken geschätzt *(Bilanz,* 4.12.2009).

Von hohen Unternehmensgewinnen profitieren nebst den angestellten Führungskräften vor allem die Eigentümer, seien dies Angehörige von Familienunternehmen oder Investorinnen und Großaktionäre, durch Gewinnbeteiligung und die Ausschüttung von Dividenden. Für hohe Gewinne sind neben einem erfolgreichen

Businessmodell auch Marktvorteile (beispielsweise monopolähnliche Stellungen) oder Steuerprivilegien wichtig.

Bis 2007 entwickelten sich die Konzerngewinne fast aller Branchen äußerst günstig. In den Jahren 2006 und 2007 kam es zu Rekordwerten, indem die größten Schweizer Unternehmen insgesamt einen Gewinn in der Höhe von 73 Milliarden Franken erzielten. Allerdings war die Bankenbranche im Jahr 2007 bereits von der Krise betroffen und verzeichnete Einbußen. Besser ging es der Maschinen- und Metallindustrie, die ihre Gewinne verdoppeln konnte, während die Pharma- und Chemieunternehmen eine Gewinnsteigerung von über 42 Prozent erlebten. (Baumann 2008: 107) Durch die Krise 2007–2008 schrumpften etliche Gewinne empfindlich. Doch 2010 visieren manche Branchen bereits wieder Gewinnhöhen an, die an die Boomjahre vor der Krise anknüpfen. *(Bilanz,* 4.6.2010)

Vermögensreichtum allgemein

Erst die Konsolidierung hoher Einkommen, ihre Vermehrung und schließlich auch die Weitergabe dieser akkumulierten Einkünfte schaffen den beständigen Reichtum in Form von Vermögen. Vermögensanlagen sind ein wichtiger Weg, damit Reiche ihren Reichtum behalten oder mehren können. Während Einkommen in der Geldwirtschaft praktisch immer aus monetären Werten besteht, kann das Vermögen nebst eigentlichem Geld und Kapitalanlagen auch den Besitz an mobilen und immobilen wertvollen Gütern wie etwa Schmuck, Kunst, Antiquitäten, einer Tierzucht, teuren Autos oder Flugzeugen, Häusern und Land beinhalten. Viele dieser Vermögenswerte verlieren nicht an Wert, sondern werden wertvoller und dienen als gewinnbringende Anlage. Je größer das Vermögen, desto mehr Zinsen wirft es ab, je wertvoller der Besitz, desto höhere Gewinne können bei einer Veräußerung verbucht werden. Dabei ist gerade beim Immobilienbesitz von einem oft unterschätzten Reichtum auszugehen. Vermögen wird oft positiver eingeschätzt als hohes Einkommen, weil es scheinbar von Sparsamkeit, Leistung, Solidität und dem Willen zur selbstverantwortlichen Vorsorge zeugt. Das scheint der Grund, warum die eklatante Vermögensungleichheit in der Schweiz mehrheitlich ebenso toleriert wird wie die steuerbefreite Erbschaft. Vermögenssteuern und Erbschaftssteuern auf nationaler Ebene würden soziale Ungleichheiten verringern (vgl. WOZ, 28.6.2007). Doch seit 1958 gilt das eherne Gesetz, dass der Bund die Finger von der Besteuerung der Vermögen zu lassen habe.

Verlässliche Angaben zum Vermögensreichtum in der Schweiz zu erhalten, ist gar nicht so einfach. In Befragungen sind Reiche notorisch untervertreten. Auch die kantonalen Vermögenssteuerstatistiken bilden trotz Vollerhebung den wahren Reichtum nicht genügend deutlich ab. Nützlich sind da die Analysen und Erfahrungen der Consulting-Firmen für Finanzen und Anlagen. Beispiele sind die Berichte der Firmen Capgemini und Merrill Lynch oder jene der Boston Consulting Group. Für ihren geschäftlichen Erfolg müssen sie in einem so stark umkämpften Geschäft wie jenem der internationalen Vermögensverwaltung über intime Kenntnisse nicht nur der Wohlstandsverhältnisse, sondern auch der Präferenzen und Einstellungen ihrer Kundschaft verfügen. Ihre Berichte und Studien zeigen etwa, dass die Anzahl wie das Vermögen der Reichen und Superreichen bis 2007 stark zugenommen haben. Die Vermögensverwaltungsbranche spricht bei den Reichen von »High Net Worth Individuals« (Anlagevermögen: mindestens 1 Million US-Dollar), Superreiche bezeichnet sie als »Ultra High Net Worth Individuals« (mindestens 30 Millionen US-Dollar). Besonders die Zahl der »Ultra High Net Worth Individuals« hatte sich bis 2007 stärker vermehrt als jene der »Nur«-Millionäre. Und ihre Vermögen nahmen in einem Jahr – von 2006 bis 2007 – um 14,5 Prozent zu. (Capgemini und Merrill Lynch 2008) Auch nach der Krise fällt die überdurchschnittliche Steigerung der Vermögen dieser Superreichen auf: Im Jahr 2009 waren es gut 93 000 Personen weltweit. Damit konnten die Superreichen einen Gutteil ihres früheren Verlusts wieder wettmachen. (Capgemini und Merrill Lynch 2010)

Solche Vermögenszuwächse können wesentlich auf hohe Spekulationsgewinne in wirtschaftlichen Boomphasen zurückgeführt werden. Das zeigt das überdurchschnittliche Wachstum der Millionäre in den BRIC-Staaten (Brasilien, Russland, Indien und China). Alle diese Länder wiesen hohe Wachstumsraten und bis 2007 einen Aktienboom auf. Was tun diese »neuen« Reichen mit ihrem Geld? Sie legen es dort an, wo es am meisten rentiert und am wenigsten kostet. So befanden sich im Jahr 2007 mehr als ein Drittel der Vermögensanlagen der russischen Reichen (mit mindestens 1 Million Anlagevermögen) *offshore*, also außer Landes (Boston Consulting Group 2008). Damit ist auch der Zusammenhang zwischen der ungleichen Entwicklung von individuellem Reichtum und dem Reichtum einer Volkswirtschaft angesprochen: In Japan, den USA und Europa befindet sich ein vergleichsweise kleiner bis sehr kleiner Teil der Fondsvermögen *offshore*. Dagegen wird in Lateinamerika, Afrika oder Russland durch Kapital- und Steuerflucht im großen Stil internationale Umverteilung von Süden nach Norden betrieben. Dabei spielen Steuerparadiese eine zentrale Rolle: Die Schweiz ist das wichtigste Offshore-Zentrum für private Vermögen. Im Jahr 2009 hatte sie in diesem internationalen Geschäft mit 27 Prozent den höchsten Marktanteil. 2 Billionen US-Dollar ausländische Vermögen wurden vom Schweizer Finanzplatz verwaltet. (Boston Consulting Group 2010: 5)

Wie sieht es nun in der Schweiz selber aus? Über welche Anhaltspunkte verfügen wir zur Zahl und Entwicklung hoher Vermögen in der Schweiz?

Vermögen in der Schweiz

Anschauliche Daten zur Vermögensverteilung in der Schweiz liefern die Statistiken der Eidgenössischen Steuerverwaltung (ESTV). Wir werden im Kapitel zur Vermögensverteilung (3.2.5) näher darauf eingehen. Hier sei lediglich erwähnt, dass zwischen 1997 und 2003 eine knappe Mehrheit der Kantone (nämlich 14) einen Anstieg hoher Vermögen verzeichnete, während eine große Minderheit (12) eine Abnahme registrierte. Dabei sind die kantonalen Unterschiede bedeutend und hängen stark mit der jeweiligen kantonalen Steuerpolitik zusammen. Die beiden Zentralschweizer Steuerparadiese Zug und

Schwyz beherbergten im Jahr 2007 im Verhältnis zu ihrer Bevölkerung am meisten Vermögensmillionäre. Im Jahr 2007 lebten in der Schweiz 217 768 Personen, die ein Reinvermögen von über einer Million Franken versteuerten. Davon deklarierten 9740 Personen ein Vermögen von über 10 Millionen Franken. Der Kanton Zürich hatte mit 2980 Personen am meisten Steuerpflichtige mit zweistelligen Millionenvermögen. Der Kanton Schwyz weist aber im Verhältnis die höchste Konzentration auf: Die Inhaber und Inhaberinnen von steuerbaren Vermögen von 10 oder mehr Millionen machen in diesem Kanton nämlich 0,77 Prozent aller Vermögenssteuerpflichtigen aus. Schweizweit betrug dieser Anteil gerade einmal 0,21 Prozent. (ESTV 2010)

Wenig erfahren wir bei der Steuerverwaltung über die ausländischen Vermögenden, die pauschal besteuert werden. Sie werden nur anhand »des Aufwands« – der Miete und des Konsums – besteuert. Vermögensangaben fehlen (Morger 2010). Mehr Auskunft gibt das Wirtschaftsmagazin *Bilanz*. Unter die »300 Reichsten« der *Bilanz* schafft es, wer mehr als 100 Millionen Franken besitzt. Die Vermögen der Top Ten bewegen sich zwischen 6,5 und 35,5 Milliarden Franken. (*Bilanz*, 4.12.2009) Orientiert man sich an der Reichstenliste des US-Magazins *Forbes*, dann setzen sich die Top Ten der Milliardäre der Welt im Jahr 2010 aus Inhabern – alles Männer – von Vermögen zwischen 23,5 und 53,5 Milliarden US-Dollar zusammen. (*Forbes*, 10.3.2010) Ein Name taucht weit vorne in beiden Rankings auf, bei der *Bilanz* (Platz 1 im Jahr 2009) und bei *Forbes* (Platz 11 im Jahr 2010): Ingvar Kamprad. 701 Personen mit mehr als 10 Millionen Franken Vermögen besassen 2007 in der Waadt 19,75 Milliarden Franken (ESTV 2010 c). Allein Kamprad besitzt dort 35,5 Milliarden. Die realen Vermögen der Pauschalbesteuerten erfasst die Vermögenssteuerstatistik nicht.

Erbschaft und Vermögenstransfer

Gisela (»Gigi«) Oeri trifft man regelmäßig bei den Spielen des Fußballclubs Basel an. Als Vereinspräsidentin und großzügige Mäzenin hat Gigi Oeri keinen geringen Anteil daran, dass der FCB eines der erfolgreichsten Schweizer Fußballteams ist. Daneben hat die gelernte Physiotherapeutin ein Puppenhausmuseum aufgebaut und unterstützt das Filmschaffen. Möglich geworden ist ihr dieses finanzielle Engagement durch ihre Heirat mit dem Chirurgen Andreas Oeri, Erbe und Mehrheitsaktionär des multinational tätigen Basler Pharmaunternehmens Roche, ehemals Hoffmann-La Roche. Die *Bilanz* schätzte das Vermögen der Familien Hoffmann und Oeri im Jahr 2006 auf 20,5 Milliarden Franken, nach der Krise sollen es 2009 noch 15,5 Milliarden gewesen sein *(Bilanz,* 4.12.2009). Damit sind die Oeris nach wie vor die reichsten Schweizer Bürger.

Für Westeuropa wird allgemein angenommen, dass die in der Prosperitätsphase der 1950er- bis 1970er-Jahre angehäuften Vermögen in den 1980er- und 1990er-Jahren vererbt wurden (Kaelble 2007). Die Schweiz konnte sich aus den beiden Weltkriegen heraushalten, erlebte keine kriegsbedingten Zerstörungen, Verluste und Besitzverschiebungen und erhob, wie erwähnt, seit 1958 keine nationale Vermögenssteuer mehr. Der Vermögenstransfer hat dadurch, vor allem durch Erbschaft, hierzulande Kontinuität. Im Jahr 2000 wurden schweizweit nach verschiedenen Schätzungen zwischen knapp 30 und 100 Milliarden Franken vererbt. *(Bilanz,* 23.5.2006/Stutz et al. 2007) Die Nationalfonds-Studie zum Erben in der Schweiz geht von 28,5 Milliarden Franken an Erbschaft aus, wozu noch über 9 Milliarden Franken Schenkungen kämen. Die vererbte Summe entspräche demnach 6,8 Prozent des Bruttoinlandsprodukts von 2000, was im internationalen Vergleich sehr viel ist. (Stutz et al. 2007: 15 ff.) Experten gehen davon aus, dass in den nächsten dreißig Jahren 178 000 Personen zusammen fast eine Billion Franken erben werden. Von diesen Erbmillionären werden 13 000 eine Erbschaft von je über 10 Millionen Franken antreten können. (Kissling 2008: 35)

Erbschaften tragen in der Schweiz mehr zur Vermögensbildung bei als die privaten Ersparnisse. Dabei wird sehr ungleich vererbt: 10 Prozent der Erben bekommen drei Viertel der gesamten Erbsumme. Und: Erben ist vorwiegend Familiensache, denn drei Viertel des gesamten Erbvolumens wird innerhalb der Kernfamilie transferiert, nur 10 Prozent gehen an Organisationen und Nichtverwandte. (Stutz et al. 2007:15–22) Eine Umverteilung der gigantischen Erbsummen findet kaum mehr statt. Denn während die kantonalen Erbschaftssteuern im Lauf des 20. Jahrhunderts zunächst ausgebaut worden waren, werden sie seit den 1980er-Jahren laufend reduziert: Direkte Nachkommen und überlebende Ehegattinnen und -gatten sind heute in den meisten Kantonen davon befreit. (Hindersmann und Myssen 2003/*Bilanz*, 9.11.2007/SSK Schweizerische Steuerkonferenz 2009) Kapitel 9.1 thematisiert zudem die Funktion sogenannter Family Offices für den Vermögenstransfer innerhalb von Familien. Gemäß diesem Firmenzweig umfasst der Begriff Vermögenstransfer für sehr reiche Familien allerdings nicht nur »die Erstellung einer genauen Nachlass- und Generationenstruktur«, sondern auch eine »proaktive Steuerplanung, bei der auch maßgeschneiderte Gefäße wie Stiftungen und Trusts verschiedener Domizile genutzt werden können« (*Finanz und Wirtschaft*, 10.9.2008:27). Auf diesen für Reiche besonders wichtigen Aspekt der Steuern geht das Kapitel 10 vertiefend ein. Hier wenden wir uns der Frage zu, wie Reichtum verteilt ist.

3.2 Zunehmende Ungleichheit? Wie Einkommen und Vermögen verteilt sind

Bis in die 1950er-Jahre hinein wurde die primäre Einkommensverteilung in wichtigen Industrieländern gleichmäßiger. Der Ökonom Simon Kuznets vertrat vor allem für die USA die Theorie des *great u-turn*, einer umgekehrten U-Kurve. Während des Übergangs einer Agrargesellschaft zu einer Industriegesellschaft sei die Ungleichheit am größten, weil Technik und erhöhte Produktivität dazu beitragen, dass die Beschäftigten im Industriesektor mehr verdienen als Bauern und Landarbeiterinnen. In einer voll entwickelten Industriegesellschaft, in der nur noch wenige in der Landwirtschaft beschäftigt sind, gleichen sich die Einkommen der großen Bevölkerungsmehrheit im Zug des wirtschaftlichen Wachstums und seiner Verteilung wieder an. Auch der umverteilende Sozialstaat trage dazu bei. (Kuznets 1955) Empirische Studien haben diese Theorie bestätigt. Doch in den späten 1970er-Jahren setzte ein Trendwechsel ein: Die Einkommensverteilung wurde wieder ungleicher.

Wir wollen nun diese Ungleichheiten genauer betrachten. Am anschaulichsten lässt sich die Wohlstandsverteilung mit dem Gini-Koeffizienten ausdrücken. Er misst die Konzentration von Vermögen oder Einkommen. Liegt sein Wert bei 0, dann ist die Summe der gesamten privaten Vermögen in einer Volkswirtschaft und Gesellschaft gleichmäßig auf alle Personen verteilt. Liegt der Wert bei 1, besitzt eine einzige Person das gesamte Einkommen oder Vermögen und die anderen haben nichts. Wenn im Folgenden teilweise unterschiedliche Gini-Werte für die gleiche Region zur gleichen Zeit präsentiert werden, dann hat das mit methodischen Problemen zu tun: Oft verwenden Studien zur Wohlstandsverteilung unterschiedliche Referenzgrößen. Trotzdem erhalten wir mit den folgenden Zahlen einen Überblick. Wir werden zwischen der Einkommensverteilung und der Vermögensverteilung unterscheiden. So viel vorweg: Die Einkommen sind zwar unterschiedlich verteilt mit Trend zu mehr Ungleichheit, sie sind aber niemals so ungleich verteilt wie die Vermögen.

Einkommensverteilung international

Dank internationalen Vergleichsdaten der Organisation für wirtschaftliche Zusammenarbeit und Entwicklung (OECD) für über dreißig Länder können wir die Entwicklung seit den 1980er-Jahren nachzeichnen. In den Jahren 2003–2005 lag der Gini-Koeffizient der Einkommensverteilung in den OECD-Mitgliedern unter den alten Industrieländern zwischen 0,23 (Dänemark, Schweden) und 0,38 (USA). Die Schweiz befand sich mit einem Wert von 0,28 unterhalb des Durchschnitts von 0,31. (OECD 2008:24f., 51f) Seit Mitte der 1980er-Jahre hat die weltweite Einkommensungleichheit um 0,02 Gini-Punkte zugenommen. Am stärksten ausgeprägt war dieser Trend in Ländern wie Neuseeland, Mexiko, Portugal, Italien, Deutschland und den USA, aber auch in skandinavischen Ländern wie Finnland, Norwegen und Schweden, die stets weniger ungleiche Verhältnisse aufwiesen. (OECD 2008: 29) Anthony B. Atkinson, einer der renommiertesten Forscher im Bereich der Wohlstandsentwicklung und -verteilung, bestätigt die Tendenz zu wachsender Einkommensungleichheit seit 1980. Er führt dies unter anderem auf eine zunehmende Lohnspreizung zurück: mehr Lohn für die obersten zehn Prozent – wie schon erwähnt – und teils weniger Lohn für die unteren zehn Prozent. (Atkinson 2008)

Einkommensverteilung in der Schweiz

Für die Schweiz als Ganzes existiert noch keine Untersuchung, die die Entwicklung der Einkommensverteilung über mehrere Jahrzehnte mit der gleichen Einkommensgröße darstellt. Vor allem in den 1970er- und frühen 1980er-Jahren wurden verschiedene Berechnungen dazu angestellt.[5] Seit den späten 1990er-Jahren hat das Interesse an der Thematik nun wieder zugenommen. Wir beschränken uns im Folgenden auf Analysen zur Wohlstandsverteilung zwischen verschiedenen Einkommensklassen sowie auf die Zeit seit den 1990er-Jahren und holen exemplarisch für den Kanton Zürich etwas weiter aus.[6]

Für die 1990er-Jahre schloss eine Studie von Ecoplan zur Schweizer Wohlstandsverteilung, dass die Einkommenskonzentration (und auch die Vermögenskonzentration) zugenommen habe. Arbeitslosigkeit und belastende Abgaben für Sozialversicherungsbeiträge und Krankenkassenprämien sorgten dafür, dass das *verfügbare Einkommen* der unteren Schichten weniger wuchs als das Bruttoeinkommen. Aufgrund der hohen Mieten stagnierte das *kurzfristig frei verfügbare Einkommen* der unteren Schichten gar. (Ecoplan 2004) Resultat: Die Kaufkraft sank und die Ungleichheit nahm leicht zu.[7]

Die Boomjahre des neuen Jahrtausends fielen mit einer noch deutlicheren Zunahme der Ungleichheit zusammen. Dies zeigt die Verteilung der *steuerbaren* Einkommen seit 2003. Im schweizweiten Mittel erhöhte sich die Ungleichheit der Einkommen zwischen 2003 und 2006 von einem Gini 0,368 auf 0,383. (Peters 2010) Steuerreformen im Rahmen des Steuerwettbewerbs, aber vor allem der starke Anstieg hoher Einkommen dürften eine Rolle gespielt haben. Die Analysen des Gewerkschaftsdachverbands Travail.Suisse zeigen, dass die Lohnschere zwischen Höchst- und Tiefstlöhnen in 18 von 29 Schweizer Großunternehmen zwischen 2002 und 2009 auseinanderging. Am meisten bei der Credit Suisse, gefolgt von dem Chemieunternehmen Clariant und dem Technologiekonzern Oerlikon. Während der Finanzkrise hatte sich diese Lohnschere zwischen 2007 und 2008 infolge von kurzfristigen Boni-Einschränkungen temporär etwas geschlossen. Doch das ist schon wieder vorbei. Der Unterschied zwischen CEO und dem tiefstbezahlten Angestellten nahm bei der UBS zwischen 2008 und 2009 um ganze 753 Prozent zu (Oerlikon 204 Prozent; Credit Suisse 318 Prozent). Credit-Suisse-CEO Brady Dougan verdiente 2009, auch dank der Ausschüttung seiner Aktienanteile im Rahmen des CS-Spezial-Boniprogramms, 1812 Mal mehr als die am schlechtesten entlöhnte CS-Mitarbeiterin. Bei elf weiteren Topmanagern der CS beträgt das Verhältnis 470:1. (Travail.Suisse 2010)

Beispiel Kanton Zürich

Für den Kanton Zürich liegen längere Datenreihen und Auswertungen vor. Da der Kanton aufgrund seiner Größe eine gewisse Repräsentativität für die gesamte Schweiz beanspruchen kann, beleuchten wir das Beispiel näher. Die Zürcher Daten bestätigen den internationalen Trend: Nach dem Zweiten Weltkrieg fand eine Abnahme der Einkommensungleichheit statt, seit 1975 stagnierte die Entwicklung, und in den 1980er-Jahren mündete sie in ein Wiederanwachsen der Ungleichheit. Wie die folgende Grafik veranschaulicht, ging die Einkommenskonzentration am stärksten zwischen 1945 und 1952 zurück, nämlich um 0,0641 Gini-Punkte beziehungsweise um knapp 12 Prozent. Der zweitstärkste Rückgang erfolgte zwischen 1970 und 1975 (minus 8,5 Prozent). Danach stieg die Konzentration bis 1983 minim, um bis 1987 wieder etwas zurückzugehen. Bis 1991 nahm die Konzentration schließlich erneut leicht zu auf einen Gini von 0,43 (gerundet).

Einkommensverteilung Kanton Zürich 1945 bis 2006

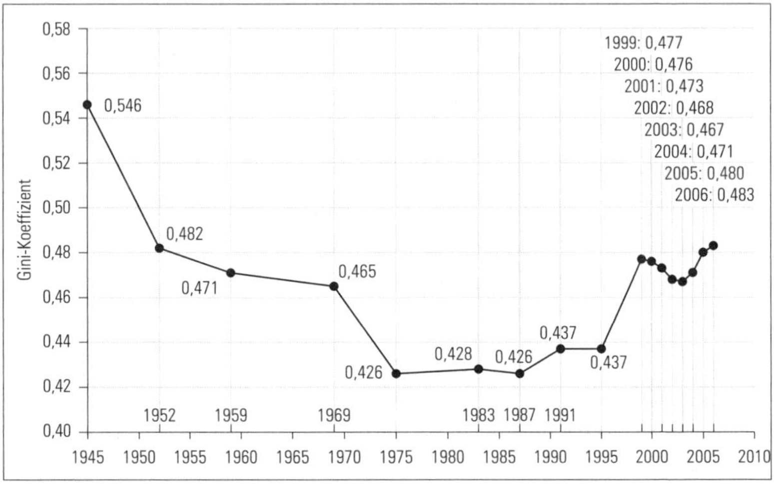

Quelle: Bauer und Spycher 1994, Statistisches Amt Kt. Zürich 2010, eigene Berechnungen und Darstellung.

Von 1991 bis 1999 nimmt die Ungleichheit der Einkommensverteilung weiter zu, geht bis 2003 wieder zurück und steigt bis 2006 markant an auf einen Gini von nun 0,483. Damit scheint das Ungleichheitsniveau 2006 grösser zu sein als 1952. Gegen eine solche Aussage gibt es allerdings methodische Einwände aufgrund steuertechnischer Änderungen. Gleichwohl deutet der Trend auf eine U-Kurve nach dem Zweiten Weltkrieg hin. In Basel-Stadt betrug der Gini 0,482 im Steuerjahr 2007. Dabei hat die Einkommenskonzentration im ganzen Kanton zugenommen. (Statistisches Amt BS 2010: 70) Wir dürfen gespannt sein auf die Entwicklung während und nach der Finanzkrise.

Auch bei den Vermögen geht der Trend zu mehr Ungleichheit. Die folgende Grafik illustriert die Entwicklung im Kanton Zürich. Wir schauen uns die historischen Daten an und gehen dann über zur Schweiz, zur Welt und zur aktuellen Situation.

Vermögensverteilung Kanton Zürich 1945 bis 2006

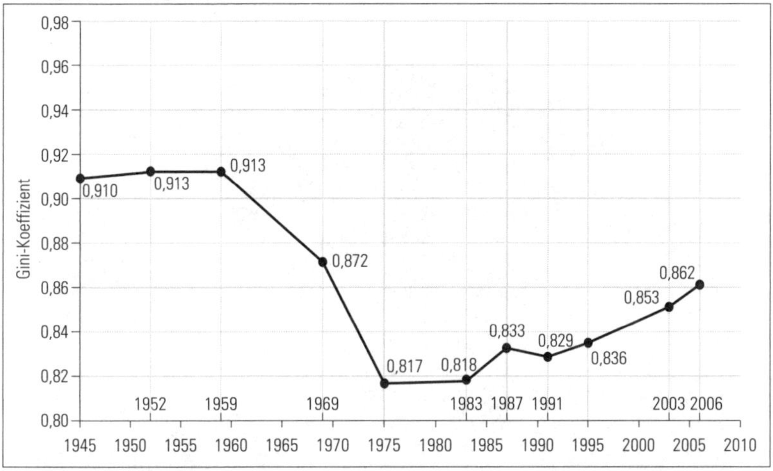

Quelle: Bauer und Spycher 1994, Jeitziner und Peters 2007, eigene Berechnungen und Darstellung.

Hohe Vermögensungleichheit

Nehmen wir an, das reichste Prozent der gesamten Weltbevölkerung sei ein Klub. Aus welchen Ländern und Weltregionen stammen die Mitglieder? 25 Prozent aus den USA, weitere 20 Prozent aus Japan. Damit stellen diese beiden Länder allein 45 Prozent der weltweiten Superreichen. Aus der kleinen Schweiz stammt immerhin 1 Prozent der Klubmitglieder. Weitere 41 Prozent der Reichsten verteilen sich auf zusätzliche 13 Länder, von denen zwei in (Ost-)Asien und drei in Lateinamerika liegen. Dagegen fehlen Afrika, der Nahe und Mittlere Osten wie auch Osteuropa ganz in diesem Klub der Superreichen. Nur gerade 13 Prozent des reichsten Hundertstels leben demnach in den übrigen Ländern des Erdballs. (Davies et al. 2007) Auch wenn die Datenbasis für viele Länder der sogenannten Dritten Welt schlecht und ein internationaler Vergleich deshalb mit gewissen Vorbehalten behaftet ist, illustrieren diese Verhältnisse die äußerst ungleiche weltweite Verteilung des Reichtums. Die folgende Grafik veranschaulicht dies. Sie zeigt, in welchen Ländern sich wie große Anteile vom gesamten weltweiten Privatvermögen befinden:

Anteile des weltweiten Privatvermögens, nach Ländern 2000

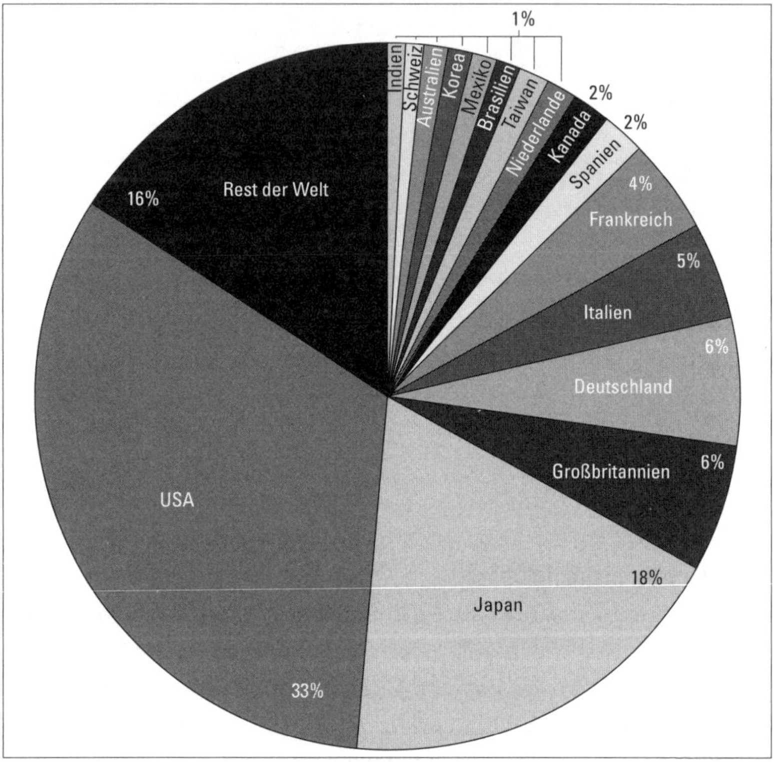

Daten aus dem Bericht der UN-Universität zur weltweiten Verteilung der privaten Haushaltvermögen (Davies et al. 2007), eigene Darstellung.

Betrachten wir nun nicht die Länder, sondern die Personen: 1 Prozent der weltweit Reichsten besitzt 40 Prozent des weltweiten Vermögens. 5 Prozent der Reichsten haben bereits 71 Prozent. Und die reichsten 10 Prozent besitzen 85 Prozent des gesamten Vermögens. Dieser gigantischen Konzentration steht die »untere« Hälfte der Weltbevölkerung gegenüber, deren Mitglieder zusammen nur knapp ein Prozent des weltweiten Vermögens besitzen. (Davies et al. 2008:7)

Auch *innerhalb* der einzelnen Länder sind die Vermögen sehr ungleich verteilt. Dies gilt gerade für die Schweiz, die im Verhältnis zu ihrer Größe und Einwohnerschaft einen hohen Anteil an schwerreichen Personen aufweist. Gemäß dem Bericht der UN-Universität (UNU) ist der Anteil hoher Vermögen im Vergleich von 20 Industrie- und Schwellenländern nirgends so ausgeprägt wie in der Schweiz: Demnach besaßen hierzulande im Jahr 1997 die reichsten 10 Prozent der Steuerpflichtigen 71,3 Prozent aller privaten Vermögen:

Vermögensverteilung im Vergleich: Besitz der obersten 10 Prozent der Bevölkerung

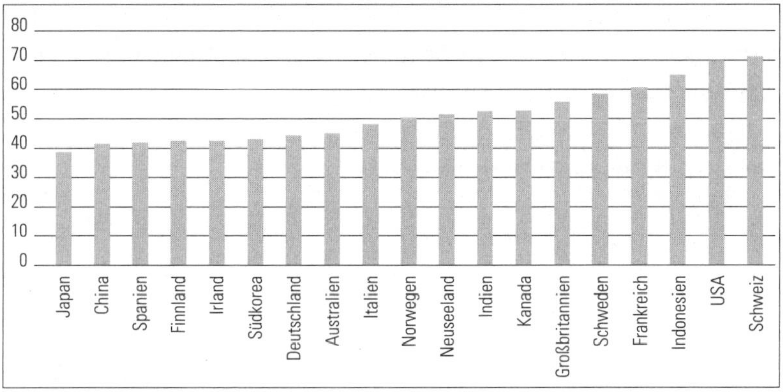

Quelle: Davies et al. 2008: 4, eigene Darstellung.

Schaut man sich die Verhältnisse bei den Allerreichsten – also beim obersten Prozent und beim obersten Promille – an, dann liegt die Schweiz ebenfalls an der Spitze: Auf 0,1 Prozent der Steuerpflichtigen entfallen 16 Prozent des gesamten deklarierten Vermögens in der Schweiz:

Vermögensverteilung im Ländervergleich: Besitz des obersten Prozents der Bevölkerung

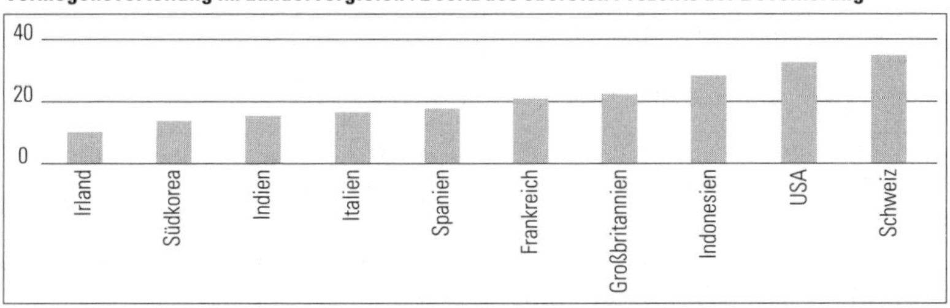

Quelle: Davies et al. 2008: 4, eigene Darstellung.

Die Schweiz befindet sich im Ländervergleich auf dem drittletzten Platz bei der Vermögensungleichheit. Mit einem Gini-Koeffizienten im 1997 von 0,803 war die Konzentration der Vermögen nur in Simbabwe und Namibia höher in 229 Ländern. Aktuellste Daten für 2010 vergleichen 165 Länder. Auch hier befindet sich die Schweiz wieder auf dem drittletzten Platz: Rang 163 in der Ungleichheitsskala vor Namibia und Singapur. Gemäss diesen Zahlen weist die Schweiz einen Gini von 0,881 auf. (CS Research Institute 2010) Zur Erinnerung: Ein Gini-Koeffizient von 1 würde bedeuten, dass eine Person das gesamte schweizerische Vermögen besitzt.

Vermögensverteilung Schweiz im internationalen Vergleich, 2010

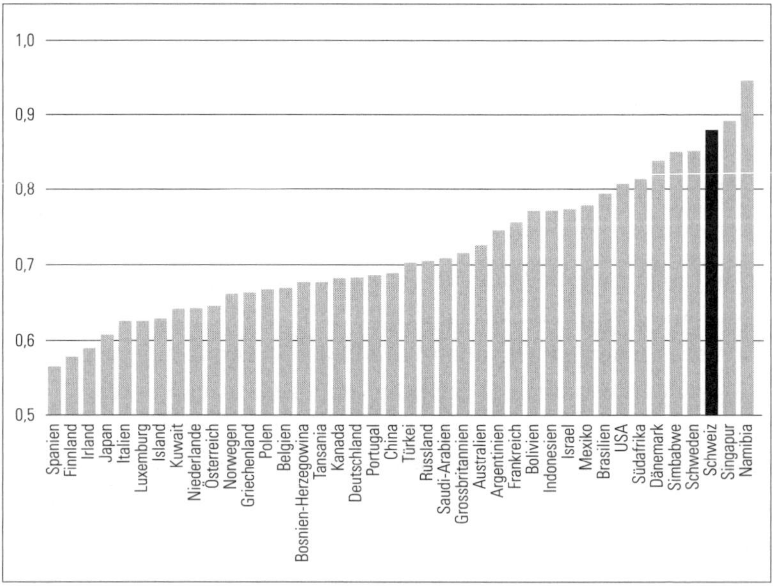

Quelle: CS Research Institute 2010, eigene Darstellung.
Die Darstellungen mit allen untersuchten Ländern finden sich auf www.reichtum-in-der-schweiz.ch.

Auch in der Schweiz ist die Ungleichverteilung ist seither noch gestiegen. Die letzten verfügbaren Daten aus den kantonalen Vermögenssteuerstatistiken für das Jahr 2007 zeigen: Die reichsten 0,21 Prozent Vermögenssteuerpflichtigen in der Schweiz, nämlich

Personen beziehungsweise Haushalte mit einem Vermögen von über 10 Millionen Franken, besitzen über einen Viertel, nämlich 26,76 Prozent des gesamten (versteuerten) Privatvermögens in der Schweiz:

Vermögensverteilung Schweiz: Natürliche Personen, ESTV 2010

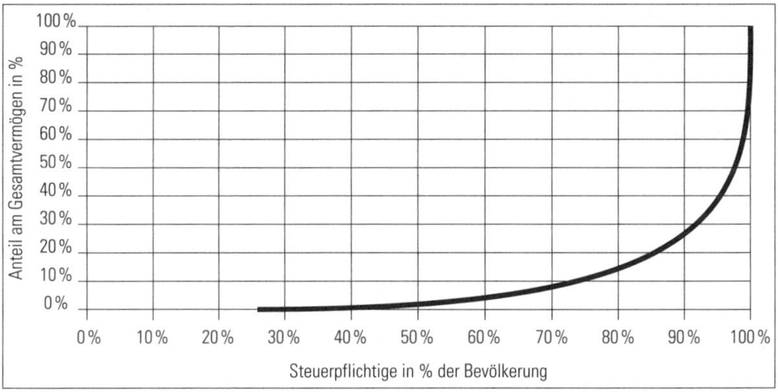

Quelle: Steuerjahr 2007, ESTV 2010 c, eigene Darstellung.

Eine solche Konzentration der Vermögenswerte schlägt sich auch auf kantonaler Ebene nieder. Eine detaillierte Auswertung der kantonalen Vermögenssteuerdaten für das Jahr 2003 zeigt: Am ungleichsten war die Verteilung in der Waadt mit einer mittels Gini ausgedrückten Konzentration von 0,905 – alter Reichtum gepaart mit reichen Zuziehenden, die von der schönen Riviera und steuergünstigen Gemeinden angelockt werden. Darauf folgt der Kanton Basel-Stadt (Gini 0,903), wo sich sowohl die Vermögen aus dem Basler »Daig« wie auch die umsatzstarken Chemie- und Pharmafirmen massieren. Daten für 2007 zeigen, dass die Vermögenskonzentration weiter gewachsen ist (Gini 0,927) (Statistisches Amt Basel-Stadt 2010: 70). Knapp 3 Promille (0,29 %) der Basler Steuerpflichtigen besassen 2007 über die Hälfte (51,1 %) des Reinvermögens. In nur einem Jahr (2006–2007) ist dieser Vermögensanteil um 2,3 Prozent gewachsen. (ESTV 2010 c) Erstaunlich ist dabei, dass in Basel eine Linksmehrheit in der Regierung sitzt und auch bürgerliche Akteure oft als liberal im progressiven Sinn gelten. Allenfalls hilft hier die Oligarchienthese des Soziologen Robert Michels weiter. Gemäß Michels, der auch die damalige deutsche Sozialdemokratie untersucht hat, tendieren Parteien in Demokratien stets zu oligarchischem Verhalten. (Michels 1925) Heute, einige Jahrzehnte nach 1968, wirkt Michels These antiquiert und überspitzt. Zudem krankte Michels Theorie an der zeittypischen Bewunderung für Eliten, die den Autor schließlich auch zu den italienischen Faschisten führte. Gleichwohl gilt es, das kritische Potenzial aufzunehmen und den gegenseitigen Abhängigkeiten zwischen den *angeblichen* Gegenpolen von Big Business aus Chemie/ Pharma einerseits und dem »linken« Basel andererseits nachzugehen, um eine Erklärung für die anhaltend hohe Vermögensungleichheit zu finden. Zweifellos spielt hier das großzügige und liberal gesinnte Mäzenatentum der Basler Reichen eine wichtige Rolle.

Anmerkung zu den Steuerdaten

Repräsentieren die oben verwendeten Steuerdaten das wahre Ausmaß der Reichtumsverteilung in der Schweiz? Dazu sind einige Ausführungen notwendig. Bei Steuerdaten handelt es sich um eine Vollerhebung. Das ist repräsentativer, als eine Befragung der Haushalte nach Stichproben. Die Steuerdaten des Kantons Basel-Stadt ergeben ein sozioökonomisches Profil: Sie zeigen deutliche Unterschiede zwischen dem reichen Stadtviertel Bruderholz (durchschnittliches Reinvermögen von Familien: 2,9 Millionen Franken im Jahr 2007) und dem relativ armen Klybeck (unter 18 000 Franken) (Statistisches Amt des Kantons Basel-Stadt 2010).

Aber wir müssen hier mit Verzerrungen rechnen: Die relativ große Gruppe der an der Quelle besteuerten Personen wird nicht berücksichtigt. Das sind alle in der Schweiz erwerbstätigen oder studierenden ausländischen Personen ohne feste Niederlassung. In der Statistik nicht genügend repräsentiert werden auch die zirka 5000 ausländischen Pauschalbesteuerten, die in der Schweiz leben. Darunter nebst Superreichen wie Ingvar Kamprad etwa auch der deutsche Formel-1-Fahrer Michael Schumacher.

Aber auch der steuerrelevante Vermögensbegriff ist zu eingeschränkt. Der Immobilienbesitz wird in der Steuererklärung generell zu tief eingeschätzt. Auf diesen Missstand, der die wahren Vermögensverhältnisse verschleiert, wies bereits ein Bericht des Bundesrats von 1962 zum Ausmaß der Steuerhinterziehung und zu möglichen Maßnahmen hin (Schweizerischer Bundesrat 1962). Der Steuerwert von Immobilien liegt gegenwärtig gemäß Spezialisten bei 70–90 Prozent des realen Marktwerts (Homegate 2010). Die Vermögensverwalter wissen um die Differenz und setzen in ihren Vermögensberechnungen die Immobilien zu ihrem tatsächlichen Marktwert ein. Zählt man noch die Guthaben aus der beruflichen Vorsorge zum Vermögen, dann gelangt man für die Schweiz auf über 22 statt lediglich knapp 4 Prozent (Dollar-)Millionäre (Barclays Wealth und Economist Intelligence Unit 2008).

Andererseits sind die Wohlhabenden wegen der relativ hohen Mindestgrenze der Vermögensbesteuerung in den Steuerstatistiken übervertreten. In Basel-Stadt muss erst Vermögenssteuern bezahlen, wer als ledige, kinderlose Person über ein Vermögen von 51 000 Franken und mehr verfügt. Bei Ehepaaren und Personen mit Kindern beträgt die untere Grenze 101 000 Franken. Damit schrumpfte der Anteil der Vermögenssteuerpflichtigen im Jahr 2004 auf knapp 30 Prozent der baselstädtischen Bevölkerung. Dabei muss berücksichtigt werden, dass jene, die mit einem steuerbaren Vermögen von null Franken in der Statistik auftauchen, auch ein Minusvermögen in Form von Schulden aufweisen können.

3.3 Reichtum in der Krise?

»Die reichsten Menschen der Erde sind ärmer geworden, so wie wir alle«, bilanzierte das Wirtschaftsmagazin *Forbes* in der Ausgabe 2009 seines Reichen-Rankings und kalkulierte, dass die Zahl der Dollar-Milliardäre weltweit von 1125 auf 793 gefallen sei *(Forbes,* 3.11.2009). Eine Studie geht davon aus, dass alle »High Net Worth Individuals« zusammen im Zuge der Finanzkrise 10 Billionen Dollar oder ungefähr einen Viertel ihres Reichtums verloren hätten. (*The Economist,*

2.4.2009) Und die Vermögensverwalter Capgemini und Merrill Lynch schätzten in ihrem *World Wealth Report 2009*, dass die Summe des weltweiten privaten Geldreichtums (Finanzanlagen) von knapp 41 Billionen Dollar auf knapp 33 Billionen geschrumpft sei. (Capgemini und Merrill Lynch 2009) Die *Bilanz* relativiert die Klage von den Reichen in der Krise: Denn allein im Jahr 2007 waren die dreihundert Reichsten in der Schweiz um insgesamt 74 Milliarden Franken reicher geworden und erreichten einen neuen Vermögensrekord von 529 Milliarden Franken *(Bilanz,* 23.11.2007). Diese Summe ist größer als das Schweizer Bruttoinlandsprodukt (512 Milliarden Franken für 2007).[8] Tatsächlich zeigt die Entwicklung der vergangenen Jahre, dass die Finanzkrise lediglich die Zugewinne rückgängig gemacht hat, die von den Reichen zwischen 2004 und 2007 erwirtschaftet worden sind. Die Reichen von heute sind um ein Vielfaches reicher als jene von früher. Das stellte 2008 auch die *Bilanz* fest, als sie auf zwanzig Jahre Reichen-Ranking in der Schweiz zurückblickte: »Über diese Zeitspanne war die Vermögensentwicklung von enormem Wachstum geprägt: Besaßen die 100 Reichsten 1989 gemeinsam Gelder und Güter im Wert von geschätzten 66 Milliarden Franken, wird ihr Besitz heute auf 368 Milliarden veranschlagt – beinahe eine Versechsfachung.« Und: »Die drei Reichsten von 2008 kommen, mit vereinten Kräften, locker auf den gleichen Betrag, mit dem vor zwanzig Jahren die 100 Vermögendsten bewertet wurden.« Als Beispiel werden etwa die Familien Hoffmann und Oeri angeführt, die ihr Vermögen zwischen 1989 und 2008 um neun Milliarden vermehrten. *(Bilanz,* 5.12.2008 b)[9]

Für die USA existieren Berechnungen, die das jeweilige Verhältnis zwischen dem größten Vermögen und dem Durchschnittsvermögen im Laufe der Zeit untersucht haben. Dieses Verhältnis betrug um 1790 gerade einmal 4000:1. Hundert Jahre später, 1890, besaß die reichste Person dagegen schon 370 000-mal mehr als der Durchschnitt der US-amerikanischen Bevölkerung. Und im Jahr 1999 war dieses Verhältnis auf unermessliche 1 416 000:1 angewachsen. Der Grund: Den 85 Milliarden des damals reichsten Amerikaners Bill Gates stand ein US-Durchschnittsvermögen von 60 000 Dollar gegenüber. (Phillips 2003: 69) Auch in der Schweiz weist die Entwicklung darauf hin, dass sich der Abstand der Reichsten zum Durchschnitt vergrößert. Die 64 reichsten Steuerpflichtigen besaßen im Jahr 2003 ein durchschnittliches Vermögen von über 157 Millionen Franken. Dagegen belief sich das Durchschnittsvermögen aller Steuerpflichtigen im Jahr 2003 gerade einmal 35 000 Franken. (Kissling 2008: 27)

Das Wiedererstarken der wirtschaftlichen Konjunktur hat auch die Schatullen der Großverdienenden und der Reichen wieder gefüllt, wie etwa das Beispiel von Credit-Suisse-CEO Brady Dougan gezeigt hat. »Verlorenen Boden wettmachen«, lautet denn auch der Titel der Vermögensaussichten der Barclay Consulting Group für das Jahr 2010: So nahmen die weltweiten Finanzanlagen um 11,5 Prozent auf einen Wert von 111,5 Billionen US-Dollar zu, der annähernd den Rekord von 2007 erreicht. Dabei kommt es zu interessanten Verschiebungen in Richtung der sogenannten aufstrebenden Märkte. Zwar befindet sich die Mehrheit der Superreichen immer noch in Europa und Nordamerika. Doch die neuen Reichen stammen aus Asien und teilweise auch aus Lateinamerika. (Boston Consulting Group 2010) Damit wird der exklusive Klub der Superreichen vielfältiger, aber auch spannungsvoller – stehen den neuen Reichen in diesen Ländern doch Millionen von Menschen gegenüber, für die selbst ein mittelständischer Wohlstand sich noch in weiter Ferne befindet. Die Schweiz hat es in der Hand, mit ihrem Finanzplatz und ihren Steuergesetzen diese Spannungen noch zu verstärken. Oder eben nicht.

4 Theoretische Zugänge

Die Gesellschaft pluralisiert sich. Neue soziale Differenzierungen entstehen. Aktuelle theoretische Reflexionen betonen individualisierte Lebenslagen – jenseits von sozialen Klassen und Schichten. Sie erwecken den Anschein, als ob es kein Oben und Unten mehr gäbe. Fast wie beim Militär. Da gibt es zwar eine soziale Durchmischung, aber auch eine klare Hierarchie. »Ich übernachtete im Militärdienst während der Manöver mit den Kameraden im Stroh, das waren Leute aus allen Schichten«, sagt der Bankier Hans Vontobel im *Magazin* (12.3.2010 b) und bezeichnet den Militärdienst sogar als Wurzel des Friedensabkommens zwischen Gewerkschaften und Arbeitgebern.[10] Auch bei Fußballspielen sitzt je nachdem ein Konzernchef mit seinem mittleren Angestellten auf derselben Tribüne. Manchmal fachsimpeln sie sogar in der Pause beim Bier zusammen. Dennoch bleibt eine Differenz bestehen. Sie zeigt sich spätestens Ende Monat bei der Lohnzahlung. Klar ist auch, wer wen entlassen kann. Gleichwohl ist heute kaum mehr von sozialen Klassen und Schichten die Rede. Uns interessiert der Reichtum nun hauptsächlich unter dem Aspekt der sozialen Ungleichheit.[11] Wir stellen verschiedene theoretische Konzepte vor und knüpfen an den Ansatz von Pierre Bourdieu an, der zwischen verschiedenen Kapitalformen unterscheidet. Dabei stellt sich auch die Frage nach theoretischen Verortungen neuer Machteliten.

4.1 Klassen und Schichten

Soziale Ungleichheit liegt vor, wenn Mitglieder einer Gesellschaft dauerhaft in unterschiedlichem Maße über notwendige oder begehrte Güter verfügen (Levy 2003:286). Es geht dabei um die Verteilung von Wohlstand, Ansehen und Macht. Was mit Bezug auf Karl Marx einst weithin als Grundwiderspruch zwischen gesellschaftlicher Produktion und privater Aneignung galt, kommt heute eher selten zur Sprache. Bei der Erforschung sozialer Strukturen verlagert sich der Blick von der vertikalen Schichtung einer Gesellschaft zu horizontalen Gliederungen und Differenzierungen, die auch wichtig, aber zur Analyse von sozialer Ungleichheit nur beschränkt aussagekräftig sind (Geißler 2001:537). Wir skizzieren hier diesen Diskurswandel.

Klassenmodelle unterschieden im 19. Jahrhundert die Lohnarbeitenden vom Bürgertum nach der Verfügungsgewalt über die Produktionsmittel. Der politische Ökonom Karl Marx (1818–1883) betrachtete die Gegensätze der Interessen als Triebkräfte des sozialen Wandels. Sein Klassenmodell ist ein Konfliktmodell. Analysen sozialer Schichten und Klassen definierten in der ersten Hälfte des 20. Jahrhunderts die Menschen nach weiteren Merkmalen wie Beruf, Qualifikationen, Einkommen und Besitz. Der Soziologe Max Weber (1864–1920) analysierte die Entstehung des Kapitalismus und lenkte den Blick vom Klassenkampf auf die wachsende Bedeutung der Zweckrationalität. Als Ursache der sozialen Ungleichheit sah er die Lebensführung von Menschen in »geschlossenen Verkehrskreisen« (mit spezifisch ständischer Lage). Durch soziale Schließung reproduzieren Menschen soziale Ungleichheit, indem sie erlangte Vorteile sichern und anderen den Zugang erschweren.

Auch Theodor Geiger (1891–1952) gliederte die Gesellschaft in vertikale Schichten: Er orientierte sein Modell an Statistiken über Berufe, Betriebe und Einkommen. Je nach Produktionsmittelbesitz, Tätigkeit und Bildung ergibt sich eine »objektive sozio-ökonomische Lage«. Sie prägt die Mentalität der Menschen, wirkt aber nicht kausal. Wenn sich ihre Lebensbedingungen gegenseitig entsprechen, bilden Individuen eine soziale Schicht. Der Soziologe Ralf Dahrendorf (1929–2009) differenzierte die sozialen Schichten weiter. Er erörterte auch, wie bedeutend soziales Prestige ist. (2002: 175 ff.)[12] Diese Ansätze orientierten sich alle an vertikalen Ungleichheiten. Der Ungleichheitsansatz in der Reichtumsforschung hat also Tradition. Das sieht man auch bei der Elitenforschung. In seinem Aufsatz »Der Ungleichheitsansatz in der Elitenforschung« geht Rainer Geißler von Theodor Geiger, Ralf Dahrendorf und Pierre Bourdieu aus. Daraus entwickelt er ein Ungleichheitsparadigma mit sechs Charakteristika (vgl. Geißler 2003). Einen ähnlichen Ansatz, die Reichtums- und die Ungleichheitsforschung miteinander zu verbinden, vertreten auch die Soziologen Jeff Manza und Michel Sauder (Manza/Sauder 2009). Mit der Individualisierung in der zweiten Hälfte des 20. Jahrhunderts zeichnete sich allerdings ein Paradigmenwechsel in der Erforschung sozialer Ungleichheit und Differenzierung ab.

4.2 Lagen und Milieus

Spätere Theorien sozialer Lagen und Milieus betonen die Individualisierung und das subjektive Wohl (Lebenszufriedenheit). Sie nehmen an, dass neue soziale Differenzierungen alte Klassengegensätze ablösen. Der Soziologe Ulrich Beck vertritt eine solche Individualisierungsthese »jenseits von Klasse und Schicht« (1986: 121). Er subjektiviert die soziale Ungleichheit. Drei Aspekte kennzeichnen nach seiner Darstellung die Individualisierung: erstens die Herauslösung aus historisch vorgegebenen Sozialformen, zweitens der Verlust traditioneller Sicherheiten und drittens neue Formen sozialer Einbindung (dank Wahlmöglichkeiten). Dass sogar gut Gebildete erwerbslos werden können, belegt seiner Auffassung nach eine soziale Ungleichheit, die auch ohne Klassen möglich sei. Gesellschaftliche Integration vollziehe sich zunehmend individuell und unabhängig von der Zugehörigkeit zu einer Schicht.

Der Soziologe Stefan Hradil vertritt ein Konzept sozialer Lagen. (Hradil 1997) Diese fassen die strukturellen Lebensbedingungen nach verschiedenen Gruppen zusammen. Die Zugehörigkeit entscheidet jeweils über den Zugang zu Gütern und Leistungen. »Soziale Schließungen« sind auch politisch verordnet. Der Staat verfügt über die institutionellen Leistungen. Je nachdem wie er den Zugang regelt, erzeugt er soziale Ungleichheiten. Individuelle Bedürfnisse nach Kommunikation, Integration, Selbstverwirklichung und Emanzipation prägen unterschiedliche soziale Lagen. Eine mehr horizontale Gliederung scheint die vertikale zu überlagern. Horizontale Differenzierungen stehen auch bei einzelnen Modellen sozialer Milieus im Vordergrund. Sie betonen die Lebensauffassung, den Lebensstil und die Wertorientierung. Lagen- und Milieuanalysen weisen auf wichtige Unterschiede hin, vernachlässigen aber gesellschaftliche Gegensätze, die sich durch den unterschiedlichen Zugang zu ökonomischem Kapital ergeben. Sie suggerieren eine Entwicklung, die von Klassen und Schichten zu Lagen und Milieus führe. Ähnlich argumentiert der Soziologe Gerhard Schulze. (Schulze 2000) Er fasst soziale Milieus als Erlebnisgemeinschaften und tendiert dazu, die soziale Ungleichheit ins Innenleben der Menschen zu verlegen. Nicht die Knappheit, sondern die Qual der Wahl prägt seiner Auffassung nach das Handeln der Menschen und die soziale Ungleichheit. Laut Schulze hat die Suche nach Glück die Sorge um das Materielle weitgehend abgelöst. Das erlebnisorientierte Denken ersetzt zunehmend das produkteorientierte. Der Alltag verkommt so zur Lebensbühne und Verlängerung der Innenwelt.[13] Symbolwelten scheinen frei wählbar zu sein. Diese Sicht ist heute verbreitet. Sie vernachlässigt, wie das Sein das Bewusstsein prägt.

4.3 Kapitalien und sozialer Raum

Ein Ansatz, wie sich vertikale und horizontale Differenzierungen verbinden lassen, findet sich beim Soziologen Pierre Bourdieu (1930–2002). In seinem Klassiker *Die feinen Unterschiede* (1982 a) entwickelt er das Konzept des sozialen Raums, das Menschen in einer Gesellschaft je nach Ressourcenausstattung verortet. Bourdieu benennt verschiedene Kapitalformen: das ökonomische Kapital (Vermögen), das kulturelle Kapital (Bildung) und das soziale Kapital (soziale Beziehungen). Im sozialen Raum gibt es einige Menschen, die »oben« stehen, weil sie ein großes Maß an Kapitalien besitzen; andere befinden sich eher »unten« oder »in der Mitte«. »Wer ›oben‹ beheimatet ist, dürfte wohl nur in den seltensten Fällen jemanden von ›unten‹ heiraten. Zunächst einmal sind die Aussichten generell gering, dass sie sich überhaupt treffen. Sollte das einmal geschehen, dann wahrscheinlich nur so en passant, kurz, auf einem Bahnhof oder in einem Zugabteil. Von einem wirklichen Zusammentreffen lässt sich da schwerlich reden. Und sollten sie tatsächlich einmal ins Gespräch kommen, werden sie sich wohl nicht wirklich verstehen, kaum sich eine richtige Vorstellung voneinander machen können.« (Bourdieu 1992: 35 f.) Der soziale Raum ist nicht nur vertikal, sondern auch horizontal strukturiert. Während die vertikale Achse ausdrückt, wie viel Gesamtkapital jemand besitzt, bildet die horizontale Achse die Kapitalstruktur ab, das heißt, sie sagt etwas über die Zusammensetzung dieses Kapitalvolumens und ihr relatives Gewicht aus. Am intellektuellen Pol versammeln sich jene, die tendenziell einen höheren Anteil an kulturellem Kapital besitzen, also beispielsweise die Professoren, Lehrer, Künstler und weitere. Am ökonomischen Pol konzentrieren sich die Unternehmer und all jene, deren Kapital vornehmlich ökonomischer Art ist. Bourdieu nimmt an, dass der jeweilige Ort im sozialen Raum mit spezifischen Lebensstilen, das heißt kulturellen Praktiken verbunden ist: »Mein Versuch geht dahin zu zeigen, dass zwischen der Position, die der einzelne innerhalb eines gesellschaftlichen Raums einnimmt, und seinem Lebensstil ein Zusammenhang besteht.« (ebd.: 31) Die äußeren Voraussetzungen des sozialen Raums, also die Tatsache, über wie viel Kapital jemand verfügt, äußern sich also tendenziell in typischen Lebensstilen – wobei sich Bourdieu in seiner Studie auf die französische Gesellschaft der Sechziger- und Siebzigerjahre bezieht: Menschen mit einem hohen Gesamtkapitalvolumen und einer Kapitalstruktur, die hauptsächlich aus kulturellem Kapital besteht (zum Beispiel Professoren) gehen in der Regel gerne in Galerien, besuchen die Oper, lieben Kunstbücher, lesen die Zeitung *Le Monde*, spielen Schach. Ein Unternehmer zieht es vor, seine Freizeit mit Reiten zu verbringen oder auf die Jagd zu gehen, sein Lieblingsgetränk ist der Champagner und er hat eine Vorliebe für ausländische Autos. »Es gibt mit anderen Worten tatsächlich – und das ist meiner Meinung nach überraschend genug – einen Zusammenhang zwischen höchst disparaten Dingen: wie einer spricht, tanzt, lacht, liest, was er liest, was er mag, welche Bekannte und Freunde er hat usw. – all das ist eng miteinander verknüpft.« (ebd.: 31) In diesen »feinen Unterschieden« des Geschmacks und des Lebensstils dokumentiert sich nicht einfach eine individuelle Vorliebe, sondern immer auch etwas Gesellschaftliches. Als Vermittlungsglied zwischen der Position oder Stellung innerhalb eines sozialen Raums und spezifischen kulturellen Praktiken und Vorlieben fungiert das, was Bourdieu den »Habitus« nennt: Der Habitus ist zu verstehen als eine Instanz, die im Subjekt angesiedelt ist, eine Art Matrix, die das Denken der Individuen strukturiert und formt, ihre Sichtweise der Welt prägt, ihre Wahrnehmungen und Urteile beeinflusst. Es ist wie die Einlagerung des Sozialen, der gesellschaftlichen Umstände im eigenen Körper. Der Habitus hat viel mit biografischer Prägung und sozialer Herkunft zu tun: Wer als Kind einer Bauernfamilie im Berner Emmental geboren ist, hat einen anderen Habitus als ein Kind aus dem Basler »Daig«. Bourdieu spricht vom »klassenspezifischen Habitus«. (Bourdieu 1982 a) Der Habitus erweckt zwar den Anschein von etwas Angeborenem, ist aber erworben, insbesondere durch die Sozialisation innerhalb der Familie. Der Habitus wandelt sich auch und ist nicht einfach determinert.

Und wie äußert sich nun dieser Habitus? In der Sprache, auch in der Körpersprache und Körperhaltung, zum Beispiel der Gestik, im Ausdruck, in der Kleidung, in Ess- und Trinkgewohnheiten, im kulturellen Geschmack. Hieran zeigt sich, wie gewandt sich jemand in einer »guten Gesellschaft« zu bewegen weiß, ob er ein selbstsicheres Auftreten hat, den geschickten Umgang mit dem Fischbesteck kennt und weiß, wie Austern geschlürft werden. Die Oberschicht ist somit auch in der Lage, spielerischer mit Wissen und Werten umzugehen als die Unterschicht. Durch distinktives Verhalten grenzt sich die privilegierte Oberschicht nach unten – »von der breiten Masse« – ab: »Die herrschende Kultur zeichnet sich immer durch einen Abstand aus. Nehmen wir ein einfaches Beispiel: Skifahren war früher ein eher aristokratisches Vergnügen. Kaum war es populär geworden, kam Skifahren außerhalb der eingefahrenen Pisten auf. Kultur, das ist im Grunde auch immer etwas ›außerhalb der Piste‹. Kaum bevölkern die breiten Massen die Meeresstrände, flieht die Bourgeoisie aufs Land.« (Bourdieu 1992: 39 f.) Da die Reichen über viel ökonomisches, kulturelles und soziales Kapital verfügen, haben sie einen Gefallen am Nicht-Notwendigen, am Luxuriösen – und können sich dieses Anders-sein-Wollen auch leisten.

Bourdieu zeigt in seinen Schriften eindrücklich auf, wie sehr gesellschaftliche Strukturen unser Handeln und unser Wollen prägen, das wiederum auf gesellschaftliche Strukturen zurückwirkt. Er vermittelt zudem Hinweise, wie die hartnäckige Reproduktion sozialer Ungleichheit zu erklären ist. Vieles hängt mit den »verborgenen Mechanismen der Macht« zusammen, die erst ersichtlich werden, wenn wir hinter die Fassade der scheinbaren Leistungsgesellschaft schauen. Machtpositionen, die sich aus unterschiedlichem Besitz an Kapitalien ableiten, werden heute versteckter weitergegeben: zum Beispiel durch Selektionsmechanismen in der Bildung und über Berufstitel und nicht nur durch Besitz. Was nicht heißt, dass dies weniger sozial exklusiv ist. Es ist gerade diese Verschleierung, die Unsichtbarkeit von Machtverhältnissen, die dazu führt, dass sich soziale Ungleichheiten so hartnäckig reproduzieren.

4.4 Funktionseliten versus Machteliten

In den Fünfziger- und Sechzigerjahren prägte Helmut Schelsky (1912–1984) den Begriff der nivellierten Mittelstandsgesellschaft: Er geht von einer Verelendung und Deklassierung ehemals bürgerlicher Schichten aus dem Besitz- und Bildungsbürgertum aus. (Schelsky

1953) Die Klassen lösen sich allmählich auf (»Entschichtung der Gesellschaft«) und eine immer breitere Schicht könne am Reichtum partizipieren. Die Herrschaft der großen Familien sei zu Ende. Die These lautet: Je weiter die Modernisierung westlicher Gesellschaften in Richtung funktionaler Differenzierung und Komplexitätssteigerung voranschreitet, desto weniger ist es Eliten möglich, die gesellschaftliche Entwicklung zu steuern oder zu kontrollieren. Das Ergebnis sind funktionale Eliten, die ihre Führung in den verschiedenen Lebensbereichen Leistungskriterien verdanken und im Übrigen einer starken Mobilität unterliegen. In den verschiedenen gesellschaftlichen Subsystemen (Wirtschaft, Politik, Justiz, Militär, Medien, Wissenschaft, Kultur u. a.) findet eine Konkurrenz von funktional spezialisierten Teileliten um Spitzenpositionen statt. Schicht- und Klassenstrukturen und die damit verbundenen gesellschaftlichen Prozesse werden in den funktionalistischen Elitetheorien weitgehend ausgeblendet. Sie gehen davon aus, dass die »Besten« (die Begabtesten, die Fähigsten) sich durchsetzen. Das entspricht dem meritokratischen Ideal. Max Kruk beschreibt diese Vorstellung einer pluralistischen und offenen Gesellschaft: »Nicht der Titel und Besitz, nicht eine hohe berufliche oder gesellschaftliche Stellung des Vaters sind heute die Vorbedingungen für das Erreichen der höchsten Positionen. Entscheidend sind das in einem langen Aufstiegsweg bewiesene Können und Wissen. [...] Die Gesellschaft ist offen, der Gipfel für jeden erreichbar.« (Kruk 1972: 20 f.)

Das Konzept der Meritokratie geht davon aus, dass das persönliche Verdienst (von engl. *merit)* über den Platz entscheidet, den wir in der Gesellschaft einnehmen. (Young 1958/Hoffer 2002) An die Toppositionen gelangt, wer gut gebildet, fleißig, leistungsorientiert und pflichtbewusst ist. Diese Idee mag dann funktionieren, wenn eine echte Chancengleichheit besteht. Das ist in der Realität aber selten der Fall. Oft sind die verfügbaren Kapitalien recht unterschiedlich verteilt. Und wenn wir Ungleiches gleich behandeln, bleibt es ungleich. Das meritokratische Prinzip läuft somit Gefahr, soziale Ungleichheiten zu rechtfertigen. (Hadjar 2008) Das zeigt sich etwa bei der Akzeptanz des großen Reichtums und geht auch aus mehreren Interviews hervor, die wir geführt haben. Da taucht immer wieder die Unterscheidung zwischen einem legitimen, weil verdienten, und einem anrüchigen bis empörenswerten, weil unverdienten Reichtum an Geld oder Macht auf. Selbst Hans Kissling, der kritische Volkswirtschaftler, Statistiker und hartnäckige Befürworter einer nationalen Erbschaftssteuer, unterscheidet den »Reichtum ohne Leistung«, den er für feudalistisch hält, von jenem Reichtum, der auf Fleiß, Intelligenz und harter Arbeit basiere (Kissling 2008)[14]. Der Rekurs auf diesen Begriff macht deutlich: Man distanziert sich von einer für historisch geglaubten Gesellschaftsverfassung, in der Zuschreibung statt individuelle Leistung für den Zugang zu Reichtum und Macht ausschlaggebend seien. In der Tat beruht der moderne Kapitalismus auf dem Prinzip der Meritokratie. Sie hat sich allerdings vor allem auf der Einstellungs- und Wahrnehmungsebene und ungleich weniger auf der Ebene der Handlungen durchgesetzt. Das zeigt sich, wenn man sich die Netzwerk- und Kooptationspraktiken bei den Reichen und Mächtigen anschaut (siehe Kapitel 5). Für den Erhalt einer sozialen Ordnung, die die Existenz von Superreichen nicht nur toleriert, sondern in der auch das Streben nach materiellem Wohlstand als natürlich gilt, ist der Glaube an eine Meritokratie zentral, die diese auf Wettbewerb und Individualität basierende Ordnung immer wieder reproduziert. In diesem Sinn ist auch die Frage nach der für die Meritokratie zentralen Definitionsmacht zu stellen: Wer definiert, was als Leistung gilt, die besonders honoriert werden sollte, und weshalb? Oder konkret gefragt: Weshalb können auch nicht als Abzocker geltende CEOs ihre immer höheren Löhne mit Hinweis auf ihre besondere Verantwortung rechtfertigen? Und weshalb verdienen Krankenschwestern oder Bauarbeiter trotz großer Verantwortung und hohen Risiken im Vergleich so wenig? Wir erinnern daher gerne an den Soziologen Max Weber, der (soziale) Strukturen für wichtige Forschungsgegenstände hielt und auch die Legitimität dieser Strukturen als Glaube beziehungsweise subjektive Einstellung betrachtete. Als Ursache der sozialen Ungleichheit sah er die Lebensführung von Menschen in sozial geschlossenen Verkehrskreisen (mit spezifisch ständischer Lage). Durch soziale Schließung reproduzieren Menschen soziale Ungleichheit, indem sie erlangte Vorteile sichern und anderen den Zugang erschweren. (Weber 1980)

Für die Schweiz geht Dieter Freiburghaus im Sammelband der Stiftung Avenir Suisse auch von Funktionseliten aus, die sich durch besondere Fähigkeiten und spezialisiertes Wissen auszeichneten: »Man traut einem erfolgreichen Industriellen nicht mehr unbedingt zu, einen staatlichen Verwaltungsapparat zu leiten, und es reicht nicht, hoher Offizier zu sein, um eine Universität zum Erfolg zu führen.« Heute sei der Besuch von spezialisierten Schulen, lebenslanges Lernen und die Bereitschaft zu hoher Mobilität der Schlüssel nach oben. »Leistung und Resultat zählen mehr als Herkunft und Habitus.« (Freiburghaus 2008: 230–231) Doch wenige Zeilen weiter betont er die gemeinsame Sozialisation der Funktionseliten als zentrale Komponente für den Aufbau von Vertrauen: »Aus diesem Grund spielen hier noch immer Faktoren wie Herkunft, Studienfreunde oder Clubbekanntschaften eine wichtige Rolle.« Kartellistische Strukturen und Nepotismus sind auch in der Elite verbreitet. Entscheidend sei aber, dass es sich um *contestable markets* handle, in denen der fähige Außenseiter eine faire Chance erhalte, in den »Serail« vorzudringen. (ebd.)

In seinem bekannten Buch *The Power Elite* geht der amerikanische Soziologe Charles Wright Mills (1916–1962) – im Gegensatz zu den Vertretern von funktionalistischen Elitetheorien – von einer Elitedefinition aus, die stärker die Machtdimension betont: Die »herrschende Elite« bilden nach ihm jene Männer, die Positionen einnehmen, in denen sie »Entscheidungen von größter Tragweite« treffen. (Mills 1962: 16) Die drei eigentlichen »Machtzentren«, in denen solche Beschlüsse über die wichtigsten gesellschaftlichen Entwicklungen vorgenommen werden, sind nach Mills in den USA: die Wirtschaft, die Politik und das Militär. Demnach stehen die mächtigsten Männer an der Spitze von großen Konzernen, politischen Apparaten und dem Militär. Die drei Machtbereiche überschneiden sich nach Mills zunehmend, da ihre Verflechtung und gegenseitige Abhängigkeit größer geworden sei, was zur Herausbildung einer eigentlichen »Machtelite« geführt habe. (ebd.: 23) Weitaus am meisten Bedeutung misst Mills den Reichen und den Konzernspitzen zu. Diese »besitzende Klasse« besteht aus Familien, deren Angehörige einen ähnlichen Lebensstil pflegen, eine ähnliche Bildung und ein enges Beziehungsnetz haben. Sie sind sich ihrer eigenen Sonderstellung in der Gesellschaft durchaus bewusst und kultivieren diese dementsprechend. Mills beschreibt die spezifischen Orte (vornehme Stadtteile, exklusive Klubs usw.), in denen sich die besitzende Klasse aufhält. Er analysiert ihre alltäglichen Gewohnheiten und belegt anhand von Rekrutierungsstudien, welche wichtige Rolle die exklusiven Bildungsinstitutionen einnehmen. Private Hochschulen vermitteln den Sprösslingen der Reichen gemeinsame Verhaltensnormen und Werte, was nach ihm »der Schlüssel zum Verständnis des Zusammenhalts der oberen Gesellschaftsschicht« ist (ebd.: 81 ff.). Heute genügt es nach Mills nicht mehr, sehr reich zu sein, um zur Machtelite zu gehören, denn nicht die großen Vermögen, sondern die großen Konzerne bilden die Basis für Macht und dauerhaften Reichtum. Deshalb kommt es seiner Einschätzung nach zu einer Verbindung der reichen Familien mit den Topmanagern von Großunternehmen, die selber meist eine ähnliche soziale Herkunft aufweisen. (ebd.: 140/153)

Mills verwirft auch die Vorstellung, dass die Reichen reine Nichtstuer oder sogenannte Couponabschneider sind und eine *leisure class* (vgl. Veblen 1899/1997) bilden. Die meisten Reichen gehen einer Arbeit nach. Aber daraus lässt sich nicht ableiten, dass ihre Arbeit ihren Reichtum erzeugt. Um Geld zu akkumulieren, braucht es eine Schlüsselstellung in einem großen Unternehmen. Und diese Stellung nehmen meistens Leute aus der oberen Mittelschicht und aus reichen Familien ein. Sie verhilft auch zu politischer Macht. Im Gegensatz zu den »Konzernherren« und den hohen Militärs, deren Einfluss stetig gestiegen ist, hat die politische Elite (laut Mills 1962: 151) allerdings an

Macht und Autonomie verloren.[15] Vertreter der Großindustrie besetzen wichtige politische Ämter. Und sie beeinflussen politische Entscheide, auch ohne der politischen Führung anzugehören.

4.5 Konsum als Kontrolle

Soziale Unterschiede dokumentieren sich auch im Konsum; vor allem im Konsum von Luxusgütern, die sich nur Reiche leisten können und außerdem Gelüste wecken. So dienen Analysen des Konsums dem Verständnis, weshalb einfache Bevölkerungskreise den Reichtum zu akzeptieren scheinen. Die Steigerung des eigenen Konsums funktioniert nach dem Prinzip, dass genug nie genug ist. Das zieht viele Leute in seinen Bann. Zudem schürt der demonstrative Luxus die Illusion, sich diesen Konsum irgendwann auch erlauben zu können. Im 19. Jahrhundert orientierten sich Werktätige am Lebensstil von Bürgerlichen. Und viele Bürgerliche ahmen heute noch den Lebensstil von Reichen nach, ohne ihn je erreichen zu können. Medien führen täglich vor, wie Reiche leben. Breite Bevölkerungskreise interessieren sich dafür. Viele eifern Reichen nach; beispielsweise, indem sie Luxusgüter konsumieren. Vor Weihnachten 2009 warb die *Coopzeitung* für eine teure Flasche Wein. Sie kostete tausend Franken. Wir fragten einen Manager, ob Reiche diese Zeitung überhaupt lesen. »Das weiß ich nicht«, antwortete er, »aber es gibt genügend Leute, die sich mit einer Luxusflasche etwas Prestige holen.« Als Konsumierende sind auch Erwerbslose gefragt. Die Taggelder stellen laut Wirtschaftsprofessor George Sheldon *(NZZ am Sonntag,* 14.2.2010 a) sicher, »dass Arbeitslose weiterhin konsumieren«.[16] Konsum fördert die Wirtschaft, den Reichtum und die soziale Anpassung.

Thorstein Veblen (1857–1929) beschrieb schon im ausgehenden 19. Jahrhundert (1899) den demonstrativen Konsum und Müßiggang. Die herrschende Klasse festigt so ihr soziales Prestige. Modisch gekleidet, unterstützt die moderne Frau den Status ihres Mannes.[17]

Zygmunt Bauman betrachtet die Mitglieder der heutigen Konsumgesellschaft selbst als Ware. Sie sind gezwungen, den flexibilisierten Konsumgütermärkten zu folgen. Wer über kein ausreichendes Einkommen verfügt, dem fehlen die Konsumkompetenz und damit die soziale Anerkennung. (Bauman 2007) Die Kritische Theorie der Frankfurter Schule legt dar, wie Fortschritt auch Rückschritt bedeuten kann. So beschreiben Max Horkheimer (1895–1973) und Theodor W. Adorno (1903–1969) die ambivalente Entwicklung der materiellen Produktivität, die alle Lebensbereiche ökonomisiert. (Horkheimer und Adorno 2003) Herbert Marcuse (1898–1979) kritisiert ferner, wie der »eindimensionale Mensch« im Konsumkapitalismus an eine Gesellschaft gefesselt ist, die über künstlich erzeugte Bedürfnisse eine neue Form der sozialen Kontrolle ausübt. Die Menschen können sich in ihren Waren erkennen. Sie meinen, ihre Seele in ihrem Auto zu finden. (Marcuse 1980) Der kompensatorische Konsum trägt dazu bei, Machtgefälle und soziale Ungleichheiten zu akzeptieren. Er dient der sozialen Disziplinierung.

4.6 »Der Reichtum ist männlich«

Reichtum ist nicht nur zwischen einzelnen Kontinenten und Ländern, nicht nur zwischen den verschiedenen sozialen Schichten, sondern auch zwischen den Geschlechtern ungleich verteilt: Männer verdienen durchschnittlich mehr, haben mehr Vermögen und sind auch unter den Reichen und Reichsten übervertreten. Bis im Jahr 2006 verringerte sich die Lohndifferenz zwischen Frauen und Männern in der aufgeklärten Schweiz Jahr für Jahr ein wenig. Seit 2002 hat sich die Lohnangleichung jedoch stetig verlangsamt, und seit 2006 nehmen die Unterschiede wieder zu *(Work,* 19.3.2010)[18]. Zweifellos haben viele reiche Männer auch Töchter, Ehefrauen und Schwestern, die an ihrem Reichtum teilhaben. Und manche Frauen tauchen auch in den Listen der Superreichen auf. Oft handelt es sich dabei um Erbinnen, und seltener verbinden reiche Frauen den finanziellen Reichtum auch mit einer aktiven Rolle in Wirtschaft oder Politik, wie das reiche Männer tun. Deshalb lohnt es sich, auf die geschlechtsspezifischen Aspekte von Reichtum einzugehen. Was macht reiche Männer aus – und was reiche Frauen? Ansätze aus der Gender-Forschung und aus der Lebenszyklus-Analyse können hier in Verbindung mit einem Fokus auf Elitenbildung und Machtstrukturen fruchtbare Einsichten ermöglichen.

»Ganz entgegen der Demonstration von Leistungsideologie und Chancengleichheit trägt die Führungsselektion bis heute durchaus traditionellen Charakter, da sie sich nicht nur an Leistung und Qualifikation, sondern weiterhin an askriptiven Merkmalen von Personen – allen voran an der Zugehörigkeit zum männlichen Geschlecht – bemisst«, schreibt die Schweizer Sozialwissenschaftlerin Brigitte Liebig in ihrem Buch *Geschlossene Gesellschaft* (Liebig 1997: 111).[19] Als Gründe für die geringe Vertretung von Frauen in Verwaltungsräten und im Management identifiziert Liebig verschiedene Schließungsprozesse: Ein wichtiger Punkt ist die Benachteiligung der Frauen im Rahmen von Rekrutierungsprozessen (»Zugangsdiskriminierung«): Frauen müssen oft über mehr Ressourcen ökonomischer, kultureller und sozialer Art verfügen, um in die gleichen Positionen wie ihre männlichen Kollegen zu gelangen. Zudem lassen sich in der Schweiz noch immer Familie und Berufskarriere für Frauen ungünstig vereinbaren. Dies führt dazu, dass Frauen Karriereunterbrüche wegen Familienarbeit haben oder nur Teilzeit arbeiten, was Liebig als »Karrierenkiller« bezeichnet. Auch die fehlende und mangelnde Unterstützung und Förderung von Frauen stellt einen Schließungsmechanismus dar. (ebd.: 148) Oft erhalten Frauen in Unternehmen gar keine Möglichkeit, in Bereichen zu arbeiten, in denen aufstiegsrelevante Erfahrungen gewonnen werden können (»interne Diskriminierung«). Frauen verfügen nach Liebig in weitaus geringerem Maße über soziale Beziehungen und Netzwerke, die als »Multiplikatoren« (Bourdieu) vor allem ihrer Bildungsinvestitionen wirken können. (ebd.: 113) Wichtige offizielle Gruppen zur Ausbildung und Pflege von Kontakten wie Studentenverbindungen, Zünfte und Klubs sowie informelle, persönliche Beziehungen stellen ein wichtiges soziales Kapital für die Ausübung von Führungsfunktionen dar. Ein Bier nach einer Sitzung, ein gemeinsames Golfspiel oder ein Tennismatch können persönliche Bindungen herstellen, die gerade bei der Karriereplanung und einer allfälligen Beförderung von Nutzen sein können. Diese »Seilschaften« sind jedoch oft reine Männerbünde. Wenn Frauen nicht gar offiziell in den Statuten ausgeschlossen werden (wie in vielen Zünften oder Studentenverbindungen sowie bei einigen Schweizer Rotary Clubs), fühlen sie sich als Minderheit oft deplaziert und fremd. Die Kontaktpflege erfordert zudem einen enormen Zeitaufwand und findet nach der Arbeit und an Wochenenden statt, was viele Frauen – vor allem Mütter – ausschließt. Diejenigen Frauen, die es trotzdem in die Chefetagen schaffen, stammen nach Liebig zumeist aus der Oberschicht und haben eine höhere Bildung. (ebd.: 115)

Da die machtvollen Spitzenpositionen noch immer zum überwiegenden Teil männlich besetzt sind, entwirft die Elitenforschung ein »Gruppenbild ohne Damen«, kritisiert Tomke Böhnisch (Böhnisch 2003). Doch die männlichen Inhaber hoher Positionen in Wirtschaft, Politik und Militär leben zumeist nicht alleine, sondern sind verheiratet. Ihre nicht berufstätigen Ehefrauen haben einen wesentlichen Anteil an der Status-Arbeit, für die das Geld, das die Männer verdienen, nur Voraussetzung ist. Sie sind zuständig für die Herstellung und Sicherung einer distinguierenden Lebensweise, sie sorgen für das Milieu, in dem die Männer ihre informellen Beziehungen pflegen können. Die von Böhnisch interviewten Ehefrauen von Topmanagern pflegen aber auch verschiedene Formen der Geselligkeit, in denen sie sich unabhängig von ihren Männern als Elitezugehörige bewegen: So nehmen sie repräsentative Funktionen wahr und engagieren sich zum Beispiel in Stiftungen. Damit erfahren sie trotz ihrer traditionellen Zuteilung in die »häusliche Sphäre« eine gesellschaftliche Anerkennung, die Hausfrauen anderer Schichten versagt bleibt.

5 Reichtum und Macht

Wer regiert die Schweiz?, betitelte Hans Tschäni sein Buch, das vor knapp drei Jahrzehnten erschien (1983). Der Einfluss von Lobby und Verbänden stand im Vordergrund. Tschäni kritisierte die Verflechtung des Staates mit den organisierten Interessen, die Verteidigung der Kartellburg und die Selbstaufsicht der Banken. Er beschrieb, wer mit welchem Auftrag im Parlament politisierte, stellte der »Filzokratie« ein schlechtes Zeugnis aus und monierte den zunehmenden Demokratieverlust. Was Tschäni analysierte, lässt sich heute mit neuen Beispielen veranschaulichen. Das Kapital konzentriert sich. Die Großindustrie und das Finanzkapital bauen ihre Macht aus. Es gelang ihnen bislang recht gut, Teile der politischen Legislative zu übergehen oder zu vereinnahmen. Und die politische Exekutive verhält sich oft schwach gegenüber wirtschaftlich Starken und stark gegenüber sozial Schwachen. Diese Annahme lässt sich auch auf das (zivil)gesellschaftliche Korrektiv ausweiten. Gesellschaft und Politik sind nur beschränkt in der Lage, mit der Wirtschaft soziale Verbindlichkeiten zu vereinbaren. Eine wichtige Rolle kommt hierbei vielen Medien zu, die einseitig vom Kapital abhängig sind und oft Mühe haben, genügend Distanz zu wahren.

Ob nun die Finanzkrise längerfristig dazu beiträgt, ein kritisches politisches Korrektiv zu stärken, ist fraglich. Die einen kündigen einen weiteren Machtverlust der Politik an, wie ihn der (im Jahr 2009 verstorbene) liberale Soziologe Ralf Dahrendorf befürchtete. Andere gehen von einem Comeback der Politik aus, so etwa der Publizist Roger de Weck (2009). Weitere Kontroversen beziehen sich auf die Verschiebung der wirtschaftlichen Macht von den Besitzenden der Unternehmen zum Management. Diese unterschiedlichen Annahmen kommen teilweise ziemlich pauschal daher. Wir suchen nach Anhaltspunkten, um sie weiter zu differenzieren. Unsere Ausgangsthesen lauten zunächst: Erstens, die Macht der Finanzzentren und Großindustrie konzentriert sich trotz Wirtschaftskrise und internen Widersprüchen weiter. Zweitens, die politischen Parlamente und Regierungen, die im Globalisierungsschub von 1989 bis 2009 gegenüber der rigorosen Marktöffnung der Wirtschaft an Einfluss verloren haben, melden sich zurück. Drittens, zunehmende Spannungen innerhalb der Wirtschafts- und Bankiervereinigungen sowie innerhalb der parteipolitischen Lager deuten auf keinen generellen Machtverlust hin. Viertens, Politik und Wirtschaft bleiben eng (und teilweise instrumentell) miteinander verknüpft und intensivieren vor allem auch ihre globale Kooperation. Fünftens, finanzieller Reichtum ist ein wichtiges Machtpotenzial, das wirtschaftliche, politische und gesellschaftliche Macht ermöglicht, auch wenn diese nicht immer und von allen direkt wahrgenommen wird.

Wir zeigen nun zunächst auf, wo ausgewählte Fachleute der Wirtschaft, Gesellschaft, Politik und der Medien wichtige Machtzentren orten und die Verteilung von wirtschaftlicher und politischer Macht wahrnehmen. Dann versuchen wir den Einfluss wichtiger Zentren zu konkretisieren und kommen zum Schluss wieder auf unsere Ausgangsthesen zurück.

5.1 Wer regiert die Schweiz?

»Die Macht in der Schweiz für die bisher exzellente Makroökonomie hat drei Beamten-Namen: Philipp Hildebrand (Schweizerische Nationalbank, SNB), Peter Siegenthaler (Eidgenössisches Finanzdepartement, EFD), Jean-Daniel Gerber (Staatssekretariat für Wirtschaft, Seco) – zum großen Glück für die Schweiz, die von allen Industriestaaten bisher am besten dasteht.« So antwortete der Publizist Franz C. Widmer (und ehemalige Chefredaktor der *Basellandschaftlichen*

Zeitung, bz) auf unsere Frage, wer denn die Schweiz regiere. Wir stellten diese Frage mehreren Fachleuten. Die Antworten veranschaulichen die Bande zwischen Führenden der Wirtschaft und der Politik. »Es ist eine Eigenschaft der Schweiz, dass sich die Macht seit gut 150 Jahren auf relativ viele Schultern verteilt. Zu meinem Bedauern sehe ich, wie dieser Prozess abgebaut wird«, erklärte uns der Unternehmensberater Klaus J. Stöhlker. Mächtig sind in der Schweiz, so Stöhlker, die kombinierten Interessen der Exportwirtschaft, die über Jahrzehnte bis heute sehr hohe Subventionen bezogen haben. Mächtig sind auch die beiden Großbanken UBS und CS Group, die, wie die Vertreter von *big pharma*, seit Jahrzehnten Geschäfte auf das Risiko der Staatsbürger hin machen dürfen.

Dass sich in der Schweiz viel Macht bei Chefbeamten konzentriert, bekamen wir in unseren Interviews öfter zu hören. Chefbeamte seien in der Lage, die Haltung des Bundesrats zu beeinflussen. Sie hätten auch rasch auf das UBS-Debakel reagiert, das den Bundesrat zunächst paralysiert habe. Somit kommt auch den Autoren des Berichtes eine wichtige Bedeutung zu, den der Bundesrat zum Thema »Too big to fail« in Auftrag gab. »Nie mehr Staatshilfe für Banken«, so kündigte *Sonntag* (28.3.2010 c) die auf Sommer 2010 vorgesehene Publikation an. Die eingesetzte Expertengruppe bestand ausschließlich aus Männern. Peter Siegenthaler, der Direktor der Eidgenössischen Finanzverwaltung, präsidierte dieses Machtzentrum.[20] Er trug schon maßgeblich zur Rettung der UBS durch den Bund bei. Auf die Macht der (vom Bundesrat eingesetzten) Kommission »Too big to fail« angesprochen, erklärte uns Kommissionsmitglied Rolf Soiron, dass der Bericht ja vor dem Parlament zu bestehen habe und dort allenfalls zerzaust werde. Was Hans Tschäni schon vor rund dreißig Jahren monierte, wie nämlich Banken und Großindustrie das Parlament und die Regierung instrumentalisieren, veranschaulicht das Beispiel von Bundesrat Hans-Rudolf Merz, der Ende 2010 als Vorsteher des Finanzdepartementes zurücktritt. Nachdem das Finanzsystem kollabierte, wollte Hans-Rudolf Merz Hedgefonds mit einer Steuersenkung von 50 auf 18 Prozent in die Schweiz locken. Als Finanzminister, der ehemals für die UBS arbeitete, holte er Eugen Haltiner, der ebenfalls für die UBS arbeitete, in die eidgenössische Bankenkommission.[21] Daniel Binswanger kritisiert, »mit welcher Eilfertigkeit der Ex-UBS-Mann Hans-Rudolf Merz den Ex-UBS-Mann Eugen Haltiner darin unterstützte, die Ex-UBS-Verantwortungsträger Marcel Ospel, Marcel Rohner und Peter Kurer vor juristischer Ungemach zu bewahren« *(Das Magazin,* 22.1.2010). Schlichte Gemüter hätten laut Binswanger glauben können, eine Bankenaufsicht diene dazu, den Finanzplatz vor betrügerischen Machenschaften zu schützen. Doch: Die Kernaufgabe der Finma sei offenbar der Schutz der Betrüger.[22]

Bereits Hans Tschäni berichtete, wie die Wirtschaft entweder eigene Kader in die Politik delegiert oder ihren Einfluss über die direkten Kontakte zur Exekutive und Verwaltung wahrnimmt. Letzteres sei immer mehr der Fall, erklärte uns der frühere FDP-Nationalrat Johannes Randegger, der damals nebst seinem politischen Amt auch eine Chefposition bei Novartis einnahm. Die Verschränkung von Wirtschaft und Politik äußert sich auch heute noch in der Person etlicher Parlamentsmitglieder. Im Schweizer Nationalrat sitzen derzeit zwei Parlamentarier, die auch zu den zweihundert Reichsten der Schweiz gehören: Peter Spuhler (SVP) und Johann Schneider-Ammann (FDP). Sie sind erfolgreiche Mitstreiter und Widersacher und gut vernetzt: wirtschaftlich, politisch und familiär. Peter Spuhler[23] war auch im Verwaltungsrat der UBS. Dies während der Ära Ospel und mit Zustimmung von Christoph Blocher. Die UBS war damals laut Peter Bodenmann *(Weltwoche,* 29.4.2010 c) eine SVP-Bank. Marcel Ospel unterstützte die Wahl von Christoph Blocher in den Bundesrat.[24]

Johann Niklaus Schneider-Ammann[25] wurde 1978 Projektleiter bei Oerlikon-Bührle, wechselte 1981 ins Maschinenbauunternehmen der Familie seiner Ehefrau Katharina Schneider-Ammann und vertiefte 1982/1983 seine unternehmerischen Kenntnisse mit einem Master of Business Administration an der Kaderschule INSEAD in Fontainebleau bei Paris.[26] Er engagiert sich heute auch bei Economiesuisse und gehört im Nationalrat der Kommission für Wirtschaft und Abgaben an. Seit zehn Jahren präsidiert Schneider-Ammann auch den einflussreichen Industrieverband Swissmen. Und in dieser Funktion setzte er sich dafür ein, wie Roger Köppel in der *Weltwoche* (10.6.2009) feststellte, einen staatlich verbürgten Garantiefonds für Industriekredite zu fordern. Damit handelte er sich in den eigenen Reihen den Vorwurf ein, ein Etatist zu sein.

Die beiden Erwähnten treten auch oft in Radio und Fernsehen auf. Das verstärkt ihre Macht, die sie offen deklarieren und sogar ein wenig zelebrieren. Die heimliche Macht des Geldes beschreiben Matthias Ninck und Daniel Binswanger im *Magazin* (12.2.2010) am Beispiel von FDP-Ständerat Felix Gutzwiller, der als Mediziner und Gesundheitspolitiker hohes Ansehen genießt. Gutzwiller saß bis Herbst 2007 im inzwischen aufgelösten Beirat der Credit Suisse, der zweimal jährlich tagte. Die Entschädigung dafür betrug 100 000 Franken im Jahr. Das ist viel Geld für nur zwei Sitzungen. Aber Felix Gutzwiller setzt sich für die Interessen der Großbank auch ein, wenn er in der Fernsehsendung Arena das kritisierte Bankgeheimnis verteidigt oder im Parlament das neue Aktienrecht behandelt. »Die Versicherungs- und Finanzbranche gehören zu den zentralen Stakeholdern der Schweiz. Sie stehen deshalb in einem legitimen Austauschverhältnis mit der Politik«, erklärte uns Ständerat Felix Gutzwiller auf unsere Frage nach dem Umgang mit Macht. (Erfreulich ist, dass er sich schon vor unserem Interview von sich aus bei uns erkundigte, was er für ehemalige Verdingkinder tun könne.) Unterstützung erhält er vom prominenten Gönnerverein »Freunde der FDP«, den der ehemalige UBS-Chef Peter Wuffli präsidiert. Dazu gehören auch Walter Kielholz, der einst der Credit Suisse vorstand, sowie alt Bundesrat Kaspar Villiger, der heute die UBS präsidiert.

Auch die CVP hat einen solchen Unterstützungsverein. Dass Flavio Cotti Bundesrat wurde, scheint zumindest indirekt damit und auch mit einer großzügigen Spende der Schweizerischen Bankgesellschaft von 350 000 Franken zu tun zu haben, deren damaliger Generalsekretär Franz Lusser ebenfalls der CVP angehörte, zusammen mit Verwaltungsrat Philippe de Weck. Schließlich galt es, Cotti als

Präsident der CVP zu lancieren und den weniger bankenfreundlichen Hans Wyer zu verhindern. Wie schwierig es ist, sich im Parlament treu zu bleiben, beschrieb uns Felix Auer, der ehemalige FDP-Nationalrat und Vizedirektor der Ciba-Geigy, der auch öffentlich kein Hehl daraus macht. Kaum als Volksvertreter gewählt, erhielt er mehrere Verwaltungsratsangebote. Und als das Parlament die Chemiekatastrophe vom 1. November 1986 diskutierte, verteidigte er die Interessen von Sandoz. Am 1. März 2010 vereidigte das Parlament den neuen Nationalrat Paul-André Roux. Der Walliser sitzt in 39 Verwaltungsräten. *(NZZ am Sonntag,* 28.2.2010 a) Er übertrifft damit FDP-Ständerat Rolf Schweiger und FDP-Nationalrat Otto Ineichen, die beide je 18 Verwaltungsratsmandate ausweisen. Die meisten Firmen, die Roux vertritt, sind lediglich im Handelsregister eingetragen. Ihr Sitz befindet sich in der Regel an der Rue des Remparts 10 in Sitten. Das ist die Adresse von Roux' Steuerberatungsbüro. Es handelt sich also um Briefkastenfirmen. Sie verfolgen den Zweck, hinter ihnen stehende Personen und Zahlungsempfänger zu anonymisieren.

Politik ist aber nicht einfach Politik. Im Kanton Zürich schaffte ein demokratischer Volksentscheid auf Vorschlag der Linken die Pauschalbesteuerung ab, für die sich die Finanzdirektoren so sehr einsetzten. *(Tages-Anzeiger,* 30.1.2010) Jahrelang setzte sich auch das Bundesparlament für eine gerechtere Besteuerung (von Wohneigentum) ein. Im Januar 2010 schien ein Kompromiss greifbar nah. Doch dann schmuggelte der damalige Finanzminister Merz völlig überraschend einen Artikel 33 in den Gesetzesentwurf, der Vermögenden erlauben soll, Erträge mit den Hypozinsen zu verrechnen. »Hat sich Bundesrat Merz wieder einmal von der Bankenlobby einspannen lassen?«, fragte Wirtschaftsredaktor Werner Vontobel *(SonntagsBlick,* 24.1.2010) und deutete damit das instrumentelle Verhältnis zwischen Wirtschaft und Politik an, von dem die meisten Befragten annehmen, dass es stärker zugunsten der Wirtschaft spielt.

5.2 Wirtschaft und Politik

Die Dynamik zwischen wirtschaftlicher und politischer Macht lässt sich nur annäherungsweise bestimmen. Wir erwähnen hier weitere Elemente, die das Verhältnis prägen. Wir gehen dabei wiederum von unterschiedlichen Wahrnehmungen von Personen aus, die mit diesen Bereichen vertraut sind und sich an den Schnittstellen bewegen.

»Die Wirtschaftsmächte sind die wichtigsten Mächte in der Gesellschaft«, stellt Gewerkschaftssekretär Andreas Rieger (Unia) in unserem Interview fest. Dabei hat sich die Machtstruktur innerhalb der Wirtschaft selbst in den letzten zwanzig Jahren drastisch verändert. »Früher war es der Triangel der drei Wirtschaftsmächte Industrie, Banken und Gewerbe, welche über verschiedene Organisationen – insbesondere Vorort, Gewerbeverband, Freisinnige Partei – die Politik dominierten.« Seit den 1990er-Jahren hat das Gewerbe seinen Einfluss über einige Binnenbranchen hinaus jedoch verloren und auch die Industrie hat – im Zusammenhang mit ihrer Dezimierung – einen Einbruch des Einflusses erlebt. Vielleicht abgesehen von der Chemie. Eine dominierende Rolle haben die Finanzwirtschaft und ihre Großbanken übernommen. Die Einflussnahme geschieht laut Andreas Rieger primär über die wirtschaftliche Potenz: Die Finanzwirtschaft hat das Gewicht von 6 Prozent aller Beschäftigten, 12 Prozent des BIP, über 20 Prozent der Steuereinnahmen der öffentlichen Hand und einen hohen Anteil aller Kredite von Unternehmen und Privaten im Land. Das bringt den Staat und die Politik in eine einseitige Abhängigkeit. Die Kanäle der Interessenvertretung haben sich laut Andreas Rieger in den letzten Jahren kaum grundlegend verändert. Zunächst erwähnt er die direkte Vertretung bei staatlichen Exponenten. Ein UBS-Chef kann jederzeit einen Bundesrat anrufen. Umgekehrt ist das schwieriger. Hinzu kommt die indirekte Vertretung durch »Entsendung« von Vertrauten der Finanzindustrie in die Eidgenössische Finanzmarktaufsicht Finma, in das Bundesamt für Privatversicherungen und in Parlamente. Ferner das Lobbying über verschiedene bezahlte Organisationen und Fachleute. Dann die Finanzierung von Parteien und Parlamentsabgeordneten sowie die Finanzierung von Abstimmungskampagnen und die Beeinflussung der öffentlichen Meinung via Medien. Stark verändert haben sich in den letzten Jahren laut Andreas Rieger die organisatorischen Formen der Interessenvertretung. Neu ins Zentrum gerückt ist die Economiesuisse – Nachfolgerin des Vororts und der Wirtschaftsförderung. Sie bündelt die Interessen in verschiedensten wirtschaftlichen und politischen Fragen. Sie organisiert das Lobbying und führt politische Kampagnen. Im Ausschuss von Economiesuisse, dem »Zentralkomitee des Kapitals«, so Rieger, »dominieren ganz klar die Banken und die Finanzwirtschaft, zusammen mit der Pharmaindustrie«.[27] Von 1905 bis 2007 engagierte sich der ehemalige Basler Regierungsrat Remo Gysin als Nationalrat. Wir fragten auch ihn und weitere Parlamentsangehörige, wie viel Macht das Parlament hat. »Hat oder hätte?«, lautete seine Rückfrage. Die Macht des Parlaments liegt, so Gysin, in seiner Aufgabe, Bundesgesetze und Bundesbeschlüsse zu erlassen, die Mitglieder des Bundesrats und die Bundesrichterinnen und Bundesrichter zu wählen. Als Schlüsselprinzip unserer Bundesverfassung gilt die Machtteilung. Remo Gysin hält es unter diesen Bedingungen nur für begrenzt möglich, eigene Interessen durchzusetzen. Die Macht des Parlaments ist, so Gysin, durch verschiedene Merkmale und Verhaltensweisen eingeschränkt.[28] Als Beispiel, wie die Macht im Parlament spielt, erwähnt Remo Gysin die Amtshilfe bei Zollvergehen, die auch das Bankgeheimnis berührt. Die zuständige Kommission stimmte einer Regelung (in Artikel 115) mit 15 gegen 5 Stimmen ohne Enthaltungen zu. Der Schweizerischen Bankiervereinigung passte dieser (das Bankgeheimnis tangierende) Entscheid nicht. Sie forderte dann das Parlament (mit Brief vom 15. September 2004) auf, den Beschluss zu kippen. Dies geschah zwei Wochen später in der Plenumsdiskussion des Nationalrats auf Antrag eines freisinnigen Parlamentariers deutlich mit 102 gegen 63 Stimmen. Die meisten bürgerlichen Kommissionsmitglieder »korrigierten« ihre Haltung, und zwar »aufgrund neuer Erkenntnisse«. Alle »neuen Argumente« waren aber laut Remo Gysin schon in der Kommissionsberatung bekannt.

Als zentral erwähnt Remo Gysin auch die Parteienfinanzierung. Mit besonderem Hinweis auf die »noble Nestlé-Novartis-Credit-Suisse-Partei«. So hieß der Haupttitel eines Berichtes der BaZ (23.2.2006) zur Parteienfinanzierung. Größte Geldgeberin der LPS (Liberale Partei der Schweiz) war damals mit insgesamt 230 000 Franken die Bank UBS, gefolgt vom Wirtschaftsdachverband Economiesuisse, der 180 000 Franken in die Parteikasse beisteuerte. Auch die Credit Suisse, Nestlé, Novartis und »diverse Versicherungen« sind in der erwähnten BaZ-Recherche als Förderer »ihrer Parteien« erwähnt. In der *Basler Zeitung* vom 15.10.2007 bestätigt der damalige UBS-Sprecher Christoph Meier die Usanz: »Wir geben den bürgerlichen Parteien jedes Jahr einen festen Betrag.« Laut BaZ hielt der Sprecher auch fest, dass die FDP, CVP, SVP und Liberale unterstützt werden, nicht aber die SP. Die Begründung von Christoph Meier: »Wir bevorzugen Parteien, die [...] den Finanzplatz Schweiz unterstützen.« Die aktuelle Diskussion über Steuerhinterziehung, Boni und Bankenregulation zeigt laut Remo Gysin, dass sich diese langjährige Investition in die Parteien aus Sicht der genannten Sponsoren gelohnt hat. »Kein Wunder, dass die Transparenz in der Parteienfinanzierung noch keine parlamentarische Mehrheit gewonnen hat.« Der Große Rat von Basel-Stadt lehnte eine entsprechende Motion im Frühjahr 2010 wiederum ab.

Die UBS finanzierte bis vor Kurzem traditionell vorwiegend die bürgerlichen Parteien. Nachdem »der ganze Staat« ihre Rettung ermöglichte, signalisierte sie eine Änderung dieser Praxis. Sie bat alle Parteien, einschließlich SP und Grüne, Unterlagen zuhanden der Mitarbeitenden zu schicken. Die Mitarbeitenden der UBS könnten sich dann freiwillig dafür entscheiden, eine Partei zu unterstützen und ihre persönliche Spende zu deklarieren, welche die UBS dann verdoppeln werde. *(SonntagsZeitung,* 29.11.2009 a) Die Grünen lehnten diese Offerte allerdings ab. Die SP ebenfalls. Dies im Gegensatz zu bürgerlichen Parteien. So bleibt wohl alles beim Alten. Der Frage, wie viel Geld direkt auf die Konten von Angehörigen des Parlaments, in Parteizentralen oder Abstimmungs- und Wahlkämpfe geht, ging das *Magazin* (12.2.2010) nach: Für die Nationalratswahlen setzten die Parteien 2007 rund 50 Millionen Franken ein. Das ausgewiesene Wahlkampfbudget aller Parteien betrug indes 16,6 Millionen Franken. Diese Differenz ist erklärungsbedürftig. Während sich die SP vorwiegend auf Beiträge ihrer Mitglieder abstützt, finanzieren sich die bürgerlichen Parteien hauptsächlich über Spenden. Am meisten Geld kommt von Credit Suisse, Novartis, Roche, Nestlé, einem großen Baukonzern und (neuerdings wie bislang) von der UBS. Im Jahr 2007 schalteten die politischen Organisationen auch für 58 Millionen Franken Inserate.

Die Historikerin und Basler Ständerätin Anita Fetz räumt, von uns danach gefragt, dem Parlament viel Macht ein. Das Parlament kann die Rahmenbedingungen für Wirtschaft und Gesellschaft beeinflussen. Da die Mehrheit der Parlamentsmitglieder jedoch Interessenvertreter bestimmter Gruppierungen sind, hat sich der Einfluss insbesondere von finanzkräftigen Lobbys unter der Bundeshauskuppel stark erhöht.[29] Als Beispiel führt Anita Fetz den Einfluss der Großbanken (wie UBS und CS) auf die Entscheide des Parlaments an: »Sie vergeben Spenden in sechsstelliger Frankenhöhe an alle bürgerlichen Parteien, wobei sich die definitive Höhe der Spende nach einem Punktesystem richtet: Die für sie relevanten Abstimmungen werden vorgegeben und ausgewertet. Je mehr Parlamentsmitglieder der bürgerlichen Fraktionen in ihrem Sinne stimmen, desto höher fällt der Spendenbetrag an die Partei aus.« Laut Fetz verfügen einzelne Mitglieder über viel Macht. Vor allem jene, die eng mit der Wirtschaft liiert und von ihr finanziell abhängig sind. Die Mandate der einzelnen Parlamentsmitglieder seien zwar im Register der Interessenbindungen öffentlich zugänglich. Allerdings geht daraus nicht hervor, ob das Mandat ehrenamtlich ist und mit ein paar Spesenfranken entschädigt wird oder ob es sich um eine sechsstellige Frankenhöhe handelt.

Die wirtschaftliche Macht konzentriert sich weiter und die politische Macht weicht sich auf, lautete eine These des liberalen Soziologen Ralf Dahrendorf, die er auch im Gespräch mit uns vertrat. Der neue Direktor der Schweizerischen Radio- und Fernsehgesellschaft (SRG) Roger de Weck, formulierte in unserem Gespräch eine andere These. Er machte geltend, dass die politische Macht nach dem ersten Globalisierungsschub (Öffnung der Märkte) im Kontext der Finanzkrise wieder eigenständiger agiert und sich weniger instrumentalisieren lässt. Wie er das im europäischen Kontext beurteilt, wollten wir vom Politologen Laurent Goetschel wissen. »In Krisenzeiten oder bei ›Schocks‹ meldet sich die Politik zurück«, so Goetschel. Das Diktum, gemäß dem die Gewinne privatisiert und die Kosten verstaatlicht werden, hat sich seiner Wahrnehmung nach in den vergangenen zwei Jahren weiter bewahrheitet. »Zum Teil wurden die ökonomischen Probleme durch politische (De-)Regulierungen und Entscheidungen jedoch auch begünstigt.« Das zeigt sich laut Goetschel bei der Finanzkrise und aktuellen Problemen in Griechenland. »Ich sehe zurzeit eine leichte Tendenz, die Politik zu stärken beziehungswese mehr Regeln, Kontrollen, Steuern etc. einzuführen.« Ob dieser Trend anhält, ist für ihn jedoch »mehr als offen«.

Unser Fazit: Wirtschaft und Politik sind keine isolierten Systeme. Sie verfolgen unterschiedliche Ziele, funktionieren nach anderer Logik, aber sie durchdringen sich gegenseitig. Nach dem Zweiten Weltkrieg tendierte der Kompromiss zwischen Sozialstaat und sozialer Marktwirtschaft zu einem sozialen Ausgleich. Mit dem neoliberalen Aufschwung im Kontext der Globalisierung und den rezessiven Einbrüchen der Siebzigerjahre verkehrte sich dieser egalisierende Prozess. Seither konzentriert sich der Einfluss der Großindustrie und Banken. Und das demokratische Korrektiv ist nur beschränkt in der Lage, die Polarisierung bei den verfügbaren Einkommen und Vermögen zu begrenzen. Der Globalisierungsschub nach 1989 verhalf der Großindustrie und den Banken zu einem weiteren Aufschwung und Machtzuwachs, der massive Missbräuche mit sich brachte und dazu führte, demokratische Kontrollen zu schwächen und einseitige wirtschaftliche Interessen über eigene Thinktanks zu legitimieren. Im »Post-Wohlfahrtsstaat« findet somit ein Paradigmenwechsel statt. Dazu gehört auch das Konzept eines aktivierenden Sozialstaates, der die Verantwortlichkeiten zwischen Markt, Staat und Zivilgesellschaft neu aufteilt. Der Umbau vom Keynesianischen Wohlfahrtsstaat zum neoliberalen »Post-Wohlfahrtsstaat« kommt Wohlhabenden mit Steuersenkungen entgegen und nimmt sozial Benachteiligte stärker in die Pflicht. In zentralen Bereichen sozialstaatlicher Leistungserbringung werden neue soziale Kontrollen einfgeführt. Dieser hilflose Versuch einer sozialen Disziplinierung soll die Brisanz entschärfen, die sich aus der erhöhten sozialen Ungleichheit ergibt.

5.3 Finanzwelt und Bankiervereinigung

»Die Macht der Wirtschaft schwindet«, berichtet die BaZ (25.2.2010). Wir können das nicht bestätigen.[30] Wie Banken und Finanzinstitute ihren Einfluss wahrnehmen, veranschaulichen folgende Beispiele.

»UBS-Chef Oswald Grübel herrscht über 60 000 [Mitarbeitende].« Er dominiert laut *NZZ am Sonntag* (28.3.2010 a) auch den Verwaltungsratspräsidenten, alt Bundesrat Kaspar Villiger. Villiger akzeptierte für das Jahr 2009 Boni für die UBS-Banker in der Höhe von 4 Milliarden Franken, musste die Summe aber auf Druck der Bankenaufsicht Finma auf 2,9 Milliarden reduzieren. Villiger akzeptierte auch ein neues Bonusprogramm von Grübel, das keinen Malus vorsieht. Er genehmigte ferner mehrere Millionen Franken Abfindungen für zwei frühere Kader. Dies in Form von Pensionskassengeldern. Interessant ist, wie auch die NZZ (10.4.2010) diese Auswüchse kritisiert und dabei alt Bundesrat Kaspar Villiger in die Pflicht nimmt. Denn seine Bemühungen, so müsse man leider feststellen, hätten noch keine nachhaltigen Ergebnisse gezeitigt. Unter den autistischen Anwandlungen der Führungscrew leide auch ihr politisches Sensorium. Ohne Not ein zusätzliches Boni-Vehikel für ganz wenige Manager einzuführen und auf einen Malus-Mechanismus zu verzichten, lasse am Willen zur Mäßigung zweifeln. Wenig Fingerspitzengefühl verrate zudem das Vorhaben, ehemalige Verwaltungsratsmitglieder zu entlasten, noch bevor die parlamentarische Untersuchung abgeschlossen sei.

Sollte die Schweiz den Großbanken eine Holdingstruktur vorschreiben, wäre eine Sitzverlagerung ins Ausland logisch. *(Sonntag,* 29.11.2009 a) So reagierte UBS-CEO Grübel schon am 26. November 2009 in einem Vortrag vor dem Zürcher Business Club auf das Vorhaben der Nationalbank, Risiken zu begrenzen. Großbanken ließen sich nach dem Vorschlag der Nationalbank beispielsweise in Ländergesellschaften aufteilen und durch eine zentrale Holding zusammenhalten und steuern. SVP-Politiker Christoph Blocher und Uhrenunternehmer Nicolas Hayek, der Ende Juni 2010 verstarb, unterstütz(t)en diese Strategie. Im Notfall könnten so die Schweizer Geschäfte gerettet und ausländische Tochtergesellschaften dem Konkurs überlassen werden. Eine Holding würde auch bedeuten, dass die Großbanken in den einzelnen Ländern mehr Eigenkapital einsetzen müssten. Schweizer Geldinstitute haben ihre Macht über Jahrzehnte ausgebaut. Die politische Stabilität half, viel ausländisches Geld anzulocken. Wichtig waren auch die Verschwiegenheit und Bereitschaft der Banken, Steuerhinterziehung zu fördern. Sie verfügen derzeit über rund 1000 Milliarden Franken unversteuerte Privatvermögen aus dem Ausland. *(SonntagsZeitung,* 7.2.2010 b) 200 Milliarden stammen (laut Broker Helvea) aus Deutschland. Sie bringen der Branche jährliche Erträge von 5 Milliarden Franken. Der ehemalige Großkunde P. S. wirft der UBS vor, sie habe ihm aktiv beim Hinterziehen der Steuern geholfen. Beispielsweise, indem sie ihm einen steuerlichen Scheinwohnsitz in Zürich und Offshore-Vehikel im Ausland organisiert habe. Die Abteilung Financial Planing beschäftigt rund 200 Fachleute, die bei der Steueroptimierung helfen. Der *SonntagsZeitung* liegt eine Kopie einer internen Preisliste (von 2003) vor. Daraus geht hervor: Eine Stiftung in Liechtenstein zu gründen, kostet etwa 4000 Franken. Hinzu kommen 7000 Franken Jahresgebühr.[31] Und eine Entschädigung für die Buchführung von 200 bis 300 Franken pro Stunde. Das wirft Fragen auf. Privatbankier Konrad Hummler nimmt sie zum Anlass, um den Spieß umzudrehen. Dem Bundesrat wirft er vor, »wie ein aufgescheuchter Hühnerhaufen« (ebd.) zu reagieren. Wer von einem automatischen Informationsaustausch mit anderen Ländern schwafle, habe keine Ahnung. Nie werde er bereit sein, den Status eines Steuerzahlers zu überprüfen. Den Großbanken mache das Ende des Steuergeheimnisses wohl am wenigsten zu schaffen. Denn sie könnten das Geld immer noch in Singapur oder sonstwo verstecken.

Was nun die Bankiervereinigung[32] betrifft, zeige sich der Machtverlust, so eine häufige Annahme, an der unklaren Haltung bezüglich des automatischen Informationsaustausches mit anderen Ländern. Ob dieses Gerangel einen wirklichen Machtverlust dokumentiert, ist fraglich. Im Dezember 2009 erklärte Patrick Odier kurz nach seiner Wahl zum Präsidenten der Bankiervereinigung, die Schweizer Banken sollten sich von ihren ausländischen Kunden schriftlich bestätigen lassen, dass ihre Gelder richtig versteuert seien. Damit versetzte er laut BaZ (25.2.2010) nicht nur Genfer Privatbankiers in Rage. Ein Sturm der Entrüstung brach aus. Seither heißt es bei der Vereinigung der Bankiers, das sei nur so eine Idee gewesen. Kontroversen bestünden auch bezüglich der offiziell akzeptierten Abgeltungssteuer (im Tausch gegen freien Marktzutritt für Finanzdienstleistungen). Wirtschaftsredaktor Daniel Zulauf deutet die Querelen als Zeichen dafür, dass die Macht der Wirtschaft schwinde. Urs Roth, der frühere Geschäftsführer der Schweizerischen Bankiervereinigung, beschwichtigt. Er weist im *SonntagsBlick* (21.2.2010) darauf hin, dass sich nach dem Entscheid des Bundesrats, ausländischen Staaten bei der Steuerhinterziehung Amtshilfe zu gewähren, kein signifikanter Geldabfluss feststellen lasse. Das pragmatische Argument impliziert eine Akzeptanz des Beschlusses. Aber dies nicht aus ethischen Gründen, sondern aus geschäftlichen. Der Kundschaft mit unversteuertem Geld rät Roth (ebd.), sich an einen externen Steuerberater zu wenden. Der soll ihnen erläutern, wie sie Vermögenswerte effizient legalisieren können. Auch Konrad Hummler, Teilhaber der Bank Wegelin & Co. erklärt (ebd.), das Geschäft mit unversteuertem Geld »nie bewusst« gesucht zu haben. Er versucht, die Öffentlichkeit zu beruhigen. Die Bankiervereinigung unterstützt ihn dabei. Sie hat, wie uns

Rolf Soiron erklärte, im Kontext der Finanzkrise »wohl einen geringen, aber kaum einen realen Machtverlust« erlitten und sei nach wie vor »gut aufgestellt«: Die Bankiervereinigung versuche allerdings, sehr verschiedene Interessen unter einem Dache zu verbinden, von den Groß- und Privatbanken sowie der Raiffeisenbank. Wer so Verschiedenes verbinde, habe es nicht leicht.[33]

5.4 Industriekonzerne und Economiesuisse

An einem Rive-Reine-Treffen, an dem sich jährlich die vierzig wichtigsten Konzernchefs (auf Einladung der Nestlé) treffen, drohte der Nestlé-Konzern dem Bundesrat damit, die Schokoladenproduktion auszulagern, wenn die Landesregierung nicht bereit sei, die Landwirtschaftpolitik rigoros zu liberalisieren, um die Rohstoffpreise noch mehr zu senken. *(Tages-Anzeiger,* 20.1.2010 a) Solche Drohungen sind offenbar wirksam und keine Seltenheit. »Vasella warnt die Schweiz«, titelte die BaZ (27.1.2010 a). Denn der Konzernchef der Novartis erwähnte, die Annahme falscher Initiativen könnte die Pharma vertreiben. Einerseits gab Daniel Vasella im Januar 2010 etwas Macht ab, indem er seither auf sein Doppelmandat verzichtet. Das heißt, er reichte die operative Leitung an Joe Jimenez weiter, bleibt aber Präsident des Verwaltungsrates. Andererseits nutzte er bei diesem Wechsel seine Macht und verwies darauf, wie international der Konzern ausgerichtet ist. Das dokumentiert auch die Zusammensetzung der Geschäftsleitung. Sie besteht vorwiegend aus ausländischen Personen. Ob die Novartis ihren Hauptsitz in Basel hält, ist »nicht in Stein gemeißelt«. So Daniel Vasella, der 1998 seinen Wohnsitz von Basel nach Risch im steuergünstigen Kanton Zug verlegt hat. Dort lebt er in unmittelbarer Nähe der Multimillionäre Eugen Hänggi und Erwin Conradi und bezahlt 38 Prozent weniger Steuern als in Basel. Sein Lohn betrug im Jahr 2009 offiziell 20,5 Millionen Franken (Steuerwert). Die Anlagestiftung Ethos rechnete die Bezüge aufgrund von Marktwerten auf 42 Millionen Franken um. Als einflussreichsten Basler erwähnt der Geschichtsprofessor Leonhard Burckhardt in unserem Gepräch »natürlich den Vasella«. Allein schon die Befürchtung, dass die Novartis wegziehen könnte, verleihe ihm viel Macht. Denn das wäre für diese Stadt wahrscheinlich ein Todesurteil. Herr Vasella sei jedenfalls mächtiger als der gesamte Regierungsrat. Interessant ist der Vergleich mit dem Roche-CEO Severin Schwan. Die beiden Konzerne sind ähnlich groß. *(SonntagsBlick,* 7.2.2010 b) Bei der Roche überwiegen klar die Schweizer Mehrheitsaktionäre. Das Konzernareal ist zur Stadt hin offen. Severin Schwan wohnt in Basel und sagt auch deutlich, dass das Unternehmen hier bleibt. Beide Konzerne sind übrigens auch als Sponsoren für Basel wichtig.[34]

»Superstar Vasella«, so kündigte die *Weltwoche* (28.1.2010 a) auf der Titelseite ihren Bericht darüber an, was die Schweiz dem Novartis-Chef zu verdanken hat. Als Beleg dient die Übernahme des Augenheilmittel-Herstellers Alcon für 50 Milliarden Dollar. Das sei immerhin die teuerste Übernahme, die ein Schweizer Unternehmen je getätigt habe. Aber die Geschichte begann schon am 6. März 1996, als die beiden Pharmakonzerne Ciba und Sandoz die weltweit größte Firmenheirat besiegelten. Seither wuchs das Unternehmen immer mehr in die globale Dimension hinein. Vor allem auch durch den Einstieg in den Markt der Generika. Die *Weltwoche* würdigt alle Maßnahmen als Erfolg. Auch den Abbau von 10 000 Arbeitsplätzen nach der Fusion. So viel zur Macht wichtiger Unternehmen. Und nun zur Macht der Vereinigung der Unternehmen.

Die Economiesuisse ist die Dachorganisation der Schweizer Wirtschaft. Sie vereint 100 Branchenverbände, 20 kantonale Handelskammern und mehrere große Einzelfirmen. Der Economiesuisse gehören über 30 000 Unternehmen mit 1,5 Millionen Beschäftigten an. Sie besteht seit dem Jahr 2000 und vertritt wirtschaftsliberale Anliegen: weniger Sozialstaat, freier Handel, tiefere Steuern. Ihr Chef ist »schon lange nicht mehr der achte Bundesrat«, stellt der Ständerat Felix Gutzwiller nach der Abstimmung über den Umwandlungssatz fest. *(Das Magazin,* 12.3.2010 b) Die überwiegende Mehrheit der Bevölkerung stimmte gegen eine Senkung der Rente. Und dies trotz der aufwendigen Kampagne von Economiesuisse, die laut *Work* (19.2.2010) acht bis zehn Millionen Franken in ihre Abstimmungskampagne steckte.

Economiesuisse weist laut *Magazin* (12.2.2010) »ein größeres Budget auf als alle Parteien zusammen«. Der Verband hat ein jährliches Budget von 15 Millionen Franken und mehr als fünfzig Mitarbeitende. Hinzu kommt ein Kampagnenfonds, der bei der Abstimmung zur Personenfreizügigkeit etwa zehn Millionen Franken zur Verfügung stellte. Bei der Abstimmung über das Minarettverbot waren es deutlich weniger.[35] Im Juni 2009 behandelte der Ständerat die Revision des Aktienrechts. *(Sonntag,* 14.6.2009 a) Economiesuisse schickte mehrere Lobbyisten ins Bundeshaus. Hier verteilten sie auch vor dem Ständeratssaal ein Papier, das Punkt für Punkt aufführte, wie die Ratsmitglieder abstimmen sollten. Zwei FDP-Mitglieder stellten entsprechende Einzelanträge und torpedierten damit, was die vorberatende Kommission gemeinsam erarbeitet hatte. Man habe nun der Vorlage die Zähne gezogen, stellte Justizministerin Widmer-Schlumpf danach fest. Und mehrere (auch bürgerliche) Ratsmitglieder kritisierten, wie Economiesuisse versuchte, die Ratsmitglieder zu beeinflussen. SVP-Ständerat This Jenny entsorgte das Schreiben demonstrativ im Papierkorb. Sein Parteikollege Alex Kuprecht erklärte, Economiesuisse habe ihm schon im Vorfeld Anträge unterschieben wollen. Er halte das Vorgehen aber für »unseriös und dem Ständerat gegenüber eine Frechheit«. Die Aargauer FDP-Ständerätin Christine Egerszegi ärgerte sich auch darüber, dass die Anträge »bewusst erst in letzter Minute« auf den Tisch kamen. Nach Einschätzung von Wirtschaftsjournalist Daniel Zulauf verliert Economiesuisse an Gewicht. (BaZ, 25.2.2010) Das zeige der Umgang mit der Abzocker-Initiative. Die Initiative überfordere Economiesuisse. Der Wirtschaftsverband sei wegen interner Differenzen kaum in der Lage, eine erfolgreiche Gegenstrategie zu entwickeln.[36] Als Beleg für den Machtverlust dient auch die Wahl von Gerold Bührer als Präsident von Economiesuisse (im Jahr 2006). Niemand sonst drängte laut *Weltwoche* (18.2.2010 b) in dieses Amt. Auch weil der Boss der Bosse längst kein achter Bundesrat mehr sei. Aber über Macht verfügen er und die Economiesuisse nach wie vor. Immerhin gehören 30 000 Unternehmen mit 1,5 Millionen Beschäftigten dieser Vereinigung an. Economiesuisse hat somit einen Einfluss, der auch jenen der Bankiervereinigung weit übersteigt. Rolf Soiron, VR-Präsident mehrerer Unternehmen und Präsident von Avenir Suisse, räumt in unserem Gespräch ein, dass ein Machtverlust und heterogene Interessen zwar feststellbar seien, Economiesuisse aber nach wie vor recht einflussreich sei: »Es ist schon so, dass Economiesuisse nicht Gewicht und Geltung hat, wie sie der Vorort einst genoss, der ja bis in die Achtzigerjahre zur eigentlichen Spitze des freisinnigen Staates gehörte. Diese freisinnige Elite gibt es in der Form nicht mehr. Economiesuisse widerspiegelt als Organisation den Umbruch unserer Zeit: Es ist eine Funktionsinstitution, ein Verband wie andere auch, aber eine übergreifende, allgemeine Autorität wird ihr kaum mehr zugebilligt.«

5.5 Zur Macht einzelner Manager

Der Einfluss großer Unternehmen oder Banken manifestiert sich auch über Manager. Diese haben zwar nicht das Gewicht einer Bankiervereinigung oder einer Economiesuisse, können aber sehr einflussreich sein. Einzelne Manager erhalten extrem hohe Löhne, Boni und Abfindungen. Die astronomischen Zahlen symbolisieren den Machtgewinn. »Manager haben in den letzten Jahren eindeutig an Macht zugelegt«, bestätigt CEO Urs Berger, der für die Mobiliar-Versicherungen verantwortlich ist. CEOs großer Unternehmen wie Peter Brabeck von Nestlé oder Daniel Vasella von Novartis verfügen über besonders viel Macht. Josef Ackermann von der Deutschen Bank scheint mit Audienzen bei Angela Merkel wichtige Fäden bei globalen Steuerungsprozessen in der Hand zu halten. Aber lassen sich daraus generelle Aussagen über Manager ableiten? Ob CEOs Getriebene oder Treiber des Kapitals seien, fragt Ulrich Thielemann in seinem Buch *System Error* (2009). Die Antwort hänge von unterschiedlichen Konstellationen ab. Der Deal laute wohl meistens so: Wir vom Management scheffeln für euch Milliarden. Wir nutzen alles aus, was möglich ist. Und ihr gebt uns dafür ein paar Millionen ab. So zeige sich die »ökonomische Radikalität als Geschäftsmodell« (Thielemann 2009: 87). Sie brachte schon vor den aktuellen Boni-Debatten viele Manager in Schlagzeilen über strapazierte Renditen. Heute rücken Manager wieder mehr als Marionetten der Kapitalinteressen von Finanzinvestoren ins Licht. Und im Dokumentarfilm *Die Macht der Manager* (2007) von Britta Buchholz und Michael Scheuch erscheint ein CEO als Beschützer der langfristigen Firmeninteressen gegen den Angriff eines skrupellosen Hedgefonds-Verwalters.[37] Eine Differenzierung der Manager ist wohl wichtig. Ebenso die Frage nach Gemeinsamkeiten. Wer oben mitspielt, will Geld verdienen. Und wenn Manager lange genug ihre Millionen verdient haben, können sie ihr Kapital auch selber treiben, wie das zum Beispiel Daniel Vasella in seiner langjährigen Doppelfunktion als Verwaltungsratspräsident und CEO der Novartis tun konnte. Laut Thielemann sind es »eben beide, Management und gierige Investoren, die gemeinsam den Druck ausüben und damit den Hyperwettbewerb, den wir seit längerem beobachten (oder am eigenen Leib zu spüren bekommen), vorantreiben«. Wobei die Gier der Investoren kaum je sichtbar werde, »da diese sich in stillen Gesprächen am Rande der Roadshows ausspricht«. Den Managern ihre Boni zu beschränken, möge zwar sinnvoll sein. Schlecht sei, »wenn dabei – wenn auch nicht die wahren, so doch wenigstens die anderen – Kapitaltreiber (Finanzinvestoren, Verwaltungsräte etc.) vergessen gehen« (ebd.: 87).

Mit den Boni-Debatten sind die Manager tatsächlich stark ins Rampenlicht gerückt. Viele haben sich selbst bereichert und so erheblicher Kritik ausgesetzt. Die hohen Gehälter und Abfindungen lenken das Augenmerk von den Eigentümern der Unternehmen und von den Verwaltungsräten ab, die zentral bleiben. Dass in den letzten Jahren eine Verlagerung der Macht hin zu den Managern stattgefunden hat, halten etliche Fachleute fest. Wenn Manager selbst ihre Macht eher kleinreden, spricht das nicht dagegen. Heinz Karrer, CEO der Axpo, bestätigt auf unsere Anfrage hin den Trend der Machtverschiebung in der öffentlichen Wahrnehmung. Nach seiner eigenen Wahrnehmung treffe aber eher das Gegenteil zu: »Der Grund liegt wohl darin, dass zum einen in den Medien die Personalisierung immer extremer wird und damit der Eindruck der zunehmenden Macht entsteht. Zum andern aber nehmen die Anforderungen in Bezug auf Regulative, Compliance, Transparenz und anderes mehr massiv zu, wodurch der ›Machtspielraum‹ eher abnimmt.« Die öffentliche Wahrnehmung ist laut Dagobert Kuster stark von den hohen Gehältern geprägt, die der frühere Direktor der Basler Volksbank uns gegenüber als kontraproduktiv kritisiert. Wir fragten auch Kurt Aeschbacher, der als Kommunikationsspezialist immer wieder an Managementseminaren mitwirkt. Er lenkt das Augenmerk von der Macht- und Boni-Frage auf den quasi selbst verschuldeten Kompetenzverlust. Viele Manager hätten sich in ihrer Lebensform dermaßen stark vom normalen sozialen Umfeld entfernt, dass ihnen auch das Gefühl für die Gefahren des eigenen Handelns verloren gehe. André Dosé, ehemaliger CEO der Swiss, sieht das ähnlich. Das Leben im Elfenbeinturm verstelle den Blick und schwäche auch die eigene Wirkung. »In dieser Zeit habe ich kein einziges Buch gelesen«, sagte er in unserem Gespräch. »Ich habe nur Akten gelesen, war immer ausgebucht. Ich versuchte zwar Prioritäten zu setzten, die Zeit war aber dennoch immer zu knapp.« Ob sich die Macht von den Eigentümern zu den CEOs verschiebe, wollten wir auch von Rolf Soiron, VR-Präsident von Lonza und Holcim, wissen: »Ja«, sagte er. Aber es gehe nicht nur um das Verhältnis zu den Eigentümern, sondern auch um den Einfluss innerhalb der Unternehmensführung. CEOs seien heute als Einzelne viel einflussreicher, als es die Direktoren von früher waren. Damit ging laut Soiron allzu oft eine Glorifizierung und Heroisierung der CEOs einher, gerade auch medial.

Unser Fazit: Bei den Diskursen über Manager fällt auf, dass sie sich, etwas ablenkend, auf Löhne und Boni konzentrieren und weniger die Machtfrage stellen, die allerdings schwierig näher zu fassen ist, wie die Statements verschiedener Fachleute zeigen. Was für die These der Verschiebung der Macht hin zu den Managern spricht: Mit den Fusionen sind viele Unternehmen größer und von den Besitzstrukturen her komplexer geworden. Mit der zunehmenden Konkurrenz ist auch eine stärkere operative Durchschlagskraft gefragt. Die Rationalisierung der Produktion erfordert zudem die Bereitschaft, rigoros Entlassungen vorzunehmen. Und dann sind vor allem auch Gewinnsteigerungen und hohe Dividenden gefragt. Das erhöht die Anforderungen an die Manager, die diese aber auch deshalb nicht erfüllen können, weil sie, wie uns der Flugunternehmer Moritz Suter darlegte, keine Macht dazu haben.

Obwohl die Spitzenmanager von Großkonzernen eigentlich Angestellte sind, da sie in einem Lohnverhältnis stehen, fungieren sie in aller Regel zugleich als Eigentümer in dem Sinn, dass ihnen ein beträchtlicher Anteil an den Aktien des Unternehmens gehört, oder aber sie kassieren hohe Boni und Dividenden. Zudem gehören Manager inzwischen nicht selten zu den Superreichen, wie dies C. Wright Mills in *Die amerikanische Elite* (1962: 144 ff.) für die US-amerikanische Gesellschaft festgestellt hat und wie ein Blick in die Reichstenliste der *Bilanz* dies auch für die Schweiz bestätigt. Nach Mills sind »die Generaldirektoren und Konzernmanager einerseits und die vermögenden Großaktionäre andererseits [...] keineswegs zwei deutlich getrennte Gruppen. Vielmehr sind beide durch die Eigentumsverhältnisse und Privilegien eng miteinander verflochten« (ebd.). Und – wie die Zitate oben zeigen – durch einen gemeinsamen, gehobenen Lebensstil verbunden. Nicht zu vergessen sind die gemeinsamen Einsitze von Managern und Eigentümern in Verbänden, politischen Gremien und Klubs und der Besuch der gleichen Bildungsstätten (z. B. HSG).

Sicher hat die Dominanz von großen Firmen zu unpersönlicheren Besitzverhältnissen geführt und gewissen Managern einen Machtgewinn gewährt. Wir stellen auch eine Personalisierung der Manager in den Medien und der Öffentlichkeit fest. Eine eigentliche »Wachablösung« der Vermögenden durch eine eigene »Klasse der Manager« lässt sich unseres Erachtens jedoch nicht erhärten.

5.6 Wie wichtig ist das Rive-Reine-Treffen?

Zu Jahresbeginn 2010 kamen Führungsleute aus Wirtschaft und Politik wiederum zum traditionellen Rive-Reine-Treffen zusammen. Zu diesem Treffen sind jeweils etwa vierzig der mächtigsten Konzernchefs geladen, zusammen mit ausgewählten Personen aus der Politik. Das sind in der Regel Vorstehende oder Fraktionsvorsitzende von Bundesratsparteien. In fünfunddreißig Jahren sind bislang nur wenige Zeitungsartikel und ein Buch von Viktor Parma (2007) über das Treffen erschienen. Der Name Rive-Reine kommt vom Tagungsort, einem Privathotel am Genfersee. Für die Einladung zeichnet der Nestlé-Konzern verantwortlich. An der Koordination beteiligen sich die Chefs des Thinktanks Avenir Suisse (bis Herbst 2010: Thomas Held), der NZZ-Wirtschaftsredaktion (bis Herbst 2010: Gerhard Schwarz), assistiert von NZZ-Kolumnist Beat Kappeler.[38] Im Jahr 2010 erschienen mehrere Beiträge über dieses Treffen. Die *Weltwoche* (21.1.2010 a) mokierte sich über die »Hysteriker-Organisation Public Eye« (SF DRS, »10 vor 10«) und die Ringier-Presse, für die das Rive-Reine-Treffen eine »undemokratische Verschwörung« sei, an der dunkle rechtsbürgerliche Kräfte geheime Pakte schlössen. Am Treffen nahmen auch ausgewählte Linke teil.[39] Wir fragten von den Anwesenden den Unia-Sekretär Andreas Rieger, was er vom Rive-Reine-Treffen halte, das der *Tages-Anzeiger* (20.1.2010 a) als das »exklusivste der Schweiz« bezeichnet. Wie sich die Interessen der dominierenden Wirtschaftsmächte genau artikulieren, wie sie in konkreten Situationen konkret umzusetzen sind, lässt sich nach Andreas Rieger »natürlich nicht immer stringent ableiten«. Es gebe und brauche auch bei den Mächtigen diskursive Prozesse der Selbstverständigung, »wo die Diskussionen zum Teil durchaus kontrovers angelegt sind«. Rive-Reine sei eine Tagung, welche diese Funktion habe.

Als das Rive-Reine-Treffen einst die Zukunft der Landwirtschaft thematisierte, plädierte Nestlé für eine radikale Liberalisierung der Märkte, um die Rohstoffpreise noch mehr zu senken. Der Nestlé-Konzern drohte dem Bundesrat damit, die Schokoladenfabrik in Broc (FR) zu verlagern. In Rive-Reine bereiteten die Teilnehmenden auch das größte Steuererleichterungspaket vor, das Vermögenden, Hausbesitzenden und Großkonzernen Milliarden schenken sollte, im Jahr 2004 aber an der Urne scheiterte. Für Aufsehen sorgte nach der 2008er-Konferenz der damalige Finma-Präsident Eugen Haltiner. Er erklärte, dass er die Banken nicht kontrollieren könne, weil seine Leute zu tiefe Löhne erhielten. Mit der Globalisierung und der Finanzkrise befasste sich das Rive-Reine-Treffen im Jahr 2010 beziehungsweise mit der Frage, wie sich Taxen für Boni und Banken und ein Erfolg der Abzocker-Initiative vermeiden ließen. Die Tonangebenden heißen: Brabeck, Vasella, Humer, Grübel und Dörig. Sie repräsentieren Nestlé, Pharma und Banken. Als Organisator wirkt alt Bundesrat und Finanzminister Kaspar Villiger mit, der seit 2009 den Verwaltungsrat der UBS präsidiert und so noch mehr Macht zu kumulieren scheint. Rive-Reine half ihm wohl, diese Position zu erlangen, in der er laut Insidern allerdings viel weniger zu sagen hat, als oft angenommen. Rolf Soiron (Lonza und Holcim), der zu den Mächtigen der Schweiz und zu den Rive-Reine-Geladenen gehört, relativiert die Bedeutung des Treffens, das ja nur einmal im Jahr stattfinde und immer auch viele Abwesende zu verzeichnen habe.

5.7 Klubs und andere Netzwerke

In der Schweiz haben Service-Klubs wie der Rotary oder der Lions Club eine lange Tradition. Die Stadtzürcher Rotarier bilden eine illustre Gesellschaft. Verwaltungsräte, Anwälte, Richter, Politiker und Exponenten der Medienbranche schmücken sich mit dem Rotary-Rad. Sie demonstrieren damit öffentlich ihre Mitgliedschaft in einer Organisation, der niemand einfach so beitreten kann, zu der man höchstens gebeten wird. Die einflussreichen Netzwerke werden jedoch zunehmend informeller. Gerade für junge Unternehmer und Manager gewinnen informelle Klubs an Bedeutung, deren Strukturen weniger fest sind und wo keine rigiden Präsenzpflichten gelten wie zum Beispiel beim Rotary Club. Man duzt sich und Krawatten sind nicht üblich. »Neue Netzwerke berücksichtigen die Mobilität der jungen Elite und nutzen die Informationstechnologien. Mit ihnen lassen sich Netzwerke auch auf große Distanz pflegen«, sagt Franz Schultheis, Soziologieprofessor an der Universität St. Gallen *(Handelszeitung,* 2.7.2008). Wir stellen hier verschiedene Klubs und Netzwerke vor: den Entrepreneur's Roundtable, den Club zum Rennweg und den Rotary Club.[40]

Entrepreneur's Roundtable

Dem Entrepreneurs' Roundtable – einem streng informell gehaltenen Klub – gehören gegen 80 Führungskräfte im Alter um die vierzig an. Es ist eine erlesene Elite – CEOs von börsenkotierten Unternehmen oder Unternehmer mit einem Privatvermögen ab 100 Millionen. *(Handelszeitung,* 29.7.2008) Sich bewerben ist zwecklos, hier wird kooptiert. Dazu gehören unter anderem Axel Lehmann (Verwaltungsrat UBS), Marcel Rohner, ehemaliger Konzernleiter der UBS, Rolf Dörig, CEO Swiss Life, Philippe Gaydoul, CEO Denner, Milliardär Rainer-Marc Frey, Sonova und Ex-Phonak-Chef Valentin Chapero. Frauen sind ausgeschlossen, weil sich Männer »natürlicher und spontaner verhalten« ohne die Präsenz von Frauen *(Bilan,* 20.6.2007). Die Mitglieder treffen sich seit bald zehn Jahren regelmäßig an wechselnden Orten, je nachdem, wer gerade die Rolle des Gastgebers innehat: Oft in einer Privatvilla, aber auch in einem Unternehmen oder einem Restaurant. Meist wird eine Präsentation oder ein Firmenrundgang organisiert, bevor man zum gemeinsamen Abendessen schreitet. Einmal im Jahr soll in einem zweitägigen Adventure-Ausflug ins Ausland das Gemeinschaftsgefühl bei Fallschirmabsprüngen oder bei einem Segeltrip in St. Tropez intensiviert werden. (ebd.) Die Entrepreneurs pflegen kein wohltätiges Image wie andere Klubs, sie fungieren vielmehr als ein politisches Diskussionsforum für neoliberale Führungskräfte: Mehr »Freiheit« und Eigenverantwortung, tiefere Steuern und ein Abbau des Sozialstaates gehören zu ihren Forderungen.[41]

Club zum Rennweg

»Wo die neue Macht sitzt«, berichtete die NZZ (21.2.2010 b) in der Rubrik »Hintergrund/Gesellschaft«. Die Zeitung porträtierte den 2005 gegründeten Zürcher Club zum Rennweg. Etwas SVP-lastig, stelle er traditionell eher freisinnig orientierte Klubs wie die Rotarier in den Schatten. Beim Club zum Rennweg handle es sich um eine neue Generation der Schweizer Wirtschaftselite, einen exklusiven Kreis von 200 Personen. Wer dazugehört, ist geheim. Sie oder er muss im Prinzip 35 bis 55 Jahre alt sein, von mindestens zwei Mitgliedern vorgeschlagen werden, 12 000 Franken Jahresbeitrag zahlen, einem börsenkotierten Unternehmen vorstehen,[42] der Geschäftsleitung einer SMI-Firma angehören oder einen Betrieb mit mindestens tausend Angestellten besitzen. Ausnahmen sind möglich. Zum Beispiel für den alt Bundesrat Adolf Ogi, den Schweizer Fußball-Nationaltrainer Ottmar Hitzfeld und andere Sportlegenden wie Franz Beckenbauer. Tennisstar Boris Becker ist als Inhaber einer Beteiligungsgesellschaft in Zug dabei und nennt den Klub scherzhaft »mein privates Wohnzimmer in der Altstadt« *(Handelszeitung,* 29.7.2008). Die Warteliste ist lang. Bereits geschafft haben den Sprung die Unternehmer Jürg Marquard und Peter Spuhler. Bekannt sind auch Urs Rohner, Präsident der Credit Suisse, sowie Marcel Rohner, ehemaliger Konzernchef der UBS und heute CEO der Uhrenfirma IWC. Frauen machen einen Zehntel der Mitglieder aus. Der Klub scheint als Netzwerk wichtig zu sein. Er verkörpert eher den neuen, etwas hedonistisch ausgerichteten Reichtum. Mitgründer Thomas Ladner erläuterte in der *Handelszeitung* die Prinzipien und Ziele des Clubs zum Rennweg. »Wir sprechen liberal denkende, unternehmerisch handelnde Persönlichkeiten an«, so Ladner (ebd.). Mit Ausnahme des Entrepreneurs' Roundtable gebe es keinen Klub in der Schweiz, der eine solche Dichte an Topmanagern und echten Entscheidungsträgern vereine. In Zahlen: »Zu unseren Membern zählen 40 CEOs, Konzernleitungsmitglieder oder VR-Präsidenten von börsenkotierten Unternehmen. Hinzu kommen 15 CEOs von Banken, auch Großbanken.« Der Klub spreche aber auch weitere Unternehmerpersönlichkeiten an. Das sind Menschen, »die etwas unternehmen und erreicht haben«. In diesem Sinne seien auch erfolgreiche Sportler oder Kulturschaffende »Unternehmer«. Deshalb finde man im Klub auch Formel-1-Rennfahrer oder Wimbledon-Gewinner. Und was das Networking betrifft, erklärt Ladner: Im Club zum Rennweg suche niemand einen Job. Die Members seien alle schon ganz oben angekommen. Generell gelte: »Netzwerke funktionieren, wenn man in guten Zeiten in sie investiert und anderen Mitgliedern Türen öffnet. Nur dann kann man vom Gegenüber erwarten, dass es einen mit Bezug auf ein konkretes Anliegen unterstützt.«

Der Club zum Rennweg gilt als offenere Ausprägung des bereits erwähnten, kleineren und exklusiveren Entrepreneurs' Roundtable. Von diesem sind die meisten Mitglieder auch beim Club zum Rennweg dabei. Ausgenommen ist beispielsweise der *Weltwoche*-Verleger Roger Köppel. Der Basler Wirtschaftsanwalt Martin Wagner, der im Jahr 2010 die *Basler Zeitung* mit übernommen hat, ist beim Club zum Rennweg dabei. Zu den prominenten Mitgliedern gehört auch Dany Bahar. Nach seinen Einsätzen bei Red Bull und Ferrari soll er die Autofirma Lotus »in die Gänge bringen« *(Bilanz,* 12.3.2010 c). Die *Bilanz* zeigt auf, wie vernetzt inzwischen Bahar ist, der, in Istanbul geboren, quasi als Tellerwäscher begann. Mit einem Vater aus Slowenien und einer Mutter aus der Türkei. Heute ist Bahar mit einer Tochter des renommierten Headhunters Björn Johansson verheiratet, der uns gegenüber einst witzelnd damit haderte, dass eine Tochter an der Universität Freiburg Ethnologie (statt Wirtschaft) studierte. Interessant ist, wie die *Bilanz* den Club zum Rennweg erwähnt: Dem Lotus-Chef bleibe nämlich wenig Zeit zur Bewirtschaftung eines üppigen Freundeskreises, also beschränke er sich auf einen engen Zirkel von Vertrauten. »Sie sind aktiv im Club zum Rennweg, wo Bahar Mann der ersten Stunde und gewichtiger Aktionär ist.« (ebd)[43]

Rotary Club

Das wohlhabende und einflussreiche Zürcher Bürgertum trifft sich indes seit bald neun Jahrzehnten im Rotary Club. Zudem in den Zünften und in der Aktionärsversammlung der *Neuen Zürcher Zeitung*. Da kommt zusammen, was Rang und Namen hat. Dies eher in zurückhaltender Manier und, laut Selbsteinschätzung, auch stärker auf das

Gemeinwohl ausgerichtet. Die alteingesessene Zürcher Gesellschaft verfolgt laut NZZ das Treiben des Clubs zum Rennweg sogar mit einem gewissen Argwohn. »Nicht wegen der Beziehungen, die dort spielen; das tun sie anderswo auch.« Es gehe um die Werte. Das wohlhabende und einflussreiche Zürcher Bürgertum setze sich zusammen aus Mitgliedern der alten Zürcher Dynastien, aus Wirtschaftsführern, Hochschulprofessoren, Klinikdirektoren. Hier gelte die ungeschriebene Regel: Man verhalte sich unauffällig im zwinglianischen Zürich, man zeige nicht, dass man Geld hat, und man engagiere sich für die Gesellschaft, sei es politisch – in der Regel in der FDP – oder sozial. Für die Neureichen vom Rennweg habe man wenig übrig. Es herrsche dort ein oberflächliches Denken, sagt ein Mitglied der Zürcher Gesellschaft. Den Leuten fehle jedes Interesse am Gemeinwohl. »Sie leben teuer und verkörpern die Grundhaltung, dass jeder, der es nicht zu Reichtum schafft, selbst schuld sei.« (NZZ, 21.2.2010)

Es gibt in der Schweiz allerdings recht unterschiedliche Rotary Clubs. In etlichen dominieren kleine und mittlere Betriebe. Wir konnten bei mehreren »gewöhnlichen« Rotary Clubs den Mitgliedern schriftlich ein paar Fragen stellen und vermitteln mit ausgewählten Antworten von drei Befragten ein etwas anderes Stimmungsbild.

Was verändert die Finanzkrise?

(U.S.) Viele Menschen aller »Schichten« befassen sich mit dem Thema. Je nach Bildungsstand und Eigenbetroffenheit etwas unterschiedlich gelagert. Von Wut über Empörung bis Machtlosigkeit ist alles zu spüren. Die Richtung geht hin zu etwas mehr Bescheidenheit und dem Ruf nach mehr vorübergehenden Regulierungen.

(M.R.) Eher Ratlosigkeit als Umdenken. Bei Gutverdienern ist schamhaftes Verschweigen des Verlustes festzustellen. Ein Spezialarzt sagte mir: »Nie mehr Aktien!« Bei sehr vielen ist eine Wut über die 42 UBS-Steuer-Milliarden spürbar. Man wartet auf eine glaubwürdige Regulierung durch die Politik. Viele enthalten sich eines Kommentars, um nicht als »Linke« zu gelten.

(H.R.) In der Finanzbranche sehe ich keine Ansätze zu nachhaltigem Umdenken. Es sind wohl Lippenbekenntnisse aus den obersten Führungsetagen zu vernehmen. Viele Anzeichen deuten jedoch darauf hin, dass es der Branche primär darum geht, das leckgeschlagene Schiff so rasch als möglich wieder flottzumachen.

Was erhoffen Sie sich? Und wie zuversichtlich sind Sie?

(U.S.) Dass sich das kleine Land auf seine Stärken besinnt, auf Qualitätsbewusssein und Zuverlässigkeit, und dadurch viele KMU Nischen besetzen und wirtschaften können. Dass die Ethik besser wahrgenommen wird, gerade von den Finanzmärkten, und auch dort die Qualität und Sicherheit der Produkte den Erfolg auslösen und nicht das bloße Versprechen, dass Steuerhinterziehung nicht geahndet wird. Dass die Schweiz vorlebt, dass ein multikulturelles Miteinanderleben möglich ist.

(M.R.) Totaler Abbau der in den Köpfen noch sehr deutlich vorhandenen und gerne zur Schau gestellten Standesschranken. Steuerharmonisierung ohne Spezialabkommen. Keine Working Poor mehr. Neuer Gesamtarbeitsvertrag. Verbot illegaler Heuschrecken-Übernahmen wie bei Sulzer. Weniger »His-masters-Voice-Typen« in der Politik.

(H.R.) Mein wichtigstes Anliegen für die Zukunft der Schweiz ist, dass wir uns vom Gedankengut »Musterknabe Schweiz« und »Sonderfall Schweiz« endgültig verabschieden. Kehren wir zurück zu Ehrlichkeit und Bescheidenheit.

Wie engagieren Sie sich selber?

(U.S.) Indem ich versuche, meinen Mitarbeitern und Mitarbeiterinnen ein gutes Arbeitsumfeld bezüglich Entlöhnung und Arbeitsplatzgestaltung zu bieten.

(M.R.) Meine soziale Tätigkeit besteht zurzeit in Besuchen im Altersheim. Die Professionalisierung hindert oft die Freude an der Mitarbeit.

(H.R.) Meine soziale Verantwortung nehme ich seit vielen Jahren durch unbezahlte Mitarbeit in Non-Profit-Organisationen wahr.

»Unter sich« oder »Die besten alten Netzwerke gibt's nicht mehr«?

Der Club zum Rennweg gilt derzeit als wohl prominentester und einflussreichster Klub. Er wird unseres Erachtens in seiner Bedeutung aber überschätzt. Das gilt auch für die vielen Rotary Clubs. Sie üben gewiss einen Einfluss aus, indem sich mehr oder weniger mächtige Personen vernetzen, absprechen und unterstützen. Aber viele wichtige Personen kommen nicht dazu, an solchen Treffen teilzunehmen. Sie treffen ihre Absprachen lieber direkt und bilateral. Auf der Liste der hundert mächtigsten Schweizer rangiert beispielsweise Charles von Graffenried im oberen Drittel. Die *Bilanz* stufte ihn mit 400 Millionen Franken Vermögen ein. Er ist weder in einer Partei noch im Rotary Club und »muss mit niemandem Golf spielen«[44] *(NZZ am Sonntag,* 28.3.2010 e). »Eine wichtige Erfahrung war, dass es für den beruflichen Weg an die Spitze nicht in erster Linie überragende Fachkenntnisse braucht, sondern die Mitgliedschaft in den richtigen Seilschaften«, erklärte uns hingegen ein ehemaliger Bankdirektor. Und damit das gelinge, müsse man »die Kultur und die Regeln der Seilschaft bedingungslos übernehmen«. Wiederum anders äußerte sich uns gegenüber Urs Hägeli, der ehemalige Vizedirektor der UBS: Die Erfahrung habe ihn gelehrt, dass die informellen Kontakte wichtiger und dementsprechend verlässlicher seien als formelle Verbände und Verbünde. »Die besten alten Netzwerke gibt's nicht mehr: Armee, Wirtschaft, Politik«, erläuterte uns ferner Franz C. Widmer, der ehemalige Chefredaktor der *Basellandschaftlichen Zeitung.* Rotarier und ähnliche Vereinigungen hätten nur lokale Bedeutung, insbesondere für KMU. Und bei all diesen Klubs und Netzwerken, stellt Gewerkschafter Andreas Rieger in unserem Interview fest, treffen sich die »Unternehmer und Manager unter sich«. Sie tun dies »insbesondere für Networking, aber auch zur Meinungsbildung«. Da fehlt jedoch die direkte Auseinandersetzung mit anderen Sichtweisen, was die Betriebsblindheit fördert.[45]

5.8 Denkfabriken

Denkfabriken sind ein anschauliches Beispiel dafür, wie Wirtschaftseliten mitbestimmen.[46] In der Schweiz übernimmt Avenir Suisse diese Aufgabe. Avenir Suisse ist eine Denkfabrik von Schweizer Großunternehmen. Die Stiftung wurde 1999 von vierzehn Unternehmen gegründet. Dieser Thinktank führt Studien durch und kommuniziert die Ergebnisse in der Regel auch. »Neu ist auch die Bewirtschaftung der öffentlichen Meinung über den Thinktank Avenir Suisse, welcher bewusst parallel zu Economiesuisse gegründet und ähnlich finanziert wurde, dessen Wirkung insbesondere über die Journalisten und die Medien, aber auch über die Beeinflussung von Spezialisten in den verschiedensten Staatsapparaten, nicht zu unterschätzen ist«, so Andreas Rieger in unserem Interview. Die Hauptfunktion bestehe zweifellos darin, die ideologische Hegemonie in der Gesellschaft zu wahren und auszubauen. Eine Nebenfunktion sei aber auch, die innere Kohäsion innerhalb der Elite der Machtträger zu halten. Die Wahl von Gerhard Schwarz als neuen Kopf von Avenir Suisse werde diese Funktion sicher stärken, zumal sein Vorgänger, Thomas Held, nach innen weniger Glaubwürdigkeit besessen habe.

Thomas Held leitete die Denkfabrik Avenir Suisse bis im Herbst 2010. Einst galt er als bewegter Achtundsechziger. Heute vertritt er vornehmlich wirtschaftsliberale Positionen. In unserem öffentlich geführten Gespräch lastete er die Krise im amerikanischen Banking und Häusermarkt weitgehend der Regulierung an. Die Politik habe darauf gedrängt, möglichst vielen Leuten Hauseigentum zu ermöglichen. Deshalb sei es jetzt auch heikel zu sagen, dass die Politik die Wirtschaft wieder mehr an die Hand nehmen müsse. »Das halte ich«, so Held, »für eine außerordentlich gefährliche Sache.«[47] Als Konsequenz der Finanzkrise fordert die Denkfabrik Avenir Suisse ein Konkursverfahren für Großbanken. Denn Geldhäuser, die der Staat wegen ihrer Größe nicht untergehen lassen dürfe, würden sich der Disziplinierung durch Marktkräfte entziehen. Solche Finanzhäuser könnten Risiken eingehen, die sie ohne diesen faktischen Schutz nicht eingehen würden, schreibt Avenir Suisse in einer dazu veröffentlichten Studie. (BaZ, 1.4.2010 c) Im Herbst 2010 übernimmt Gerhard Schwarz, davor Wirtschaftschef der *Neuen Zürcher Zeitung*, die Geschäftsleitung von Avenir Suisse. In einem Leitartikel in der NZZ (20.3.10 b) mahnte er die UBS, mehr Sensibilität, Intelligenz und Anstand zu zeigen. Er tat dies mit Verweis auf die überhöhten Boni und die Bereitschaft, ehemaligen Kadern hohe Beiträge an die Pensionskasse zu bezahlen und die frühere Crew, trotz Misswirtschaft, zu entlasten. Schwarz erhielt einst, wie *Weltwoche*-Chefredaktor Roger Köppel im Jahr 2010, den Ludwig-Erhard-Preis für Wirtschaftspublizistik. Prämiert werden publizistische oder wissenschaftliche Beiträge, die zur Förderung des Liberalismus und der sozialen Marktwirtschaft beitragen. Viel zu reden gab ein Leitartikel, den er zur »Krise der Werte« verfasste (NZZ, 30./31.1.2010). Schwarz kritisiert darin das kurzfristige Denken, das gerade auch den Finanzsektor kennzeichne, »wo vor lauter Kasino-Mentalität im Investment Banking die dienende Funktion der Banken für die Realwirtschaft vernachlässigt wurde« (ebd.). In einem Interview mit dem *Tages-Anzeiger* (19.9.2009) verteidigt Schwarz aber auch trotz Bankenkrise die freien Märkte und beschuldigt den Staat, für die Krise mitverantwortlich zu sein und »überall in die Irre« zu gehen. Die Abschaffung staatlicher Geldpolitik ist für ihn ein Ziel. Trotzdem war in seinen Augen die staatliche Rettung der UBS in dieser schweren Krise nötig. »Wir leben nicht im Nirwana, und der Markt ist kein Paradies«, so Schwarz, der auch noch einem anderen Thinktank angehört, der Mont Pelerin Society.[48] Abzuwarten bleibt, ob er bei Avenir Suisse gegenüber dem wirtschaftlichen Liberalismus das politisch liberale Moment stärker akzentuieren wird.

5.9 Wissen und Macht

Die Wirtschaft ist sehr daran interessiert, was sich in der Wissenschaft und an Hochschulen tut. Sie versucht ihren Einfluss auf diese Bereiche wahrzunehmen. Wie einzelne Unternehmen und Führungsleute das tun, veranschaulichen wir hier mit mehreren Beispielen: einem gesponserten Forschungsinstitut an der Universität Freiburg, dem Schweizerischen Institut für Auslandforschung und den Verbindungen zwischen Hochschulen und der Finanzwelt.

Zunehmend wichtig ist für die Wirtschaft der Einfluss auf die Wissenschaft. Dabei helfen gute Beziehungen zur Politik: Das Adolphe-Merkle-Institut (AMI) in Freiburg beispielsweise ist ein privat initiiertes Nanoforschungsinstitut an der Universität Freiburg. Der Stiftungsrat versucht der Universität die Kontrolle über das Institut abzuringen. Die zuständige Erziehungsdirektorin Isabelle Chassot ist selbst im Stiftungsrat. Der Freiburger Industrielle Adolphe Merkle schenkte der Uni im November 2007 100 Millionen Franken für ein unabhängiges Forschungsinstitut. (WOZ, 4.2.2010) Anfang 2010 kündigte der Direktor Peter Schurtenberger, weil er seine Unabhängigkeit als Forscher bedroht sah. Warum? Der Stiftungsrat will die Inhalte der Forschung bestimmen. Und deshalb auch das kantonale Universitätsgesetz ändern. Bisher galt an Schweizer Hochschulen: Private Mäzeninnen und Mäzene und Stiftungen, die einen Lehrstuhl oder ein ganzes Institut sponsern, haben über den vertraglich geregelten Schenkungsakt hinaus keinen Einfluss darauf, was dieser Lehrstuhl und das Institut forschen. Forschungs- und Lehrfreiheit müssen garantiert sein. Allenfalls ist ein Einsitz in Berufungskommissionen möglich. Aber die Forschungsergebnisse gehören der Universität.

Das Schweizerische Institut für Auslandforschung (SIAF) mit Sitz an der Universität Zürich gilt als Wegbereiter neoliberaler Ideen in der Schweiz und hat wesentlich dazu beigetragen, dass in der Nachkriegszeit keynesianische und kritische Ansätze der Wirtschaftswissenschaft an der Universität Zürich zurückgedrängt worden sind. Das SIAF wurde schon 1943 gegründet – »auf Anregung des Bundesrats«, wie es beim SIAF selber heißt (www.siaf.ch). Hintergrund war ein Versuch, neue Kontakte zwischen schweizerischen intellektuellen und regierungsnahen Kreisen und den akademischen Zirkeln der alliierten Nationen zu schmieden. Ab den Fünfzigerjahren diente das SIAF dem mächtigen Netzwerk der Mont Pelerin Society als Zugang zur Universitätswelt: Unter der Federführung des Ökonomen Friedrich A. von Hayek sollten neoliberale Ideen in der Zürcher Akademia (insbesondere am Wirtschaftswissenschaftlichen Institut) mehr Einfluss gewinnen. Ein weiteres erklärtes Ziel war, die angebliche Gefahr zu dämmen, dass ein Nährboden für sozialistische Ideologien entstehen könnte. Unterstützt wurde das SIAF in dieser Zeit von namhaften Unternehmern und Industriellen, allen voran Hans Sulzer – damals Präsident des Vororts (heute Economiesuisse) und gleichzeitig Sekretär der Mont Pelerin Society. (Longchamp und Steiner 2008)

1959 bilanzierte ein weiterer wichtiger Geldgeber, der Schweizerische Bankverein (heute UBS), das Engagment des SIAF und bedankte sich dafür, dass es dem Institut so gut gelungen sei, den Lehrkörper der ökonomischen Fakultät der Universität Zürich zu beeinflussen und gleichzeitig die Studierenden mit dem wirtschaftsliberalen Denken und den Prinzipien der Privatwirtschaft vertraut zu machen. (*L'Hebdo*, 24.7.2008)

Heute versteht sich das SIAF als ein »politisch und wirtschaftlich unabhängiges Kompetenzzentrum für Wissensvermittlung und Hintergrund«, das durch öffentliche Vorträge und Publikationen nach außen tritt und aktuelle Themen aus den Bereichen Politik, Wirtschaft, Gesellschaft, Wissenschaft und Kultur behandelt. Als Präsident des SIAF amtet aktuell UBS-Verwaltungsrat Kaspar Villiger. »Finanzielle und ideelle Unterstützung« kommt von der Credit Suisse, der UBS, der Bank Vontobel, der Swiss Re, Swiss Life, Ernst & Young und Nestlé. Eingeladen werden Redner wie Daniel Vasella, Ex-Nationalbankchef Jean-Pierre Roth, Peter Brabeck von Nestlé, Josef Ackermann von der Deutschen Bank, aber auch namhafte Sozialwissenschaftler wie Samuel P. Huntington, Jürgen Habermas oder Ulrich Beck sowie Politiker wie Bundesrat Ueli Maurer. Uni-Rektor Andreas Fischer schätzt das SIAF als gelungene Kooperation zwischen der Universität und ihren privaten Partnern: »Die Veranstaltungen des SIAF gehören zu den Perlen im breiten Bildungsangebot der Universität Zürich. Indem das SIAF immer wieder weltbekannte Wissenschaftler und *opinion leaders* zu öffentlichen Vorträgen in unser Haus holt, trägt es zur positiven Ausstrahlung der UZH bei.« (www.siaf.ch) Kritikerinnen und Kritiker sehen dies etwas anders: Das studentische Aktionskomitee »uni von unten« verurteilt, dass die Privatwirtschaft auf diese Weise (weiteren) Einfluss auf die Universität nehme. Es sieht das SIAF als »schlecht getarnten neoliberalen Thinktank«. Ein Blick auf die Website verrät, dass neben Uni-Professoren, NZZ-Redaktoren und dem neuen Avenir-Suisse-Direktor vor allem Männer aus Verwaltungsräten und Geschäftsleitungen großer Schweizer Konzerne beteiligt sind. Es handle sich nicht um eine wissenschaftliche Einrichtung, sondern um einen von Großunternehmen direkt bezahlten Elitezirkel, »der an der Universität schamlos großspurige Propaganda im Interesse seiner Sponsoren betreibt«, mutmaßen die kritischen Studierenden *(Zürcher Studierendenzeitung,* 7.4.2009). Tatsächlich besteht durch die Medienpartnerschaft mit der NZZ eine weit über die Universität hinausreichende Ausstrahlung. Die Aktivitäten des SIAF bieten einen informellen Rahmen, in dem sich die Schweizer Wirtschaftselite mit der akademischen Elite austauschen und sich gleichzeitig eine wissenschaftliche Legitimität einholen kann. Den hegemonialen Einfluss, den das SIAF in den Nachkriegsjahren hatte, ist jedoch verloren gegangen. Und ist wohl auch nicht mehr so nötig, wenn man bedenkt, wie monoton marktfundamentalistisch die Lehrmeinungen in den Wirtschaftswissenschaften heute vorwiegend sind. Zudem können sich nach der Einführung des Universitätsrats, in dem auch Vertreter aus der Privatwirtschaft sitzen, die Schweizer Unternehmenskreise nicht über mangelnden Einfluss auf die Universitäten beklagen. Wie die Verflechtungen zwischen Finanzwelt, den politischen Behörden und den Hochschulen aussehen, hat der Basler Soziologe Peter Streckeisen aufgearbeitet: Er spricht von einem schweizerischen »akademisch-finanziellen Komplex« – in Anlehnung an den Begriff des »militärisch-industriellen Komplexes«, der insbesondere in den USA zur Beschreibung der engen Zusammenarbeit und der gegenseitigen Beziehungen zwischen Politikern, Vertretern des Militärs sowie der Rüstungsindustrie verwendet wird. Streckeisen bringt das Beispiel des an der Uni Zürich ansässigen Instituts für das Schweizerische Bankenwesen, das heute 14 Professoren umfasst. Im Beirat sitzen drei Bankenvertreter, ein Mitglied des Nationalbankdirektoriums und eine Person von der Beraterfirma PricewaterhouseCoopers. Hans-Ulrich Doerig, der Verwaltungsratspräsident der Credit Suisse und seit 1973 im Dienste dieser Bank, hat lange Jahre an der Uni gelehrt und ist heute Mitglied des Zürcher Universitätsrates. Auch beim Nationalen Forschungsprogramm FINRISK (Financial Valuation and Risk Management) ist die Personalunion nach Streckeisen »eher die Regel als die Ausnahme«: Die Leiterin dieses Nationalfondsprojekts, Professorin Rajna Gibson, sitzt gleichzeitig im Verwaltungsrat der Swiss Re und war bis 2004 Mitglied der Bankenkommission. (Streckeisen 2009) Gibson ist aber auch Forschungsdirektorin des Swiss Finance Institute (SFI), das 2006 von der Bankiervereinigung gegründet worden ist. Dies mit dem Ziel, die weltweit besten Finanzmarktspezialisten anzuziehen – zugunsten des Schweizer Finanzsektors wie seines Ausbildungs- und Trainingssystems, wie es auf der Website (www.swissfinanceinstitute.ch) heißt. Das SFI-Jahresbudget von 18 Millionen Franken wird mit je 9 Millionen zur Hälfte von den Banken und privaten Stiftungen und zur anderen Hälfte von der öffentlichen Hand finanziert: bei Letzteren zahlen 6 Millionen die Unis, 4 Millionen der Bund beziehungsweise der Nationalfonds (ebd.). »Ist das Wissenschaft?«, fragt der Autor Gian Trepp in der WOZ (3.12.2009) und erinnert gleichzeitig daran, dass »der Dienst am Dogma des Marktes [...] die Finanztheorie in die Sackgasse der sozial destruktiven Trennung von Finanzwesen und Realwirtschaft geführt« habe. Nicht nur die Bankenvertretungen, auch ihre Auftragsforschenden an den Universitäten scheinen trotz turbulenter Wirtschaftskrise weiterhin auf der alten Lehrmeinung zu beharren: Der Markt soll's bringen.

5.10 Spenden und Stiftungen

In der Schweiz existieren 12 000 gemeinnützige Stiftungen. 70 000 Stiftungsräte verwalten ein Vermögen von 50 bis 80 Milliarden Franken. Das sind pro Kopf mehr Gelder als in der Stiftungshochburg USA. (NZZ, 13.4.2010 a) Spenden liegen im Trend. Doch das alte, verschwiegene Mäzenatentum weicht dem publikumswirksamen Geben. Das Basler Motto »Me git – aber me sait nyt«[49] ist nicht passé, wird aber durch neue Praktikten überlagert. Wohltätigkeit sucht auch in der Schweiz zunehmend das Scheinwerferlicht. So Heinrich Gebert. 1997 verkaufte er seine (WC-)Geberit-AG für 1,5 Milliarden Franken und finanzierte damit die Gebert-Rüf-Stiftung. Sie ist, mit 220 Millionen Franken ausgestattet, die größte Wissenschaftsstiftung der Schweiz. »Die Herrschenden brauchen keine Philanthropen, um an der Macht zu bleiben«, sagt uns Politologe Georg von Schnurbein. Er leitet das Centre for Philanthropy Studies (CEPS) an der Universität Basel, die unter anderem von der Gebert-Rüf-Stiftung finanziert wird. Die Organisationen sitzen auch im Beirat. Die Allgemeinheit unterstützt die Stiftungen mit Steuererleichterungen, ohne konkret mitreden zu können. Wer das Geld hat, bestimmt, was förderungwürdig ist. Wir gehen hier auf verschiedene Formen und Intensionen der Philanthropie ein und diskutieren einzelne Widersprüche.

Dass Spenden strategisch eingesetzt werden, ist keineswegs neu. »Sie folgen nicht immer dem Herzen«, sagt ein in der Schweiz tätiger Wirtschaftsanwalt in unserem Gespräch. Sie unterstreichen den eigenen Status und bedeuten Einfluss. Die Möglichkeit, beispielsweise Legate an gemeinnützige Organisationen zu spenden, ist auch in der Schweiz beliebt. Die Generation der über Fünfundsechzigjährigen besitzt über die Hälfte der privaten Vermögenswerte in der Schweiz. Zählen wir Liegenschaften, Pensionskassen- und Vorsorgegelder dazu, sind das mehr als 2000 Milliarden Franken. Das bedeutet: Gut 1000 Milliarden gehen in den nächsten zwanzig Jahren an die nächste Generation über.[50] Laut einer Umfrage der *Bilanz* geben die Sechzig- bis Vierundsechzigjährigen durchschnittlich 15 Prozent ihres Vermögens vorzeitig ab. Jährlich erhalten die 40 größten gemeinnützigen Institutionen der Schweiz über eine Milliarde Franken. Ins Gewicht fallen – nebst den Legaten – vor allem private Spenden. In Basel-Stadt geben Privatleute jährlich rund 300 Millionen Franken für kulturelle Einrichtungen und Veranstaltungen aus. Ohne diese Summen sähe das kulturelle Leben anders aus. Dieses persönliche Engagement von Reichen beeindruckt. Viele wollen nur das Beste. Sie unterstützen kulturelle und wohltätige Veranstaltungen. Auch weil sie so noch etwas bewirken können. Jedenfalls erzählten uns mehrere Reiche, über immer weniger Einfluss zu verfügen. Ab und zu tauchte das Bild des Wirtschaftskapitäns auf, der am Steuer sitzt und das Ruder kaum mehr zu bewegen vermag. Aber das ist teilweise auch Understatement. Was auffällt, ist ein verstärkter Pragmatismus, der hinter gemeinnützigen Investitionen steckt. Er zeigt sich auch im Übergang von Schenkungen zum Sponsoring, das mehr konkrete Einflussnahme erlaubt und sich wirksamer kommunizieren lässt.

Georg von Schnurbein und Steffen Bethmann gehen darauf ein, wie ausgeprägt die Philanthropie in der Schweiz verbreitet ist. (von Schnurbein und Bethmann 2010) In der Schweiz gilt Stephan Schmidheiny als das, was Bill Gates in den USA darstellt. Beide sind wichtig. Aber nicht nur sie. Die Schweiz hat nach den USA das zweithöchste Spendenvolumen pro Kopf der Bevölkerung. Drei Viertel der über fünfzehnjährigen geben an, im Jahr 2009 Geld für eine gemeinnützige Sache gespendet zu haben. So kommt schon einmal ein Betrag von 1,3 Milliarden Franken zusammen. Bei den Unternehmen sind es ebenfalls drei Viertel, die auf diese Weise Gutes tun. Über 12 000 Stiftungen fungieren im Handelsregister. Ihr gemeinnütziges Kapital wird auf 50 bis 80 Milliarden Franken geschätzt. Die Auszahlungen werden in der Regel von den Zinsen getätigt. Die 166 Millionen Franken verteilen sich auf Soziales (66 Mio./41 Prozent), auf Kunst und Kultur (27 Mio., 16 Prozent), auf Bildung, Wissenschaft, Innovation (54 Mio., 33 Prozent) und Sonstiges (17 Mio., 10 Prozent). Die Mäzenin Christine Cerletti-Sarasin wies in unserem Gespräch offen darauf hin, dass die Steuererleichterung ein Nebenmotiv von großen Spenden sei. Die Stiftung gäbe einem die Möglichkeit, Geld direkt für etwas einzusetzen, das man als besonders wichtig erachte. Nicht selten werden auch eigene Kinder als Geschäftsführende der Stiftungen eingesetzt. Der Philosoph Slavoj Žižek (2006:108) kritisiert Liberale wie Bill Gates und George Soros sowie regierungsnahe Philosophen wie Thomas Friedman. Sie demonstrieren Nächstenliebe, indem sie Hunderte Millionen Dollar für Bildung, den Kampf gegen Hunger und Malaria und andere Zwecke stiften. Der springende Punkt ist nach Žižek der, »dass man so viel Geld erst verschenken kann, wenn man es sich vorher genommen hat«; oder wie die Liberalen sagen würden: wenn man es geschaffen hat. Derselbe Soros, der Millionen verschenke, um Bildungsprojekte zu fördern, habe mit seinen Finanzspekulationen das Leben Tausender ruiniert und dabei »die Bedingungen für jene Intoleranz geschaffen, die er geißelt«.

Fazit: Private Spenden sind löblich und willkommen. Wichtiger als das individuelle Mäzenatentum ist jedoch der strukturelle soziale Ausgleich. Wenn Kapitalgewinne besteuert werden, hat die öffentliche Hand mehr Mittel, um soziale Sicherheit zu garantieren und gute Dienste zu leisten. Privates Mäzenatentum kann den Sozial- und Wohlfahrtsstaat ergänzen, aber in keiner Weise ersetzen. Reiche profitieren direkt und indirekt von der sozialen Infrastruktur, die sie mitfinanzieren und die auch denen zugutekommt, die mit ihrer Arbeit viel Reichtum schaffen.

5.11 Kurze Wege

Wie das Zusammenspiel von Wirtschaft und Politik im Kleinen spielt, veranschaulicht Großrat und VPOD-Präsident Urs Müller. Er fragte, wer die Stadt Basel regiere (BaZ, 18.8.2009). Wir nehmen hier seine (uns gegenüber bestätigte) Kritik auf, zusammen mit einer Replik von Anwalt und Bankratspräsident Andreas C. Albrecht (BaZ, 21.8.2009). Müller schreibt: »Basel ist eine kleine Stadt. Die Wege sind kurz. In gehobenen Kreisen kennt man sich und ist untereinander vielseitig verbandelt. Das birgt auch Gefahren in sich, wie an einem Beispiel erläutert werden soll. In der Aeschenvorstadt befindet sich die Anwaltskanzlei Vischer. Seit kurzem ist diese Kanzlei als AG organisiert. Im Verwaltungsrat sitzen u. a. Ueli Vischer als deren Präsident und Andreas C. Albrecht als Mitglied. Beide üben in Basel-Stadt wichtige Ämter aus. Ueli Vischer ist als ehemaliger Regierungsrat Präsident des Universitätsrats und des Verwaltungsrats der Messe Schweiz, Mitglied des Verwaltungsrats des wichtigen Immobilienbesitzers Warteck Invest AG, um nur die wichtigsten Mandate zu nennen. Andreas C. Albrecht ist Großrat, Präsident der Bau- und Raumplanungskommission (BRK), Präsident des Bankrats der Basler Kantonalbank (BKB) und Mitglied des Verwaltungsrats der Bank Coop, die der BKB gehört. Weiter gehören der Anwaltskanzlei, die ihren Geschäftssitz seit neustem in Zürich hat, Großrat Conradin Cramer und der Verwaltungsratspräsident der BVB, Christian Brückner, an. Außer dem Letztgenannten sind alle Mitglieder der Liberalen. Aus diesen Ämteranhäufungen ergeben sich vielseitige Interessenverflechtungen, wie sich am Beispiel der Messe Schweiz veranschaulichen lässt. Die Messe Schweiz plant ihren Neubau. Ueli Vischer als Präsident braucht einen Bebauungsplan. Andreas C. Albrecht bewilligt diesen als Präsident der BRK. Er tritt zwar – wie er dies meist tut – in Ausstand, ist aber bei der Behandlung der Geschäfte mit dabei und beteiligt sich an den Diskussionen. Das Volk sagt ja zum Messeprojekt. Doch dann wird das Projekt um über 20 Prozent redimensioniert. Herr Vischer sieht trotzdem keinen Grund, das Projekt nochmals vor den Großen Rat zu bringen, und Herr Albrecht pflichtet ihm bei. Ob am Schluss dann die BKB mit Andreas C. Albrecht an der Spitze noch die Finanzierung sicherstellt, entzieht sich meiner Kenntnis. Sowohl Ueli Vischer wie auch Andreas C. Albrecht legen in aller Regel ihre Verbindungen offen. Sie sind freundlich. Persönlich verstehen wir uns. Doch die erwähnte Ämterkumulation riecht gefährlich nach Filz. Als Anwalt vertritt Andreas C. Albrecht beispielsweise auch noch den Rankhof, Ex-FC Concordia-Mann Glaser und die auch als Spekulanten bekannten Carabelli Architekten. Besonders die letztere Verbindung ist problematisch, wie am Beispiel des Seevogelparks gezeigt werden kann. Da beschließen die Carabelli Architekten ein neues Projekt.

Doch die Rendite genügt nicht, also muss ein Bebauungsplan her. Andreas C. Albrecht unterstützt seinen Mandanten. Er präsidiert aber gleichzeitig die BRK, tritt in Ausstand, beteiligt sich aber an der Diskussion. Und am Schluss finanziert dann vermutlich die BKB oder die Bank Coop das Projekt. Da fragt man sich doch: Wird Basel eigentlich von den Vischer Advokaten regiert?«

Auf diese Kritik an der Ämterkumulation folgte die Replik vom angesprochenen Advokat und Notar Andreas C. Albrecht, Partner im Büro Vischer AG und LDP-Großrat. Er antwortete in der *Basler Zeitung* unter dem Titel »Engagement und Verantwortung«: »Während die BaZ kürzlich die falsche Befürchtung verbreitete, unser Anwaltsbüro Vischer AG sei auf dem Auszug nach Zürich, setzt Großrat Urs Müller (Grünes Bündnis) mit seinem Forum-Beitrag vom 18. August einen erfreulichen Kontrapunkt. Er zeigt auf, dass die Vischer-Anwälte nach wie vor nicht nur in Basel tätig, sondern hier auch stark vernetzt und engagiert sind. Müller weist aber auch auf die Gefahr von Interessenkollisionen hin, die sich aus dem Zusammenspiel von Beruf und Politik ergeben können. Als Präsident des Staatsangestellten-Verbands VPOD kennt er das Problem. Staatsangestellte im Parlament stimmen regelmäßig über ihren eigenen Lohn ab. Die Interessenkollision ist offensichtlich. Diese Gefahr kann nicht gänzlich beseitigt werden, vor allem nicht in einem kleinräumigen Staatswesen wie dem Kanton Basel-Stadt. Nur eine begrenzte Zahl von Menschen ist zu einem ernsthaften politischen und sozialen Engagement bereit. Wer Personen für ehrenamtliche Funktionen sucht, erlebt das deutlich. Dass in der Praxis oft die gleichen Personen einander wieder gegenübersitzen, überrascht nicht. Es gehört, von links bis rechts, zur Realität unseres politischen Systems. Wichtig ist, dass mit der Gefahr der Interessenkollision verantwortungsvoll umgegangen wird. Da stellt Urs Müller den Vischer-Anwälten fairerweise ein gutes Zeugnis aus, indem er zugesteht, dass wir mögliche Interessenkollisionen stets offenlegen und, wo nötig, in den Ausstand treten. Nach meiner Erfahrung folgen fast alle Politiker unseres Kantons dieser Gepflogenheit. Das ist gut so. Die Geschäftsordnung des

Großen Rats sieht eine Ausstandspflicht nur bei unmittelbarer persönlicher Betroffenheit vor. Dies wird sehr eng ausgelegt. Unmittelbare persönliche Betroffenheit liegt nicht vor, wenn ein Staatsangestellter über seinen Lohn abstimmt. Selbstverständlich liegt sie auch nicht vor, wenn ein Anwalt über ein Geschäft abstimmt, das einen seiner Klienten betrifft. Erst im Fall eines Bebauungsplans für sein eigenes Grundstück müsste ein Großrat von Gesetzes wegen in den Ausstand treten. Eben weil dies eng geregelt ist, ist es wichtig, dass die Großratsmitglieder sich – über Anforderungen des Gesetzes hinaus – um Transparenz bemühen. Jüngst stand in der BaZ, die Wirtschaftsunternehmen sollten ihren Mitarbeitern politisches Engagement ermöglichen. Es gehört zum Leitbild unseres Anwaltsbüros, solches Engagement – eine staatsbürgerliche Pflicht – zu fördern. Es ist kein Zufall, dass sich viele unserer Anwälte politisch, kirchlich und gemeinnützig engagieren. Angesichts der Größe des Büros (in Basel rund 50 Anwälte und Anwältinnen) erstaunt es nicht, dass bei uns mehr politische und andere Funktionen vertreten sind als in anderen Betrieben. Wir freuen uns darüber.« (BaZ, 21.8.2009)

Kurze Wege haben in Basel Tradition, was nicht nur für den »Daig« gilt, zu dem auch Interviewte selektiv Abstand halten. Nämlich dann, wenn weniger von der Generosität, sondern mehr von der Abgehobenheit die Rede ist. Die alten patrizischen Familien hielten schon im 19. Jahrhundert – verwandtschaftlich eng miteinander verknüpft – zusammen, um ihren teilweise auf die Seidenbandweberei zurückgehenden Reichtum zu schützen und über internationale Bank- und Handelsgeschäfte zu vermehren. Der Historiker Philipp Sarasin beschreibt den »Daig« des 19. Jahrhunderts als geschlossene Gesellschaft. Die Burckhardts, Merians und La Roches übten in der Stadt auch die politische Macht im Großen Rat und in der Regierung aus. Sie machten ihren Einfluss zudem bei der Besetzung von Professuren an der Universität geltend. Und sie dominierten via eigene »Zustüpfe« die wesentlichen kulturellen und sozialen Einrichtungen. Inzwischen hat sich der »Daig« aufgeweicht. (Giger 2009)[51] Die Oeris und Hoffmanns haben zwar mit ihrem Familienpool noch die Stimmenmehrheit des Chemiekonzerns Roche. Auch beim Private Banking – bei der Privatbank La Roche & Co. und bei der Bank Sarasin – halten sich einzelne einflussreiche Familien. Aber »heimatlose Verwaltungsräte« dominieren zunehmend anonyme Aktiengesellschaften. Großzügige Schenkungen verwandeln sich allmählich in gezielte Anlagen mit verstärkter Renditeoptik. Das ist der globale Trend. Was immer hilft, ist das Netz persönlicher Beziehungen. Das ist wie ein Boden unter den Füßen. Beziehungen vermitteln Halt und Sicherheit. Und man weiß vor allem auch, zu welchem Anwalt man gehen muss. Gerade in Basel, wo die Wege kurz sind.

5.12 Weltwirtschaftsforum

Das World Economic Forum (WEF) ist eine gemeinnützige Stiftung. Sie führt jährlich ein Jahrestreffen in Davos durch. Da kommen dann Verantwortliche aus Wirtschaft, Politik, Wissenschaft und Medien aus allen Kontinenten zusammen. Sie diskutieren wichtige wirtschafts- und gesellschaftspolitische Fragen. Das Forum existiert seit 1971. Gründer ist der Wirtschaftsprofessor Klaus Schwab. Worin besteht nun die Bedeutung dieses Weltwirtschaftsforums? Das fragten wir zunächst mehrere Beteiligte. Nach einem kurzen Einblick in unterschiedliche Einschätzungen greifen wir wichtige Inhalte des Forums auf. Dabei interessiert, wie sich das Forum zum Reichtum und zur Frage der sozialen Ungleichheit verhält und welchen Einfluss es ausübt. »Ich kann das nicht wirklich beurteilen«, antwortete uns Klaus M. Leisinger, der Direktor der Novartis-Foundation. »Ich war ein, zwei Mal dort und hatte eher den Eindruck eines Marktes der Eitelkeiten als einer Versammlung, die sich seriös bemüht, die human-ethischen Grundlagen der Wirtschaft zu erörtern, dafür zu sensibilisieren oder *best practices* zu prämieren.« Anders äußerte sich uns gegenüber der ägyptische Professor Ibrahim Abouleish, Ratsmitglied im World Future Council und Träger des Alternativen Nobelpreises. Er ist überzeugt, dass das Weltwirtschaftsforum einen entscheidenden Beitrag zum Weltfrieden leistet.

»Die Bedeutung des WEF wird stark überschätzt«, urteilt der UBS-Ehrenpräsident Nikolaus Senn *(Weltwoche,* 4.2.2010 e). Dieser Anlass ist seiner Wahrnehmung nach »gänzlich von den Medien gehypt«. Er sei bloß hingegangen, da er dort immer gute Geschäfte machen konnte. »Am WEF trifft man Leute, die man sonst selten sieht, vermögende Investoren aus Asien beispielsweise.« Aber es gibt auch Politikerinnen und Politiker, die das jährlich in Davos stattfindende Weltwirtschaftsforum, das sich im Januar 2010 zum vierzigsten Mal jährte, als große Chance betrachten. Die Schweizer Bundespräsidentin Doris Leuthard blieb von der Eröffnung bis zum Abschluss. Drei weitere Mitglieder der Landesregierung waren ebenfalls zugegen: Außenministerin Micheline Calmy-Rey, Finanzminister Hans-Rudolf Merz und Sicherheitsminister Ueli Maurer. Aus der Veranstaltung, die 1971 als »Jahrmarkt der Promis und der hehren Ziele« begann (NZZ, 27.1.2010 a), ist ein viel beachtetes globales »Who is Who der Wirtschaft« geworden. Klaus Schwab begrüßte im Jubiläumsjahr 2500 Gäste aus Wirtschaft, Politik, Kultur und Medien. Die Frauenquote betrug 15 Prozent. »Improve the State of the World: Rethink, Redesign, Rebuild«, lautete das Motto. Das Ziel bestand also darin, die Welt neu zu denken und zu gestalten. »Es gibt (fast) kein Thema, das es nicht gibt, alles wird kurz angetippt, selten etwas vertieft«, beschreibt Gerhard Schwarz (NZZ, 27.1.2010 b) den »Charme des Anlasses«, der als Fazit nahelege: Der Kapitalismus muss sich infolge der Krise wandeln. Er muss längerfristig handeln, »allen Gruppen statt nur den Aktionären dienen und statt dem reinen Markterfolg auch den Daseinszweck der jeweiligen Firma im Auge haben« *(Die Zeit,* 4.2.2010 a). Wer möglichst viel verdienen will, ist kaum in der Lage, gleichzeitig die Welt zu retten. Der alternative Nobelpreisträger von 2003, Ibrahim Abouleish, der im Jahr 2004 auch den WEF-Award erhielt und alle Jahre nach Davos geht, zeigte sich (in unserem Gespräch) allerdings davon überzeugt, dass sich der Geist von Davos grundlegend gewandelt habe und künftig wieder mehr Stabilität zu erwarten sei. WEF-Gründer und -Präsident Klaus Schwab betont die politische Bedeutung des WEF. Gespräche in Davos hätten einen

Krieg zwischen der Türkei und Griechenland verhindert, einen wichtigen Einfluss auf die deutsche Wiedervereinigung und die Entwicklung Chinas ausgeübt. Was die Wirtschaft betrifft, moniert Schwab einen Rückzug des Verantwortungsgefühls. »Unter dem internationalen Konkurrenzdruck trat die rein wirtschaftliche Komponente immer ausgeprägter hervor: vom Stakeholder-Denken zum Shareholder-Denken. Es zählt vor allem der Aktionär und der kurzfristige Gewinn.« (bz/MZ, 22.1.2010 a) Wie der renommierte Machttheoretiker Hans-Jürgen Krysmanski analysiert, sitzen die einflussreichen Manager bereits in vielen Aufsichtsräten und anderen wichtigen Gremien (Krysmanski 2009: 265 f.). Sie treffen sich da ständig, auch informell. Dazu brauche es kein Davos. Das World Economic Forum sei etwas Besonderes geworden, weil dort Spitzenmanager mit Vertretern anderer Eliten in Berührung kämen. Krysmanski diskutiert Davos als ein Symbol für die Privatisierung der Macht. Schon längst seien große transnationale Konzerne mächtiger als die meisten Regierungen, ganz zu schweigen von Parlamenten. Inzwischen sei Davos zu einer PR-Veranstaltung für das herrschende Wirtschaftssystem verkommen: »bunt und medienwirksam wie eine Bambi-Gala«. Das Weltwirtschaftsforum symbolisiert jedenfalls das intensive Zusammenspiel zwischen Großindustrie, Finanzwirtschaft und Regierungspolitik. Das Luxuriöse dokumentiert das Abgehobene. Das Forum findet im Elfenbeinturm statt. Dass Mächtige zusammensitzen, garantiert noch keinen Beitrag zum Frieden. Das Forum ist nicht in der Lage, die gemeinsame Verantwortung für dringliche Probleme zu übernehmen und den Welthunger oder die Kluft zwischen den oberen und unteren Vermögen einzudämmen.[52]

5.13 Neue globale Klasse

Ralf Dahrendorf[53] bezeichnet die »globale Klasse« einfach als »die Leute, die von der Globalisierung direkt oder indirekt profitieren« (Dahrendorf 1999: 99 f.). Und das sind nicht ganz wenige. In den Executive Class Lounges der Flughäfen könne man sie finden, »wenn sie nicht eigene Flugzeuge haben«. Auch bei den Spezialkursen der großen Gurus des neuen Managements sowie – wiewohl meist flüchtig – in erlesenen Hotels. Meist seien diese Leute auch durch Telefon und Computer pausenlos vernetzt mit ihren Partnern überall in der Welt. Wie das zu aufsteigenden Klassen passe, habe es die globale Klasse rasch zu beträchtlichem Reichtum gebracht. Auch habe die globale Klasse wie andere vor ihr einen Schweif von Helfern und Helfershelfern, Informationstechnologen und Steuerberatern, Flugkapitänen und persönlichen Assistenten, Sekretärinnen und Privatpolizisten, die in zunehmendem Maße das Bild der neuen Gesellschaft prägten.

Leslie Sklair, Professor an der London School of Economics and Political Science, hat Interviews geführt mit Managern und Verwaltungsräten von über 80 der 500 weltweit größten Konzerne. (Sklair 2000) Er beschreibt eine an Macht gewinnende transnationale kapitalistische Klasse und zählt dazu die Eigentümer und CEOs von transnationalen Konzernen (»corporate fraction«), die am Globalisierungsprozess beteiligten Bürokraten und Politiker (»state fraction«), »globalisierende« Experten wie Thinktanks (»technical fraction«) sowie Eliten im Konsumbereich (Händler und Medien, »consumerist fraction«). Diese vier Fraktionen schmiedeten Allianzen und könnten als die »globale Machtelite« bezeichnet werden. Die transnationale kapitalistische Klasse ist nach Sklair transnational im folgenden Sinn: Ihre Mitglieder zeichnen sich durch eine globale Perspektive aus, sie sehen sich als »Weltbürger« wie auch als Bürger ihres Nationalstaates und sie tendieren dazu, einen ähnlichen Lebensstil zu pflegen, insbesondere was den Luxuskonsum und den Besuch von internationalen Elitebildungsstätten anbelangt. Sie sind der Überzeugung, dass der globale Kapitalismus floriert, wenn möglichst viele soziale Institutionen – wie Schulen, Universitäten, Spitäler, das gesamte Wohlfahrtssystem – so organisiert werden wie ein Unternehmen. Sie nutzen dazu »Benchmarking«-Systeme und eine Rhetorik der »internationalen Wettbewerbsfähigkeit« und setzen damit einen globalen Konkurrenzkampf auf verschiedensten Ebenen in Gang.

Die Akteure der transnationalen kapitalistischen Klasse erfüllen, gewollt oder ungewollt, die (flexibilisierten) Funktionserfordernisse des globalen Kapitalismus – und werden dadurch auch zu einer »Klasse an sich«: Sklair beruft sich dabei auf die klassische Unterscheidung von Karl Marx, der differenzierte zwischen der »Klasse an sich« und der »Klasse für sich«. Die Klasse »an sich« konstituiert sich durch die gemeinsame Stellung in den gegebenen Produktionsverhältnissen. Leslie Sklair stellt fest, dass es in einzelnen Bereichen eine transnationale Organisierung von Kapitalinteressen gibt. Ökonomische Interessen der Akteure sind zunehmend global verlinkt durch die Globalisierung der Kapitalflüsse. Er beobachtet aber auch zunehmend die Konstitutierung einer transnationalen kapitalistischen »Klasse für sich«, das heißt einer politisch handelnden Klasse, die ein gemeinsames Bewusstsein hat, einen ähnlichen Lebensstil pflegt und sich auch politisch zunehmend auf globaler Ebene für ihre Interessen einsetzt. Er spricht in diesem Zusammenhang von »transnationalen sozialen Praktiken«.

Jonathan V. Beaverstock und seine Mitautoren unterscheiden zwei Gruppen innerhalb der globalen Elite: die globalen Superreichen (Ultra High Net Worth Individuals) und die globalen Manager. (Beaverstock et al. 2004) Sie widersprechen Leslie Sklair, dass die Dienstklassen des Kapitals (Bürokraten, Politiker, Manager usw.) eine so tragende Rolle spielen würden und betonen vielmehr die Macht der Geldelite. Zwar agieren die globalen Manager transnational und lenken die globalisierten Kapitalflüsse, aber *wirklich* transnational sowohl in der Erscheinung wie auch bezüglich ihrer Praktiken seien die globalen Superreichen(ebd.: 405) Sie erfüllen eine De-Facto-Governance-Funktion und haben direkten und indirekten Einfluss auf Stiftungen, Wirtschaftsorganisationen, Verwaltungsräte, Thinktanks und Wohltätigkeitsorganisationen und beeinflussen damit die globale Steuer- und Sozialpolitik und auch Institutionen wie den IWF oder die Weltbank. Was die heutigen Superreichen auszeichne, sei nicht ihr Einfluss auf die nationale Politik, sondern ihre Rolle im »globalen Neoliberalismus«, der tiefe Steuern und offene

Märkte vorantreibe. Niemand anders habe einen so großen Einfluss auf den »global space of flows« wie die Superreichen.

Ähnlich argumentieren William I. Robinson und Jerry Harris, die zur transnationalen kapitalistischen Klasse jene Akteure zählen, die sich durch den Besitz und/oder die Kontrolle von transnationalem Kapital auszeichnen. (Robinson und Harris 2000) Sie sind in der »Kommandozentrale« der Weltwirtschaft, beeinflussen die weltweiten Produktionsbedingungen und damit auch den sozialen, kulturellen und politischen Charakter der globalen kapitalistischen Gesellschaft. Indikatoren für die Existenz einer transnationalen kapitalistischen Klasse sind für Robinson und Harris die Zunahme transnationaler Konzerne und ihre gewaltige finanzielle Kraft, die Ausweitung von ausländischen Direktinvestitionen, die grenzübergreifenden Unternehmenszusammenschlüsse und Übernahmen, die Ausweitung freier Handelszonen und globaler Produktionsstrukturen und die Entwicklung weltweiter Netzwerke. Diese Akteure mischen sich in die nationalstaatliche Politik ein, speziell bei den Zentralbanken und den Finanz- und Außenministerien. Sie nutzen den politischen Apparat, um ihr Globalisierungsprojekt voranzutreiben. Dazu gehören die weltweite Marktliberalisierung und der Abbau des Sozialstaats. Diese Akteure agieren aber auch in einem globalen Netzwerk und auf verschiedenen internationalen Foren. Seit den Achtzigerjahren hat die Zahl von transnationalen Diskussionsnetzwerken, in denen Manager und Verwaltungsräte eingebunden sind, deutlich zugenommen. Die Einflussnahme konzentrierte sich dabei auf zwei Bereiche: die Marktliberalisierung (sog. Washington Consensus) und die Durchsetzung internationaler Handelsabkommen.[54]

Was laut David Rothkopf die »Super-Klasse« beziehungsweise die »Welt der internationalen Machtelite« kennzeichnet, ist die Tätigkeit in verschiedenen Ländern. Vor fünfzig Jahren waren die großen Konzerne meist in einem einzigen Land tätig und damit den Regeln eines bestimmten Landes unterworfen. Heute sind die Multis indes an kein bestimmtes Land mehr gebunden. Das erhöht den Einfluss auf

Regierungen. Die 10 größten Konzerne[55] der Welt setzten im Jahr 2006 sechs von zehn Dollar Umsatz außerhalb ihres Ursprungslandes um. Diese Internationalisierung macht sich, so Rothkopf, auch in den Vorstandsetagen bemerkbar (Rothkopf 2008:197). Nach seinen Angaben kommen durchschnittlich 20 Prozent der Vorstands- beziehungsweise Aufsichtsratsmitglieder dieser Konzerne nicht aus dem Ursprungsland. Die 500 weltgrößten Konzerne erzielten im Jahr 2007 auch bereits mehr als die Hälfte ihres Umsatzes außerhalb »heimischer Märkte«.

Auch die *NZZ am Sonntag* (27.9.2009 a) schreibt, wo sich viel Macht konzentriert: Die neue Regierung der Weltwirtschaft formiere sich in der G-20. Die Gruppe besteht aus 19 Staaten und der EU. Sie soll zur zentralen Instanz für die internationale Wirtschaftspolitik werden. Beim G-20-Gipfel in Pittsburgh haben die führenden Industrie- und Schwellenländer eine stärkere Regulierung der Finanzmärkte angekündigt. US-Präsident Obama sprach von einer »neuen Ära« und auch davon, dass durch die Krise die Kooperation untereinander enger (denn je) geworden sei und durch die Beteiligung von China, Indien und Brasilien mehr Gewicht erhalten habe. Das drücke sich auch in der Bereitschaft aus, nachhaltige Maßnahmen in die Wege zu leiten. Beim ersten Gipfel vom November 2008 in Washington galt es noch, kurzfristig auf die Panik nach der Pleite von Lehman Brothers zu reagieren. Nun müssen die Banken ab Ende 2012 schärfere Vorschriften bezüglich des Eigenkapitals erfüllen und auch ein Testament ausstellen, das regelt, was nach einer Pleite passiert.

Dass eine globale Reichtumsklasse existiere, bestätigte uns auch der deutsche Reichtumsforscher Peter Imbusch aus Wuppertal. Fraglich sei allerdings, ob das ein neues Phänomen sei. Denn es gebe schon lange eine vergleichsweise kleine Gruppe von sehr reichen Menschen, die international absolut mobil – also ortsungebunden – sei und deren hervorstechende und distinktive Kennzeichen gerade ihr Reichtum und ihre hohe »Bindungslosigkeit« darstellen würden. Diese Gruppe verfüge über ein gewisses Bewusstsein ihrer besonderen sozialen Lage, sei ansonsten eher heterogen, treffe aber an unterschiedlichen Orten der Welt aus verschiedenen Anlässen regelmäßig aufeinander. Die Globalisierungsprozesse hätten diese Entwicklung nur verstärkt. Zu dieser Gruppe gehörten etwa: Wirtschaftstycoons, die Führungskräfte der großen internationalen Unternehmen, reiche Privatiers, aber auch der internationale Jetset. Verändert habe sich in den letzten Jahrzehnten allerdings die Zusammensetzung dieser Gruppe, in der jetzt auch viele »Neureiche« aus den Transformations- und Schwellenländern zu finden seien. Ein hervorstechendes Charakteristikum dieser heterogenen Gruppierung sei die tendenzielle Erosion ihrer sozialen Verantwortung und sozioökonomischen Verpflichtung gegenüber Staat und Gesellschaft.

5.14 Transnationale Rekrutierung

Michael Hartmann untersucht »Eliten und Macht in Europa«. (Hartmann 2007) Zu den europäischen Wirtschaftseliten zählt Hartmann die politische EU-Spitze und das Topmanagement der großen Konzerne. Sie treiben die Internationalisierung der Wirtschaft voran. Sie sorgen für die Abkehr von traditionellen nationalen Rekrutierungs- und Mobilitätsmustern. So entsteht eine neue »World Business Class« beziehungsweise eine »World Business Elite« oder »Transnational Capitalist Class«. Doch die Wirklichkeit zeigt sich etwas anders. Hartmann relativiert das Ausmaß der Internationalisierung. Das verrät ein Blick auf die Chefs der größten britischen, deutschen, italienischen, spanischen und französischen Unternehmen. Die Internationalität scheint da viel weniger ausgeprägt vorhanden zu sein als oft angenommen. In Frankreich ist die Elite national geschlossen. Nur zwei von hundert PDG (Président-directeur général) stammen nicht aus Frankreich. Und nur acht Prozent der PDG haben Auslanderfahrung. Von den 50 größten italienischen Unternehmen wird keines von einem Ausländer geleitet, von den 30 größten spanischen gerade eines. In Deutschland aber haben neun von hundert Vorstandsvorsitzenden der großen Unternehmen keine deutsche Staatsbürgerschaft. Bei den Spitzenmanagern hat der Anteil jener, die über eine mehrmonatige Erfahrung im Ausland verfügen, von einem Viertel auf einen Drittel zugenommen. Von den Managern, die aus dem Großbürgertum stammen, haben doppelt so viele Erfahrungen im Ausland gesammelt. Bei älteren Managern (Jahrgang 1950 und älter) waren 29 Prozent länger als zwei Jahre im Ausland, bei jüngeren nur 14 Prozent. Die jüngeren weisen allerdings mehr kürzere Aufenthalte auf. In Großbritannien sind ein Fünftel der Spitzenpositionen von ausländischen Kadern besetzt. Die meisten kommen aus dem angelsächsischen Raum (Australien, Kanada, Südafrika, USA). (Hartmann 2007) Zudem beinhaltet das Ausland für Manager oft dieselbe Enklave im Getto. Ob das einen transnationalen Habitus ergibt? Viele Manager, die in Großbritannien tätig sind, haben sich an der London Business School qualifiziert.[56]

Wirklich transnational ist das Spitzenmanagement eher in kleinen Ländern mit vielen Multis. Doch auch hier gibt es große Unterschiede, wie eine Studie von Dyllick und Torgler (2007) zeigt: Während in Ländern wie Schweden und den Niederlanden, die wie die Schweiz einen kleinen Heimmarkt, eine traditionell hohe Offenheit der Wirtschaft und bedeutende internationale Unternehmen aufweisen, die Zahlen bei nur 10 Prozent ausländischer Führungskräfte liegen, sprechen die Zahlen für die Schweiz für einen ausgeprägt hohen Internationalisierungsgrad: Bei den 500 größten Unternehmen kommen 29 Prozent der Führungskräfte aus dem Ausland, bei den 100 größten Unternehmen sind es gar 44 Prozent. »Im internationalen Vergleich ist dies ein ausgesprochen hoher Anteil, möglicherweise der höchste in Europa«, folgern Dyllick und Torgler (ebd.: 78). Die Bank- und Versicherungsbranche ist stärker durch Schweizer Führungskräfte geprägt, als dies in der übrigen Wirtschaft der Fall ist (ebd.). Und woher kommen die ausländischen Führungskräfte? Nach Kontinenten betrachtet kommen 75 Prozent aus Europa, 21 Prozent aus Amerika und 4 Prozent von anderen Kontinenten. Nach Ländern aufgeschlüsselt dominiert Deutschland: 34 Prozent und damit ein guter Drittel aller ausländischen Führungskräfte in den größten Schweizer Unternehmen. Auf Platz zwei liegen mit 18 Prozent die USA. Erst auf den weiteren Plätzen folgen mit Frankreich (9 Prozent), Großbritannien (7 Prozent), Italien und Österreich (je 5 Prozent) die anderen europäischen Länder.

Was die politische Macht betrifft, beschreibt Hartmann, wie mit der Abnahme der Bedeutung der Parteien der Anteil der Großbürgerlichen in den Regierungen zunimmt. Vor vierzig Jahren stammten in Deutschland vierzig Prozent vom Bundeskabinett aus der Mittel- und Arbeiterschicht. Heute hat der Anteil der Angehörigen aus der Oberschicht zugenommen. Hartmann betrachtet die soziale Ungleichheit und Einkommensdifferenzen als wichtige Indikatoren für die Macht und Homogenität der Eliten. Der angelsächsische Neoliberalismus kündigte den Konsens zwischen der Upperclass und der Arbeiterklasse auf. Das skandinavische Modell hält den wohlfahrtsstaatlichen Kompromiss weiterhin hoch, aber schon etwas weniger ausgeprägt als früher. Überall nimmt auch die Bedeutung von Eliteuniversitäten zu. Die Absolventinnen und Absolventen dieser Kaderschmieden verfügen über relativ gute Chancen, den Sprung in die Elite zu schaffen. Wer bei sozialen Anliegen hofft, »auf die Einsicht dieser Eliten setzen zu können, dürfte in den allermeisten Fällen enttäuscht werden« (Hartmann 2007: 243). Denn die Eliten schotten sich zunehmend ab. Sie sind elitär orientiert und von ihrer Herkunft und vom Einkommen her abgehoben. Der Präsident der Bundesbahn erhielt früher gleich viel Lohn wie der Staatssekretär der Bundesregierung. Heute erhält er mit 3,2 Millionen Euro zwanzigmal mehr. Und in Großbritannien verdient der CEO der (immer noch) staatlichen Royal Mail und Network Rail mit 1,5 Millionen Euro etwa achtmal mehr als der Premierminister.

5.15 Zurück zur Schweiz

Bundesrätin Simonetta Sommaruga *(Das Magazin,* 12.3.2010 b) weist darauf hin, dass die Schweiz wirtschaftlich enorm globalisiert ist. »Aber statt uns auch politisch entsprechend zu vernetzen, Allianzen zu schmieden, bauen wir eher Fronten statt Freundschaften oder

Bündnisse auf. Wir ziehen es vor, EU-Gesetze ›autonom nachzuvollziehen‹, statt sie mitzugestalten.« Wir fragten auch den Politologen Laurent Goetschel nach der globalen Verortung der Schweizer Elite. Er erklärt, dass es schon immer globale Klassen im Stile der europäischen Aristokratie gab. Im Gegensatz zu dieser dürfte die heutige globale Klasse, sofern sie sich überhaupt als solche definieren beziehungsweise greifbar machen lasse, über deutlich weniger politische Macht verfügen. Es handle sich um einen reinen »Geldadel«, der weitgehend depolitisiert sei. Anders äußerte sich Politologin Regula Stämpfli. Für sie ist die Schweiz zunächst für die Reichen dieser Welt eine Oase der Sicherheit. Stämpfli erinnert an den ehemaligen Nationalratspräsidenten Peter Hess aus dem Kanton Zug, Anwalt von Transocean, dem Verwaltungssitz von BP, und fügt an: Eine Firma, welche für die Ölkatastrophe im Golf von Mexiko verantwortlich sei, könne wahrscheinlich rechtlich nicht belangt werden, da sie sich mit Schweizer Sitz jeder rechtlichen sowie finanziellen Verantwortung elegant entziehen werde. Die Schweiz gehöre auch zum Kern der finanzkapitalistischen globalen Elite. Und die Schweizer Politik benehme sich auf höchster Ebene wie die klassischen Hofvasallen. Deshalb müsse in der Schweiz die Finanzoligarchie nicht in die Politik – sie *sei* die Politik. Weiter führt Regula Stämpfli aus, dass die direktdemokratische Schweiz einen US-amerikanischen Mythos der Selbstbestimmung pflege, obwohl die soziale Mobilität innerhalb Europas wohl die schlechteste überhaupt sei. Dank Bildungsunfug, dank Verluderung des öffentlichen Raumes, dank Privatisierung von Geist und Politik ist es laut Regula Stämpfli gelungen, einen Kapitalismus zu etablieren, der nicht mehr den liberaldemokratischen Regeln, sondern vornehmlich seiner eigenen Logik gehorchen müsse. Phänomenologisch sei der gegenwärtige Prozess ergreifend: »Die Eroberung der Welt als Bild« (Heidegger à la Stämpfli) sei so weit fortgeschritten, »dass unsere Enkel, falls sie denn dies noch können, mit Wehmut auf unsere staatsbürgerlichen und denkerischen Freiheiten zurückblicken«.

Fazit: In der kleinen Schweiz sind die Wege kurz. Das beinhaltet Vorteile, aber auch Gefahren. Gerade in einem Umfeld, bei dem sich die soziale Kluft sowohl bei den Vermögen als auch bei den verfügbaren Einkommen weiter öffnet. Zudem konzentrieren sich in der Schweiz die Vermögen in einer extremen Weise. Die Schweiz oligarchisiert sich. Das hat Konsequenzen für die Demokratie. Erhebliche Mittel fließen in Medien, Abstimmungen, Interessenverbände und bürgerliche Parteien. Die Hoffnung, dass die Finanz- und Wirtschaftskrise die Bereitschaft fördern könnten, umzudenken und umzulenken, hat sich bislang kaum erfüllt. Die Macht der Finanzzentren und Großindustrie konzentriert sich weiter. Dass sich die Politik stärker zurückmeldet, trifft wohl zu. Aber dies geschieht nicht einfach aus einer Position der Stärke heraus, sondern weitgehend unfreiwillig. Wenn es in der Wirtschaft weniger gut läuft, folgt der Ruf nach der Politik. Spannungen zwischen unterschiedlichen Strömungen innerhalb der Wirtschafts- und Bankiervereinigungen sowie innerhalb der Politik nehmen teilweise wohl zu. Aber das sind keine antagonistischen Gegensätze. Oft handelt es sich um kleinere Widersprüche, die sogar eher dazu beitragen, den Zusammenhalt zu stärken. Politik und Wirtschaft bleiben jedenfalls eng miteinander verknüpft und intensivieren vor allem auch ihre globale Kooperation. Finanzieller Reichtum ist ein wichtiger Machtfaktor, der Teile der Politik instrumentalisiert, sich ständig reproduziert, demokratisch aber nicht legitimiert.

5.16 Exkurs: »Herrschaft des Niemands« (Regula Stämpfli)

Die Politologin Regula Stämpfli antwortete auf unsere Frage, wer denn die Schweiz regiere, weiter mit dem Bild einer »Postkutsche im Nanozeitalter«: »Während die wirtschaftliche, gesellschaftliche, mediale sowie technische Vernetzung sich in unser aller Leben beamt, tuckeln die klassischen politischen Entscheidungsprozesse sprichwörtlich vor sich her.« Das führt laut Stämpfli zu einem Antagonismus zwischen Verortung und Entortung. Mit Verortung sind die lokale sowie die nationale klassische Demokratie gemeint, mit Entortung die Globalisierung, das Internet, Facebook sowie globale Stars, Geschichten und Konzentrationsprozesse. Hinzu kommt die Diskrepanz zwischen real und virtuell. In der Politik zeigt sich diese Diskrepanz zwischen demokratischen Entscheidungen (»Ich setze die Größe des Heckenzauns meines Nachbars via Bauordnung fest«) und undemokratischer Macht (»Ich habe bezüglich Einsatz von Milliarden an Steuergeldern in ›meiner‹ Demokratie nichts zu entscheiden«).

Die Diskrepanz zwischen Verortung und Entortung manifestiert sich laut Regula Stämpfli auch im Unterschied zwischen Wirklichkeit und Illusion. Das veranschaulicht Stämpfli mit der Finanzkrise: Verortet wurden die Hypotheken, entortet die Mehrfach- und Wettverkäufe. Die Gleichzeitigkeit und Dynamik auf der technisch-gesellschaftlichen Ebene (»Jetztzeit-Gesellschaft«) verfestigt sich laut Stämpfli in einer ahistorischen, kurzlebigen Momentpolitik, die kaum mehr mit Nachhaltigkeit, historischen Lernerfahrungen sowie generationenübergreifenden Idealen von Freiheit und Wohlstand zu tun hat. »Seit dem Zusammenbruch 2008 leben wir in aller Deutlichkeit eine fratzenhaftige Farce existierender liberaler Demokratie.« Die Milliardenpakete für Banken und für die Wiederherstellung des Vertrauens haben, so Stämpfli, »nichts mehr mit Demokratie, dafür alles mit einem mächtigen Glaubensmodell« zu tun. Spannend daran ist, »dass wir alle noch so tun, als lebten wir in einem rationalen Zeitalter«.

Regula Stämpfli hält dafür, die wirtschaftliche und politische Macht weiter zu differenzieren. Sie unterscheidet zwischen Institutionen, Akteuren und politischen Entscheidungsprozessen. Statt bei der Finanzkrise einfach von »den Banken« zu reden, schlägt sie vor, stets die konkreten Namen (auch der CEOs etc.) zu verwenden. Das gilt auch für »die Unternehmen« und für »die Urheber« und »Folgetragenden« der Finanzkrise. Auch hier spielen Verortung und Entortung mit. Die »Herrschaft des Niemands«, die Hannah Arendt in totalitären Gesellschaften verortete und mit der »Banalität des Bösen« beschrieb, ist laut Stämpfli auch heutzutage »im Geschwafel zwischen Wirtschaft und Politik am Werk«. »Niemand hat uns unser Geld gestohlen. Niemand weiß, wo es geblieben ist. Niemand weiß, wie wir es wiederkriegen.« In »der herrschenden Mediendemokratie« redet Regula Stämpfli deshalb auch vom »Bösen der Banalität«, weil die wirklichen Zusammenhänge, Akteure, Institutionen nicht benannt »und selbstverständlich auch nicht zur Rechenschaft gezogen werden«. Auf das Verhältnis von Verortung und Entortung, Politik und Wirtschaft gedeutet, ergibt dies: Die Wirtschaft entortet Verantwortung, die Politik ortet nur dort, wo sie ein Performationsspiel organisiert. »Schauen wir mal genau hin«, führt Stämpfli weiter aus: »Bürger sind wir heutzutage nicht mehr wirklich. Wir haben also als politische Subjekte keine Macht.« Wir können zwar laut Stämpfli in der Schweiz über Minarette oder die Höhe von Kirchentürmen abstimmen, nicht aber über unser Volksvermögen, unsere Investitionen und unsere Bildung. Von politischer Macht zu sprechen ist laut Stämpfli angesichts der real existierenden unverorteten Macht und Verantwortlickeit zur Farce geworden. Die mächtigen Institutionen sind heutzutage wie vor der Französischen Revolution in der Hand einer autarken, autoritären globalen Finanz-Kulturelite. 2008, als die Finanzkrise den Politikern zum ersten Mal seit über siebzig Jahren wieder die Möglichkeit gab, zu gestalten, hätten die demokratisch gewählten Regierungen des Westens die noch bestehenden Reste liberaler Demokratie beendet. Der Rechtsstaatsbruch eines Bundesrats Merz, der ungestraft auch in der Schweiz vollzogen wurde, sei eigentlich sprechendes Zeugnis einer solchen Entwicklung: »Heute haben Lobbys und Verbände nicht einfach mehr Einfluss, sie entscheiden«, kritisiert Stämpfli. Lobbys und Verbände sind ihrer Wahrnehmung nach in der atomisierten, globalen, entorteten Welt zum Glaubenssystem mutiert. Es geht nicht mehr um Einfluss auf etwas, sondern um Einfluss an sich. Die privaten, auf kurzfristige Gewinnmaximierung ausgerichteten Interessen haben mit Spiel, Intelligenz, Charme, Bildungsbesetzung eine Matrix errichtet, »die selbst von den Intellektuellen kaum mehr als Matrix erkannt werden will und wird«.

6 Im Spiegel der Medien

Reiche kommen häufig in den Medien vor. Sie nutzen die Medien, um sich selber darzustellen. Sie nehmen auch wirtschaftlich und politisch Einfluss auf die Medien. Reflexionen über die eigene Macht und Abhängigkeit sind in den Medien allerdings eher rar, wären aber wichtig. Wir inteviewten einzelne Medienfachleute über aktuelle Veränderungen der Medienlandschaft. Dabei interessierte auch, wie Medien ihren Einfluss wahrnehmen. Zudem achteten wir in den Zeitungen und vor allem in der Sonntagspresse in den Jahren 2009 und 2010, wie Medien über den Reichtum in der Schweiz berichten. Aus diesem explorativen Sondieren formulieren wir dann Hypothesen, die weiter zu fundieren und zu differenzieren sind.

»Nein, nie«, antwortete Franz C. Widmer, der ehemalige Chefredaktor der *Basellandschaftlichen Zeitung*, auf unsere Frage, ob Wirtschaftskreise je versucht hätten, ihn zu vereinnahmen. Das sei auch deshalb nicht vorgekommen, weil er die Spielregeln im britischen Journalismus gelernt und immer eingehalten habe. Politisch Mächtige hätten es eher versucht – aber auch erfolglos. Was die Berichterstattung verschiedener Medien über den Reichtum in der Schweiz betrifft, erinnert sich Franz C. Widmer vor allem an die »goldene *Bilanz*« mit den Reichsten, die er schon lange nicht mehr liest. Alles andere betrachtet er nicht als Berichterstattung, sondern bestenfalls als Polemik, »im Normalfall Nachplappern alter Vorurteile; Recherche wäre zu aufwendig«. Das Wort Macht hat der renommierte Publizist nicht gerne. Die Medien sind für ihn »auch nicht die vierte Macht im Staate«. Sie sollen informieren, zur Meinungsbildung beitragen und natürlich unterhalten. Ihre immer noch klassischen Funktionen sind für ihn – »trotz Internet und Ähnlichem« – das *gate keeping* und *agenda setting*. Sie können Trends verstärken, aber nicht umkehren.

Die Medienberichterstattung über Reichtum ist jedenfalls höchst unterschiedlich, urteilt der deutsche Reichtumsforscher Peter Imbusch, den wir ebenfalls befragten. Zum einen gibt es in den Wirtschaftsmagazinen regelmäßig die Listen über die Reichen und Superreichen (Rankings) und Hintergrundinformationen, wie deren Reichtum zustande gekommen ist. Zum anderen nehmen die Massenmedien, vor allem die Boulevardpresse und bestimmte private Fernsehsender, wesentlich einen voyeuristischen Standpunkt zum Reichtum ein: »Sie berichten regelmäßig über Personen aus diesem Milieu, zeigen die dekadenten Lebensstile reicher Menschen oder deren meist luxuriöse Sorgen. Glamour und Charity in der Welt der Reichen sind zudem Phänomene, die immer Nachrichtenwert besitzen«, stellt Peter Imbusch in unserem Interview fest.

6.1 Wie Medien über Reiche berichten – ein Stimmungsbild

Die Berichte über den Reichtum in der Schweiz konzentrieren sich auf die Wirtschaftsseiten in der Tagespresse und auf die Sonntagsblätter. In den Wirtschaftsbünden sind immer noch viele Verlautbarungsmeldungen von Unternehmen sowie Branchenbetrachtungen zu finden, die das *Jahrbuch Qualität der Medien* (fög 2010) als Kennzeichen der Berichterstattung bis zu den 1970er-Jahre beschreibt. Hinzu kommen Firmenporträts, die Einzelpersonen stark in den Vordergrund rücken. Das zeigt sich auch bei Berichten über die Finanz- und Wirtschaftskrise, die den Bankern und ihren Boni besonders viel Aufmerksamkeit schenken. Popularisiert und noch stärker auf einzelne Personen fokussiert sind die Zeitungen am Sonntag. Sie enthalten viel Unterhaltendes, wobei einige Interviews und Porträts recht aussagekräftig sind und wichtige Details erhellen.

Um einen ersten Eindruck zu vermitteln, beginnen wir mit einem Sonntagsmix verschiedener Meldungen. Sie stammen vom ersten

Wochenende im August 2009 und vermitteln einen Einblick in das, was zu interessieren scheint. Wir versuchen danach aus mehreren Hundert Beiträgen, die in Tageszeitungen und der *bz am Sonntag*, der *NZZ am Sonntag*, der *SonntagsZeitung* und dem *SonntagsBlick* erschienen sind, ein Bild von dem zu skizzieren, wie Medien über Reiche berichten. Dazu ein erster Eindruck.

Dauergast Josef Ackermann ist auch am ersten Wochenende im August in den Sonntagszeitungen präsent. Er ist Schweizer, wie meistens betont wird, und steht der Deutschen Bank vor. Im Kontext der Finanzkrise plädiert er dafür, »authentisch und verlässlich zu bleiben, um das Vertrauen in die Banken zurückzugewinnen« (bz/MZ, 2.8.2009). Die bz würdigt, wie »ruhig, besonnen und schlagfertig« Ackermann sei.

Viel Platz nehmen am ersten Augustsonntag 2009 auch die reißerisch aufgemachten Illustrationen darüber ein, wie militante Tierschützer auf dem Churer Friedhof das Grab der Eltern von Novartis-Chef Daniel Vasella verschandelten. »Terror gegen Vasella!«, titelt der *SonntagsBlick* (2.8.2009 a) auf der Frontseite. In den folgenden Wochen berichten alle Sonntagszeitungen immer wieder über die Ausschweifungen des 29-jährigen Carl Hirschmann. Der Unternehmer stammt aus einer Milliardärsfamilie, besitzt Zürichs berühmten Club Saint Germain und erhielt wegen »Sex-Vorwürfen« (gemeint sind sexuelle Übergriffe) eine gerichtliche Vorladung. Hirschmann verdient monatlich 255 Franken. Das ist das Einkommen, das er laut *Sonntag* (6.12.2009 b) in der Steuererklärung angibt.

»Frau Ospel wird Gipfeli-Prinzessin«, berichtet die Zeitung *Sonntag* (7.2.2010 b) über das neue Mandat der aktuellen Ehefrau des früheren UBS-Chefs, einer Erbin aus der altreichen patrizischen Zürcher Dynastie der Bodmers, schon (mit großem Bild) auf der Titelseite. Bild und Text stehen im Verhältnis drei zu eins. Dabei verkommt die Hauptinformation zum Nebenaspekt. Adriana Ospel-Bodmer ist seit Anfang 2010 im Verwaltungsrat der Bäckerei Fredys mit Sitz in Baden. Die Bäckerei hat einen Jahresumsatz von 20 Millionen Franken. Sie beliefert unter anderem Coop, Migros, Sprüngli und Elvetino. So weit das Wesentliche. Mehr zu interessieren scheint, dass Adriana Ospel ihren einjährigen Zwillingen manchmal frisch gebackenes Brot nach Hause bringt. Weil die Kinder erst sechs beziehungsweise sieben Zähne haben, essen sie vorerst nur das weiche Innere vom Brot. Die Sonntagszeitungen verhandeln aber auch recht viel Finanzpolitisches aus dem internationalen Bereich. Und dies vor allem auch mit Blick auf die USA. Was Staatspräsident Barack Obama tut, ist ein Dauerbrenner.

»Obama schockt Bank-Aktionäre«, titelt beispielsweise die bz/MZ (23.1.2010) und kritisiert Obama dafür, eigene Vorschläge zu machen, statt im Basler Ausschuss für Bankenaufsicht mit anderen Ländern zusammenzuarbeiten. »Obama redet, die Finma handelt«, heißt es weiter im Bericht, der auf das Vorhaben reagiert, jenen Banken, die Sparkonten führen, mehr oder weniger zu verbieten, auf eigene Rechnung mit Wertpapieren zu handeln. Zudem sollen diese Banken keine Hedge-Fonds und Private-Equity-Firmen mehr besitzen. Die NZZ (26.1.2010) stimmt in die Kritik an Obama ein, der die Wurzeln des Problems nicht anpacke und die Banken nervös mache. In einer anderen Ausgabe drückt die NZZ (25.1.2010 b) aber auch die Hoffnung aus, die von Präsident Obama angestrebte Reform der Banken möge ein neues Kapitel in der Entwicklung der Finanzmärkte einleiten.

6.2 *Bilanz:* »Bei den Reichen lernt man sparen«

Als Wirtschaftsmagazin ist die *Bilanz* auf Manager, CEOs und natürlich auch auf Reiche abonniert. Für die Reichtumsforschung aber besonders interessant wird das Magazin durch seine alljährliche »goldene Nummer« im Dezember. Zusammen mit dem Schwestermagazin *Bilan* in der Romandie führt die Bilanz ihr Reichen-Ranking seit 1989 durch. Damals begnügte man sich noch mit den »100 Reichsten«. Doch mit dem steigenden Reichtum in der Schweiz – sowohl in der Gesamtmenge wie in der Zahl von Reichen – dehnte die *Bilanz* ihr Ranking aus auf mittlerweile 300 Personen, die ein Mindestvermögen von 100 Millionen Franken haben müssen, um in die Liste aufgenommen zu werden, die übrigens das ganze Jahr online zugänglich bleibt. Vorbild für dieses Unternehmen waren damals die Reichsten-

Hitlisten der US-Magazine *Forbes* und *Fortune*. *Bilanz* und *Bilan* beschäftigen mittlerweile ein 31-köpfiges Rechercheteam (Stand 2009), das Steuerdaten, Börsendaten und weitere Angaben zu Einkommen und Vermögen der Reichsten in der Schweiz – seien es ihre Stiftungen, ihre Immobilien, Wert und Erträge aus Pferdezucht, Kunstsammlungen und so weiter – zusammenträgt und -rechnet. Die *Bilanz*-Truppe stützt sich dafür sowohl auf offiziell zugängliche Zahlen wie auch auf Medienrecherchen oder auf Auskünfte der Betreffenden und weiterer Personen, von Firmen und Behörden. Schon 1989, anlässlich der ersten Reichen-Hitliste, stellten die Rechercheure fest, dass zwischen dem steuerlich ausgewiesenen und dem tatsächlichen Vermögen eine ziemliche Lücke klaffen konnte: »Bei den Reichen lernt man – auch Steuern – sparen«, lautete ihr Fazit. Und wo die untersuchten Unternehmen keine Geschäftszahlen herausrückten, behalf man sich mit Schätzungen der Konkurrenz. Denn das damalige Ziel der *Bilanz* lautete: »Transparenz herzustellen über die Macht im Lande« *(Bilanz,* 1.10.1989). Und um diese Transparenz war es vor der Revision des Aktienrechts noch schlechter bestellt als heute. Die *Bilanz* hat seither nicht lockergelassen. Nach wie vor handelt es sich um einen aufwendigen Prozess, insbesondere wenn auch Immobilien- und Stiftungsvermögen sowie die Verteilung von Erbschaften und Nachlassverfahren in die Kalkulationen und Schätzungen einbezogen werden. »Ein arbeitsreiches Verfahren, das bis zur Drucklegung der goldenen *Bilanz* über ein Mannjahr an Arbeit mit sich bringt«, wie *Bilanz*-Redaktor Stefan Lüscher in der jährlichen Reichsten-Nummer (der goldenen *Bilanz)* von 2004 schrieb: »Denn jeder Reichste wird alljährlich neu eingeschätzt, Kandidaten genauestens auf Vermögensgröße geprüft.« *(Bilanz,* 24.11.2004) Vor allem zu Beginn sah sich die *Bilanz* mit der folgenden Haltung konfrontiert: »Über Geld spricht man nicht, Geld hat man.« Rückblickend schrieb Lüscher dazu im Dezember 2008: »Bitten um etwas Licht in den persönlichen Vermögensverhältnissen wurden meist gar nicht beantwortet. Und auch sonst war es um die Datenlage schlecht bestellt.« Das hat sich geändert: »Die Mehrheit der 300 Reichsten in der Schweiz hat ihren Widerstand längst aufgegeben. Einige der Porträtierten zeigen sich bei der Recherche sogar höchst kooperativ, helfen bei der Berechnung ihres Vermögens«, wie Lüscher festhält *(Bilanz,* 5.12.2008 c). Man könnte sich nun allerdings fragen, ob inzwischen der Glamour-Faktor überwiegt, das gediegene Gold des Umschlags vielleicht nicht nur ironisch gemeint sei oder ob die *Bilanz*-Macherinnen und -Macher noch genauso wie einst an ihre quasi klassenkämpferische Mission glauben.

6.3 Kolumnen

Pressekolumnen eignen sich besonders, eine prononcierte Haltung rund um Fragen von Macht und Reichtum zu vertreten. Zu den regelmäßigen Kolumnisten gehören etwa die bekannten alt Nationalräte Jean Ziegler und Helmut Hubacher. Auch einzelne Medienschaffende sind recht prominent. Ihre Stimme interessiert, ihre Kolumnen werden diskutiert. Weithin bekannt sind etwa die Kolumnen von Frank A. Meyer und Werner Vontobel im *SonntagsBlick*, von Roger de Weck in der *SonntagsZeitung,* von Daniel Binswanger im *Magazin,* von Beat Kappeler in der *NZZ am Sonntag* sowie von Roger Köppel und Christoph Mörgeli in der *Weltwoche.* Im Folgenden werfen wir einen Blick auf einzelne Kolumnen. Wir tun dies selektiv und deskriptiv. Wir greifen Auffälliges auf, das den inhaltlichen Tenor der Beiträge charakterisiert. Wir tun dies in der Annahme, dass Kolumnen eine besondere Beachtung haben und auch Einstellungen von Lesenden beeinflussen. Der von uns befragte Publizist Franz C. Widmer beurteilt das allerdings anders: »Kolumnen haben keinen ›Einfluss‹, sollten aber wenigstens Unterhaltungswert haben: Köppel und Mörgeli befriedigen meinen Masochismus. Bei Kappeler denke ich an seine Jugend im Schweizerischen Gewerkschaftsbund, wo ich ihn spannender fand. Meyer wird nur älter.«

Basler Zeitung

Am Freitag bereichert jeweils Helmut Hubacher die *Basler Zeitung* mit seiner Kolumne. In »Krokodilstränen« (BaZ, 5.2.2010) kommentiert er, wie das Bankgeheimnis, das auf Ende des Ersten Weltkrieges zurückgeht, gerne als humanitärer Akt schöngeredet wird.[57] Die demokratische Regierung der Weimarer Republik habe eine Vermögensabgabe eingeführt, um den Wiederaufbau zu finanzieren. Viele Reiche hätten dieses Notopfer abgelehnt und versucht, ihr Geld ins Ausland zu verschieben. Die Schweizerische Bankiervereinigung habe Verständnis signalisiert und so die Steuerflucht aus Deutschland gefördert. 1920 hätten Schweizer Banken bereits 30 Milliarden Franken erhalten. Das entsprach drei Viertel des schweizerischen Volksvermögens. 1934 wurde das Bankgeheimnis dann Gesetz.

»Exgüsi, wie geht's der Schweiz?«, fragt Helmut Hubacher in einer anderen Kolumne (BaZ, 2.1.2010). Er beschreibt, wie Superreiche für ihr Kapital in der Schweiz Asyl bekommen, was Nachbarländer nicht länger akzeptieren. Als der Seniorchef der Bank Julius Bär, Hans J. Bär, im Jahr 2004 erklärte, Steuerhinterziehung und Steuerbetrug seien das Gleiche, habe das Bankenmilieu aufgeregt reagiert und ihren »Verräter« kritisiert. »Mutige Reiche«, kommentiert Helmut Hubacher (BaZ, 5.2.2010) diesen Vorgang. In seiner Kolumne »Das ist eine andere Welt« (BaZ, 9.4.2010) beschreibt er den Versuch von Topmanagern, eine Welt Auto AG zu etablieren.[58]

In seiner Kolumne vom 30. April 2010 geht Helmut Hubacher auf die Bank Goldman Sachs ein. Wer eine Bank überfällt und dabei erwischt wird, erkläutert er, landet im Gefängnis. Und umgekehrt? Was geschieht, wenn eine Bank betrügt, wie ein Wettbüro agiert, Bilanzen fälscht, Schmiergeld annimmt, Schrottpapiere als erstklassige Finanzprodukte anbietet? Dann könne sie gleichwohl Milliardengewinne erzielen, stellt Hubacher fest. Sein Fazit: »Die Realität ist verrückter als ein Krimi.« Und: »Wenn es der Politik nicht gelingt, diesen zerstörerischen Unfug abzustellen, ist Angst angesagt. Angst um die Zukunft.« In seiner Kolumne »Ein etwas anderer Konzernchef« (BaZ, 2.7.2010) würdigt Hubacher den Ende Juni 2010 verstorbenen Unternehmer Nicolas Hayek. Er erinnert daran, wie der Unternehmensberater dem Pharmakonzern Sandoz einen Auftrag zurückgab, weil die Auflage, sieben Prozent Personalkosten einzusparen, eine unabhängige Beurteilung verunmögliche. Während der Krise soll Hayek auch versichert haben, keine Leute zu entlassen.

Das Magazin

Daniel Binswanger greift in seiner wöchentlich erscheinenden Kolumne zentrale Themen aus Wirtschaft, Politik und Gesellschaft auf. Er tut dies recht prononciert. Manchmal gelingen überraschende Sichtwechsel. Seine pointierten Stellungnahmen basieren auf einer politisch liberalen Haltung.

»Die Schweiz steht vor folgenschweren Entscheidungen«, schreibt Daniel Binswanger in seinem Kommentar über »Perverse Effekte der Staatsgarantie« *(Das Magazin,* 30.4.2010). Die Bilanz der UBS sei heute noch etwa dreimal, jene der CS etwa zweimal so groß wie das Bruttoinlandsprodukt. Eine Reduktion der Größe sei unabdingbar. Sonst trügen die Steuerpflichtigen weiterhin zu viel Risiko. Die implizite Staatsgarantie wirke als marktverzerrender Anreiz zu ineffizienter Übergröße. Binswanger hält in seinem Beitrag Distanz zur Großbank wie zum Staat. Denn beide wälzten Kosten auf Steuerpflichtige ab, die keinen Anteil an der Schadenverursachung hätten. Diesen kritischen Diskurs pflegt Binswanger auch bei seiner Auswahl von Büchern, die er zum Thema rezensiert. So würdigt er etwa Michael Lewis' *The Big Short* als »das beste Buch zur Krise« *(Das Magazin,* 24.4.2010).[59] Nicht für Decharge sei jetzt Zeit, folgert Binswanger aus Lewis' Analyse, sondern dafür, »die Väter des Desasters zur Verantwortung zu ziehen« (ebd.).

In einer anderen Kolumne fragt Binswanger, was wäre, wenn der Mittelständer seinen Begriff von Anstand dem Geschäftsgebaren der Hochfinanz anpassen würde. *(Das Magazin,* 12.3.2010 a) Die größte Gefahr liege derzeit weniger darin, dass arbeitslos gewordene Kreditnehmende ihre Zinsen kaum mehr bezahlen können, sondern dass die Hausbesitzenden ihre Zinsen nicht mehr zahlen wollen. Das sei das Schreckgespenst der Stunde, genannt »strategischer Konkurs«. Wenn der Marktwert eines Hauses viel tiefer liegt als die ausstehende Hypothek, werde es für den Schuldner attraktiv, »seine Koffer zu packen und den faulen Kredit aufzugeben«. Immer mehr Menschen fragten sich mit Blick auf die Wirtschaftselite, weshalb sie aus Ehrgefühl ihre Schulden begleichen sollten, »wenn sie doch in einer Welt leben, in der belohnt wird, wer sich aus dem Staub macht«.

Daniel Binswanger kritisiert auch, wie »die freisinnigen Desperados« *(Das Magazin,* 19.3.2010 a) in einer profilarm gewordenen und farblos präsidierten Partei lavierten, mogelten und sich und die ehemalige Patrizierpartei selbst demontierten. Binswanger reagiert auch auf »Blochers Aktionärsdemokratie« *(Das Magazin,* 5.3.2010) sowie auf »Die Irrungen und Wirrungen des Franz Jaeger« und auf den Privatbankier Konrad Hummler, der den Bundesrat wenig respektvoll als »aufgescheuchten Hühnerhaufen« taxiert.[60]

Binswanger geht auch auf den einseitig verteilten Reichtum in der Schweiz ein. Er fragt, woher die Märchenlöhne kommen *(Das Magazin,* 22.1.2010) und thematisiert das Comeback der Politik *(Das Magazin,* 12.2.2010) oder wie sich die katholische Ethik mit dem Geist des Kapitalismus anfreundet *(Das Magazin,* 10.4.2010). *Das Magazin* ergänzt die Tageszeitung, was ihm besondere Freiheiten gibt. Binswanger nutzt sie und setzt eigenwillige Akzente.

NZZ am Sonntag

Der frühere Gewerkschaftssekretär Beat Kappeler schreibt wöchentlich eine Kolumne in der *NZZ am Sonntag.* Die Handschrift des interessierten Ökonomen kennzeichnet die Beiträge. Sie enthalten meistens dicht aufbereitete Fakten und sind nicht immer einfach formuliert, aber informativ; auch für Personen, die ihr Heu auf einer anderen Bühne haben. Kappelers Folgerungen bestätigen immer wieder das marktliberale Credo.

Zum Jahresbeginn verkündet Kappeler, dass »Wachstum und Wohlstand« auch heute noch möglich seien *(NZZ am Sonntag,* 3.1.2010).[61] »Die Schweiz könnte ohne ihr heutiges Moratorium das rückständige Europa in der Gentechnik überflügeln.« Sie verfüge auch sonst über viele Vorteile. »Der relativ offene Arbeitsmarkt gibt der Schweiz gegenüber Europa einen enormen Vorteil. Die jährliche

Arbeitszeit liegt bei 1000 Stunden, in Frankreich sind es 538 Stunden, in Deutschland 700 Stunden.« Fazit: »Es gibt eigentlich keine Ausreden. Wachstum und Wohlstand sind auch heute noch möglich.«

Kappeler verweist auch auf die Verlängerung diverser Gesamtarbeitsverträge in der Schweiz und auf die – im internationalen Vergleich – hohen Löhne *(NZZ am Sonntag,* 13.6.2010). Dann geht er auf die Forderung nach Mindestlöhnen ein, die seiner Auffassung nach dazu führten, Arbeitsplätze zu verlagern und die Arbeitslosigkeit in der Schweiz zu erhöhen.[62] »Wieso in Südeuropa Löhne und Preise gestiegen sind, die Leistungen hingegen nicht«, will Kappeler *(NZZ am Sonntag,* 4.4.2010 b) »mit harten Fakten« erläutern. Dazu gehörten militante Gewerkschaften, die immer wieder ausscherten. Wie in der Schweiz. Der vor gut zwanzig Jahren noch gemäßigte Schweizerische Gewerkschaftsbund springe heute auf jedes Referendum von ganz links auf; so etwa bei der IV-Reform und im Arbeitsrecht. Und viele Arbeitnehmende hätten offenbar noch nicht gemerkt, dass sich der »Rheinische Kapitalismus« weiterentwickle. So erteilt Kappeler seinen früheren Mitstreitenden immer wieder Ratschläge, für die er aber den Applaus von der anderen Seite erhält.[63] Beat Kappeler bemüht in »Mein Standpunkt« gerne den gesunden Menschenverstand. Er erteilt oft Zensuren nach links und ab und zu auch nach ganz rechts. Seine faktenreichen Kommentare erfreuen besonders die FDP. Und die Mitgliedschaft bei dieser Partei ist immer noch Voraussetzung, um Aktien der NZZ erwerben zu dürfen.

SonntagsBlick

Im *SonntagsBlick* legt sich Kolumnist Frank A. Meyer mit den Auswüchsen des kapitalistischen Systems an. Die Mitglieder der Konzernleitung der Credit Suisse zahlten sich im Jahr 2009 durchschnittlich 13 Millionen Franken Lohn aus, monatlich mehr als eine Million. Ein gut qualifizierter Metallarbeiter verdient monatlich etwa 5000 Franken. Er leistet ebenfalls viel, aber offenbar 200-mal weniger als ein Mitglied der CS-Leitung. »Das ist das Problem des entgleisten kapitalistischen Systems«, kritisiert Meyer *(SonntagsBlick,* 28.3.2010 a).

»Für diese Zerrüttung einer Gesellschaft gibt es nur ein einziges Wort: Dekadenz.« Was zähle, sei nicht mehr die Leistung, sondern der Erfolg. So wendet sich Meyer auch an alt Bundesrat Kaspar Villiger, der bei der UBS für neue Tugenden einstehen wollte: für Leistung, Korrektheit und Redlichkeit. »Ein Jahr danach« *(SonntagsBlick,* 21.3.2010 b) erinnert ihn Meyer an sein Wort und daran, dass die Bank ihre Spekulanten schon wieder mit Mega-Boni vergoldet hätten und ihren gestürzten Chefs Millionen hinterherwerfen würden. Sie habe auch lange verheimlicht, Oswald Grübel zum Einstand ein Präsent von 13 Millionen Franken gegeben zu haben.

Meyer versteht nicht, wenn sich die Geschäftsprüfungskommission des Parlaments im Vorsommer 2010 von der UBS einladen lässt, die sie eigentlich als Kontrollorgan selbst vorladen müsste. Denn genau so würde ein demokratischer Rechtsstaat handeln, »der auch der Macht der Wirtschaft gegenüber wachsam ist« *(SonntagsBlick,* 13.6.2010). Die Schweiz handle aber anders; nämlich möglichst nicht, wenn es um die Macht der Wirtschaft geht. Deshalb treffe auch der gängige Ausspruch »Die da oben tun, was sie wollen« nicht zu. Denn: »Die da oben tun nicht, was sie wollen. Sie tun, was die UBS will.« In den USA wären längst Büros und Villen durchsucht worden. Nicht so in der Schweiz. Da »halten auch Staatsanwälte still«.

Verständnis hat Meyer im Gegensatz zu vielen anderen Journalisten, wenn die deutschen Behörden steuerflüchtigen Reichen an den Kragen gehen. »Lange lebte die Schweiz geborgen im Herrgottswinkel der Welt. Ihre Banken delektierten sich an wundersam mühlosen Geschäften«, schreibt Meyer in seiner Kolumne »Ertappt« *(SonntagsBlick,* 31.1.2010). Er macht verständlich, warum Deutschland viel dafür tut, Daten über deutsche Steuerflüchtige zu erhalten, die ihre Konten in der Schweiz angelegt haben.

Der Freisinn sei, so Meyer in »Der gefühlte Liberalismus« *(SonntagsBlick,* 14.3.2010), »die Partei der Finanzwirtschaft, vorab der Banken, insbesondere derjenigen, die ihr Geschäft mit Steuerbetrügern aus dem Ausland betreiben«. So betrachtet vertrete der Freisinn nicht die Banken, er gehöre den Banken und habe sich vom »gefühlten Liberalismus« der Bürgerinnen und Bürger weit entfernt, die keinen »Junk-Liberalismus« wollten. »Der frühere Freisinn sozialisierte die Egoisten der Wirtschaft«, erinnert Meyer. Einzelne Widerständige hielten dieses Anliegen bis in die 1990er-Jahre hoch, kapitulierten dann aber zusehends, »als der Neoliberalismus international seine Profitorgien feierte« (ebd.) und operative Chefs wie Brady Dougan von der Credit Suisse Dutzende von zusätzlichen Millionen Franken in die eigenen Taschen abzockten *(SonntagsBlick*, 25.4.2010). Als »bürgerliche Partei« *(SonntagsBlick*, 9.5.2010) erwiesen sich da laut Meyer nur noch die Sozialdemokraten, die eine Sondersteuer auf Boni und höhere Eigenkapitalvorschriften für Banken verlangen.

Beachtlich ist, wie Meyer auch die eigene Gilde in die Verantwortung einschließt. In »It's the journalism, stupid« *(SonntagsBlick*, 18.4.2010) moniert er, wie sich Medienschaffende instrumentalisieren lassen. Er plädiert dafür, im Sinne der Aufklärung zu schreiben. Die Kolumnen von Frank A. Meyer sind oft geistreich und kritisch. Sie wirken aber, stark auf Eliten fokussiert, manchmal etwas elitär.

Nüchtern und ohne Pathos kommt die andere Kolumne im *SonntagsBlick* daher. Unprätentiös legt Werner Vontobel die Würze in die Kürze. Das verleiht ihr besonderes Gewicht.

»Grübel kein Vorbild«, titelt Werner Vontobel eine Kolumne im *SonntagsBlick* (21.3.2010 a). Bei seinem Wechsel zur UBS tauschte der pensionierte CS-Chef sein Bonuspaket beim ehemaligen Arbeitgeber gegen Optionen auf UBS-Aktien im Wert von 4 Millionen. Am 25. Februar 2009, dem Stichtag dieses Deals, betrugen die Schätzwerte für beide Pakete 13 Millionen Franken. Inzwischen hat Grübels UBS-Paket einen Marktwert von 24 Millionen Franken. Das entsprechende CS-Paket ist indes bereits 70 bis 80 Millionen Franken wert. Doch genug ist nie genug: »Auch Grübels heutige Bezüge von 24 Millionen Franken sind für alle ein Schock, die dem UBS-Chef glaubten, als er Ende Januar im Gespräch mit der Zeitung *Sonntag* erklärte: ›Ich werde natürlich keinen Bonus beziehen, denn diese Firma macht keinen Profit. Es muss eine Vorbildsfunktion geben.‹« *(SonntagsBlick* (21.3.2010 b) Dem ist nichts beizufügen.[64]

Zwei Wochen später stellt Vontobel den »Abzocker der Woche« vor: Brady Dougan, Konzernchef der Credit Suisse. Er erhielt für das Jahr 2009 ein Salär von 19,2 Millionen Franken. Hinzu kamen im März Boni von 70,9 Millionen Franken. Das ergibt einen Jahreslohn von 90 Millionen Franken. Vontobel *(SonntagsBlick,* 4.4.2010) vergleicht diesen Betrag mit dem, was »Normalsterbliche« verdienen, die sich »wie Zwerge« vorkommen müssen. Er nimmt in seinen Kolumnen immer wieder die Perspektive einfacher Leute ein. Vontobel wendet sich auch gegen »Das große Jammern« *(SonntagsBlick,* 3.1.2010) und meint das Lamento darüber, dass der SMI-Aktienwert im letzten Jahrzehnt um 13 Prozent gesunken ist. Das Kapital habe sich aber, räumt Vontobel ein, im selben Jahrzehnt mehr Dividenden ausbezahlt als je zuvor, nämlich 280 Milliarden Franken. Würde dieser Betrag dazugerechnet, gäbe es ein Plus von 13 Prozent, und zwar ohne Nennwertrückzahlungen und weitere Zuwendungen zu berücksichtigen. 500 Milliarden Franken hätten die Gewinne betragen. Von diesen blieb aber für Kleinaktionäre erstaunlich wenig übrig. Auch weil Hedgefondsmanager ihren Informationsvorteil zu nutzen wussten. Viele von ihnen verdienten Hunderte von Millionen jährlich. So betrachtet hat das Jammern doch seine Berechtigung. Werner Vontobel geht in einer weiteren Kolumne *(SonntagsBlick,* 7.2.2010 c) auch auf den Datenklau (Daten zu deutschen Konten in der Schweiz) ein und würdigt zunächst, wie die SVP für den Schutz der Privatsphäre kämpft. Das sei ein nobles Anliegen, hält er etwas sarkastisch fest; im Kontext von Hartz-IV, das selbst die Nutzungsdauer der Unterwäsche reglementiert und auch Pöstlerinnen und Pöstler einholt, die seit der Abschaffung des Mindestlohns ebenfalls mit einem Verdienst unterhalb des Existenzminimums leben müssen. Was bei der SVP im Vordergrund stehe, sei klar. Die Partei wolle die reichen deutschen Steuerhinterziehenden und die Pfründe der Schweizer Banken schützen, welche die SVP mitfinanzieren.[65]

SonntagsZeitung

Der neue Chef der SRG, der Publizist Roger de Weck, verfasste bislang eine viel beachtete Kolumne in der *SonntagsZeitung.* Er argumentierte politisch liberal. Das wussten vor allem aufgeklärte Bürgerliche zu schätzen. Linke kritisierten die moderat reformerische Position, die eine soziale Marktwirtschaft postuliert und dem Davoser Weltwirtschaftsforum attestiert, einen Beitrag zum Weltfrieden zu leisten. Die politisch liberale Haltung von de Weck kontrastiert indes den dominanten wirtschaftlichen Liberalismus. De Weck bietet damit so etwas wie einen historischen Kompromiss an.

De Weck kritisiert, wie sich die Schweiz international isoliert. Er illustriert das am Beispiel des Steuerstreits mit der EU. *(SonntagsZeitung,* 21.3.2010 a) Wahrscheinlich verliere die Schweiz in absehbarer Zeit den Sitz in der Führung von Weltbank und Währungsfonds. In der ersten Phase der Globalisierung habe die Schweiz mit der Öffnung der Märkte mithalten können. Jetzt stehe die politische Kooperation mit neuen Verbindlichkeiten an. Damit tue sich die Schweiz schwer. »Und die vielen Demütigungen bestärken dann die Isolationisten im Lande, das ist der Schweizer Teufelskreis.«

Roger de Weck kritisiert in »Menschenrechte à la carte« *(SonntagsZeitung,* 28.2.2010 a), dass SVP-Politiker Christoph Blocher die Menschenrechte für einen schwammigen Begriff halte, *Weltwoche*-Redaktor Roger Köppel von »angeblichen Menschenrechten« schreibt und SVP-Bundesrat Ueli Maurer einst gegen »das angebliche Völkerrecht« wetterte. Die Erwähnten hielten die Menschenrechte hoch, wenn der Irak einen Schweizer verhaftet. Sie täten das aber nicht, wenn die Schweiz Fünfzehnjährige in Ausschaffungshaft sperrt. Menschenrechte seien jedoch, so de Weck, »unverhandelbar und unteilbar«.[66]

De Weck diskutiert auch, wie »der SVP-Opportunismus« *(SonntagsZeitung,* 29.11.2009 b) auf die FDP und CVP ausstrahlt. Das kennzeichne »die bürgerliche Irrealpolitik«. Ein bürgerlicher Spitzenpolitiker fordere sogar den Abbruch der (von der Schweiz erbetenen) Verhandlungen mit Brüssel über den Agrarfreihandel. Dies aus Angst, dass CVP-Bauern zur SVP wechseln könnten. So werde die Schweiz unberechenbar, folgert de Weck. Die SVP ziehe die Mitteparteien in Bann. Ihr Pragmatismus reiche so weit, sich der SVP zu unterwerfen, die Stimmung mache, um zu Stimmen zu kommen. Und offenbar bleibe den Anpassern dann nur die Überzeugung, das Volk nicht überzeugen zu können. De Weck analysiert auch den Kasinokapitalismus – als Religion. Er zeigt, wie machtgeprägt der Markt ist und der Staat schlechtgeredet wird, der immer wieder helfen muss. Das Diktat der kurzen Fristen herrsche, ebenso das Spiel mit der Angst. Die Terminsucht sei eine Denkflucht, Wachstum um jeden Preis ein Fetisch. Roger de Weck argumentiert sozialliberal und wirtschaftsfreundlich. Er fordert den wirtschaftlichen Liberalismus heraus.

Weltwoche

Roger Köppel und Christoph Mörgeli prägen mit ihren Kolumnen das Profil der *Weltwoche*. Süffig formuliert und an der SVP-Linie orientiert, entsprechen ihre provokativen und manchmal amüsanten Kommentare einem Entweder-oder-Prinzip, das wenig Ambivalenzen zulässt.

»Krieg und Frieden«, betitelt Roger Köppel eine seiner Kolumnen (*Weltwoche*, 22.4.2010) und berichtet zunächst darüber, wie militärische Auslandeinsätze der Schweiz schaden. Dann kommt er auf die effektiven Rettungssummen zu sprechen, die der Staat der Finanzindustrie erbringt. Sie seien weit geringer als behauptet. So habe der Schweizer Staat beim Verkauf seiner Pflichtwandelanteile an die UBS dank Wucherzinsen einen Gewinn von 1,2 Milliarden Franken erzielt. Und die Nationalbank habe bisher 600 Millionen Franken Zinserträge von den giftigen Immobilienanlagen eingenommen, die man der Großbank abnahm. Verrechne man zudem alle in der Ära Ospel erhaltenen UBS-Gewinne und Steuereinnahmen gegen die Verluste aus jüngster Zeit, komme die Schweiz mit einem satten Plus davon. Man müsse der UBS dafür ja nicht gleich Danke sagen, aber die ständigen Prügel seien einfach unverdient.

Die Großbank UBS hat, so Köppel (*Weltwoche*, 25.3.2010 a), ein maßvolles Bonussystem. Die variablen Cash-Vergütungen haben eine maximale Höhe von einer Million Franken pro Person. Sie würden damit tiefer liegen als bei der Konkurrenz. Verwaltungsratspräsident Kaspar Villiger habe sein Basissalär freiwillig auf 850 000 Franken begrenzt. Und die früheren Chefs Peter Kurer und Marcel

Rohner hätten nur 4,5 Millionen Franken in die Pensionskasse einbezahlt bekommen, trotz Anspruch auf höhere Beträge. Das spartanische Prämiensystem verleitete laut Köppel im Jahr 2009 viele Kader dazu, die UBS zu verlassen. Das zeige, wie dringlich es sei, das Bonussystem zu erweitern.

In »USA vs. UBS« begründet Köppel *(Weltwoche,* 18.3.2010 a), weshalb der Staatsvertrag mit den USA abzulehnen sei. Ganz einfach deshalb, weil das Bundesverwaltungsgericht im Januar 2010 festgestellt habe, die Anweisung der Landesregierung, 285 UBS-Kundendossiers den amerikanischen Steuerbehörden zu übergeben, sei »unter Verletzung der bundesrechtlichen Vorgaben und der Rechtsstaatlichkeit zustande gekommen«. Mit diesen »granitsoliden Rechtsgrundlagen« scheint für Köppel die Situation klar zu sein. Und die Politik habe sich daran zu halten. Sie dürfe keine richterliche Erklärung unterwandern. Bei der Minarettsabstimmung plädierte er indes dafür, den politischen Entscheid gelten zu lassen, egal wie Gerichte die Rechtmäßigkeit beurteilen.

»Der Bundesrat hat sich im Steuerstreit von der UBS unnötig erpressen und am Nasenring herumführen lassen«, schreibt Köppel weiter. Das Bild vom Nasenring demontiert den Bundesrat. Dafür erntet der Autor viel Applaus. Er bedient Ressentiments mit Häme. Roger Köppel *(Weltwoche,* 11.2.2010 a) ermutigt die Schweiz auch dazu, deutsche Empfindlichkeiten zu übergehen und sich nicht willig zu unterwerfen: »Vor fünf Jahren fiel in Deutschland lautlos das Bankgeheimnis. Die Installierung des gläsernen Kunden löste keine Proteste aus. Solange der Staat die Intimsphäre kolonisiert, muckt keiner auf.« Die »deutsche Gier« steigert sich, so Roger Köppel *(Weltwoche,* 4.2.2010 a) in einer weiteren Kolumne. Kanzlerin Merkel lege auf der Jagd nach Steuersündern alle rechtsstaatlichen Fesseln ab. Wenn die Steuern zu hoch seien, sei es jedoch verständlich, dass sich die Geprellten einen Vorrat im Ausland anlegen.

»Nur der Beste ist gut genug«, betitelt Mörgeli eine Kolumne. *(Weltwoche,* 18.2.2010 f.) Jeder Tag, den der amtierende Finanzminister weiter im Amt bleibe, schade der Heimat. Deshalb müsse die SVP dem Parlament nun wiederum den wirtschaftsfreundlichen Christoph Blocher als neuen Finanzminister vorschlagen. In »Haldimanns Höhepunkte« *(Weltwoche,* 25.3. 2010 b) reagiert Christoph Mörgeli darauf, wie der Fernsehdirektor den Diskurswandel zum Bankgeheimnis darstellt, das Mörgeli selbst retten will. Tatsache sei, so Mörgeli, dass das Bankgeheimnis erst in den Wunschträumen unseres obersten Fernsehprogramm-Verantwortlichen aufgelöst wurde. Jeder Bankangestellte, der gegen das gesetzlich verankerte Bankgeheimnis verstoße, werde nach wie vor gerichtlich verurteilt.[67] So weit Mörgeli. Er beherrscht die Demagogie und suggeriert seinem Publikum, Opfer von Machenschaften zu sein.

Work

Ein scharfzüngiger Kommentator ist alt Nationalrat und Soziologieprofessor Jean Ziegler. Er hat, wie Helmut Hubacher, ein sozialdemokratisches Parteibuch. Ziegler schreibt regelmäßig für die Gewerkschaftszeitung *Work* und erinnert an die jahrzehntelange Tradition der Schweizer Banken, Fluchtgelder von Potentaten anzunehmen, sei es der haitianische Ex-Diktator Jean-Claude Duvalier, Zaires langjähriger Tyrann Mobutu Sese Seko oder der philippinische Autokrat Ferdinand Marcos. Sie horteten alle ihre mit Staatsgeld vermischten Privatvermögen auf Schweizer Bankkonten. Bei Mobutu seien es 2,2 Milliarden Dollar. Und als der nigerianische Potentat Abacha 1998 überraschend starb, habe er 1,8 Milliarden Dollar im Fluchtgeldhafen Schweiz hinterlassen. *(Work,* 5.3.2010) Künftig solle eine neue gesetzliche Grundlage dem Bund die Möglichkeit geben, den stichhaltigen Nachweis des rechtmäßigen Erwerbs der Gelder verlangen zu können. In seiner Kolumne »Enteignet die Großbanken!« *(Work,* 16.4.2010) kritisiert Jean Ziegler auch seine eigene Partei. Er wirft ihr vor, den Genfer Finanzplatz – ein Hedgefonds-Paradies – zu schonen. Denn dank massiven Steuergeschenken zögen die mächtigsten Hedgefonds von London nach Genf. Blue Crest, Jabre Capital und Howard Brever seien schon da. Ziegler geißelt den mangelnden Widerstand der Genfer Sozialdemokratie gegen solche Tendenzen.

6.4 Bücher über Reiche

Josef Hochstrasser ist Pfarrer, Lehrer und langjähriger Freund von Ottmar Hitzfeld. Während der Fußball-Weltmeisterschaft 2010 in Südafrika stellte er sich bereitwillig den Medien zur Verfügung, um den Trainer des Schweizer Fußballnationalteams zu psychografieren. Er verfasste auch das Buch *Ottmar Hitzfeld. Die Biographie* (2008). Der Porträtierte erscheint als eindrückliche Persönlichkeit. Er habe viele Tore geschossen und denke auch viel nach. Aber worüber? Dazu hätten wir gerne mehr erfahren. Noch ausgeprägter als Erfolgsstory konzipiert sind andere Biografien über Reiche und Erfolgreiche. Wir greifen hier exemplarisch jene von Karl Wild über Hausi Leutenegger (2009) auf.

Am 16. Januar 2010 feierte Hans Leutenegger seinen siebzigsten Geburtstag. Und die halbe Schweiz feierte mit. Zeitungen berichteten schon in Seiten füllenden Vorschauen vom eindrücklichen Aufstieg und vom wilden Partyleben des Unternehmers. So der *SonntagsBlick* (10.1.2010 b), der eine Journalistin zum Selfmade-Millionär auf Gran Canaria schickte. Sie lässt uns daran teilhaben, wie der sportlich gekleidete Womanizer sie persönlich am Flughafen abholt. In seiner Villa herrscht schon Partystimmung. Fußballlegende Fritz Künzli und seine Partnerin Monika Kaelin sind auch da. »Du hast es im Leben zu etwas gebracht: vom Bauernbub zum Multimillionär«, sagt die Journalistin zu Hausi und schmiegt sich ihm an. »Beim Geschäft geht's doch nur um drei Dinge: Reden, Frauen und Geld«, antwortet er.

Karl Wild beschreibt Leuteneggers Leben als »helvetische Erfolgsgeschichte ohnegleichen«. »Ein bisschen Glück war auch dabei«, stellt Wild (2009:1) fest. Guter Wille allein reiche nicht zum Erfolg. Hausi habe es »ohne Erbschaft, ohne Geld, ohne Beziehungen und ohne die Politik im Rücken« (ebd.) geschafft. Der erste »Anlauf mit Hindernissen« begann am Bichelsee im Hinterthurgau. Mit sieben Geschwistern. Und einem Vater, der als Bäcker den Hof übernahm und zur Existenzsicherung der Familie bei der Maschinenfabrik Sulzer als Magaziner arbeitete. Die Mutter hielt laut Hausi die Familie zusammen. Er sollte Maurer werden, wollte aber möglichst früh die dörfliche Enge verlassen. Die Schlosserlehre gab ihm die Möglichkeit, auf Montage zu gehen. Die Kreise weiteten sich auch durch seine Erfolge als Turner. Beim Lehrabschluss half das Mogeln. Auf längeren Montagen in Genf, übernachtete Hausi zunächst bei einer Schlummermutter und der Heilsarmee. Nach einem kurzen Intermezzo als Vertreter für Schaumreiniger und für Teppiche in Zürich verkaufte er an der Basler Mustermesse erfolgreich Mixer. An der BEA in Bern pries er die Vorteile fettfreier Bratpfannen an; in Zürich waren es dann Waschmaschinen. Auch hier zeigte sich sein besonderes Geschick. Und die sportlichen Beziehungen halfen ihm, stets einträglichere Gelegenheitsjobs zu finden. Später gründete Hausi eine eigene Bude für Umbauten, Revisionen von Maschinen und Neuanlagen. Aber über dem ambitiösen Vorhaben der jungen Firma lag zunächst kein Segen. Weiterführend erwiesen sich Anfragen von größeren Unternehmen wie Suchard und Firestone, die kurzfristig Aushilfspersonal benötigten. Hausi organisierte Arbeitskräfte, bot sie als eigenes Personal an und entdeckte damit eine Marktlücke. Er jagte nun eifrig weiteren geschäftlichen Engagements und dem großen Geld nach. Immer mehr Personal verrichtete für ihn Montagearbeiten. »Mein Unternehmen wuchs zu 100 Prozent aus eigener Kraft«, sagt Hausi dazu (ebd.: 72). Beflügelt auch durch sportliche Erfolge vom Spitzenturner zum Satus-Schwingerkönig und Bobrennfahrer. In der Hochkonjunktur der 1960er-Jahre standen ihm bald 200 eigene Angestellte zur Verfügung, die er an andere Firmen vermietete.

Während der rezessiven Einbrüche der 1970er-Jahre musste Hausi »etwas Personal abbauen«, konnte aber weiterhin gute Gewinne einfahren. Mitarbeiter verunfallten, die unvorsichtig arbeiteten. Nach einem Todesfall in Chamonix fuhr Hausi nie mehr dorthin. Die Leute hätten ihn sonst umgebracht, mutmaßt er. »Aber das Business lief unvermindert weiter, und wir eröffneten eine Filiale nach der andern.« (ebd.) Die Zahl der Beschäftigten verfünffachte sich auf über tausend. Und nun kamen seine Engagements im Filmbusiness hinzu. Hausi berichtet, wie er immer öfter große Partys steigen ließ und dazu gezielt Medienschaffende einlud. In Crans-Montana besaß Hausi zwei Ferienwohnungen, in Maspalomas eine Villa. »Weil ich dann etwas habe mit Mauern drum«, kaufte Hausi (ebd.: 148) Liegenschaften in der halben Schweiz. Auch eine Villa am Genfersee. Den Wohnsitz verlagerte er nach Freienbach im Kanton Schwyz.

Seit mehreren Jahrzehnten betätigt sich Hausi auch im Sportsponsoring. Er unterstützt(e) unter anderem den Radrennstall Cilo Leutenegger, ferner Eishockey-, Fußball- und Handballklubs. Wichtig sind auch die hohen Ausgaben für die zahllosen Einladungen von (potenziellen) Kunden zu Bobfahrten in St. Moritz. 1997 wurde Hausi zum Sportförderer des Jahres gewählt. Das Sponsoring habe sich fraglos gelohnt, sagt Hausi. Er habe dadurch viele neue Kunden gewinnen können, und der Name Leutenegger bleibe stets aktuell. Seine Frauen und Kinder habe er immer auf Händen getragen. Als seine erste Frau an einem Tumor erkrankte, kam es »zu ein paar Eheturbulenzen, aber wir haben uns nie getrennt«, sagt Hausi, der im *SonntagsBlick* (10.1.2010 b) auch laut über seinen eigenen Tod nachdenkt: »Ich habe Angst davor, was nachher kommt. Als gottesfürchtiger Katholik glaube ich, dass jeder Mensch für seine Sünden zur Verantwortung gezogen wird. Und, bei Gott, ich habe gesündigt.« Und erfolgreich geschäftet: Die Hans Leutenegger AG setzte im Jahr 2009 mit rund 1100 Mitarbeitenden über 100 Millionen Franken um. Das Unternehmen schloss jedes Jahr »mit einem schönen Gewinn« ab und ist weiterhin im Alleinbesitz von Hans Leutenegger. So weit der Blick auf die Fassaden.[68]

6.5 Einfluss der Medien

»Jahrelang haben Bankenkreise versucht, die Journalisten dazu zu bewegen, nicht mehr vom Bankgeheimnis zu sprechen, sondern vom Bankkundengeheimnis«, schreibt Fernsehdirektor Ueli Haldimann in seiner Jahresbilanz 2009.[69] »Jetzt, da das Geheimnis der Bankkunden nur noch von Fall zu Fall geschützt ist, sprechen wieder alle vom Bankgeheimnis.« Das Beispiel deutet an, wie Medien als Machtfaktor und Meinungsträger gefragt sind. Auch, weil sie viel Definitionsmacht übernehmen und ausüben können. Wir erläutern das exemplarisch am Beispiel wichtiger Medien und gehen dann auf die Konzentration beim Anbieten von Finanzdaten und Wirtschaftsnachrichten ein. Anschließend beschreibt ein erfahrener Journalist, wie er den Einfluss von Reichen auf die Medienschaffenden wahrnimmt.

Im Februar 2010 übernahm der reiche Advokat Tito Tettamanti als neuer Mehrheitsaktionär die *Basler Zeitung*, zusammen mit dem Anwalt Martin Wagner. Matthias Geering, der damalige Chefredaktor der *Basler Zeitung*, wurde von diesem Coup überrascht.[70] Geering würdigte dann gut einen Monat später (BaZ, 27.3.2010) den liberalen Geist des *avvocato*, der eine private Bibliothek mit 30 000 Büchern besitze, die er, nach eigener Aussage, fast alle gelesen habe. Was Tettamanti auch noch sagt: dass er oft Glück gehabt hat in seinem Leben. Er schreibt nicht alle seine Erfolge seinen eigenen Fähigkeiten zu. Andere Menschen haben viel dazu beigetragen. Das Umfeld, in das er im Tessin hineingeboren wurde, ermöglichte ihm ein Studium der Rechtswissenschaften in der Bundeshauptstadt Bern. Zurück im Tessin, avancierte Tettamanti über die Christlichdemokratische Volkspartei zum jüngsten Regierungsrat. Er war damals noch keine dreißig Jahre alt, musste aber bald zurücktreten, weil er einem Bekannten eine Gefälligkeit erwies. Nun gründete er mit einem Kollegen eine Anwaltskanzlei und die Treuhandfirma Fidinam. Er spezialisierte sich darauf, die Vermögen von Reichen aus Italien lukrativ anzulegen. Das Unternehmen florierte und expandierte (in Richtung Kanada). Über Immobilien- und Börsengeschäfte wuchs auch Tettamantis persönliches Vermögen an. Die Zweigstelle in Toronto bewirtschaftete mit 400 Mitarbeitenden ein Immobilienportfolio von 1,5 Milliarden Dollar. Kurz bevor die Blase Ende der 1970er-Jahre platzte, stieg Tettamanti aus, kaufte sich bei unterbewerteten US-Firmen ein und profitierte von den höheren Einstufungen nach den Sanierungen. Nach dem Börsencrash von 1987 kehrte Tettamanti in die Schweiz zurück, legte sich bei Sulzer erfolglos mit dem Establishment der Zürcher Wirtschaft an und übernahm dann im Jahr 2002 von der Basler Zeitung Medien die Jean-Frey-Gruppe mit dem *Beobachter*, der *Bilanz* und der *Weltwoche*, die er 2006 an Roger Köppel verkaufte. Die übrigen Titel verhökerte er an den Axel Springer Verlag. Im Sommer 2009 erhielt Tettamanti ein Angebot, die *Basler Zeitung* zu kaufen. Anfang 2010 einigte er sich mit dem alten Eigentümer, der Familie Hagemann. Für Tettamanti ist das nur eine Investition nebst vielen anderen Investitionen. Miteigentümer Martin Wagner soll das Geschäft erfolgreich führen. Chefredaktor Matthias Geering hat im Vorfeld schon die verlangten Entlassungen vornehmen müssen und im August 2010 selbst die Kündigung erhalten. Die Produktion des Blattes ist nun kostengünstiger. Die Gewinnaussichten und der Marktwert dürften bald steigen. So sieht es das Konzept vor. Und Medienspezialist Franz C. Widmer[71] vermutet (in unserem Interview), dass der neue Mehrheitsaktionär Tettamanti das Blatt in absehbarer Zeit mit großer Rendite weiterverkaufen dürfte.Und zwar finanziell motiviert. Tettamanti selbst will nicht an Sesseln kleben. Die Schweiz kriselt seiner Affassung nach auch deshalb vor sich hin, weil das politische und wirtschaftliche Establishment unverbrauchten Köpfen den Platz vorenthält. (ebd.) In den Bundesrat wünscht er sich erstens Josef Ackermann, den Vorsitzenden der Deutschen Bank, als Finanzminister, zweitens Nestlé-Chef Peter Brabeck, als Außenminister, und drittens Seco-Chef Serge Gaillard als Innenminister. Eine starke Führung soll das hochzuhaltende föderalistische und direktdemokratische Prinzip anleiten und Bürokratismen über Bord werfen. Dies möglichst auf dem gesamten Kontinent. »Europa ja, Europäische Union nein«, sagt Tettamanti, der auch die Medien harsch kritisiert. Sie hätten sich in der Vergangenheit zu sehr mit den Mächtigen verbündet, statt Distanz zu wahren. Die Medien müssten politische Diskurse kritisch begleiten und auf Missstände aufmerksam machen. Das lässt sich unseres Erachtens nur bekräftigen. In gespannter Erwartung darauf, wie sich die *Basler Zeitung* ausrichten wird. Bei der *Weltwoche* hat das finanzielle Engagement des rechtskonservativen Christoph Blocher die entsprechende Ideologisierung weiter verstärkt. Und der bisherige *Weltwoche*-Redaktor Markus Somm ist seit August 2010 neuer Chefredaktor der *Basler Zeitung*.

Noch ein Wort zur Geschichte hinter der Geschichte (*Weltwoche*, 11.2.2010 c): Mit Matthias Hagemann, dem ehemaligen Besitzer der

Basler Zeitung, trat eine der letzten großen Verlegerfamilien ab. Und das recht spektakulär. In letzter Sekunde ließ er eine Übernahme durch die *Neue Zürcher Zeitung* scheitern. Alles schien Anfang Februar 2010 geregelt zu sein. Die NZZ wollte die BaZ mit ihren 260 Millionen Franken Umsatz übernehmen, aber noch ein paar Kleinigkeiten regeln. Das ärgerte Hagemann. Innerhalb weniger Stunden disponierte er um und verkaufte seine Zeitung für 170 Millionen Franken an Tito Tettamanti und dessen Partner Martin Wagner. Ähnliches ereignete sich schon früher. 1995 übernahm Hagemann, 33-jährig, die *Basler Zeitung.* Zu seinen ersten Amtshandlungen gehörte die Übernahme des Zürcher Verlagshauses Jean Frey. Zur *Basler Zeitung* gesellten sich die *Weltwoche, Bilanz, TV-Star, Sport* und *Beobachter.* So kam Hagemann mit 530 Millionen Franken Umsatz zum drittgrößten Medienkonzern der Schweiz. Er wollte aber im Jahr 2002 die schwierige Jean Frey AG an Ringier verkaufen. Als sich der Deal verzögerte, verkaufte Hagemann die Gruppe an die Swissfirst Bank, die das Paket später an Tito Tettamanti weiterreichte. Als Verleger trat Hagemann in Basel zurückhaltend auf, wie Karl Lüönd *(Weltwoche,* 11.2.2010 e) schreibt. Er zeigte sich im Lions Club und an Anlässen der Statistisch-Volkswirtschaftlichen Gesellschaft. Seine Cousine, Ruth Ludwig-Hagemann, trat als Herausgeberin des *Baslerstabs* und Mitglied des Fasnachts-Comités öfter in Erscheinung. Die Verlegerdynastie Hagemann unterschied sich vom alten Basler Reichtum. Ihr eigenes Geld investierte sie in Medien und in die Druckerei. Ähnliches zeigt sich bei »Medien-Zar« Charles von Graffenried. Er verkaufte von einem Tag auf den anderen 80 Prozent seiner (Berner) Espace Media an die (Zürcher) Tamedia, bei der er nun im Verwaltungsrat sitzt. Laut *NZZ am Sonntag* (28.3.2010 e) löste er damit »das bisher größte Medienbeben der Schweiz« aus. Seine Begründung: Die Zukunft der Medien liege im Internet. Und dort können offenbar nur ganz Große wirklich Geld verdienen. Charles von Graffenried selbst hat schon viel verdient. Die *Bilanz* schätzt sein Vermögen auf 400 Millionen Franken. Und das gibt ihm über die Medien auch viele Möglichkeiten, inhaltlichen Einfluss zu nehmen. (ebd.)

In der Schweiz gilt die NZZ als besonders gewichtig. Das Blatt gibt sich liberal, ideologisiert aber die soziale Realität und verteilt gerne Zensuren. Meistens an die Adresse der Linken. Mit Ausnahmen. »Die CDU führt sich zwar stets als Hüterin der Marktwirtschaft auf, doch von der Abschaffung des VW-Gesetzes wollte sie im November 2008 nichts wissen«, moniert die NZZ (24.7.2009). Warum? Die Unabhängigkeit von Porsche war während Jahrzehnten das Credo der Eigentümerfamilien (Porsche und Piëch). Doch die Uneinigkeit der Familien und Schulden führten dazu, von dieser Politik abzurücken und die Zusammenführung mit Volkswagen und eine Beteiligung des Emirats Katar zu akzeptieren. Katar übernimmt die Kaufoptionen für VW-Aktien von Porsche und kommt auf 17 Prozent. Das Bundesland Niedersachsen behält 20 Prozent und verfügt dank dem »VW-Gesetz« über ein Vetorecht bei wichtigen Entscheidungen.

Die NZZ versucht in einzelnen Kommentaren auch immer wieder zu belegen, dass bei der Finanzkrise der Staat versagt habe. Kein Weg scheint am Marktfundamentalismus vorbeizuführen. In Deutschland fordern Gewerkschaften einen Mindestlohn von 7,50 Euro. Weniger verdienen 11 Prozent der Arbeitnehmenden im Westen und 21 Prozent im Osten. Sie alle erhalten Löhne unter diesem Ansatz. Aber das sei nicht das Problem, ließ die NZZ schon am 16. April 2009 prophylaktisch verlauten. Das Problem sei vielmehr die geforderte Lohnerhöhung. Denn sie gefährde die billigen Arbeitsplätze. Und die geforderte minimale Reichtumssteuer sei eine populistische Neidsteuer. Der Griff in die steuerpolitische Mottenkiste verlange eine stärkere Progression bei hohen Einkommen und Vermögen. Dies übrigens auch wegen notwendiger staatlicher Maßnahmen zur Behebung der Finanzkrise. Doch eine solche Ausbeutung einer kleinen Minderheit würde bloß die Steuerhinterziehung fördern. Das ist ein ernüchterndes Eingeständnis.

Interessant ist, dass sich selbst die Zürcher FDP-Regierungsrätin Ursula Gut genötigt sah, mit einem Leserinnen-Brief auf einen NZZ-Leitartikel zu reagieren, in dem Inlandchef René Zeller ihr vorwarf, partikulare Interessen zu vertreten, weil sie Steuerhinterziehung strenger angehen will. (*Sonntag*, 28.3.2010 d) Die NZZ kritisiert die FDP vermehrt, seit diese eine Weißgeldstrategie vertritt. »Wer mit den Wölfen heult, geht im Rudel unter«, kommentiert NZZ-Chefredaktor Markus Spillmann das Einstimmen auf die Kritiken am Bankgeheimnis. Die Rede ist sogar von der »Weißgeld-Lüge«.[72] FDP-Generalsekretär Stefan Brupbacher reagiert irritiert: »Uns ärgert, wenn die NZZ Bericht und Kommentar vermischt und die FDP in Artikeln angreift statt in der Kommentarspalte.« (ebd.) Geradezu begeistert ist Konrad Hummler, Privatbankier und NZZ-Verwaltungsrat. Der kritische Kurs der Zeitung mache sie für ihn interessant. Auch gegen die UBS ziehe die NZZ neuerdings vom Leder. Brupbacher meint damit den langjährigen Wirtschaftschef Gerhard Schwarz, der im Herbst 2010 zum (neo) liberalen Thinktank Avenir Suisse wechselt. Nach der Auffassung von Schwarz lässt das Verhalten der UBS-Führungsequipe einen so ziemlich an allem zweifeln, an der Intelligenz, an der Sensibilität und am Anstand. Und damit kritisiert Schwarz auch den Ex-FDP-Bundesrat Kaspar Villiger. (NZZ, 20.3.2010 b) So viel zu Nebengeräuschen. Sie weisen auf Widersprüche hin, berühren aber kaum die Machtfrage, die sich in den Besitzverhältnissen und der Möglichkeit äußert, größere Investitionen im Medienbereich zu tätigen.

Die Ringier AG gehört zu je einem Drittel dem VR-Präsidenten Michael Ringier und seinen beiden Schwestern Annette Ringier und Evelyn Lingg-Ringier. (*Weltwoche*, 31.3.2010 c) Auch Ringier weiß, dass die Zukunft digital ist. Im dafür interessanten Osten ließe sich eine Monopolstellung aber nur über teure Übernahmen realisieren. Da seien Hunderte von Millionen gefragt. Weil einer allein das nicht schafft, bildet Ringier nun mit Springer zusammen ein Unternehmen mit über 600 Millionen Franken Umsatz. Damit ist eine hohe Eigenfinanzierung gesetzt. Interessant ist, was dahinter steckt und die Macht solcher Medien und deren Abhängigkeit von einzelnen Geldgebenden veranschaulicht: »Am Anfang war der *Blick*«, resümiert Christian Mensch (BaZ, 25.3.2010 b). Profis der *Bild*-Zeitung aus dem Axel Springer Verlag halfen dem Boulevardblatt auf die Sprünge. Ende März 2010 vereinigte sich der deutsche Verlagsriese mit Ringier, um mit über 4000 Angestellten und 600 Millionen Franken ein Imperium mit 4 Zeitungen und 73 Magazinen in fünf Ländern zu bilden. Diese Kooperation mit weiteren Ausbauplänen erstaunt. Zumal sich die Aussichten schon mehrmals änderten. In den 1990er-Jahren kümmerte sich bereits der deutsche Medienmogul Leo Kirch um eine Osterweiterung von Ringier. Er übernahm auch 35 Prozent des Aktienkapitals bei Springer, der sich zunächst um die Kooperation mit Ringier foutierte und später das Unternehmen mit einem Übernahmeangebot brüskierte. 1999 kaufte Springer die *Handelszeitung* und eroberte so Terrain in Ringiers Homeland. Ein Jahr danach zerbrachen die gemeinsamen Ostpläne ganz. Und zwei Jahre später kehrte die Situation wieder. Kirch geriet in Insolvenz und verpfändete sein Springer-Paket der Deutschen Bank. Michael Ringier wollte nach einer Aussprache mit dem damaligen Bundeskanzler Gerhard Schröder die 720 Millionen bezahlen, scheiterte aber am Veto seiner beiden Schwestern. Michael Ringier bemühte sich dann im Jahr 2002 um den Jean Frey Verlag *(Beobachter, Bilanz, Weltwoche)*. Den Zuschlag erhielt aber der heutige BaZ-Mehrheitsaktionär Tito Tettamanti, der den Verlag schon im Jahr 2006 (ohne *Weltwoche)* an Springer weiterverkaufte, der 2007 von Ringier auch noch die Programmzeitschriften übernahm, mit dem er nun – »vorerst« – im Osten zusammenspannt.

Heute funktionieren die Medien offenbar in erster Linie als Produkte in einem Markt. »Sie operieren nach wirtschaftlichen Gesichtspunkten und wählen entsprechend ihre Themen aus.« So äußert sich der ehemalige Bundesratssprecher Oswald Sigg über die Bedeutung der Medien (in der Politik). Die Medien orientieren sich stark an prominenten Funktionsträgern, erklärte uns Soziologe Kurt Imhof, der eine Medien-Beobachtungsstation ausbauen und maßgeblich über private Mittel finanzieren will. Wie wichtig die intendierte Medienbeobachtung ist, zeigt die Konzentration bei den Finanzdaten.

Thomson Reuters ist der weltweit führende Anbieter von Finanzdaten und Wirtschaftsnachrichten. Das Unternehmen formierte sich 2008 neu. Die britische Nachrichtenagentur Reuters und die kanadische Mediengruppe Thomson fusionierten. Thomson Reuters ist heute in mehr als hundert Ländern präsent, hat 50 000 Beschäftigte und 2700 Journalistinnen und Journalisten. Der Jahresumsatz beträgt 13,4 Milliarden US-Dollar. *(Die Zeit,* 4.2.2010 b) Das Unternehmen ist über das Nachrichtengeschäft groß geworden. Es wickelt sich heute über 450 000 Terminals ab. Nebst dem klassischen Geschäft mit den Nachrichten vermittelt Thomson Reuters vor allem Finanzdaten an Banken, Fondsmanager und Börsenprofis. Das Abhängigkeitsverhältnis mit der Finanzwelt ist gegenseitig. Neue Engagements konzentrieren sich auf sogenannte Schwellenländer. Hauptkonkurrent ist Bloomberg LP. Dahinter steckt der New Yorker Bürgermeister und Milliardär Michael Bloomberg. Beide Unternehmen kontrollieren je einen Drittel des Marktes für Finanzdaten. Eine Konkurrenz besteht auch mit Internet- und Softwarekonzernen wie Google und Microsoft. Thomas Glocer, Chef des Wirtschaftsnachrichtendienstes Thomson Reuters, verteidigt den freien Journalismus, der in einer Demokratie einfach Informationen zur Verfügung stellt, aber nicht selbst versucht, regulierend einzugreifen. (ebd.) So treffe ihn auch keinerlei Schuld an der zu spät wahr genommenen Finanzkrise.

6.6 Exkurs: »Die Gefahr der Vereinnahmung ist unvermeidlich« (Gerd Löhrer)

Ob und wie Reiche versuchen, Medienschaffende zu vereinnahmen, das wollten wir von Gerd Löhrer erfahren, dem langjährigen stellvertretenden Chefredaktor des Wirtschaftsmagazins *Bilanz*. Gerd Löhrer, geboren 1945, studierte Nationalökonomie an der Universität Basel. Er arbeitete dann als Wirtschaftsjournalist bei der *National-Zeitung*, den *Luzerner Neusten Nachrichten*, der *Bilanz*, der *Weltwoche* und beim *Blick*. Löhrer war Mitglied der Gründungsredaktion der *Bilanz* (1977), bei der er während zwölf Jahren als stellvertretender Chefredaktor arbeitete. Er gehört auch der Gewerkschaft Comedia (ehemals Journalistenunion, SJU) an. Hier seine Antwort:

»Selbstverständlich unternehmen wirtschaftlich Mächtige unentwegt den Versuch, Medienschaffende zu vereinnahmen. Wer wollte es ihnen auch verübeln, dass sie genau das tun, was jeder Cervelat-Prominente für sein wohlerworbenes Recht hält – etwa die Kinder sozusagen vor laufender Kamera zur Welt zu bringen oder mit weichgespülten Homestories den eigenen Marktwert zu steigern. Da wird doch auch ein Ostschweizer Unternehmer den Beinahe-Unfalltod seiner Frau öffentlich kundtun dürfen! Solange Medienschaffende sich nur auf solche leicht durchschaubaren Spiele einlassen, ist das harmlos und gehört zum Geschäft. Nur: Die Vereinnahmungsversuche sind längst nicht alle so einfach zu erkennen. Sie sind meist nicht ›persönlich‹, sondern ›institutionell‹. Nicht die Reichen und Mächtigen treten als Vereinnahmer auf, sondern deren Unternehmen. Häufig in Gestalt von PR-Beratern oder Pressechefs. Und die waren ziemlich häufig ursprünglich Journalisten – werden also als ›Kollegen‹ wahrgenommen.

Direkte Korruption (›Du schreibst einen wohlwollenden Artikel und bekommst dafür X Franken‹) kommt meiner Erfahrung nach kaum vor. Dass ein Auto-Journalist gelegentlich einen Testwagen fährt, gehört zu seinem Beruf; dass er das so häufig tut, dass er während vieler Jahre kein eigenes Auto mehr braucht, ist schon eher anstößig. Dass ein Wirtschaftsjournalist an Pressekonferenzen von Unternehmen teilnimmt, ist normal; dass diese auf einem Kreuzfahrtschiff zwischen Genua und Barcelona stattfinden oder auf Korfu, auf der Seine, der Themse oder der Donau (jeweils mit Flug und Übernachtung) ist womöglich etwas anrüchig. Dass auf solchen Pressekonferenzen teure Geschenke (etwa ein Luxus-Attaché-Case) abgegeben werden oder dass mehrmalige Teilnahme an der Pressekonferenz für die Verlosung einer Luxusreise qualifiziert, macht schon ziemlich nachdenklich.

Dass Unternehmen (aber auch öffentlich-rechtliche Organisationen) den Medien ihre neusten Errungenschaften gerne näherbringen möchten, ist verständlich und legitim. Der Fünftage-Aufenthalt im De-Luxe-Grandhotel (um die neue Spa-Landschaft kennenzulernen), die einwöchige Reise nach Kanada (um die Ölschiefer-Förderung zu erkunden), die Jass-Reise nach Norddeutschland (um die Übergabefahrt des neusten Schweizer Hochsee-Frachters zu beobachten), die fünftägige Reise nach Südamerika (um die neue Destination einer Fluggesellschaft aus der Taufe zu heben), die Nil-Kreuzfahrt (um zu beweisen, dass nach dem Luxor-Massaker in Ägypten wieder Friede, Freundschaft, Eierkuchen herrscht) – das zwingt schon ein wenig zum Grübeln.

Die erwähnten Veranstaltungen habe ich, neben unzähligen anderen im Verlauf meiner vierzigjährigen Wirtschaftsjournalisten-Karriere, selber erlebt. Der Fairness halber sei festgehalten, dass sich manche Medien schon früh diesen Versuchungen systematisch entzogen, indem sie für ihre Mitarbeiter feste Regeln einführten, was akzeptierbar ist und was nicht. Festzuhalten ist auch, dass Unternehmen fast nie eine direkte Verknüpfung zwischen Einladung und wohlwollender Berichterstattung machen. Festzuhalten ist auch, dass die Häufigkeit solcher Veranstaltungen in jüngerer Zeit eher abgenommen hat. Die Medienschaffen haben wesentlich weniger Zeit als früher, und die Unternehmen kalkulieren schärfer.

Für alle derartigen Veranstaltungen gilt aber auch: Selbst wenn sie einen starken ›Verwöhn- und Vereinnahmungsfaktor‹ haben, sind sie informativ und können einer sachgerechten Berichterstattung dienen. Um nämlich an *facts and figures* der Wirtschaft heranzukommen, muss der Medienschaffende nahe an die Unternehmen heran. Selbst wenn er die Verwöhnung strikt ablehnt, muss er den Kontakt suchen (auch über Pressechefs und PR-Beauftragte) und tunlichst ein Vertrauensverhältnis aufbauen. Und schon setzt er sich der Gefahr der Vereinnahmung aus. Meiner Erfahrung nach entdeckt man bei jedem Menschen, den man ein wenig näher kennenlernt, sympathische Eigenschaften. Ich halte zum Beispiel die Salär- und Bonuspolitik der Großkonzerne für schwachsinnig und sozial gemeingefährlich. Dennoch ist für mich Novartis-Präsident Daniel ›Super Dan‹ Vasella ein sympathischer, äußerst intelligenter Mensch; UBS-Chef Oswald ›Osi‹ Grübel ist ein etwas bärbeißiger, zuweilen auch leutseliger Mensch und genialer Banker; Nestlé-Präsident Peter Brabeck ist ein sehr charmanter Mann und ein begnadeter Marktstratege. Das heißt für mich als Journalist: Auch wenn ich die genannten Personen sympathisch finde, muss ich gegen ihre Bezüge anschreiben. Das kann mich den Zugang zu ihnen kosten – statt vereinnahmt bin ich dann ausgeschlossen von potenziellen Informationsquellen.

Die Gefahr der Vereinnahmung ist also allgegenwärtig. Sie ist unvermeidlich, weil die journalistische Recherche – wenn sie denn etwas taugen soll – unweigerlich in die Nähe ihres Gegenstands gelangen muss. Wenn man dieses Risiko ausschalten will, werden die Recherchen ganz einfach teurer – viel teurer. Meine aufwendigste Geschichte führte mich rund um die Welt und mündete in einem zwölfseitigen ›Spezial‹ der Wirtschaftszeitschrift *Bilanz*. Dass Chefredaktor und Verlag damals meine exorbitanten Spesen von 15 000 Franken klaglos akzeptierten, erfüllt mich bis heute mit Erstaunen und einer gewissen Dankbarkeit. Dabei muss man wissen, dass dieser Betrag nicht einmal die Hälfte der Gesamtkosten der Recherche-Reise ausmachten. Den wesentlich größeren Rest trug die Nestlé. Hätte ich mir alle verwendeten Fakten ausschließlich aus eigener Kraft erarbeiten müssen, hätte die Recherche wahrscheinlich 60 000 Franken oder mehr gekostet. Was im Klartext heißt: Der Beitrag wäre mit Sicherheit gar nicht zustande gekommen.

Wenn es aber nicht so viel kosten darf und ich weit entfernt bin vom Gegenstand meiner Untersuchungen, wird meine Recherche anfälliger für faktische Fehler. Und die können teuer werden, wenn das Opfer klagt. Dieses Risiko ist heutzutage so groß, dass etliche Storys aus juristischen Erwägungen gar nicht erst erscheinen oder sehr schnell mit Vergleichen unter den Tisch gewischt werden. Auch das ist der medialen Wahrheitsfindung nicht dienlich.

Kein lauterer Journalist will sich von den Reichen und Mächtigen vereinnahmen lassen. Aber er kommt auch nicht darum herum, sich dieser Gefahr auszusetzen, wenn er seine berufliche Aufgabe ernst nimmt und die Reichen und Mächtigen kenntlich machen will. Mit diesem Dilemma muss er leben und damit umgehen lernen. Mir ist das in meinem Berufsleben häufig gelungen – und manchmal gründlich missraten. So ist es halt.«

7 Wie Reiche denken und lenken

Wie Reiche denken und lenken, wollten wir von Reichen selbst erfahren. Von alten und von neuen Reichen. Bei unseren Interviews berücksichtigen wir zunächst vier Typen von Reichen. Erstens: Abstammende aus Familien der Aristokratie und des Patriziats; zweitens: Personen, deren Reichtum auf die Industrialisierung zurückgeht; drittens: Personen, die über den wirtschaftlichen Aufschwung der Nachkriegszeit reich geworden sind; und viertens: neue Reiche, die vor allem von modernen Technologien, Medien und Finanzinstituten profitieren. Gespräche mit weiteren Reichen und Fachleuten ergaben sich nach dem Schneeballprinzip. Manchmal spielte auch der Zufall mit. Ueli Mäder wollte nach einem Vortrag in einem Rotary Club in Arlesheim aufs Velo steigen. Es regnete allerdings fürchterlich. Da fragte ihn ein Rotarier, ob er ihn irgendwohin chauffieren könne, und hob das Velo in den Kofferraum. Sein Hemd wurde dabei ganz nass. Auf der Fahrt nach Basel stellte sich dann heraus, dass es sich bei diesem hilfreichen Mann um Urs Endress handelte, den Mitinhaber des renommierten Unternehmens Endress+Hauser. Er vermittelte uns dann auch gleich ein Gespräch mit einer weiteren interessanten Persönlichkeit. Wir nehmen hier Auszüge aus rund vierzig autorisierten Interviews auf. Die meisten Beiträge sind stark gekürzt.

7.1 Feine Unterschiede

Wir konzentrierten uns bei den Interviews auf vier Komplexe: erstens auf Dimensionen und Wahrnehmungen des Reichtums in der Schweiz, zweitens auf Einschätzungen zur Finanzkrise, drittens auf biografische Entwicklungen und individuelle Lebenslagen und viertens auf mögliche gesellschaftliche Perspektiven. Zum Reichtum in der Schweiz fragten wir etwa: Wen betrachten Sie in der Schweiz als reich? Was kennzeichnet unterschiedliche Typen von Reichen? Und wie einflussreich sind Reiche in der Schweiz? Wie vertreten sie ihre Interessen? Und wie innovativ und sozial verantwortlich handeln sie? Zur Finanzkrise fragten wir: Was hat die Finanzkrise verursacht? Wie wirkt sie sich auf Wohlhabende aus? Müssen sich Reiche nun mehr rechtfertigen? Führt die Finanzkrise zu einem Umdenken? Und welche Lösungsansätze drängen sich auf? Bei der persönlichen Lage interessierte uns, wer wie zu Reichtum gekommen ist, wie lebt (alleine, mit Familie), welchen Einfluss hat (geschäftlich, wirtschaftlich, politisch), sich wie engagiert (sozial, kulturell) und was vom Staat erwartet.

Wir gingen bei den über hundert Interviews von den Annahmen aus, die wir aus den Vorgesprächen generierten. Wir deuten sie hier nur an und gehen am Schluss ausführlich darauf ein: Viele reiche Menschen verfügen über ein Selbstverständnis, das selbstbewusst wirkt. Sie geraten öfter in Situationen, die folgenschwere Entscheidungen erfordern und Krisen auslösen können. Reiche Menschen stellen sich auch häufig die Frage nach dem Sinn des Lebens, gerade weil sie scheinbar fast alles haben (können). Kinder von Reichen haben besondere Gründe, sich öfter recht einsam zu fühlen. Reiche legen bei ihren Lebensentwürfen viel Wert auf eine gute Ausbildung. Eine erhöhte Sensibilität ist auch gegenüber ökologischen Fragen feststellbar. Reiche sind kulturell besonders interessiert. Auch die soziale Frage liegt vielen Reichen am Herzen. Große Skepsis besteht gegenüber staatlich verordneter Umverteilung. Reiche Menschen favorisieren das Primat der Wirtschaft. Dem Staat billigen sie eine bloß korrektive Ordnungsfunktion zu. Reiche schreiben die Vermehrung ihres Reichtums überwiegend persönlichen Fähigkeiten zu. Viele Reiche Menschen verbindet – bei allen Unterschieden – eine innere Verwandtschaft. Sie erkennen sich gegenseitig am »Habitus« und an den »feinen Unterschieden« (Bourdieu 1982).

So weit unsere Vorannahmen, wie wir sie aus den früheren Gesprächen mit Reichen entwickelten. Unser Ziel bestand nun darin, diese Annahmen auf der Grundlage vieler zusätzlicher Gespräche weiter zu differenzieren. Die folgenden Auszüge aus unseren Interviews vermitteln einen Einblick, wie Reiche und andere Fachleute die erwähnten Fragen reflektieren. Alle Auszüge stammen von Persönlichkeiten, die bereit waren, ihre Ausführungen namentlich zu zeichnen. Leider mussten wir die Interviews stark kürzen. Zudem konnten wir aus Platzgründen weitere nicht aufnehmen, die ebenfalls aussagekräftig sind und als wichtige Grundlage in unsere Studie einfließen. Beim Autorisieren der Interviews kamen die Interviews sehr unterschiedlich zurück. Etliche Interviewte änderten kaum einen Buchstaben, andere ließen wichtige Aussagen weg und formulierten ihre Aussagen stark um. Bei den Interviewten ist die Region Nordwestschweiz besonders vertreten. Dies auch deshalb, weil sich hier viel Reichtum konzentriert.

7.2 Herkunft, Erbe, Tradition

»Wir waren immer weich gebettet«, erzählte uns eine reiche Frau über ihre Kindheit. Eine andere: »Materiell war alles da, aber ich habe mich doch nicht wirklich daheim gefühlt.« Hier berichten Lucy Koechlin, Margret Bucher und Leonhardt Burckhardt, wie sie aufgewachsen sind und die Welt sehen.

»Wir hatten alles, es fehlte an nichts« (Lucy Koechlin)

Lucy Koechlin kommt 1968 – in einem Haus ohne Achtundsechzigergeist – zur Welt. Ihre Eltern stammen aus einem anderen Zeitalter und heirateten spät, der Vater zum zweiten Mal. Die Mutter konzentrierte sich vor der Heirat auf ihre Karriere als Springreiterin. Koechlins Vater stammt aus einer Industriellenfamilie, die Mutter aus der abgestiegenen englischen Mittelschicht – ohne Geld, aber mit geistlicher Tradition. Im Gewirre des Weltkriegs versprengte es die Familie nach Südafrika, Asien, Nord- und Südamerika. »Meine Mutter ist eigentlich in sehr ärmlichen Verhältnissen aufgewachsen, aber ihr Selbstverständnis ist das einer höheren Mittelschicht geblieben.« Die Familie hatte Tafelsilber, teure Möbel und sonst wenig. Die Mutter verdiente ihr Geld mit Reitstunden, avancierte in den Fünfzigerjahren zu einer bekannten Springreiterin, schrieb Bücher, war hübsch und schlug die alten Kavalleristen.

Koechlins Vater stammt aus einer angesehenen und wohlhabenden Basler Industriellenfamilie, die eng mit der Firma Geigy verbunden war. Ein Onkel, Carl Koechlin, gehörte dem Verwaltungsrat an und lebte in der Villa, die später dem Europainstitut gestiftet wurde. Der Vater wuchs – behütet und beschützt – im Basler »Daig« auf. Der Reichtum blieb durch den Krieg unversehrt. Koechlins Vater studierte Recht. In seiner Familie gab es vornehmlich Juristen und Chemiker. Sein Bruder Hartmann Koechlin war als Chemiker bei der Geigy AG tätig, erster Direktor der Ciba-Geigy Stiftung für die Dritte Welt (heute: Novartis Stiftung für Nachhaltige Entwicklung) und in der Kuratel der Universität Basel. Koechlins Vater, Samuel Koechlin, studierte ein halbes Jahr an der Sorbonne und ein halbes Jahr in London (an der LSE). Während dieser ganzen Zeit ritt er und lernte so seine Frau kennen. Als Reiter schaffte er den Sprung in die schweizerische Olympiamannschaft. Parallel stieg er im Unternehmen die Sprossen hoch. Von der Geschäftsleitung der Geigy wechselte er dann in jene der Ciba-Geigy. Als Direktor stand er dort fast bis zu seinem Tod der Geschäftsleitung vor. Er starb 1985 sechzigjährig an einem Krebsleiden, kurz vor der Ära von Alex Krauer. In erster Ehe heiratete Samuel Koechlin eine Jugendfreundin, die aus den gleichen Kreisen stammte. Das Ehepaar wohnte in Riehen und hatte drei Kinder. Ein Sohn ist heute im Basler Universitätsrat. Die Scheidung war ein radikaler Schritt, gesellschaftlich und familiär. Mit der neuen Frau baute Samuel Koechlin in Burg, im hintersten Leimental, ein Landhaus. Albert Hofmann brachte ihn auf die Idee. Lucy wuchs dort mit Pferden und Hunden auf. Für die Mutter brachte der Wechsel von England in die Schweiz zu Beginn der Sechzigerjahre viel Veränderung. Sie gab ihre Popularität auf, zog aufs Land und fand die Basler Gesellschaft schrecklich. Nach dem Tod ihres Mannes zog sie nach England zurück, »gab dort nochmals Vollgas«, engagierte sich für die Umwelt und den WWF und bereiste die Welt.

Lucy Koechlin wuchs »enorm behütet« auf. Finanziell sowieso: »Wir hatten alles, es fehlte uns an nichts, im Gegenteil.« Das Landleben bot große Freiheiten. »Wir durften halt strolchen.« Mit den Kindern vom Dorf. Und das Personal gehörte zur Familie. Allerdings mit feinen Unterschieden. »Denn die mit uns befreundeten Angestellten waren ja trotzdem noch die Angestellten.« Das Protestantische vom Vater war auch prägend. »Also, dass wir nie das Gefühl bekamen, dass wir etwas Besseres wären. Wir waren sogar schäbiger angezogen. Auch, weil es meine Mutter nicht wirklich interessiert hat. Statussymbole waren ihr egal. Aber beide, Mutter und Vater, vermittelten ein starkes Leistungsdenken. Du musst immer dein Bestes geben, lautete die Botschaft. Wir sind auch nur selten exotisch in die Ferien geflogen. Wir sind eigentlich immer nach England gefahren oder nach Wengen. Da hatten wir eine Wohnung. Und uns wurde schon eingebläut, dass Ferien ein Privileg sind. Wie silbrige Löffel. Sie zeichnen einen nie aus. Das ist nur über persönliche Leistung möglich.«

Lucy besuchte ganz normal die Primarschule in Burg. Am Anfang befanden sich neun Klassen in einem Schulzimmer. »Ich war verträumt und bin dann so knapp ins Progymnasium reingerutscht.« Danach folgte das Holbein-Gymnasium, nicht das statusorientierte Münster-Gymnasium. Auch der Vater übte keinen Druck aus. Nach dem Abitur arbeitete Lucy Koechlin ein halbes Jahr in Südafrika für den WWF. Sie engagierte sich für ökologische Anliegen. Es war die Zeit des Waldsterbens und der Sandoz-Katastrophe (1986). Koechlin war schon früh politisiert und an sozialen Fragen interessiert. Sie studierte Soziologie, Ethnologie und Philosophie, später noch Volkswirtschaft und Völkerrecht. Nach dem Lizenziat (1995) kam ein Nachdiplomstudium in Entwicklungsstudien an der LSE hinzu. Beruflich engagierte sich Lucy Koechlin nachher gegen Korruption und Geldwäscherei. »In dieser Zeit habe ich dann auch geheiratet und ein Kind bekommen. Und bin dann auch ein bisschen ›gegrounded‹, weil ich ein Rückenproblem hatte.« Ein Jahr nach der Heirat folgte die Trennung.

Heute lebt Lucy Koechlin mit ihrem Sohn und zwei anderen Frauen zusammen in einer Wohngemeinschaft. Das Haus in Zentrumsnähe gehört ihr. Sie hat inzwischen doktoriert. Sie blickt zurück: »Ich glaube, ich bin schon sehr auf einer Insel aufgewachsen, also finanziell und geografisch sicher auch. Ich war auch nicht wirklich lebenstauglich und wusste lange nicht, wie man Zugfahrpläne liest. Und das hatte sicher damit zu tun, dass ich schon sehr behütet aufgewachsen bin. Ich habe mich dann nachher massiv gegen alles verwehrt, was danach aussehen könnte, von meinen Verbindungen zu profitieren. Mein Vater war ja in Basel und auch international sehr bekannt. Und meine Eltern hatten weltweit Freunde. Sie lebten das so selbstverständlich. Aber ich wollte nicht im gemachten Nest sitzen und habe mir so das Leben schwer gemacht und das soziale Kapital auf eine Seite geschoben. Finanziell bin ich noch behütet geblieben. Ich hatte auch das Selbstverständnis, über ein soziales Netz zu verfügen. Da bekommt man schon so eine gewisse Unverwüstlichkeit mit. Und das hatte sicher auch damit zu tun, dass meine Eltern beide sehr eigenständige Personen waren. Aber mir ist es erst im reifen Alter von vierzehn oder fünfzehn langsam aufgegangen, was es bedeutet, aus einer reichen Industriellenfamilie zu kommen. Ich wollte das lange nicht wahrhaben, habe das weggeschoben und mich nachher abgegrenzt. Das ist nicht einfach, aber wer in die Fußstapfen tritt, hat dann ein anderes Problem. Bei uns haben alle fünf Kinder ganz unterschiedlich auf unsere Herkunft reagiert. Meine älteste Halbschwester zum Beispiel war eine politisch sehr engagierte Feministin und hat sich verweigert, die Matur zu machen. Das war ein rebellischer Akt. Ich habe aber auch ein subkutanes Selbstbewusstsein mitbekommen. Anthony Giddens redet von ontologischer Sicherheit. Und diese Sicherheit habe ich natürlich auch. Weil ich finanziell abgestützt bin, habe ich keine materiellen Existenzängste. Im Gegenteil. Aber ich habe vor allem das Selbstverständnis von zu Hause mitgenommen, dass man viel selber machen kann. Das Vertrauen auf die eigenen Gaben, das ist wirklich subkutan mitgegeben worden. Und ich habe ein Netz, das ich mehr und mehr wahrnehme und mittlerweile auch enorm schätze. Als Studentin war mir das Bewusstsein vom vielen Geld extrem unangenehm. Ich wollte nichts wissen davon. Das hat sich verändert. Auch dadurch, dass ich mein eigenes Geld verdiene. Aber ich habe sicher auch viele Entscheide in meinem Leben aufgrund von dem getroffen, dass ich ein Polster habe. Das ist nicht nur gut. Das Polster nimmt einen gewissen Druck weg. Aber manchmal bin ich mir auch sehr orientierungslos vorgekommen. Und jetzt bin ich halt auch noch Immobilienbesitzerin. Aber ich bin keine Managerin oder jemand, der aktiv eine Stiftung gründet. Ich setze mein Geld für mein soziales und sozialpolitisches Engagement ein, auch für mein persönliches Umfeld; wobei mir scheint, dass es in meiner Generation eine gewisse Hilflosigkeit gibt, was mit dem Geld zu machen ist. Zum größeren Reichtum unterhalte ich fast keine Beziehungen. Und dort, wo ich reinsehe, ist es oft relativ archaisch. Von meiner Herkunft gehöre ich dazu, sonst nicht. Wobei sich einige kulturell und sozial ganz toll engagieren, wie mein Onkel Hartmann. Den bewundere ich sehr. Herr Vasella verkörpert hingegen einen anderen Unternehmertyp und einen neuen Geist des Kapitalismus. Und Gigi Oeri macht ja eigentlich etwas, das viele Basler aus dem »Daig« auch machen. Sie investiert und spendet. Aber sie macht es in einem Bereich, den man sonst eher meidet. Und sie macht es direkt und öffentlich. Und das geht ein wenig gegen die Natur von diesem Basler Protestantismus. Aber mir ist das egal. Was mich hingegen erstaunt, dass wir nicht viel radikalere Revolutionen haben in unserer Zeit. Also ich bin ja keine Kulturpessimistin, aber immer noch fassungslos über die Finanzkrise und die Spurlosigkeit, mit der sie politisch an uns vorbeizieht. Das ist mir unerklärlich.«

»Es war alles total großzügig …« (Margret Bucher)

Margret Bucher kam im Jahr 1953 zur Welt und wuchs »reich« auf. Ihre Eltern hatten nach dem Zweiten Weltkrieg ein florierendes Unternehmen mit bis zu 200 Mitarbeitenden in Basel aufgebaut. In der

Folge blieb wenig Zeit für die Kinder übrig. Heute führt Margret Bucher ein »ganz normales Leben«. Sie koordiniert als gelernte Buchhalterin die Verwaltung eines universitären Institutes und ist nebenher noch selbständig tätig.

Zunächst interessiert die Herkunft.

Meine Eltern reisten Ende des Zweiten Weltkrieges mit ihren drei Kindern aus Berlin in die Schweiz ein. Meine Mutter hatte eigentlich nur so ein Ballkleid bei sich. Und es war ziemlich schwierig für sie, denn sie wurde als Deutsche hier in der Schweiz nicht geschätzt. Mein Vater war der Allrounder und Praktiker. Meine Mutter hatte eher etwas Königliches an sich. Mit dem ersten größeren Geld, das mein Vater, als Hausierer für französische Sprachkurse, in der Schweiz verdiente, kaufte er ihr ein Schmuckstück, und so begann er den alten, verlorenen Stand meiner Mutter wiederaufzubauen. Das war sehr wichtig für sie. Mein Vater war gelernter Spengler mit einem Fachhochschulabschluss und fand zunächst bei der Zürcher Firma Haupt eine Stelle. Die Firma hatte eine Filiale in Basel. Er konnte diese Filiale dann sanieren. Meine Mutter stieg auch voll ins Geschäft ein. Dann konnte mein Vater das Geschäft ganz übernehmen. Meiner Mutter schenkte er für ihre Unterstützung das Haus in Reinach, in dem wir damals wohnten. Und so ab 1953, als ich geboren wurde, boomte das Unternehmen bis in die Achtzigerjahre. Damals standen große Umbauten im Kantonsspital, im St. Jakob und bei der Messe an. Es gab keine andere Firma, die in diesem Metier so groß war wie jene meines Vaters. So kamen meine Eltern zu viel Geld.

Also zu einem erarbeiteten Reichtum?

Genau. Meine Mutter kam ja aus einem reichen Haushalt. Sie hatte aber durch den Krieg alles verloren. Sie wusste, wie ein schönes Haus eingerichtet wird. Wie schöne Kleider zu tragen sind. Was sich gehört und was nicht. Meine Eltern hatten ein großes Geltungsbedürfnis und lebten das voll aus.

Und die Mutter konnte als »Königin« auch akzeptieren, selbst so viel leisten zu müssen?

Ja, sie legte gerne selbst Hand an. Sie hatte dann auch bald die tollsten Autos, die tollsten Kleider und den tollsten Schmuck. Und sie trug den auch sehr gerne. Das stand ihr. Meine Eltern kauften eine Wohnung am Meer und hatten eine Wohnung in den Bergen. Mein Vater kaufte sich einen Bauernhof im Elsass, den er sanierte und ausbaute, nur so zum Hobby. Er hatte Patente über Patente weltweit angemeldet und zum Teil auch vermarkten können. Es war für mich faszinierend, seine Begeisterung für die Möglichkeiten des Lebens zu spüren. Er liebte auch die Natur und die Familie. Wenn er etwas einkaufte, dann immer gleich für alle vier Geschwister. Sei es nun die Aussteuer, das Silber, Schmuck und so weiter. Sein starker Glaube an Gott hat mir auch die Augen aufs Spirituelle geöffnet. Und meine Mutter war einfach bei allem dabei.

Meine Eltern waren sehr mutig, aber auch sehr dominant. Und sie waren immer sehr fleißig. Morgens gingen meine Eltern schon vor sieben Uhr ins Büro. Auch, damit sie sehen konnten, wer zu spät kommt. Sie hatten einen familiären Betrieb. Mein Vater war auch einer der Ersten, der die Pensionskasse einführte, und das schon in den Sechzigerjahren. Der Betrieb hieß Bucher AG, Basel. Da waren meine Eltern mit ihrem Geschäft daheim.

Und gewohnt haben Sie in Reinach?

Ja, und ich konnte hier von der Großzügigkeit meiner Eltern profitieren. Ich erhielt dann schon als junges Mädchen ein Pferd. So ein Pferd war ja immens teuer, schon damals, auch die Reitstunden und so. Ich wurde in eine Welt geboren, in der von Armut nichts zu spüren war. Die Geschenke an Weihnachten waren fast so groß wie der Weihnachtsbaum. Und wir hatten immer einen riesigen Weihnachtsbaum. Und auch große Wünsche wurden uns erfüllt. In der Pubertät löste ich mich dann emotional sehr vom Daheim. Und ich überlegte auch, wie kommst du am schnellsten in die Selbständigkeit? Ich liierte mich dann mit einem kreativen Fotografen.

Aber als Kind war es möglich, die Privilegien zu genießen? Und wie waren die Beziehungen mit anderen Kindern?

Ich glaube, dass ich mir der Privilegien sehr bewusst war. Einerseits habe ich sie genossen, andererseits habe ich auch Eifersucht gespürt. Auch weil ich in einem großen Haus mit Hallenschwimmbad wohnte und ein Pferd und viele andere schöne Sachen hatte. Aber ich war sehr dickköpfig und ließ mich von all diesen Emotionen nicht sehr beeindrucken. Ich hatte nicht viele Freunde oder Freundinnen.

Und wie war die Beziehung zur Mutter?

Etwas war sicher ganz speziell. Meine Mutter war zehn Tage im Spital nach meiner Geburt. Und als sie am elften Tag nach Hause kam, ging sie gleich ins Büro. Meine Großeltern, eine Tante, eine Haushälterin und meine älteste Schwester kümmerten sich um mich. Meine Mutter sagte mir, ich hätte nicht einmal ihre Brust gewollt. Das ist also sicher etwas, an dem ich jetzt schon viele Jahre ein wenig daran arbeite.

Meine Mutter wusste, wie wichtig sie für meinen Vater im Geschäft war. Er brauchte sie. Es war wohl eine gemeinsame, verfrühte Vereinbarung zwischen meiner Mutter und mir! Wir respektierten einander immer und ließen uns in Ruhe. Und mein Vater musste meiner Mutter versprechen, dass er seine autoritären Erziehungsmethoden bei mir nicht anwende. Ich bin meiner Mutter dafür sehr dankbar. Ich hatte einfach viele Narrenfreiheiten, weil es meinen Eltern finanziell gut ging. Und sie machten mich auch nicht verrückt mit irgendwelchem Druck. Es war einfach irgendwie ein sicherer Rahmen da.

Schon mit siebzehn konnte ich mich mit meinem Freund ins Wochenendhaus zurückziehen. Das ließen meine Eltern alles zu. Ich wuchs wirklich ziemlich wild auf und fühlte mich total frei. Ein Problem war, dass meine Geschwister viel älter waren. Bis ich in den Kindergarten kam, war ich oft im Laufgitter eingesperrt, bis ich nichts mehr herunterriss. Und im Kindergarten war ich dann oft Beobachterin und verstand diese Gemeinschaften nicht. Und ich blieb dann auch eine Einzelgängerin, eigentlich bis heute. Bei meinem

Sohn Marco (1979) organisierte ich mich gleich mit anderen Müttern, und meine Tochter Anna (1992) war schon ab dem neunten Monat in der Kinderkrippe. So waren meine Kinder nie alleine und sie sind heute sehr sozial.

Und wie war das eigene Leben in diesem Alter?

Ja, ich lernte früh meinen künftigen Mann kennen. Aber meine Eltern spürten bald, dass ich absausen wollte. So legten sie mir ein Zückerchen hin. Sie ermöglichten mir, ein Jahr nach Amerika zu gehen. Auch weil ich diesen Mann eigentlich nicht wollte. So ging ich dann 1970 nach Amerika. Und das war fantastisch. Nochmals Freiheit pur. Ich konnte mir sogar ein Auto kaufen und lernte das Fallschirmspringen. Meine Eltern überwiesen mir jeden Monat tausend Dollar Sackgeld. Ich fühlte mich sehr wohl und malte dort sehr viel.

Ich lernte in den USA sogar einen anderen Mann kennen. Aber diese Beziehung klappte nicht. Sonst wäre ich in Amerika geblieben! Und als mich dann unerwartet mein früherer Freund besuchte, habe ich mich wieder in ihn verliebt. So kam ich wieder nach Basel zurück und hatte immer noch keine Ausbildung. Da entschied ich mich auf Anraten meiner Mutter für ein Sekretärinnendiplom an einer Privatschule. Meine Eltern bezahlten mir das. Ich schloss die Ausbildung ab und ging direkt nach Lausanne, weil mein frisch vermählter Ehemann dort seine erste Stelle fand als Fotograf bei Onorio Mansutti. Meine Eltern hatten in Lausanne auch noch eine Firma und gute Beziehungen. Sie richteten uns dort eine Wohnung ein mit allem, was man so braucht. Ich fand das eigentlich völlig daneben, aber ich mochte mich gar nicht wehren. Ich hatte ja bereits früher schon erfahren, dass die Unterstützung durch meine Eltern nicht unangenehm war. Also nahm ich sie widerstandslos an. Als mein Mann sich selbständig machen wollte, zogen wir wieder nach Basel, wo ich eine super Stelle fand. Meine Eltern unterstützten meinen Mann bei seiner Selbständigkeit. Sie übernahmen auch die Kosten für den Ausbau eines Hinterhauses zu einem Fotostudio.

Sie unterstützten also beide.

Genau, nicht nur mich. Als ich dann mit Marco schwanger wurde, zerbrach die Ehe. Mein Vater bat mich, wieder ins Elternhaus zurückzukehren. Aber das machte ich nicht mehr mit! Ich war ja bereits 28 und hatte selbst etwas Geld auf der Seite. Ich kaufte mir einen Döschwo, zahlte meine Wohnung selber und nahm meine heutige Stelle in Basel an. Das ist jetzt schon 27 Jahre her. Ich verliebte mich dann in einen 22-jährigen Schreiner, der seinen Beruf aufgab, um mit mir ein idyllisches Landhaus mit viel Umschwung im Elsass auszubauen. Bald wurde mir aber klar, dass auch diese Beziehung nicht von Dauer sein würde. Nach sechs Jahren Elsass wollte ich wieder zurück nach Basel. Mein Mann wollte aber auch mitkommen. Gleich nach dem Zügeln wurde ich schwanger mit Anna. Dann kamen zwei schwierige Jahre für mich und es folgte darauf die Trennung von meinem Partner.

Meine nächste Beziehung mit einem Jugendfreund dauerte rund acht Jahre. Ich war nun schon über vierzig und entschied mich für eine zusätzliche, berufsbegleitende kaufmännische Ausbildung, um nachher die Buchhalter-Ausbildung machen zu können. Dann machte ich mich auch noch selbständig als Immobilienverwalterin. Es ging mir dann so gut, dass ich an der Börse zu spielen begann. Ich hatte ein irres Glück und verdiente an der Börse wahnsinnig viel Geld. Glücklicherweise verkaufte ich zum richtigen Zeitpunkt, bevor die Aktienkurse zusammensackten. Mit dem Geld konnte ich dann das Haus kaufen, in welchem ich heute lebe, und arbeitete ganz normal weiter. Überhaupt, ich habe immer gearbeitet.

Man könnte sicher sagen, ich hätte nicht mehr arbeiten müssen. Aber mein Verhältnis zu Geld ist zwiespältig. Einerseits hatten wir Geschwister zwölf Jahre lang Streit, weil mein Vater zu Lebzeiten das Erbe nicht gerecht verteilt hatte. Andererseits fällt mir arbeiten leichter und der Lohn dafür ist für mich stimmiges Geld.

Und die Mutter?

Ihr Geist fing mit dem Alter an weicher zu werden. Eigentlich wollten meine Eltern zusammen sterben. Aber mein Vater erkrankte an Blasenkrebs. Trotz alledem bekochte er weiterhin meine Mutter und hörte nie auf, sie wie eine Königin zu bedienen. Meine Eltern lebten seit ihrer Frühpensionierung in einer Villa an der Küste von Mallorca, auf fünf Ebenen und mit einem großen Schwimmbad. Eine Superhütte! Dann aber entfernten die Ärzte meinem Vater die Hälfte des Darms. Als dann Komplikationen auftauchten, wollte er sterben. Meine Schwester bestellte die ganze Familie nach Mallorca, und er nahm von uns allen Abschied und starb wirklich innerhalb von vierundzwanzig Stunden. Ganz am Schluss teilte er noch mit meiner Mutter eine letzte Zigarette.

Meine Mutter konnte nicht akzeptieren, dass er gestorben war. Trotzdem konnte sie als »Königin« weiterleben. Meine älteste Schwester pflegte und verwöhnte sie. Die letzten drei Jahre verbrachte unsere Mutter im Altersheim. Sie richtete sich dort in einem wunderschönen Zimmer ein, umgeben von ihren Vitrinen, mit all ihren Gold- und Silbergegenständen und ihrem Schmuck. Ich war sehr, sehr traurig, als sie starb.

»Reichtum verpflichtet« (Leonhard Burckhardt)

Leonhard Burckhardt ist Professor für Alte Geschichte an der Universität Basel. Er kommt aus einer traditionell wohlhabenden Familie. Das Kürzel »ckdt« steht für die Verbundenheit mit dem »Daig« und der früheren Seidenbandfabrikation. Burckhardt ist allerdings Mitglied der Sozialdemokratischen Partei. Er präsidierte schon den Großen Rat und den Bürgerrat. Zur Tradition seiner renommierten Familie gehört auch eine gewisse Spendierfreude. Einer der konservativsten Vorgänger zeigte als milder Richter tiefes Verständnis für die Bedürfnisse der sozial Benachteiligten. Vom sozialen Gewissen geplagt, verkaufte er sogar sein Reitpferd. Ethisch-moralische Gründe bewogen ihn auch, demonstrativ aus der Kommission des Stadtcasinos auszutreten, für dessen Neubau sich Burckhardt viele Jahre später sehr engagierte.

Leonhard Burckhardt wundert sich, dass so viele Reiche trotz der hohen Steuerquote im Kanton bleiben und der Reichtum so wenig thematisiert wird. Vielleicht liegt das an der Zurückhaltung des vererbten Geldes, das es auch ihm schon früh ermöglichte, wissenschaftlich arbeiten und politisieren zu können, ohne angestrengt auf Einkünfte achten zu müssen. Er hat »ein paar Millionen Franken auf der Seite«, die sich – »ohne eigenes Zutun« – innert weniger Jahre stark vermehrten. Burckhardt findet das selber irgendwie ungerecht. Er hat früher auch sonst Großzügiges erlebt. Im Gegensatz zu einer reichen Kollegin, die als Kind keine Mitschülerinnen ins private Schwimmbad einladen durfte, tummelte sich bei Burckhardt zu Hause jeweils eine ganze Schar. Er war sich seiner besonderen Position bewusst, ohne daraus übermäßig Selbstvertrauen zu schöpfen. Die These, den Reichen werde das Selbstvertrauen in die Wiege gelegt, hält er von seiner persönlichen Erfahrung her für viel zu einfach. Er kenne viele Gegenbeispiele. Auch für sich selbst hat Leonhard Burckhardt den Eindruck, ohne Reichtum vielleicht sogar energischer und durchsetzungsfähiger geworden zu sein.

Obwohl sich Burckhardt schon während des Studiums sozialdemokratisch zu engagieren begann, stellten seine Eltern die Unterstützung nie infrage, weder materiell noch ideell. Sie betrachteten den Weg ihres Sohnes nicht immer mit Wohlgefallen, waren aber tolerant genug, ihn zu akzeptieren. Auch als Burckhardt für die Sozialdemokratische Partei den Großen Rat und den Bürgerrat präsidierte und zum Professor avancierte, statt ins väterliche Unternehmen einzusteigen. Intellektuelle haben wenig wirtschaftliche Macht, sagt Burckhardt. Aber er strebe diese auch nicht an. Mit Glück assoziiert er ein schönes Buch und Kinder. Reichtum bedeutet für ihn angenehme Sicherheit, keine Belastung, obwohl er manchmal auch daran denkt, die Aktienkurse könnten noch weiter sinken.

Burckhardt kritisiert, dass die Schere zwischen Reichen und Lohnabhängigen immer mehr auseinandergeht. Auffallend sei auch, wie sich vor allem neue Reiche präsentieren. »Es gibt Leute, die ohne großen Kunstverstand ganze Bildersammlungen kaufen und zur Schau stellen oder sich ohne Sensibilität für architektonische Qualität riesige Villen bauen lassen. Das geschieht hier in Basel zwar etwas zurückhaltender, aber es geschieht.« Die Finanzkrise zeitigt freilich ihre Auswirkungen. Sie ist mehr als ein Medienphänomen. Es gibt bei Aktien und hohen Einkommen teilweise drastische Verluste zu registrieren. Burckhardt ist überzeugt, dass einzelne Firmen große Mühe haben werden, ihre Reputation wiederzugewinnen.

Macht – gesellschaftliche und politische – beruht, so Burckhardt, sehr stark auf Reichtum. »Du kannst natürlich schlecht Macht ausüben und dich auf Politik konzentrieren«, sagt er, »wenn du nicht die entsprechende materielle Basis hast.« Man sichere sich auch institutionell ab, nehme Einfluss auf Regierungen und Verbände, zimmere sich eine politische Strategie zurecht und kaufe auch eine Medienstrategie ein. »Eine bestimmte Gruppe von Wohlhabenden versucht die Politik massiv zu beeinflussen. Zum Beispiel in Steuerfragen. Man wundert sich, dass die Steuern für die einen ein ganz klein wenig runtergehen, für die anderen massiv. Und der Staat verliert seinen eigenen Handlungsspielraum, was angeblich ökonomisch sinnvoll sei. Aber was sind das eigentlich für Ökonomen, die uns das verkaufen? Ich habe vor langer Zeit selber einmal Ökonomie studiert und im Studium gehört, dass ein Ziel der Wirtschaft die Verteilungsgerechtigkeit sein soll. Das ist aber überhaupt nicht mehr der Fall. Das ideologische Kapital vermengt sich mit dem wissenschaftlichen und übt auf diese Weise viel Wirkung aus.« Und: »Persönlich wissen wohl etliche aus diesen eher abgehobenen Kreisen kaum mehr, was die Butter oder das Brot kosten. Untereinander kommunizieren und konkurrieren sie gerne über Statussymbole. Ich gehe lieber mit meinem Velo ein gutes Brot kaufen, dann weiß ich, wie viel es kostet, und koche dann selber. Das ist doch etwas Sinnliches. Wer nicht mehr wahrnimmt, wie ein Kochherd funktioniert, und kaum mehr weiß, wie viel Geld er verdient und was er damit machen kann, der hebt von jeder Alltagsproblematik ab.«

Es gibt allerdings auch viele Reiche, die Burckhardt imponieren. Sie engagieren sich mehr für kulturelle und soziale Fragen. »Es ist doch nicht selbstverständlich, dass man Museumsbauten von mehreren Millionen finanziert, sich für ein Apothekenmuseum engagiert oder Tramschienen saniert. Das finde ich schon beeindruckend. Da gibt es wirklich diskrete und integre Reiche.« Eng mit der Stadt verbunden sei beispielsweise Gigi Oeri. »Sie unterstützt den Fußballclub, den FCB. So eine Frau in so einem Männergeschäft, das finde ich bewundernswert. Ich meine aber, dass der FC Basel in dieser Stadt zu viel Gewicht hat. Wie die Fasnacht auch. Ich habe nichts gegen die Fasnacht, ich finde sie sehr schön, aber bitte nicht 362 Tage im Jahr.«

Die Umweltproblematik ist für Burckhardt »die größte Herausforderung, die wir im Moment haben«. Er selbst betrachtet den Reichtum als Verpflichtung. Er unterstützt regelmäßig soziale Institutionen und engagiert sich in vielen Vereinen. Der Gegenwert, den er mehr symbolisch bezieht, sind ein paar Wochen Ferien auf dem lange gepflegten familieneigenen Bauernhof im Grünen. Bei Bekannten von Burckhardt herrschte ein strengeres Regime. Ein Mädchen durfte nicht mit dem »Pöbel« zusammen die Straßenbahn benutzen. Einem Maturanden war es verboten, die progressive *National-Zeitung* zu lesen. Sonst hätte das Konsequenzen für das großzügige Taschengeld gehabt. Die Drohung wirkte. Das mag verständlich sein. Was Leonhard Burckhardt aber nicht versteht, ist das erstaunliche Faktum, dass die überwiegende Mehrheit der einfachen Bevölkerung von der Erbschaftssteuer profitieren könnte und gleichwohl einwilligt, diese abzuschaffen.

7.3 Aufstieg

»Ich habe viel Glück gehabt in meinem Leben«, sagte uns der ehemalige FDP-Nationalrat Johannes Randegger, der auch zum Kader der Novartis avancierte. Seine sportlichen Erfolge als Eishockeyspieler trugen gewiss zum beruflichen Aufstieg bei. Aber ohne gutmütigen Lehrer wäre der ärmlich aufgewachsene Bub nicht von Davos nach Basel zu einer Verwandten gekommen, die ihn beherbergte. Randegger stellt seinen eigenen Erfolg nicht einfach als persönliches Verdienst hin. Viele andere haben dazu beigetragen, wie er uns gegenüber betonte. Das gilt auch für weitere Erfolgreiche, die wir hier vorstellen: André Dosé, Moritz Suter, Urs Berger und Heinz Karrer.[73]

»Mut zum Scheitern« (André Dosé)

André Dosé stammt aus einer einfachen Familie. Nach einer Berufslehre erfüllte er sich einen Jugendtraum. Er wurde Pilot und später Chef der Crossair, bis er zum CEO der Swiss avancierte. Heute präsidiert der bekannte Manager den Verwaltungsrat der Verkehrsbetriebe Baselland (BLT). Aber das ist nur ein Mandat neben vielen anderen.

Sie sind sehr erfolgreich. Wurde Ihnen der Erfolg bereits in die Wiege gelegt?

Das habe ich mich auch schon gefragt. Ich war schon in der Schule immer in Führungspositionen, als Klassenchef und als Captain in der Fußballmannschaft. Ich glaube, es braucht gewisse Voraussetzungen vom Charakter her, aber einfach so in die Wiege wird es niemandem gelegt.

Gehen sie von einer Verbindung zwischen sportlichem und beruflichem Erfolg aus?

Davon bin ich überzeugt. Ich habe wohl in der Schule weniger fürs Leben gelernt als im Sport. Im Fußball beispielsweise lernt man sehr früh und sehr schnell, dass man nur als Team stark sein kann und dass es verschiedene Stärken einzelner Spieler braucht, um erfolgreich zu sein. Im Management ist es genauso, nur sieht man da den Erfolg oder Nichterfolg nicht so unmittelbar und schnell wie im Sport.

Haben Ihnen denn Ihre Eltern schon einen gewissen Selbstwert vermittelt?

Nein, gar nicht. Meinen Eltern hat es durch ihre Vergangenheit und Jugend an Selbstsicherheit gefehlt. Sie waren immer sehr defensiv, was mich als Bub immer gestört hat. Ich habe erst später verstanden, was der Grund war. Meine Mutter war Russin aus der heutigen Ukraine. Ihre

Eltern wurden bei der deutschen Invasion getötet, und meine Mutter musste mit vierzehn Jahren als Gefangene nach Deutschland marschieren, wo sie in ein fürchterliches Arbeitslager kam. Diese dramatischen Erlebnisse, die Entwurzelung und die fremden Sprachen, das waren schwierige Umstände, obwohl meine Mutter eine sehr starke Frau war. Sie ist zusammen mit sechs anderen Russen aus dem Lager ausgebrochen. Die Flüchtlinge haben sich in Richtung Süden durchgeschlagen und schwimmend die Schweizer Grenze überquert. In der Schweiz wurden sie wieder inhaftiert. Die Situation war auch nach dem Krieg in der Schweiz schwierig. Die russischen Flüchtlinge sollten wieder abgeschoben werden. Meine Mutter wurde dann aber von einer Schweizer Familie adoptiert und konnte bleiben. Mein Vater ist zwar Schweizer, wuchs aber in Tschechien auf. Er diente für das deutsche Militär. Die Großmutter war aus Böhmen, mein Großvater war Schweizer. Er arbeitete dort als Ingenieur. Mit sechzehn wurde mein Vater unter der Drohung, dass das Land der Familie bei Zuwiderhandlung enteignet würde, zum Militärdienst eingezogen. Mein Vater war auf dem Russlandfeldzug und hat dort Schreckliches erlebt. Das ist wahrscheinlich ein Grund für sein defensives Verhalten. Mein Vater war drei Jahre in russischer Gefangenschaft und kam erst 1948 zurück. Im Arbeitslager hat ihm keiner geglaubt, dass er Schweizer sei, auch das Rote Kreuz nicht, das hin und wieder da war. Er hatte kaum noch Erinnerungen an die Schweiz. Er war vier Jahre alt, als sie die Schweiz verließen. […]

In der weiten Welt mussten sie sich durchsetzten. Sie waren auch Pilot von Johnny Cash.

Ja, auch. Ich habe eine Lehre bei der Swissair gemacht. Ich wollte immer Pilot werden. Wegen einer Fußballverletzung war ich nie in der Schweizer Armee und konnte darum in der Schweiz nicht Pilot werden. Ich ging dann in den Achtzigern nach Amerika, wo ich die ganzen Ausbildungen gemacht und die nötigen Lizenzen erworben habe. Ich wollte nicht in die Schweiz zurück, weil ich dort keinen Job hatte. Ich habe dann ganz unten begonnen. Ich habe Felder besprüht und als Taxipilot gearbeitet. Dies unter anderem auch für Johnny Cash.

Hat diese Begegnung einen bleibenden Eindruck auf Sie hinterlassen?

Ja, klar. Ich mochte seine Musik immer. Es gibt Menschen, die beeindrucken einen mit ihrer Ausstrahlung. Menschen, die eine unglaublich natürliche Aura haben. Er hatte diese spezielle Ausstrahlung.

Was ist für Sie die Quintessenz der ganzen Ereignisse rund um das Grounding der Swissair? Was für Lehren ziehen Sie daraus? Und haben Sie den Eindruck, dass andere Verantwortliche der Wirtschaft auch etwas daraus gelernt haben?

Da herrschte eine unglaubliche Arroganz. Ich meine damit nicht bestimmte Personen, schon gar nicht Bruggisser. Aber das war eine Kultur, die man dort geschaffen hatte. Dazu gehörte die Idee, die Besten der Welt zu sein, denen nichts zustoßen könne. Dieses Bild der eigenen Unternehmung ging von ganz oben bis nach ganz unten. Ich habe diese Kultur gut gekannt, da ich schon als Lehrling und später in London im Verkauf bei der Swissair gearbeitet habe. Ich glaube, sie hat letztendlich wesentlich zum Scheitern beigetragen.

Das war auch das Bild der Kunden.

Ja, die Schweizer sind in die Flugzeuge gestiegen und haben dieser Firma total vertraut. Das ist ja auch positiv, man hat aber in der Firmenleitung die Effekte der Liberalisierung völlig unterschätzt. Plötzlich stand man im Wind des Wettbewerbs und merkte, dass all die Dinge, auf die man so stolz war – wie etwa die Servicequalität – bei der Konkurrenz auch vorhanden sind. Es zählten dann plötzlich andere Dinge und neue Probleme kamen auf. Man musste effizienter arbeiten, die Tarife sind eingebrochen, man arbeitete auf einem ganz anderen Niveau. Kommerzielles Überleben war angesagt. Man war plötzlich im Wettbewerb mit Fluggesellschaften, die man früher nicht wahrnahm oder nicht wahrnehmen wollte. Das ist ein wichtiges Element. [...]

»Heute handeln, morgen denken«, das schreibt man oft der Politik zu. Aber vielleicht passt dieser Ausspruch auch zum Grounding. Vielleicht verliefen die Vorgänge nicht immer so rational kalkuliert.

Ja, das ist so. Ich war damals Chef der Crossair, nachdem ich zuvor Flugbetriebsleiter war. Ich war noch recht unerfahren, als ich CEO wurde und das Ganze losging. Als Chef der Crossair saß ich am Tisch mit dem Verwaltungsrat der Swissair. Es war für mich absolut schockierend zu sehen, dass die Probleme offen auf dem Tisch lagen, aber niemand konsequent handelte. Ich selbst war an diesen Sitzungen nur als Gast ohne Stimmrecht dabei. Es war für mich unerklärlich, dass trotz solch gravierender finanzieller Probleme keine lösungsorientierte Diskussion stattfand. Ich war für die Crossair verantwortlich und machte mir große Sorgen um das Überleben der Crossair, da wir ja eine Swissair-Tochter waren. Deshalb unterstützte ich den Vorschlag, dass man die Crossair als Rettungsboot nehmen könnte. Wir entwickelten diese Idee dann ganz spontan weiter, letztendlich führte dies zur heutigen Swiss.

Haben Sie den Eindruck, dass die Wirtschaftskrise nun zu einem Umdenken führt?

Nein, ich denke nicht. Die Krise wird relativ schnell vergessen sein. Letztendlich wird das Streben nach Profit und noch höherem Profit wieder kommen. Diejenigen, welche von der Krise am wenigsten betroffen waren, haben am meisten daraus gelernt. Ich bin im Verwaltungsrat einer Logistikfirma in Deutschland und denke, dass die mittleren Unternehmen vorsichtiger geworden sind. Man geht dort gezielter mit finanziellen und operationellen Risiken um und analysiert diese besser. Ich befürchte aber, dass auf der höheren Ebene, wo viel Geld umgesetzt wird, sich nicht viel geändert hat, außer beim Personal. Die Banken sind schon vorsichtiger geworden, aber am falschen Ort. Sie sind viel restriktiver mit der Vergabe von Krediten und machen es damit den mittleren und kleinen Unternehmen schwer.

Was würden Sie sich denn wünschen?

Ich denke, dass es unten an der Pyramide anfangen muss. Alle wollten höhere Rendite und haben dafür ein Risiko in Kauf genommen, aber sie wollten die Konsequenzen nicht tragen. Man sollte bewusster mit diesen Risiken umgehen. Man wog sich in einer falschen Sicherheit. Es braucht sicher etwas mehr Vernunft, auch im Hinblick auf die Boni. Ein Bonussystem ist gut, aber gewisse Beträge sind einfach unanständig und nicht erklärbar. Ich bin der Überzeugung, dass mit solchen Lohngefällen auch Probleme entstehen. Ich bin aber auch der Meinung, dass nicht der Staat hier eingreifen sollte, sondern die Aktionäre mündig bleiben und einen vernünftigen Rahmen festlegen sollten. [...]

Ist denn das wirtschaftsliberale Postulat »Weniger Staat, mehr Freiheit« richtig? Oder müsste man mehr betonen, dass Freiheit auch Sicherheit braucht? Haben Sie das Gefühl, dass wir beim Zusammenspiel von Freiheit, Staat und Sicherheit auf dem richtigen Weg sind?

Nein, dieses Gefühl habe ich nicht. Ich glaube sogar, dass wir auch politisch die Balance verloren haben und in einer Identitätskrise stecken. Das betrifft nicht nur die Schweiz, sondern auch Deutschland und andere Länder. Ich bin überzeugt, dass die Kernwerte der Schweiz, wie Liberalismus und Unternehmertum, zu denen auch ein gewisses Risiko gehört, heute nicht mehr so stark vertreten sind. Es traut sich heute kaum jemand mehr, diese Werte öffentlich zu propagieren. Denn diese Werte kommen heute nicht mehr so gut an. Aber sie haben die Schweiz stark gemacht. Darum haben wir bedeutende Unternehmen, die sich in der Schweiz angesiedelt haben. Jetzt bauen wir just diese Stärken und Vorteile der Schweiz Stück für Stück ab. In unserer Situation, als Nichtmitglied der EU, hätten wir hingegen die Möglichkeit, uns besser zu positionieren als viele andere Länder.

Schwingt hier etwas mit, das Sie auch der Swissair vorgeworfen haben? Meint die Schweiz immer noch, dass sie besser als die anderen Länder sei? Überschätzt sie die eigene Position?

Das ist schon möglich. Die Unternehmer, mit denen ich zu tun habe, stimmen meiner skeptischen Diagnose der politischen Situation zu. Die meisten sagen, dass man sich von der Politik abnabeln müsse. Es gibt keine Visionen zur Veränderung der Situation. Wobei die meisten auch eingestehen, dass wir ja immer noch besser dastehen als alle anderen. Das stimmt zwar. Dennoch rutschen wir langsam auf ein immer tieferes Niveau ab. Es ist wichtig, diese Tendenz zu korrigieren.

Es gibt ein schönes Buch von Konstantin Wecker mit dem Titel Die Kunst des Scheiterns. *Er schreibt: Wer in seinem Leben nicht immer wieder scheitert, macht etwas falsch.*

Im angelsächsischen Raum ist der Mut zum Scheitern viel größer. Wer in der Schweiz scheitert, ist gleich weg vom Markt. Ich bin oft in Spanien. Wenn ich dort mit den Leuten diskutiere, dann erkenne ich schon eine Diskrepanz zwischen deren Sicht auf die Schweiz und unserem eigenen Selbstverständnis. Die Schweiz hat nicht mehr so viel Akzeptanz wie früher, sie wird nicht von allen bewundert. Die Spanier sind laut einer Studie das Volk in Europa, das am meisten reist. Aber die Jungen zieht es nicht in die Schweiz. Da fehlen ihnen die Dynamik und die lebendige Stimmung.

Das Vermögen wie auch die Löhne haben sich bis in die Siebzigerjahre angeglichen, seither geht jedoch die Schere auseinander. Das ist für viele Jugendliche eher entmutigend. Viele haben heute das Gefühl, dass sie sowieso nicht mithalten können. Die sozialen Gegensätze berühren auch den gesellschaftlichen Zusammenhang.

Wir müssen das in einem noch größeren Rahmen sehen. Ich bekam vor zwei Jahren einen Ehrendoktortitel in Barcelona. Ich sollte dann eine Rede über Management halten. Ich habe mich aber entschieden, über das Gefälle zwischen Arm und Reich zu sprechen. Das ist meiner Meinung nach das größte Problem, das wir in Zukunft überhaupt haben, ein Problem, das die nächste Generation lösen muss. Im Mittleren Osten, wo ich gearbeitet habe, ist das Gefälle ganz extrem und man merkt, dass es brodelt. Dieses Problem muss gelöst werden, falls nicht, werden wir in den wohlhabenden Ländern ein riesiges Immigrationsproblem kreieren. Ich habe als junger Pilot gelernt, dass sich der Druck in der Aerodynamik immer ausgleicht. Das ist in Bezug auf das Gefälle zwischen Arm und Reich genau dasselbe. Die heutige Situation weltweit mit diesem Gefälle wird früher oder später zu einer Eskalation führen, die ein globales Ausmaß haben wird. In Amerika zum Beispiel hat eine gewisse Schicht fast keine Chance zum Aufstieg. Meine Kinder sind in den USA aufgewachsen. Wenn man dort die Kinder nicht in eine Privatschule bringen kann, dann sind ihnen von Anfang an viele Wege schon verbaut. [...] Ich habe auch in Bahrain und in Saudi-Arabien gearbeitet. Was ich dort gesehen habe, kann keine zehn Jahre mehr gut gehen. Man spricht immer über die religiösen Konflikte. Aber das Gefälle Armut-Reichtum ist das tatsächliche Problem. Eine große Mehrheit der Menschen besitzt nichts. Die Medien werden zensiert, um die unterprivilegierten Menschen mit viel Mühe ruhigzuhalten. Etwas außerhalb des Stadtzentrums von Bahrain sieht man täglich brennende Häuser und Verhaftungen oder Verschleppungen von Menschen durch die Militärpolizei. Auf die Dauer wird man diese Probleme nicht mit Gewalt lösen können. Ob das Umdenken jetzt schon stattfinden kann oder ob das Problem erst noch größer werden muss, weiß ich nicht. Es ist jedenfalls eine unglaublich schwierige Aufgabe, die auf die nächste und übernächste Generation zukommt.

Das heißt, dass Sie nicht so zuversichtlich sind, was die Zukunft betrifft?

Nein, das bin ich nicht. Ich bin aber auch kein Pessimist. Der Mensch konnte schon viele Problem überstehen und lösen, die Frage ist nur: wann? Es ist völlig klar, dass die Situation irgendeinmal eskaliert. Da bin ich nicht so zuversichtlich. Von der Wirtschaftskrise oder der Ölkrise im Golf von Mexiko werden sich die Natur und die Menschen relativ schnell wieder erholen. [...] Aber der Unterschied von Reich und Arm und die Ungleichheit der Chancen sind eine viel größere Herausforderung.

Sie haben während Ihrer Laufbahn mächtige Positionen besetzt, aber seither auch an Macht verloren. Schmerzt Sie das?

Nein, überhaupt nicht. Ich bin durch diese Position in eine Situation gekommen, in der man ein gewisses Standing hat, das einen auch trügen kann. Ich hatte zwar das Gefühl, immer gleich geblieben zu sein. Aber wenn man Chef einer solch großen Unternehmung ist, kriegt man eine große Selbstsicherheit. Und dies nicht nur im Beruf. Aber dort wird alles für einen erledigt; man hat überhaupt keine Probleme im täglichen Leben mehr. Es ist immer alles da und perfekt. Das ist sehr angenehm, weil man sich ja auf wichtige Entscheide konzentrieren muss. Aber wenn das wegfällt, dann merkt man plötzlich wieder, dass es im Leben noch viele andere Sachen gibt, die man selbst bewältigen muss. Machtverlust habe ich nie empfunden. Und die Ausübung von Macht war mir auch nie so wichtig. Aber die eigene Lebensauffassung und der Respekt gegenüber den Menschen verändert sich. Man nimmt den Gärtner wieder wahr, der in der Kälte arbeitet. [...]

Denken Sie, dass das Lesen und die geschichtlichen Bezüge vielen Personen fehlen, die in Führungspositionen sind?

In meiner Zeit als Swiss CEO habe ich kein einziges Buch gelesen. Ich habe nur Akten gelesen, war immer ausgebucht. Ich versuchte zwar Prioritäten zu setzten, die Zeit war aber dennoch immer zu knapp. Ich glaube schon, dass man aus der Geschichte unheimlich viel lernen kann, man aber die Geschichte verdrängt. Oft ist es dann so, dass man von der Geschichte trotzdem eingeholt wird. [...]

Im Topmanagement gilt die Konfliktfähigkeit als große Auszeichnung und als ein Zeichen für Dynamik. Andererseits merkt man dann doch, dass es manchmal auch gut ist, die Dinge ruhiger zu nehmen. Man hat durch übereilte Entscheidungen schon viel Geld verloren.

Das ist so. Wobei jeder Unternehmer immer Fehler macht und machen muss. Schlechte Unternehmer sind die, die an einer fehlerhaften Strategie zu lange festhalten. Man muss Fehler erkennen, sie korrigieren. Es braucht Mut, visionären Strategien konsequent zu folgen, auch wenn sie anecken. In der Politik habe ich, vor allem beim Bundesrat, beobachten können, dass man den Problemen aus dem Weg geht und sich nicht exponieren will. Man will mit den schwierigen Themen nichts zu tun haben, bei den Erfolgen will man aber schon partizipieren. Das ist auch eine Frage der Persönlichkeit. Sie ist ebenso wichtig wie Sachkenntnis.

Wie viel Macht hat die Politik? Auch gegenüber der Wirtschaft, die selbst viel Einfluss auf die Politik ausübt?

Sicher, das ist ja auch per se nicht schlecht. Zum Problem wird es dann, wenn man in einer Pattsituation steht, wie heute nach der Krise. Sich hinzustellen mit Themen, die nicht populär sind, ist jetzt eben schwierig. Obwohl ich glaube, dass gerade die liberalen Kernideen uns auch heute weiterbringen könnten.

Es gibt Verantwortliche der Großindustrie, die ein starkes politisches Korrektiv zur Wirtschaft befürworten.

Sicher. Eine Politik, die nur den Konsens sucht, bringt das Land nicht weiter. Ja, ich würde auch eine starke Politik akzeptieren, die ein Korrektiv zur Wirtschaft sein kann. Ein Unternehmen mit einem starken Verwaltungsrat und Management ist auch ein besserer Verhandlungspartner. Vielleicht ist unser politisches System nicht mehr ganz zeitgemäß. Vielleicht ist es zu stark auf Konkordanz und Konsens ausgerichtet. Aber diese Position in der Öffentlichkeit zu vertreten, ist nicht einfach. Was in der Vergangenheit gut war, ist nicht zwingend auch für die Zukunft gut.

Unterstützen Sie eine bestimmte politische Partei?

Nein. Ich habe einfach meine Haltung. Man kann zum Beispiel nicht nur Sozialpolitik betreiben und die Wirtschaft ausblenden. Aber man kann auch nicht nur die Wirtschaft betrachten, ohne Sozialpolitik zu betreiben. Ich habe ein Problem mit der Immigrationspolitik der Schweiz und dem Fremdenhass, der kreiert wird. Das liegt auch an meinem familiären Hintergrund. Außerdem pflege ich im Fußball viele Freundschaften mit Ausländern. Mir macht die Behandlung der Ausländer in der Schweiz große Mühe. Wir sind so privilegiert und urteilen sehr schnell. Die Offenheit zu anderen Kulturen und Toleranz versuche ich auch meinen Kindern weiterzugeben. Ich glaube, sie ist das Allerwichtigste in unserer globalisierten Welt. Es macht mir große Sorge, dass gerade diese Toleranz in unserem Land am Abnehmen ist. Unser Land, das auch dank der Diversität unserer verschiedenen Kulturen stark geworden ist, sollte das nie vergessen.

»Für Unternehmer sind Krisen eine Chance« (Moritz Suter)

Der Unternehmer Moritz Suter gilt als Pionier der Luftfahrt. Er war Pilot, Aktionär und CEO der Swissair, gründete und leitete die Crossair und ist heute an der Fluggesellschaft Hello beteiligt.

Schön, dass Sie kommen. Das war ja nicht so einfach mit dem Termin. Sie sind offenbar viel unterwegs.

Die schönste Zeit meines Lebens erlebe ich, seit ich pensioniert bin. Es ist wichtig, dass man mental bereit ist zu akzeptieren, dass alles »endlich« ist. Ich erlebe die Zeit ohne Stress als eine wahnsinnig schöne Zeit. Ich kenne ja die andere Seite, das Leben mit dem Stress. Das wird besonders im Alter immer anstrengender. Es gibt Menschen, die empfinden die Pensionierung als einen Verlust. Für mich ist das aber ein unglaublicher Gewinn. [...]

Aber jetzt müssen wir uns zuerst über grundlegende Dinge verständigen. Die Geschichte der Finanzkrise beweist, dass heute die Menschen gar nicht mehr richtig verstehen, was eigentlich passiert. Die Dinge sind sehr kompliziert geworden. Wir haben noch Zeiten erlebt, in denen alles viel einfacher war. Dafür gibt es unzählige Beispiele im alltäglichen Leben. Aus dieser Entwicklung hin zu immer mehr Komplexität entsteht ja eine Kultur. Ein Beispiel ist der digitalisierte Kühlschrank, den nicht einmal mehr ein Elektriker reparieren kann. Wir haben eine viel zu komplizierte Welt gebaut. Deshalb konnte die Finanzkrise überhaupt passieren. Das Problem ist heute, dass man nicht mehr in der Lage ist, die Dinge und Zusammenhänge so zu erklären, dass sie auch verstanden werden.

Die Vorgänge der Krise lassen sich aber schon in Kürze verständlich skizzieren. Das musste ja so passieren. Was ist passiert? Man hat kleinen Bankbeamten Boni versprochen, wenn sie eine Hypothek vergeben können. Jenen kleinen Beamten oder jenen kleinen Piranhas, die man letztlich auf die Straße gestellt hat. Unter den kleinen Piranhas gab es einen Gruppenführer, der vielleicht zehn Piranhas führte. Und dieser Gruppenführer war wiederum Teil einer Gruppe, deren Führer Boni oder Anteile der Umsätze erhielt, die die Gruppe erzielt hat. Und so ging das hoch bis zum großen Hai. Das hat eine gierige Kultur geschaffen, die am Ende dazu führte, dass man Leuten Hypotheken andrehte, die diese gar nicht brauchten oder nicht haben dürften. Es gab die NINA-Hypotheken. NINA steht für »No Income, No Asset«. Können Sie sich das vorstellen? Es gab vor fünfundzwanzig Jahren schon die Geschichte in Amerika mit den Junk-Bonds. Die Leute haben diese trotz des deutlichen Namens gekauft. Im System mit den NINA-Hypotheken steckten Milliarden. Diese Hypotheken hat man in einen Default-Credit-Systems-Fonds gesteckt und diesen ließ man bewerten. Sie müssen sich die Komplexität vorstellen! An diesen Hypotheken hing auch die ganze Kette der Piranhas, die mit Boni versorgt wurden. Die Bewertung fiel bestmöglich aus, aber die Fonds waren nur mit einigen saftigen Äpfeln geschmückt, während unten das ganze Obst faulte. Mit den positiven Bewertungen der bekannten Ratingagenturen wurden diese Körbe an die Investoren verkauft.

Ich weiß nicht, was es noch braucht um die Leute aufzuwecken. Die Geschichte mit den Körben mit den NINAs drin ist symbolisch zu verstehen. Die Körbe sind ein Symbol für unsere Kultur. Wir stehen wahrscheinlich vor einem epochalen Wechsel. Vor allem in den traditionellen Industrieländern. Und ich sehe das auch als die einzige große Chance. Krisen sind die größten Chancen im Leben. Man kann die Dinge nur in den Krisen bewegen. Für Unternehmer sind Krisen eine Chance, weil sie dann etwas verändern können. [...] Wir sind auf einem unglaublich hohen Niveau. Ich habe mich selber auch verändert. Heute legt man das immer negativ aus, wenn jemand seine Meinung ändert und dies auch sagt. Aber eigentlich ist das ja positiv. Es zeigt, dass man immer etwas lernen kann und nicht stur ist. Es ist ja immer alles im Fluss. Heute gibt es einen Sicherheitswahn, der immer stärkere und schrecklichere Ausmaße annimmt. [...] Wir wohnen direkt am Rhein. Wenn ich mir zu große Sorgen machte, dann sagt meine Frau zu mir, dass ich in den Rhein schauen solle. So ist es mit den Sorgen. Es ist alles im Fluss. Philosophie ist das wichtigste, es ist die Basis. Besitz ist nicht etwas Ewiges.

Wir leben aber heute so, als würden wir nie sterben.

Ja, das hat damit zu tun, dass wir in einer musealen Kultur leben. Man will keine Veränderungen und man will für immer bleiben. Auch wir selbst.

Was mich am meistens prägte, war das Ende der Swissair. Es sind einzelne Erlebnisse, die im Leben zählen. Aber es ist nichts so schlecht, dass es nicht noch etwas Gutes hat. Aber umgekehrt gilt auch: Es ist nichts so gut, dass es nicht noch etwas Schlechtes daran gibt. [Hier folgt im fast vierstündigen Gespräch ein interessanter Exkurs, wie sich Moritz Suter, der früher siebzehn Jahre als Pilot für die Swissair flog, zum CEO wählen ließ. Moritz Suter erläutert auch das Organigramm der SAir Group. Als größte Probleme bezeichnet er nicht die finanziellen, sondern die kulturellen.]

Sie können jedes finanzielle Problem lösen, wenn Sie die kulturellen Probleme gelöst haben. Finanzen sind nur Mittel zum Zweck. Wer Finanzen zum Selbstzweck macht, der hat das nicht verstanden. Ich wurde dann also Chef vom ganzen Laden, das heißt von 15 Fluggesellschaften. Ich musste auch alle Termine übernehmen, die Bruggisser schon für das Jahr 2001 vereinbart hatte. Allein 174 Tage waren schon für Verwaltungsratssitzungen gebucht. Das war ein »Mad House«. Unter dem Dach waren über 100 Firmen versammelt. Man hatte dann in Balsberg über 100 CEOs. CEO ist ja als Begriff auch so ein Blödsinn. Wir haben aus der angelsächsischen Welt viele Dinge und Begriffe übernommen, die wir nicht verstehen. Ich rechne heute noch in unserem eigenen kulturellen Denken, mit Begriffen wie Abschreibungen, Investitionen, Einnahmen und Ausgaben etc. Jetzt kam die angelsächsische Welt mit einem völlig neuen Accounting. Das ist ein großer Unfug. So sprach auch Herr Bruggisser bezüglich der SAir Group im Jahr 2001 von einem operationellen Profit von über 200 Millionen. Die Medien schreiben das dann auch und viele verstehen das als Gewinn oder Profit. Aber das hat damit überhaupt nichts zu tun. [Hier folgen Ausführungen über drei verschiedene Formen von operationellen Profiten, die wir aus Platzgründen ebenfalls weglassen müssen.]

Können Sie noch etwas zu ihrem Werdegang und zu den 44 Tagen sagen, in denen Sie in diesem Amt waren?

Es war eine schreckliche Zeit. Ich wurde körperlich und physisch krank. Ich war die Kassandra, die Alarm schlug. Das Problem war, dass man all die Firmen viel zu teuer gekauft hat. [Hier folgt ein Exkurs über die Erfahrungen als CEO der Swissair, von dem wir nur den Schluss aufnehmen können.]

Als ich realisiert habe, dass die SAir Group verblutet, habe ich Eric Honegger in einem Brief meine Problemlösungsstrategie vorgeschlagen, um die Dinge wieder zu vereinfachen. Die CEOs der verschiedenen Gesellschaften zogen sich ja gegenseitig über den Tisch und benutzten die Swissair als Milchkuh. Und die ganze gesellschafts- und wirtschaftspolitische Entwicklung ist mit der Philosophie des Outsourcings aus dem Ruder gelaufen. Man sollte schon längst das Gegenteil machen, man sollte insourcen.

Wir haben die Crossair mit einfachsten Mitteln aufgebaut. Die Technik hat damals noch Jet Aviation gemacht. Die haben natürlich auf unserem Rücken Gewinn gemacht. Als wir dann in die Saabs investierten, haben wir auch die Technik selbst aufgebaut und alles selbst gemacht, was sich rechnen lässt. Als die Swissair den Fehler mit der SAir Group machte, hat sie ihre alte Kultur kaputt gemacht. Das ist doch in der Soziologie auch ein wichtiges Thema, das Fehlen einer Identität. Heute suchen doch alle nach einer Identität. Ich finde die Globalisierung auf der einen Seite etwas Großartiges, auf der anderen Seite lehne ich sie total ab, weil sie Kulturen zerstört. Ich bin ein Freund der Pluralität.

Ich habe dann vorgeschlagen, die Swissair-Airline rauszunehmen und zusammen mit den 70 Prozent der Crossair an der Börse zu platzieren. Als Aktionäre wollte ich Bund, Kanton, Gemeinde und private Investoren dabeihaben. Ich war immer ein Freund des Service Public. Ich bin es nach wie vor, aber er muss auch nach Maß eingesetzt werden. Wichtig war es, die Swissair und die Crossair zu retten.

Was lief denn schief?

Wissen Sie, es gibt wahrscheinlich nichts Schwierigeres, als einen Ertrinkenden vor dem Ertrinken zu retten. Der reißt sie mit in die Tiefe. Sie wollten mir nicht glauben, wie ernst die Situation ist. Ich habe gelitten, weil es mir nicht gelang, so laut die Alarmglocken zu läuten, dass sie gehört wurden. Sie wollten das nicht hören. Ich wollte diesen Plan an einer Verwaltungsratssitzung präsentieren. Diese VR-Sitzungen waren unglaublich. Die Atmosphäre war schlimm. Die Leute verstanden überhaupt nicht mehr, um was es ging. Und die Sitzungen begannen morgens um acht und endeten abends.

Und dennoch hat die Wirtschaft einen so guten Ruf.

Im Verwaltungsrat der SAir Group und früher in der Swissair war nie ein einziger Vertreter, der das Fluggeschäft als Geschäft verstanden hat. Unternehmer sind ja immer etwas rebellisch. Ich bin es auch und war deshalb nie beliebt. Dass sie mich alle geholt haben, war natürlich eine riesige Lüge. Honegger war selber dagegen, mich zu engagieren, sagte aber am Telefon, dass alle im VR mich haben wollten. Die Wahl war aber umstritten, wie ich später dem Protokoll entnehmen konnte. Es ging von Anfang an darum, mir den Schwarzen Peter zuzuschieben. Am Ende haben sie dann noch den armen Mario Corti erwischt. Ich habe ihm davon abgeraten.

Warum sind Sie denn gegangen?

Ich habe meine Lösungsstrategie vorgeschlagen. Um solche Vorschläge durchzubringen, braucht man viel Macht. Ich habe ein gespaltenes Verhältnis zur Macht. Man braucht sie, um etwas durchsetzen zu können, Macht korrumpiert aber auch. Es musste alles sehr schnell gehen. Am Schluss einer mehrstündigen VR-Sitzung Anfang April 2001 sagte Honegger, dass ich in fünf Minuten dem VR meinen Rettungsplan erklären soll. Meinen vorgängigen Brief mit wichtigen Überlegungen dazu hatte er den anderen VR-Mitgliedern nicht weitergeleitet. Das war das Ende. Ich rief meine Frau an und sagte ihr, ab morgen wieder ein freier Mensch zu sein. Ich hatte die Verantwortung, aber keine Macht. Das geht nicht. Wäre ich noch vier oder fünf Tage geblieben, dann hätte ich zu den Angeklagten gehört. In der nächsten VR-Sitzung wurde die massiv beschönigte Bilanz abgesegnet.

Das war für Sie auch ein Freischlag. Was haben Sie seither gemacht?

Ich war dann ja noch VR-Präsident der Crossair. Man hat diese aber gegen meinen Willen gezwungen, die Swissair zu übernehmen. [Hier folgt ein längerer Exkurs mit mehreren Skizzen über die Liberalisierung, die Geschichte der von Moritz Suter aufgebauten Crossair, den Kostenvergleich mit der Swissair und das Ende. Moritz Suter wurde im Dezember 2001 abgewählt.]

Wurde Ihnen das Selbstvertrauen, das Sie brauchten, um die Crossair so auf Erfolgskurs zu bringen, in die Wiege gelegt? Sie kommen ja aus einem renommierten Elternhaus. Ihr Vater war als Komponist und Musikprofessor sehr bekannt.

Ich habe mit meinem Vater einmal ein Streitgespräch geführt. Er konnte nicht verstehen, dass ich als sein Sohn ein Wirtschaftskapitän wurde. Ich habe erwidert, dass zwischen seiner Tätigkeit und meiner eigentlich gar kein Unterschied besteht. Er saß als Komponist an seinem Klavier mit Notenblättern, Bleistift und Gummi. Beim Komponieren wusste er, was er spielen wollte. Er brachte die Idee vom Kopf zu Papier. Ein Unternehmer macht genau dasselbe. Er hat eine Idee und setzt sie um. Das ist ein sehr kreativer Prozess. Unternehmer sind in der Regel Künstler.

Sie haben also den Eindruck, dass bei vielen Unternehmern nicht einfach das Geld im Vordergrund steht?

Ich habe nie daran gedacht, dass ich damit Geld verdienen könnte. Im Gegenteil, es war ein riesiges Risiko. Und ich arbeite seit elf Jahren in einer Stiftung, die Stipendien an Jungunternehmer vergibt. Da erlebe ich viele enorm engagierte Jungunternehmer, die von einer Idee beseelt sind. Aber es gibt bei den Unternehmern schon eine Veränderung der Kultur. Heute steht der Gewinn stärker im Vordergrund. Aber wir leben heute in einer Zeit, in der wir alle zu Piranhas geworden sind, ob es uns bewusst ist oder nicht.

Sie haben, wie Sie sagen, ein ambivalentes Verhältnis zur Macht. Wie nehmen sie Ihre eigene Macht wahr?

Ich habe diese Macht nie so wahrgenommen. Für mich stand das Machen im Vordergrund. Mir war nie bewusst, dass ich Macht habe. Deswegen habe ich sie auch nie ausgespielt.

Und spürten Sie nie eine Verlockung, Ihre Macht und Mittel auch politisch einzusetzen und beispielsweise gezielt Einfluss auf die Stadt Basel zu nehmen?

Ich wurde einmal von den bürgerlichen Parteien angefragt, für den Ständerat zu kandidieren, und konnte mir das schon vorstellen, lehnte aber ab. Es hat mich zwar gereizt, etwas Gutes zu machen. Ein Unternehmer will immer etwas Gutes tun, er ist von diesem Gedanken beseelt. Aber ich wollte keine Person sein, die so viel im Rampenlicht steht. Ich freue mich heute, still und heimlich mein Leben genießen zu können. Ich wollte nie »Jemand« sein. Ich weiß ja, wer ich bin. Und die Verlogenheit in der Politik ist ja auch furchtbar. Als Staatsbürger finde ich diese Verlogenheit schrecklich. In der Demokratie wird oft derjenige gewählt, der dem Volk alles verspricht. [Hier folgt ein Exkurs über die Geschichte der Stadt Basel seit dem 13. Jahrhundert: über die Bedeutung der ersten Rheinbrücke, die Nord-Süd-Route, Handelskarawanen, den Seidenweg von Ost nach West, die Seidenhändler, Hugenotten, Färber und die Entstehung der chemischen Industrie.]

Aber zu diesem Selbstverständnis, nicht über sich hinauswachsen zu müssen, gehört eine gewisse Sicherheit. Wie haben Sie diese erlangt?

Mein Vater und meine Mutter haben mich schon gelehrt: Man kann nicht mehr sein als man ist. Aber das vergessen heute viele. Ich habe meinem Vater gesagt, dass auch er als Komponist einen Dirigenten braucht, der sein Stück aufführt. Dirigenten sind Manager und Komponisten sind Unternehmer. Der Unternehmer ist ein Künstler. Ich wäre nie in der Lage gewesen, eine Firma als Manager zu führen, dafür bin ich viel zu kreativ.

Aber als ich ein Kind war, hatte ich, wie jeder andere auch, gewisse Minderwertigkeitskomplexe. Ich hatte zum Beispiel das Gefühl, eine viel zu große Nase zu haben. Zudem hatte ich das Pech oder das Glück, ein Scheidungskind zu sein. Das war eine schwierige Scheidung und hat viel Unordnung in meine Kindheit gebracht. Ich habe elf verschiedene Schulen besucht, ging von Internat zu Internat und hasste die Schule, weil ich so wahnsinnig freiheitsliebend bin. Die Freiheit kommt gerade nach der Liebe. Ich bin immer noch verheiratet. Die Liebe ist wie eine gute Flasche Wein, sie wird immer besser. Aber als Kind steckt man voller Komplexe und auch voller Ideale. Irgendwann kommt man mit Kopfschmerzen bei sich selbst an.

Es ist doch ziemlich schwierig Pilot zu werden.

Es war für mich eine große Disziplinierung. Ich bin eigentlich kein typischer Pilot. Ich war nie technikbegeistert. Für mich war Saint-Exupéry das Vorbild. Ich war ein Abenteurer. Wichtig ist aber, dass man den Weg zu sich irgendwann findet.

Und was ist Ihr Eindruck von dem, was sich im Kontext der Krise tut?

Es geht den Banken schlechter, es wird dann aber wieder besser werden. Man könnte über die Bedeutung und Notwendigkeit von Krisen lange diskutieren.

Wobei der Umgang mit der Krise für Leute schwierig ist, die sowieso schon das Wasser am Hals haben.

Da haben Sie recht. Es kommt immer auch darauf an, was man im Rucksack hat, von den Eltern mitbekommen und sonst erlernt hat. Ich habe mit meinem Vater oft darüber geredet, dass Manager heute zu Stars werden. Das ist furchtbar. Sie werden fotografiert, stellen sich dar wie Filmstars. Das ist aber nicht das, was zählt. Diese mediale Entwicklung hat natürlich auch eine Mentalität entwickelt. Das war auch der Grund, weswegen ich nicht Ständerat werden wollte. Ich wollte nicht mehr in den Medien sein. Mich interessieren die Transit-Zeiten. Ich schwöre weder auf das eine noch auf das andere System. Mich nervt das Klischeedenken von links und rechts. Letztlich sitzen wir alle im selben Boot. Heute gibt es keine reinen Opfer mehr, wir sind alle Täter und Opfer zugleich. Den schrecklichsten Satz, den ich in den letzten Jahren gehört habe, ist: Geiz ist geil. Das ist menschenverachtend. Das ist eine Kultur, die nicht nur die Banker betrifft. Wir sind alle zu Piranhas geworden. Uns regiert die Gier. Wenn es irgendwo etwas Billigeres gibt, ein neuer Aldi oder Lidl, dann ist es uns egal, wie die ihre Leute behandeln, wir gehen da hin. Liberalisierung ist schon recht. Aber Liberalisierung braucht auch Regeln, die einfach, klar und verständlich sind. Die Leute verstehen nicht mehr, wie die Dinge funktionieren, wir verstehen die Zusammenhänge nicht mehr. Wir haben eine grausam komplizierte Welt geschaffen und die wird es irgendwann sprengen. Aber dafür braucht es ein Gewitter. [Hier folgen Ausführungen über den Euro und die EU.]

Ja, ich finde auch die Boni-Kultur der Banker und Manager in der heutigen Form nicht gut. Als ich die Swissair als Flugkapitän 1982 verließ, war mein Anfangsgehalt bei der Crossair genau die Hälfte. Ich hätte von meinen Leuten nicht Bescheidenheit erwarten können, wenn ich das nicht selber vorgelebt hätte. Heute gibt es überall den

Exzess. Nicht nur bei den Bankern, auch bei den Sportlern und in der Kultur. Als wir zwanzig waren, da hatten wir doch viel weniger. Wir waren deswegen aber nicht unglücklicher. Ich hatte eine glückliche Zeit. Heute gibt es eine wahnsinnige Dekadenz. Auch die Entwicklung im Sexualbereich ist schlimm. Ein Teil der Gesellschaft ist doch völlig oversexed. Die Sexindustrie, die entstanden ist, ist furchtbar. Auch die Sexualisierung im Alltag ist dégoûtant, es gibt bald keinen Werbespot mehr ohne Sex; wobei viel Doppelbödigkeit von den Religionen kommt. Seit ich pensioniert bin, befasse ich mich stark damit. Es gibt Fragen, die wir nicht beantworten können. Ich finde es billig, wenn man universale Zusammenhänge mit irgendwelchen Gottesbildern verklärt. Ich kann mir die Unendlichkeit nicht vorstellen.

Und das Bewusstsein für die eigene Endlichkeit? Ist das etwas Beruhigendes oder etwas, das Angst macht?

Das ist etwas Beruhigendes. Ich möchte nicht zu alt werden. Es ist eine beruhigende Vorstellung, dass man eine gewisse Zeit da ist und wieder geht.

»Sich selber sein« (Urs Berger)

Die hohen Boni und Abfindungen symbolisieren den Machtgewinn der Manager in den letzten Jahren. »Manager haben eindeutig an Macht gewonnen«, bestätigt CEO Urs Berger. Früher war er in der Konzernleitung der Basler Versicherungen, heute ist er Vorsitzender der Geschäftsleitung der Mobiliar. Urs Berger ist ein CEO wie andere auch, aber mit feinen Unterschieden, wie sich in unserem Interview bestätigt. Zum einen liegt sein Jahresgehalt mit etwas über einer Million Franken unter dem, was in der Branche üblich ist. Zum anderen stammt Urs Berger nicht aus begüterten Kreisen, wie achtzig Prozent seiner Amtskollegen. Sein Vater war Pöstler, dann Lagerist, die Mutter Verkäuferin. Daran denkt Urs Berger immer wieder. Es hilft ihm heute, als Verantwortlicher der Gruppe Mobiliar nicht abzuheben. 1951 geboren und in einfachen Verhältnissen (ohne Auto) aufgewachsen, studierte Urs Berger Ökonomie an der Hochschule

St. Gallen, avancierte dann vom Versicherungsbroker (1978–81) zum Leiter Industrieberatung der Zürich Versicherung (1981–1993), bevor er zu den Basler Versicherungen (1993–2002) kam, wo er von 1999 bis 2002 als CEO Schweiz zur Konzernleitung gehörte. In den Basler Versicherungen war Urs Berger für 3500 Mitarbeitende und über eine Million Kundinnen und Kunden mitverantwortlich.

Reich ist für Urs Berger, wer sich selber sein kann und dabei zufrieden ist. »Wer die Möglichkeit hat, von einem Tag auf den anderen etwas ganz anderes zu tun, egal ob er das dann wirklich macht oder nicht. Reich ist, wer über mehr ungebundene Mittel verfügt als eigentlich benötigt. Die Verfügbarkeit ist entscheidend. Gebundene Wertschriften oder (im Unterhalt) Unsummen verschlingende Liegenschaften können belastend sein. Neue Reiche haben einen anderen Lebensstil. Sie investieren schneller und konsumieren mehr. Mit regionalen Unterschieden. In Zürich zirkuliert das Geld rascher und Reiche bewegen mehr, vielfach mit dem Ziel der Selbstdarstellung. In Basel gibt es viel vererbten und versteckten Reichtum. Es wird ein konservativer Stil kultiviert und viele Reiche treten mit ihrem Reichtum allenfalls als verdeckte Mäzene auf, für die Kultur zum Beispiel. Im Ausland kommt das seltener vor. In Italien und Spanien denken die Reichen viel schneller an Sponsoring, das breite Massen bewegt, wie beispielsweise im Sport.« Früher wurde das Geld im wirtschaftlichen Umfeld nach Auffassung von Berger gemeinnütziger eingesetzt, für Museen, für Stiftungen mit sozialem Charakter. »Heute dominiert das professionelle Management, der Return auf den Investitionen, das Gegengeschäft. Das klassische Mäzenatentum tritt in den Hintergrund, obwohl es gerade in Basel schöne Gegenbeispiele gibt. In der Regel ist heute ein Gegenwert gefragt, der Zusatznutzen bringt. Das Sponsoring ist zu einem Wirtschaftsfaktor geworden, wo sich ein Prestigegewinn materialisieren und veranschlagen lässt. Soziale Anliegen treten in den Hintergrund. Auch die soziale Kompetenz wird mehr gepriesen als wirklich gewichtet.

Einen hohen persönlichen Wert erreicht, wer fähig ist, sich durchzusetzen. Guter Wille allein genügt aber nicht. Die soziale Durchlässigkeit bei Karriereentwicklungen spielt nur beschränkt. Oft helfen zwar eine gute Ausbildung, Auslandserfahrungen und Sprachkenntnisse. Auch sportliches Rampenlicht kann helfen, persönliche Beziehungen zu knüpfen.« Berger erhielt bereits während seiner zwölfjährigen Zeit als Spitzensportler diverse berufliche Angebote, die er allerdings ausschlug. Er wollte nicht auf Vitamin B angewiesen sein. Die Abhängigkeit hätte ihn eher gelähmt. »Es braucht im Beruf – wie im Sport – eine gewisse Lust an ständig größeren Herausforderungen. Durchhaltevermögen und persönliche Substanz sind auch in der Wirtschaft gefragt. Überflieger sind eher selten. Wo früher mehr intuitiv gehandelt wurde, sind heute wissenschaftliche Methoden wegleitend. Das wichtige unternehmerische Bauchgefühl kommt häufig zu kurz. Etwa beim Abschätzen von Risiken. Nicht alle Menschen erhalten dieselben Chancen, etwas ausprobieren und Fehler machen zu dürfen. Nicht alle, die wollen und dazu fähig sind, machen Karriere. Wer aber die ihm gebotenen Chancen packt, nicht den unerreichbaren Möglichkeiten nachträumt, seinen Platz ausfüllt im Leben, der ist reich.«

In den letzten Jahren hat sich nach einer gängigen These viel Macht zu den Managern verschoben. »Ja, das ist so«, sagt Urs Berger. »Bei Großfirmen hat es immer mehr Manager, kaum noch Patrons. Schon bei KMU sehe ich, dass oft nicht mehr eine Familie oder ein Einzelner die ganze Verantwortung tragen kann. Es ist aber ein Riesenunterschied, ob du dein Eigenkapital investiert hast oder ob du mit zur Verfügung gestelltem Kapital arbeitest, das du bei Verlust nicht ersetzen musst. Es ist ein kleines Risiko, bei Erfolg überdimensioniert entlöhnt zu werden und bei Misserfolg immer noch überdimensioniert entlöhnt zu werden. Bonus-Malus gibt es bei Managerentschädigungen noch zu wenig. Ein Manager müsste eigentlich auch mit einem Teil seines Verdienstes haften. Und da gibt es für mich einen Unterschied zu früher. Unternehmer sind reich geworden durch wirkliches Unternehmertum. Früher war man nicht sozial gerechter und verantwortungsbewusster gegenüber den Mitarbeitenden. Aber Verluste haben persönlich wehgetan, konnten auch mal eine Existenz ruinieren. Manager, die heute dank Aktien- und Optionsgewinnen sehr viel verdienen, verlieren die Beziehung zu erbrachten Leistungen. Mich ärgert es, wenn Manager an der Performance der Firmenaktien verdienen. Diese Börsenwerte hängen vielleicht zu dreißig oder vierzig Prozent an einer echten Leistung, die gemessen wird. Und der ganze Rest ist irgendwie Fantasie und Spekulation. Wenn zum Beispiel über eine Firmenübernahme spekuliert wird, dann steigt der Aktienkurs dieses Unternehmens oft überdimensional. Und gleichzeitig steigen auch die Boni der Manager, was völlig irrsinnig ist. Der größte Vorwurf, den ich an dieses System mache ist, dass die Manager kaum lernen, wirklich soziale Verantwortung zu übernehmen. Hier muss sich einiges ändern.«

Die traditionsreichen Firmen haben laut Berger viel beeinflusst. »Ich komme aus Winterthur«, konkretisiert er, »früher eine Arbeiter- und Industriestadt. In meiner Jugendzeit war noch sehr stark spürbar, dass die Familien Sulzer und Reinhart in der Stadt Einfluss hatten. Sie unterstützten und initiierten viele schöne Sachen, sei es Musik oder Gemäldegalerien. Mir kommt spontan jetzt keine Industriellenfamilie in den Sinn, die sich heute noch im selben Maße sozial oder kulturell langfristig engagiert. Auf der anderen Seite sorgten die großen Fabriken mit ihrem Einfluss dafür, dass alle Restaurants in Winterthur um 23 Uhr schließen mussten. Heute ist dieser Einfluss von Managern auf die öffentliche Ordnung zum Glück eingeschränkt!«

Als Urs Berger sich in Basel verändern wollte, erhielt er Angebote aus Zürich und Bern. Er entschied sich nicht für das höhere Salär, sondern wählte nach anderen Kriterien. Wichtig war ihm vor allem der unternehmerische Spielraum. »Man muss sich dem ›Managerkapitalismus‹ auch etwas entziehen. Es wird immer mit dem höchsten Salär verglichen und die Spirale dreht sich nach oben, unaufhörlich. In der Mobiliar verdient die siebenköpfige Geschäftsleitung etwas über vier Millionen Franken insgesamt. Vergleichen kann man dies auf zwei Seiten: gegenüber einem Normalsälar sind dies feudale Löhne. Verglichen mit der Konkurrenz relativiert sich dieses Salärgefüge sehr. Die Mobiliar beschäftigt rund 4000 Personen und macht einen Umsatz von etwa drei Milliarden Franken und erbringt seit Jahren überdurchschnittliche Marktleistungen. CEOs kleinerer Unternehmen in der Branche erreichen etwa dieselben Saläre, CEOs von börsenkotierten Versicherungsgesellschaften in der Schweiz erreichen inklusive Aktienprogrammen zwei- bis achtfache Löhne. Dies begründet sich weniger in der höheren Leistung als im internationalen Vergleichskampf. Oder anders gesagt: Die Leistungen der Chefs unterscheiden sich längst nicht so wie deren Einkommen.

Die Finanzmarktkrise hat strukturelle und soziologische Probleme in der Schweiz noch deutlicher zum Ausdruck gebracht, als bisher wahrgenommen. Ich denke an das systemische Risiko für unsere Volkswirtschaft durch Großbanken, die Unterschiede in der Wahrnehmung von Krisen bei internationalen Großfirmen und beim Rückgrat unserer Wirtschaft, den KMU, sowie die polarisierenden Topgehälter bei einer Schicht von Managern und Finanzmarktprofiteuren.

Zur letzteren Problematik gehört auch der Umgang mit dem Bankgeheimnis in der Schweiz, das zu weltweiten Reaktionen von Staaten führt, die sich um entgangene Steuern betrogen fühlen. Das Ausnutzen von Hintertürchen in bestehenden Systemen und Gesetzen ist eine althergebrachte Verhaltensweise. Wenn aber einseitig nur die besitzende Klasse davon profitiert, werden mit der Zeit heftige Reaktionen aus Bevölkerung und Politik provoziert. Daher müssen wir uns nicht wundern, wenn unser Bankgeheimnis unter starken Beschuss geraten ist und von vielen umliegenden Staaten als unlauteres Instrument gegeißelt wird.

Die staatlichen Interventionen bei Großbanken in der letzten Finanzmarktkrise zeigen eine deutliche Malaise in der Abhängigkeit der schweizerischen Volkswirtschaft von Finanzkolossen, die im Krisenfall zu komplex sind und zu abhängig von der Weltwirtschaft agieren, um noch gesteuert und wirksam kontrolliert werden zu können. Staatliche Finanzspritzen in privatwirtschaftliche Unternehmen sind äußerst problematisch, da der Staat als Investor und gleichzeitig als Regulator auftreten muss, was unweigerlich zu Zielkonflikten führen muss.

Die lähmende Abhängigkeit der exportorientierten Großindustrie und der internationalen Finanzinstitute von der globalen Wirtschaftsdepression steht im klaren Widerspruch zu den kleinen und mittleren Unternehmen in unserem Land. Da spüre ich ungebrochenen Optimismus, sogar Aufbruch zu neuen Ufern. Es geht etwas, man bewegt sich vorwärts. Die Unternehmen strotzen vor Ideen, die auf eine Umsetzung warten. Dies gibt mir auch viel Zuversicht in der Bewältigung der Wirtschaftsdepression. Fatal ist nur, dass Banken und Finanzinstitute momentan sehr zurückhaltend agieren mit der Vergabe von nötigen Betriebskrediten. Sie unterstützen die Unternehmen zu wenig, die Ideen entwickeln. Sie suchen vor allem die sichere Rendite.

Mir scheint es wichtig, dass wir in der Wirtschaft wieder mehr den Blick für das Ganze, für die Entwicklung unserer Stärken schärfen. Wir müssen auch bereit sein, auf individuelle unfaire Vorteile zu verzichten. Da gehören wir in der Mobiliar klar zu den Förderern. Wichtig ist, dass der Staat so regulierend eingreift, dass man nicht zu komplexe Unternehmensgebilde bekommt, die nicht mehr beherrschbar sind. Der Staat sollte aber Bedingungen schaffen, sei es über Gesetze oder Anreizsysteme, damit Kleinunternehmen wirklich unterstützt werden. Im Vordergrund muss Innovation, Initiative oder schlicht und einfach das Machen sein. In Krisenzeiten erleben wir viel zu viel administrative Regulierung und Einschränkungen. Wir dürfen das Unternehmertum nicht abwürgen, wir müssen die positive Energie von KMU und Privatpersonen unterstützen. Dies ist die Lebensversicherung für den Wirtschaftsraum Schweiz.«

»Zufall, Beziehungen und Leistung« (Heinz Karrer)

Als überaus erfolgreicher Aufsteiger gilt auch Heinz Karrer, der CEO der Axpo. Das Wirtschaftsmagazin *Bilanz* handelte ihn auch als Wunschkandidaten für den Generaldirektorenposten, den die SRG im Jahr 2010 mit Roger de Weck besetzte: »Der ehemalige Ringier-CEO verfügt über politisches Flair, Managementerfahrung im Medienbereich und ein Ego, dem die stärkere öffentliche Exposure entsprechen könnte. Als Verwaltungsrat der SRG hat Karrer außerdem noch vor seinem Rücktritt aus dem Gremium das Konvergenzprojekt mitlanciert.« *(Bilanz,* 12.3.2010 a) Heinz Karrer, 51, ist seit 2002 CEO der Axpo-Gruppe. Bevor er zum Aargauer Stromriesen stieß, hatte der ehemalige Spitzenhandballer (im Schweizer Nationalteam) bei der Swisscom vier Jahre lang den Bereich Marketing & Sales geleitet. Von 1995 bis 1997 war Karrer Chef von Ringier Schweiz. Zuvor hatte er die Intersport Holding geleitet. Sein Aufstieg begann über einen einfachen Vertrag mit einem Sportartikelausrüster. »Noch heute ist der Axpo-Chef sehr sportlich«, schreibt die *SonntagsZeitung* (21.2.2010). Sein Ziel ist es, alle Schweizer Berge über 4000 Meter zu besteigen. Zwei der höchsten hat er bereits geschafft: die Dufourspitze (4634 m) und den Dom (4545 m). Karrer ist verheiratet und Vater von drei Kindern, mit denen er kontrovers über Atomkraftwerke diskutiert. Er lebt in Münsingen (BE).

Der Weg zum (Top-)CEO: Wie gradlinig verlief er? Was half?

Meine berufliche Entwicklung war alles andere als geplant. Der Einstieg in die Sportartikelindustrie entsprang einem Kontakt mit einem Ausrüster während meiner Sportlerzeit. Der Wechsel innerhalb der Branche basierte auf einer Kunden-Lieferanten-Beziehung. Bei den nächsten drei Wechseln wurde ich von Executive-Search-Firmen angesprochen. Fazit: Es war wohl eine Kombination von Zufall, geschäftlichen Beziehungen und sichtbarer Leistung, welche bei meiner Entwicklung relevant war.

Wie viel Macht hat der CEO der Axpo innerhalb der Holding und darüber hinaus auf das wirtschaftliche, politische und gesellschaftliche Umfeld?

Ich habe sicherlich eine große Verantwortung mit adäquaten Kompetenzen. Entscheidend für mein erfolgreiches Wirken im Interesse aller Stakeholder sind meines Erachtens unter anderem ein gelebtes Wertesystem, transparente »Spielregeln«, eine funktionierende, von gegenseitigem Respekt geprägte Zusammenarbeit zwischen dem Verwaltungsratspräsidium und dem CEO sowie zwischen Konzernleitung und Verwaltungsrat. Dabei gilt es, unterschiedliche Rollen zu akzeptieren und keine »einsamen Entscheide« durch den CEO zu fällen. Wichtig ist auch, dass wir die Konflikte in den jeweiligen Entscheidungsgremien austragen. Was das Umfeld betrifft, versuche ich die Interessen durch verschiedenste Diskussionen wahrzunehmen. Dabei sind Transparenz in der Argumentation und glaubwürdiges Abwägen von Unternehmensinteressen, volkswirtschaftlichen und gesellschaftlichen Interessen von größter Bedeutung.

Verschiebt sich in der Wirtschaft und bei den Unternehmen die Macht von den Eigentümern zu den CEOs?

In der öffentlichen Wahrnehmung sehe ich diesen Trend. In meiner persönlichen Wahrnehmung trifft eher das Gegenteil zu. Der Grund liegt wohl darin, dass zum einen in den Medien die Personalisierung immer extremer wird und damit der Eindruck der zunehmenden Macht entsteht. Zum anderen aber nehmen die Anforderungen in Bezug auf Regulative, Compliance, Transparenz und anderes mehr massiv zu, wodurch der »Machtspielraum« eher abnimmt.

Verändert die Finanzkrise das unternehmerische Denken? Erhöht sich die Akzeptanz politischer Regulierung? Was ist die Hoffnung?

»In der Vergangenheit hat die Zukunft auch schon besser ausgesehen.« Das Zitat eines deutschen Kabarettisten bekommt eine Aktualität. Nichts ist so sicher wie die Unsicherheit. Unternehmerisches Denken heißt vorausschauen, in Varianten, in Optionen, in Szenarien denken. Dies hat uns die Finanzkrise verdeutlicht. Die Akzeptanz bei der politischen Regulierung hängt vielfach weniger von der Frage ab, ob regulieren, als vielmehr, wie regulieren? Das Spannungsfeld bleibt meines Erachtens eher bestehen, weil die politischen Lösungen des Öfteren Kompromisslösungen darstellen und somit zwar das Problem adressieren, nicht jedoch zwingend eine Verbesserung darstellen. Persönlich erhoffe ich mir sehr eine Regulierung, welche den sich laufend veränderten Rahmenbedingungen immer wieder Rechnung trägt.

7.4 Industrie und Unternehmen

Daniel Vasella, Verwaltungsratspräsident der Novartis, und Rolf Soiron, Verwaltungsratspräsident der Lonza und Holcim, gehören zu den mächtigsten Wirtschaftsführern. Beide waren bereit, sich interviewen zu lassen. Thomas Christ bringt die Sicht eines CEO ein, der in einem riesigen Weltunternehmen auch viel operative Verantwortung übernehmen muss. Und Dagobert Kuster leitet als ehemaliger Bankdirektor und Unternehmer heute eine kleinere Firma, in der er seine Ideale direkter umsetzen kann.

»Regierungen haben unvorsichtig gehandelt« (Daniel Vasella)

Daniel Vasella präsidiert seit 1999 den Verwaltungsrat der Novartis AG. Die Lesenden der *Financial Times* wählten ihn zum einflussreichsten europäischen Geschäftsmann der letzten fünfundzwanzig Jahre. Die medizinische Fakultät der Universität Basel verlieh ihm im Jahr 2002 die Würde eines Ehrendoktors. Vor der Gründung der Novartis gehörte Daniel Vasella der Konzernleitung der Sandoz an. An der Universität Bern promovierte er in Medizin, an der Harvard Business School absolvierte er eine Management-Ausbildung.

Was verändert sich Ihrer Meinung nach mit der Finanzkrise?

Je nach Land und spezifischer Wirtschaftsstruktur hat die Krise unterschiedliche Auswirkungen. Diese können prinzipiell negativ als auch positiv sein, je nach ergriffenen Maßnahmen. Im Pharmageschäft sind Regierungen für uns oft wichtige Kunden. Leider muss in gewissen Fällen deren Zahlungsfähigkeit hinterfragt werden. Die Zahlungsfähigkeit von Regierungen hängt natürlich von der Wirtschaftskraft des Landes ab und diese wiederum ist von einem gesunden Finanzsektor abhängig, weshalb viele Regierungen die Banken refinanziert haben. So schließt sich der Kreis. Doch weder Unternehmen noch Regierungen können sich straflos immer weiter verschulden, das scheinen einige zu vergessen. Nur Innovation und Produktivität von Unternehmen und deren Mitarbeitenden schaffen langfristig nachhaltiges Wachstum und ökonomischen Wert.

Wirkt sich die Finanzkrise auch auf das unternehmerische Denken aus?

Die Frage ist, was »unternehmerisch« heißt. Wenn Sie damit Investitionsbereitschaft zur Schaffung von Mehrwert und eine vernünftige Risikobereitschaft meinen, dann kann ich zumindest für unsere Firma sagen, dass wir unverändert in Forschung und Entwicklung investieren. Umsichtiger müssen wir mit Schuldnern umgehen, um nicht letztlich Kredite abschreiben zu müssen. Zu schaffen machen uns allerdings auch die von Regierungen auferzwungenen Preissenkungen, während wir beim Konsum von Medikamenten kein verändertes Verhalten beobachten. Die Volumina steigen kontinuierlich, vor allem als Folge der Alterung der Bevölkerung, die zu häufigeren chronischen Krankheiten führt.

Gibt es für Sie eine Lehre, die Sie aus diesen Ereignissen ziehen?

Das Problem an Lehren ist, dass sie immer zu spät kommen und zu schnell wieder vergessen werden. In der Wirtschaft gibt es kaum eine Krise, die nicht schon einmal – wenn auch in anderer Form – vorgekommen wäre. Nach spätestens zwei Generationen werden sie aber wieder vergessen. Neu sind allerdings die elektronischen Medien, welche die Zeit raffen und Distanzen zum Beispiel bei Finanztransaktionen dahinschmelzen lassen.

Eine These lautet, dass sich nach einer Phase der Marktöffnung nun die Politik wieder stärker einschaltet. Nehmen Sie das auch so wahr und wäre das aus Ihrer Sicht ein Problem?

Nein, die Politik respektive die Regierung sollte natürlich immer stark sein und ihrer Führungsaufgabe nachkommen. Ob sie diese wahrnimmt, ist eine andere Frage. Dabei beeinflussen die kurzen Wahlzyklen und die zu starke Fokussierung auf eine oft überkritische Tagespresse die Ausrichtung auf langfristige Verbesserungen negativ. Das betrifft nicht nur die Schweizer Politik.

Es ist für Sie also durchaus wünschenswert, dass die Politik als starkes Kollektiv auftritt.

Es ist ja nicht die Frage, ob die Politik wünschenswert ist oder nicht, und auch nicht, ob sie als Kollektiv auftritt. Eine Regierung ist da, um zu regieren, und jedes Mitglied hat eine klare Verantwortung.

Wie nehmen Sie das in Bezug auf die Schweiz wahr? Gilt »Weniger Staat, mehr Freiheit«? Oder lässt sich Freiheit nur verwirklichen, wenn ein starker Staat die soziale Sicherheit garantiert?

Jedes Gesetz hat, wie jede Regel, zwei Aspekte. Erstens setzt es Grenzen und zweitens bietet es innerhalb dieser Grenzen Sicherheit und Freiheit. Es gibt keine Freiheit ohne Grenzen. Ohne Grenzen könnte man die Freiheit gar nicht wahrnehmen. Zu bemerken ist zudem, dass mehr Staat nicht automatisch soziale Sicherheit garantiert noch garantieren kann, sondern nur der wirtschaftliche Erfolg die dazu benötigten Mittel erarbeiten kann.

Könnten Sie sich allenfalls sogar zusätzliche Regulierungen vorstellen?

Ich kann mir alles vorstellen. Die Frage ist, ob das wünschenswert ist. Regulierungen haben neben den erwünschten auch unerwünschte Wirkungen. Diese werden meistens prospektiv nicht erkannt. Die beste Regulierung ist die Selbstregulierung, und zwar unter der Voraussetzung, dass die Akteure sich auf nachhaltigen Erfolg ausrichten. Das beinhaltet auch umweltmäßig und sozial verantwortungsvolles Handeln und ein Vermeiden von kurzfristiger Gewinnmaximierung. Natürlich schreit das Volk nach Interventionen, Bestrafungen und Regulierungen, wenn Missmanagement erkennbar wird und unvernünftige Risiken, die zu hohen Verlusten führten, eingegangen wurden.

Aber auch Deregulierungen können unerwünschte Folgen haben.

Ja, jede Änderung birgt Risiken in sich.

Sie haben ja viel Macht im Unternehmen, wirtschaftlich und gesellschaftlich. Wie nehmen Sie Ihre Macht und Ihren Einfluss wahr?

Macht wird einem von anderen gegeben und ist abhängig von der Perzeption. Man sollte unterscheiden zwischen projizierter Macht, die im Auge des Betrachters meistens viel größer ist als die reale Macht, die erst bei Auseinandersetzungen abschätzbar wird, das heißt bei der Ausübung von Kräfteverhältnissen. In meinem Fall ist nicht meine Person, sondern die Firma und ihre Größe und finanzielle Kraft entscheidend. Die Medien üben einen sehr großen Einfluss auf diese Perzeption aus. Eine besondere Art der Macht ist die Selbstbestimmung, das heißt die Freiheit, die einem gegeben wird und die man sich nimmt. Leider bauen die meisten Menschen ihr eigenes inneres Gefängnis und agieren zugleich als deren Wärter, sodass sie nach einem Regelwerk handeln, welches nur in ihrer eigenen Vorstellung existiert.

Sie gelten weithin als einflussreichste Person. Sie werden bewundert, aber auch gefürchtet. Die Region und viele Menschen fühlen sich einseitig abhängig von Ihnen. Nehmen Sie das selber auch wahr?

Wenn Sie mir das sagen, dann nehme ich das als eine Gegebenheit und Perzeption gewisser Leute wahr. Es entspricht der subjektiven Realität dieser Menschen. Tatsache ist, dass erfolgreiche Unternehmen unabhängig von Individuen weiter existieren. Und was ist schon in den letzten vierzehn Jahren, während ich CEO von Novartis war, passiert, das zum Nachteil der Stadt gewesen wäre? Haben die Bürgerinnen und Bürger die Gefahren dieser Macht konkret erfahren? Oder ging es der Region so gut, dass man sich vor einem Ende dieser für die Stadt erfolgreichen Periode fürchtet und diese vermeintliche Gefahr mit einigen wenigen Personen verbindet, weil sie damit scheinbar besser verständlich wird?

Sie haben kürzlich die Frage nach dem Standort der Novartis angesprochen. Das haben wohl etliche als Drohung empfunden.

Das kann als Drohung empfunden werden, ist aber einfach eine Tatsache. Solche Entscheidungen hängen von den Rahmenbedingungen des Standortes und damit der Standortpolitik ab, nicht aber von mir. Unternehmen werden immer Standorte wählen und negative und positive Aspekte abwägen. Wenn sie dies nicht rational tun, gehen sie im Wettbewerb letztlich unter. Das Bewusstsein der Bevölkerung über diese Tatsache nährt gesunde Befürchtungen. Sie verhindern auch die Narrenfreiheit. Alle müssen mit Verantwortungsgefühl handeln, die Unternehmen wie auch der Staat, die Medien und die Bürger und Bürgerinnen.

Bei den Vermögen und den verfügbaren Einkommen öffnet sich eine Schere. Diese Entwicklung kann den gesellschaftlichen Zusammenhalt gefährden.

In der Schweiz geht es den Menschen relativ gut im Vergleich mit den meisten anderen Ländern. Das basiert auch auf der Akzeptanz des Prinzips von Privateigentum, Leistung und Gesetzestreue. Bemerkenswert ist hingegen, dass in der Schweiz hohe Vermögen akzeptiert und toleriert werden, nicht aber hohe Einkommen, obwohl man argumentieren könnte, dass Stellen mit hohem Einkommen allen offen stehen, sofern die Leistung stimmt. Die Frage ist dann auch, wie man Gerechtigkeit oder Chancengleichheit betrachtet und definiert. Nehmen wir an, dass wir bei dem Kader Geld einsparen und die Schere im Unternehmen verkleinern. Wohin würde das Geld dann fließen? Sicher nicht in die Bundessteuern und nicht in die AHV, sondern zu den Aktionären, die zu größeren Anteilen im Ausland weilen. Das wäre eigentlich eine ultrakapitalistische Einstellung: die Minimierung der Einkommen der Mitarbeiter und die Maximierung der Einkommen der Aktionäre. Verlierer wären letztlich nicht nur die Kader und die Firma, falls sie nicht mehr die besten Leute anziehen könnte, sondern auch der Staat, der weniger Steuern einnehmen würde oder die Steuerzahler, die das Mindereinkommen kompensieren müssten. Diese Zusammenhänge sind komplex und werden aus politischer Motivation nicht vermittelt, was zudem nicht einfach ist.

Könnten sich diese Unterschiede allenfalls auch demotivierend auf Leute auswirken, die viel arbeiten und wenig verdienen?

Ich kann diese Frage nicht für andere beantworten. Ich kann nur von meiner individuellen Erfahrung sprechen. Als ich 40 000 Franken pro Jahr verdiente, hat mich das nicht gestört. Ich liebte meine Arbeit und die einzige Frage war, wie wir bis zum Ende des Monats mit dem Geld durchkommen. Wenn ich hörte, was andere für Summen verdient haben, fand ich das auch enorm. Aber weiter hat mich das nicht berührt. Die Reaktionen sind natürlich individuell verschieden. Dies hängt von vielen Faktoren ab, seiner eigenen Geschichte, den Umwelteinflüssen, Beruf, Familie und Ambitionen, um nur einige zu nennen. So kann es ein bewusster Entscheid sein, dass man keine Karriere macht, sondern sonst etwas vorzieht, das einem Freude bereitet.

Gibt es für Sie noch etwas, was Sie gerne kommunizieren würden?

Die Schweiz ist abhängig von den intellektuellen Leistungen und der Innovationskraft ihrer Bürgerinnen und Bürger. Deshalb müssen wir die Qualität der Schulen auf allen Ebenen pflegen. Pflegen heißt, die Mittel selektiv und angemessen einsetzen. Was Löhne betrifft, so halte ich staatliche und gesetzgeberische Eingriffe für falsch. Denn die Schweiz muss Wege finden, wie sie im Wettbewerb mit der internationalen Konkurrenz mithalten kann. Dies ist primär im Interesse der Schweiz und nicht so sehr der Unternehmen, die ihren Weg gehen werden und auch gehen müssen.

Sind Sie eher zuversichtlich oder pessimistisch, wenn Sie an die wirtschaftliche und gesellschaftliche Entwicklung denken?

Ich bin grundsätzlich ein Optimist. Ich glaube, wir haben eine große Anpassungsfähigkeit. Die größten Gefahren betreffen vor allem die geopolitischen Veränderungen, die stattfinden und eine Verschiebung der ökonomischen und letztlich militärischen Macht nach sich ziehen. Sie verschiebt sich in Richtung Osten. Eine weitere langfristige Entwicklung ist die sinkende Geburtenrate in Europa und Japan. Dies muss über kurz oder lang zu einer Verschiebung von Bevölkerungen führen. Die größten Herausforderungen sind irreparable Schäden, die über Generationen stattfinden und deshalb kaum wahrnehmbar sind. Ich glaube nicht, dass wir diese Probleme bewältigen können, bevor uns große Katastrophen dazu zwingen. Aber Umbrüche gab es immer wieder in der Geschichte. Und die Menschen haben stets Lösungen gefunden, wenn auch manchmal für einen sehr hohen Preis.[74]

»CEOs dürfen nicht zu Selbstdarstellern werden« (Rolf Soiron)

»Rolf Soiron besitzt meines Erachtens eine hohe Intelligenz, eine große Sozial- und Fachkompetenz und ein breites Allgemeinwissen, das weit über die Ökonomie hinausreicht«, urteilt der ehemalige stellvertretende UBS-Direktor Urs Hägeli, der früher einmal mit Rolf Soiron die Schulbank drückte. Auch ein zentraler Gewerkschafter beschreibt Rolf Soiron als »sozial geprägten Historiker, der ein reflexives Niveau und eine Artikulationsfähigkeit aufweist, das den meisten anderen Wirtschaftsführern – von Ospel über Kielholz zu Brabeck und anderen eher platten Geistern – abgeht«.

Wir luden Rolf Soiron in ein Seminar mit Soziologiestudierenden der Universität Basel zum Thema »Psyche und Macht«[75] ein. »CEOs dürfen nicht zu Selbstdarstellern werden«, warnte er. Verwaltungsräte müssten darauf hinwirken. Die Wirtschaft brauche Führungskräfte, die Freude am Dialog haben und sich weder an irgendwelchen Galas noch auf den Titelseiten von Illustrierten zelebrieren. Von Studierenden danach befragt, wie er selbst eine kritische Distanz zur Macht halte, erwähnte Rolf Soiron seine humanistische Gymnasialbildung und sein Studium der Geschichte. »Imposante Gestalten« wie Edgar Bonjour oder Werner Kaegi hätten ihm »eine gewisse Skepsis gegenüber der Macht« vermittelt. Zusammen mit seiner Frau, die sich von keinen »hohen Tieren« beeindrucken lasse. Wichtig seien auch die Kinder und Enkel, die andere Perspektiven vermitteln. Macht verändert die Menschen, so Rolf Soiron. Sie verleite dazu, sich über andere zu erheben und sich größer zu empfinden, als man ist. Dabei sei Macht vergänglich. Sie beruhe auf Konventionen und Illusionen, wie das Märchen »Des Kaisers neue Kleider« veranschauliche, auf das Rolf Soiron auch im persönlichen Gespräch zurückkam.

Sie sind eine der bedeutendsten Persönlichkeiten der Schweiz und werden zu den acht wichtigsten Schweizern gezählt. Wurde Ihnen der Erfolg in die Wiege gelegt?

Was ich unter Erfolg verstehe, ist kaum das, was Medien und Gesellschaft darunter verstehen. Erfolg hat für mich mit Familie zu tun und mit persönlichen Einsichten, auch durch das Älterwerden. Mir wurde einiges quasi in die Wiege gelegt, was hilft: eine schnelle Lernfähigkeit in unterschiedlichen Bereichen, bis hin zum Sport; ferner die Fähigkeit, mich auszudrücken. Diese Kommunkationsfähigkeit bringt mich immer wieder mit mehr und anderen Leuten in Kontakt, als es anderen Menschen möglich ist. Andere Gaben, für die ich nichts kann, sind Empathie und die Fähigkeit, mich selber zu motivieren. Was »Erfolg« angeht, so meine ich gelegentlich, ich hätte gar nicht das erreicht, was ich sollte, und sei gelegentlich eher nachlässig, ja faul. Dass ich Dinge parallel tun kann, hängt damit zusammen, dass ich, was mir unwichtig erscheint, einfach sein und liegen lassen kann, ohne dass ich mich deswegen hintersinne. Diese »organisatorische Kompetenz« hat also nichts mit einer großen intellektuellen Fähigkeit zu tun; vielleicht ist es eher eine gewisse Disziplin, mich nicht in Nebensachen zu verlieren. »Getrieben« fühlte ich mich eigentlich nur im wohl unglücklichsten Jahr meines Lebens, meinem letzten Jahr unter Marc Moret bei Sandoz. Dies endete ja dann mit dem erzwungenen Abgang und der Trennung vom Übervater Moret. Vielleicht haben damals die sogenannten »selbstregulierenden Kräfte der Psyche« diese Bereinigung herbeigeführt. Heute hat für mich Erfolg immer mit Lebenserfolg zu tun – und der braucht Gelassenheit und Distanz den Dingen gegenüber.

Sie haben schon anlässlich Ihres Vortrags in unserem Seminar an der Universität ohne Ressentiment über den Abgang bei Sandoz und über Herrn Moret gesprochen. Stimmt dieser Eindruck?

Der Abgang hat wehgetan. Wenn ich heute an den Patriarchen und Übervater Moret denke, so geschieht dies mit einer Mischung von Dankbarkeit für vieles und Ablehnung von gewissen Dingen. Er hatte einen enormen Einfluss auf mein Leben und war für mich ein eigentlicher Übervater. Es gab allerdings noch einen zweiten: den Orthopäden Maurice Müller. Auch dieser Beziehung verdanke ich viel – und auch sie endete mit einem Bruch. Moret hielt mich davon ab, Politiker zu werden, und schickte mich nach Harvard, um damit meine Wirtschaftslaufbahn intellektuell zu untermauern. Und dann schenkte er mir als Jungem ohne Erfahrung und ohne Rang Vertrauen. Inzwischen habe ich gelernt, dass Moret recht hatte und dass ich in die Wirtschaft gehöre. Allerdings ist die operative Tagesarbeit eines CEO eines großen Unternehmens eher nicht meine Sache. Ich gehöre eher in den Verwaltungsrat, wo ich eine Brücke zwischen dem Tagesgeschäft und langfristigen Entscheidungen schlagen kann.

Sind sie gerne und mit Freude an die Harvard Business School gegangen oder war das eher ein notwendiger Schritt, um diesen Weg, den sie gegangen sind, einzuschlagen?

1980 war es ziemlich Mode, dass man solche Ausbildungen machte. Aber es war für mich keineswegs ein »Must«, ich fühlte mich viel eher ausgezeichnet. Harvard war übrigens mein erster Kontakt mit den USA. Amerika war damals – trotz der langen Debatten um Vietnam – immer noch ein Vorbild in vielem, besonders aber im Unternehmerischen. Harvard war für mich als Historiker zunächst nicht einfach: Ich hatte von ökonomischen Fragen nur eine geringe Ahnung und Buchhaltung, Kistenrechnung oder Produktionsplanung waren Rätsel. Aber in der Harvard Business School holte ich nicht nur das Handwerkliche nach, sondern setzte mich zum ersten Mal auch intellektuell mit wirtschaftlichen Zusammenhängen und Unternehmungsführung auseinander. Das half, den Minderwertigkeitskomplex, den ich in wirtschaftlichen Dingen empfunden hatte, etwas zu reduzieren. In Harvard erlebte ich aber auch Professoren, welche die Wirtschaft, ihre Funktion und Verantwortung in gesamtgesellschaftliche und globale Zusammenhänge stellten. Alles in allem habe ich Harvard nicht als Karriereförderung erlebt, sondern fast eher wie Exerzitien, die halfen, meinen Platz in der Wirtschaft und in der Gesellschaft zu finden und zu verstehen. Übrigens glaube ich, dass Wirtschaftslehre an den Hochschulen die soziale und gesellschaftliche Rolle des Wirtschaftlichen heute oft nur ungenügend behandelt, wenn überhaupt.

Verändert sich das Verständnis mit der Wirtschaftskrise?

Ich weiß es nicht. Ich gehöre gar nicht zu denen, die verlangen, das Pendel müsse jetzt zurückschwingen. Ich meine sogar, die Wirtschaft müsse nach der Krise noch stärker ihre Rolle in der Gesellschaft und Politik deutlich machen. Dazu gehört beispielsweise die Aktualisierung der alten Regel, dass man immer bezahlen muss, was man nimmt und verbraucht; auf die Generationen bezogen heißt das: Jede Generation muss, was sie konsumiert, selbst bezahlen. Wenn sie das nicht kann, dann darf sie den Generationenvertrag nicht strapazieren, keinesfalls so stark, wie wir das seit dem Zweiten Weltkrieg tun. In der Verschuldung haben ja ganz wesentliche Probleme der Globalisierung ihre Wurzel. Unsere Generation hat so hohe Staats- und Privatschulden aufgehäuft wie keine andere Generation zuvor. Hinzu kommen die impliziten Schulden durch die auf Pump finanzierten Sozialsysteme. Darum wäre als Leitfaden der Politik »wirtschaftliches Denken« respektive die einfache Lebensregel nötig: Ohne Bezahlung kein Konsum. Mir geht es eigentlich mehr um die Schulden, die wir der nächsten Generation aufbürden, als um die Verteilungsproblematik in unserer eigenen Gegenwart. Denn die Schuldenberge machen das Verteilungsproblem der nächsten Generation noch schwieriger. Eben hat Europa die Probleme von Griechenland und des Euro mit neuen Schulden und mit der Schöpfung von Geld »gelöst«. Aber damit wurden wieder Verpflichtungen eingegangen, welche nicht die Gläubiger von heute, sondern irgendjemand morgen einlösen muss.

Findet nun mit der Finanzkrise das Soziale und Ganzheitliche auch in der Ökonomie wieder mehr Beachtung oder erhalten die Hardliner größeren Auftrieb?

Der Einfluss der Politik auf die Wirtschaft nimmt zu. Dass sich aber ein stärker auf die Gemeinschaft ausgerichtetes Weltbild, verankert in Politik, Kultur und Religion, durchsetzt, sehe ich nicht. Doch es fehlt. Ich denke, wir bräuchten Verständigungen über Gesellschaftsentwürfe. Vielleicht führt ja die Nachhaltigkeitsdebatte dorthin. Nachhaltigkeit ist ja nicht nur Ökologie, sondern sie setzt voraus, dass für Gemeinschaften, Unternehmungen ökonomische, ökologische und soziale Leistungen im Einklang stehen. Ein intensiver philosophischer Diskurs ist wohl am ehesten in der Lage, das kurzfristige Denken zu verändern, welches das Vorfeld der Krise prägte.

Könnte das auch bedeuten, dass sich der politische Liberalismus gegenüber dem wirtschaftlichen mehr durchsetzt und sich die Dynamik zwischen Wirtschaft und Politik verändert?

Die Globalisierung wurde erst durch die Entwicklungen der Informations-, Kommunikations- und Transporttechnologien möglich. Sie haben die weltweite Arbeitsteilung zwischen Branchen und Nationen verändert und vertieft. Dazu kamen enorme demografische Veränderungen, die Verschiebung der Gewichte von West nach Ost – und eben die finanziellen Ungleichgewichte respektive die Verschuldung. Krisen – wie die letzte – sind Auswirkungen der »Verschlaufungen« solcher Prozesse. Wo der Kuchen wächst, so wie in Asien, sieht man in solchen Zeiten Chancen, dort wo der Kuchen schrumpft – man denke an Europa –, wächst die Tendenz, sich abzuschotten, um sich zu schützen, wie man meint. Darum kann es sein, dass in den Wachstumsregionen liberales Denken sich verstärkt, während es schwächer wird, wo Stagnation droht. Doch es kommt etwas dazu. Die vom liberalen Denken geprägte Wirtschaftselite hat an Legitimation verloren; sie hat die Krise nicht vorhergesehen, nicht verhindert und war teilweise für Entstehen und Verlauf mitverantwortlich. Vor noch nicht allzu langer Zeit genossen die Führungsgruppen großer Unternehmen hohes Ansehen für ihre Weit- und Umsicht – ganz anders als die Politiker. Dieses Vertrauen ist verloren gegangen. [...]

Heißt das auch, dass beispielsweise die Bankiervereinigung oder auch Economiesuisse an Gewicht verloren haben? Die Wirtschaftsredaktion der Basler Zeitung *stellte kürzlich diese These auf, die ich aber nicht ganz nachvollziehen kann.*

Es ist schon so, dass Economiesuisse nicht Gewicht und Geltung hat, wie sie der Vorort einst genoss, der ja bis in die Achtzigerjahre zur eigentlichen Spitze des freisinnigen Staates gehörte. Diese freisinnige Elite gibt es in der Form nicht mehr. Economiesuisse widerspiegelt als Organisation den Umbruch unserer Zeit: es ist eine Funktionsinstitution, ein Verband wie andere auch, aber eine übergreifende, allgemeine Autorität wird ihr kaum mehr zugebilligt. Auch die Bankiervereinigung versucht, teilweise sehr verschiedene Interessen unter einem Dach zu verbinden, man denke an die Großbanken, die Privatbanken, die Raiffeisenbank etc. Wer so Verschiedenes verbinden muss, hat es nicht leicht.

Wie viel Macht haben denn andere Zusammenschlüsse wie Avenir Suisse, das Rive-Reine-Treffen, der Club zum Rennweg oder die Rotarier?

Macht ist oft nichts als eine Illusion. Wirkliche Macht, welche Dinge aus eigener Kraft verändern könnte, hat keine der von Ihnen genannten Gruppen. Sicher bewirkt Avenir Suisse etwas bezüglich *agenda setting*. So gab der Thinktank in den letzten Jahren einige Themen vor: Demografie und Sozialversicherungen, Subventionen und die Landwirtschaft, die ewige Baustelle des Föderalismus etc. Lösungen konnte Avenir Suisse aber niemandem diktieren. Das Treffen von Rive-Reine kann Perspektiven und Ideen zusammenbringen, der Club zum Rennweg oder die Rotarier sind Orte, wo man sich kennenlernt. Aber Macht haben sie deswegen genauso wenig wie einst die Dorfbeiz oder heute Facebook. Denn Entscheidungen, die gelten, treffen diese Institutionen keine – das wäre Macht.

Verfügt denn beispielsweise die Kommission »Too big to fail« über Macht?

Macht liegt nicht bei der Kommission, sie macht nur Vorschläge zuhanden des Bundesrats. Die Macht liegt beim Parlament, welches über die Anträge des Bundesrats entscheidet, und dann vielleicht zukünftig noch etwas mehr bei der SNB und der Finma, welche die neuen Gesetzesbestimmungen anzuwenden haben. Die Kommission hat allerdings Einfluss; auch bei ihr ist es eigentlich *agenda setting,* denn sie wird wesentlich beeinflussen, welche konkreten Lösungen hier fürs »Too big to fail«-Problem zu diskutieren sind. Auch mir haben Sie ja gelegentlich »Macht« angedichtet. Das ist falsch. Ich akzeptiere, dass ich mehr Einfluss habe als andere. Aber Macht, etwas so durchsetzten, wie es mir beliebt, habe ich eben nicht.

Haben Sie den Eindruck, dass es eine Verschiebung des Einfluss von den Eigentümern hin zu den CEOs gibt?

Ja. Aber es geht nicht nur um das Verhältnis zu den Eigentümern. Es geht auch um den Einfluss innerhalb der Unternehmensführung. CEOs sind heute als Einzelne viel einflussreicher, als es die Direktoren von früher waren. Diese Verschiebung findet seit etwa zwanzig bis dreißig Jahren statt. Die Macht hat sich in sehr vielen Firmen von Gremien zu Individuen verschoben. Damit ging allzu oft eine Glorifizierung und Heroisierung der CEOs einher, gerade auch medial. Dies alles hat sich dann im Abstand der CEO-Gehälter von denen ihrer Kollegen im Unternehmen, geschweige denn von der Belegschaft, ausgedrückt. Interessanterweise rebellieren aber nicht die Kollegen in der Konzernleitung, die meistens mindestens so viel und hart arbeiten wie die CEOs.

Eine These lautet, dass Familienunternehmen passé sind. Gibt es einen generellen Trend, der weg von den Familienunternehmen führt?

Nein, das denke ich nicht. Die Masse der Wirtschaft besteht aus kleinen und mittleren Unternehmen. Das sind immer noch oft Familienunternehmen, Kooperationen, Individualgesellschaften. Medial viel sichtbarer sind aber die Großen. Da sie meistens Finanzierungen benötigen, welche für Familien kaum mehr möglich sind, hat sich hier die Form der Familiengesellschaften fast verloren.

Als Sie bei uns an der Uni waren, haben Sie vom »Mythos Daig« gesprochen.

Der Daig lebt und existiert durchaus noch in Basel. Aber den prägenden Einfluss von einst hat er nicht mehr. Ein wenig wurde er zum Mythos, aber auch Mythen sind und schaffen Wirklichkeiten. In den ehemaligen Strukturen – im Daig, in den Zünften, in den Klubs etc. – hat die gesellschaftliche Vermischung zugenommen wie überall. Wirklich wichtige Entscheidungen dieser Stadt konzentrieren sich nicht mehr in ihnen. Aber sie bleiben gesellschaftliche Orte, die Bekanntschaften ermöglichen, wo Debatten stattfinden und die Individuen ihre Plätze finden.

Wie nehmen Sie die sozialen Gegensätze wahr, mit denen wir uns intensiv auseinandersetzen?

Ich teile die Sorgen um den Zusammenhalt der Gemeinschaft, wie wir ihn kannten. Die Polarisierung, an welcher die »ganz Reichen« nicht unschuldig sind, schadet ihr. Übertreibungen gibt es auf beiden Seiten. Meine Antwort wäre – wie meine Wurzeln – sehr, sehr konservativ: Die Probleme liegen auf beiden Seiten, bei denen, die zu viel beziehen, und bei denen, die zu große Ansprüche stellen. Zuerst muss jeder alles leisten, was er kann, um das zu bekommen, was er braucht. Wir, die Gesellschaft und die Einflussreicheren, müssen dafür sorgen, dass Chancengleichheit kein bloßes Schlagwort ist und dass Working Poor dies nicht für immer bleiben. Gleichzeitig gilt es für die, die haben, maßzuhalten. Für das Maßhalten war ja die Schweiz und ihre Mentalität einst ein Modell. Sie war es auch für das Zusammenspiel und die gegenseitige Anerkennung der gesellschaftlichen Kräfte. Auch wenn es andernorts schlimmer ist: Ein solches Modell ist die Schweiz derzeit eigentlich nicht mehr, Spannungen und Auseinanderdriften nehmen viel zu sehr zu. Die Konfrontation ist oft mehr gefragt als Kooperation, rechts wie links. Diese Kooperation neu zu beleben, wäre eine Aufgabe der Eliten.

»Von einem Machbarkeitsglauben beseelt« (Thomas Christ)

Im April 2010 lud das Business Network Switzerland (Osec) zum Forum der Schweizer Außenwirtschaft ein. Zwei Themen standen im Vordergrund: »Neue Wirtschaftswelt – neue Spielregeln« und »EU – in Pole-Position für den Aufschwung«. Die Außenministerin Micheline Calmy-Rey vertrat den Bundesrat. Als Hauptreferent trat Thomas Christ auf. Er ist Managing Director der DHL-Logistics (Schweiz) AG, die weltweit eine halbe Million Menschen beschäftigt. Christ sprach zum Thema »Best Practice: Gestärkt aus der Krise«. Der Referent Thomas Christ studierte Kunstgeschichte und Recht, arbeitete nach der Promotion am Obergericht und bei der UBS und begann dann seine Karriere in der globalen Transportwelt; zuerst als CEO von Goth & Co. AG Schweiz, dann als CEO von Panalpina AG Frankreich. 1999 trat er in die damalige Danzas-Gruppe (heute DHL) ein und heute ist er Direktor der DHL-Logistics. Thomas Christ arbeitet auch immer wieder mit dem Institute on Governance der Universität Basel zusammen. Er hat zudem mehrere ansprechende Bücher publiziert, so etwa *New York 82/83 Subway Graffiti* (1984), *Die Schlösser der Ile-de-France* (1994), *Der sozialistische Realismus. Betrachtungen zum sozialistischen Realismus in der Sowjetzeit* (1999) und *Wladimir Lebedew und die russische Avantgarde* (2004). Christ engagiert sich auch für die Anliegen der Schola Cantorum Basiliensis und unterstützt als Präsident der Stiftung Musica Fiorita ein Barockensemble, das sich weltweit der Konzerttätigkeit und Neuentdeckung Alter Musik widmet. Er ist verheiratet und Vater von vier Kindern. Mit ihnen planscht der Herr Direktor ab und zu im Sommer in einem öffentlichen Brunnen.

Uns interessiert zunächst das Biografische und die Frage nach der Zuversicht.

Ich bin ein grenzenloser Optimist und von einem unbeirrbaren Machbarkeitsglauben beseelt. Wir leben allerdings in einer materiell übersättigten und überregulierten Schweiz. Und dies hat natürlich einen Einfluss auf das Verhalten der Menschen, das uns eher pessimistisch stimmen könnte. Die natürliche Neugier für das Neue nimmt ab, das Engagement für den Nächsten schrumpft. Für Bestätigungs-Ersatz sorgen die neuen Konsumtempel. Am Samstag gehen wir einkaufen und am Sonntag spüren vielleicht einige, dass sie eigentlich etwas Anderes suchen, es aber nicht mehr finden. Das stimmt nicht sehr zuversichtlich, unsere Lernfähigkeit scheint mit zunehmendem materiellem Überfluss rascher an Grenzen zu stoßen. Auch mit der Krise, die uns die Medien weismachen wollen, passiert da leider nichts, jedenfalls nicht freiwillig. Interessant wird es allenfalls, wenn der Druck wirklich steigt, wenn es wirklich eines Tages zu unfreiwilligen Entbehrungen kommt. Dann nimmt entweder die Gewalt in der Gesellschaft oder die Bereitschaft zum Umdenken zu, oder beides. A propos Krise: Ich muss hierzu demnächst bei der OECD einen Vortrag halten und werde sagen: Schaut mal, wir haben in der Realwirtschaft keine Krise. Der Bankensektor hat eine Krise oder der Finanzsektor hat eine Krise. Aber eigentlich haben wir in der reellen Welt keine Krise, Konjunkturschwankungen bedeuten noch keine Krise.

Aber nun zurück zum Werdegang. Das lief bei mir nicht nach dem üblichen Lehrplan. Ich habe Kunstgeschichte und Jura studiert, und es war mir lange nicht klar, ob ich mich eher auf die schöngeistige Seite oder eher auf die wirtschaftliche Seite schlagen soll. Gespräche mit Regisseuren zeigten mir, dass sie – wie die Krawattenträger – auch nicht einfach nur das machen können, was sie gerne machen würden. Und da hatte ich dann das große Glück, in der Speditionsfirma eines Onkels einsteigen zu können. Zuerst dachte ich, oh, was soll ich mit diesen Containern, ich blieb eben ein latenter Schöngeist. Aber bald darauf musste ich in Moskau Transsibirien-Verträge mitverhandeln, mich mit neuen Realitäten auseinandersetzen. Und da kam ich »live« in eine Welt hinein, die sich als überaus spannend erwies. Ich arbeitete dann ein Jahr in den USA, ein Jahr in Hongkong, ein Jahr in Japan und acht Jahre in Paris. Da öffneten sich Horizonte. Auch kulturell. Ich hielt auch meine Kontakte mit den Kunstschaffenden aufrecht, auch mit jenen, die von der Hand in den Mund lebten. Von ihnen lernte ich viel. Selber komme ich ja eher aus begüterten Kreisen. Mein Vater war Arzt, der Bruder meiner Mutter besaß eine Speditionsfirma. Geldfragen waren bei uns zu Hause am Mittagstisch kein Thema. Aber man warf das Geld nicht zum Fenster hinaus, sondern lebte eher mit einem »materiellen Understatement«, ganz nach baslerischer Art. Meine Mutter hatte zwar einen Sinn für Großzügigkeit. Sie war eine eher kommerziell denkende Frau, auch mein Vater stammt aus wohlsituierten Verhältnissen. [...]

Wichtig ist mir, wie und wie gerne ich meine Arbeit mache. [...] Und das mache ich jetzt – als unternehmerisch denkender Landesleiter. Ein Entrepreneur zeichnet sich in einem Großkonzern vor allem dadurch aus, dass er lokal durch geschickte und legitime *work arounds* erfolgreich ist, ohne sie würde er im Regelwerk des Konzerns ersticken. Man holt ja heute immer mehr einseitig geschulte McKinsey-Abgänger in die Firmen. Und das sind Leute, die noch nie eine Firma geführt haben und dann plötzlich in einem Hauptsitz oder in leitender Position arbeiten müssen. Sie sollen Ideen umsetzen oder Leute überzeugen und haben oft keine Ahnung von den sozialen und betrieblichen Kräften und Bedingungen, sie kennen erstmal bloß ihre Lehrbücher. Das ist allein noch nicht schlimm, bedenklich ist nur, dass sie ihre Verantwortlichkeit nicht in kleineren Abteilungen einüben können, durch kleine Schäden klug werden dürfen, sondern sofort aus einem Consulting-Betrieb in die oberen Etagen spediert werden. Das ist für ein verantwortungsvolles Funktionieren von Betrieben gefährlich, mitunter sogar fahrlässig. Das ist bei den Banken, der Spedition und auch in der Pharmaindustrie ähnlich. Und das führt zu Missständen und zu einem Kollaps à la UBS. Und da ist dann keiner schuld und keiner verantwortlich. Alle haben sich abgesichert mit irgendwelchen Rating Agencies. [...] Leitende Angestellte brauchen aber vornehmlich Sozialkompetenz. [...]

Und die Finanzkrise ist ja auch ein gutes Argument.

Persönlich glaube ich eher nicht, dass die kürzliche Finanzkrise uns wachrüttelt. Es läuft ja schon fast alles wieder wie vorher. [...]

Und in der Schweiz gibt es eine relativ große Schere bei den Vermögen und auch bei den verfügbaren Einkommen. Was passiert, wenn das so weitergeht?

Ich begreife, dass man die Löhne nicht unverhältnismäßig anheben kann. Ich begreife aber nicht, dass man die oberen Löhne nicht irgendwie plafonieren könnte, und zwar nicht als staatliche oder gesetzliche Maßnahme, sondern im Sinne eines Selbst-Regulativs der Wirtschaft selber, die nur davon profitieren würde, unglaubliche Investitionssummen könnten für die Betriebe freigespielt werden. Es sollen immer noch Millionen-Saläre möglich sein, aber nicht ad infinitum, nicht das zehn- oder hundertfache. Sozialen Ausgleich gibt es eigentlich nur von oben nach unten, nicht umgekehrt. Ich glaube, dass der soziale Friede in der Schweiz nicht akut gefährdet ist, aber es gibt eine wachsende neue Armut. [...]

Was könnte helfen?

Aus dem Bauch heraus, drei Rezepte: Erstens, *job rotation*. In den Konzernen sollte man die Leute zwingen, alle fünf Jahre wieder etwas Neues zu machen. Zweitens, ins Ausland gehen. Der Schweizer, der in einem internationalen Konzern arbeitet und nur alles durch die Schweizer Brille sieht, der ist wahrnehmungsgestört. Drittens, die Bildung. Wie lehren wir die Fähigkeit, gründlich zu reflektieren? Die Schule muss vermitteln, worum es im Leben geht. Auch dass das Geld nicht vom Himmel fällt. Und dass es nicht ein guter oder schlechter Konzernleiter ist, der die Welt so geschaffen hat, wie sie ist, sondern dass es Strukturen sind, die gewachsen sind und die wir verändern können. Die Konzerne sind heute ja mächtiger als der Staat. Viele Leute wissen das gar nicht. Sie meinen, der Staat könnte da eingreifen, aber das ist nicht mehr möglich. Nun geht es in keiner Weise darum, die Konzerne dafür zu verurteilen, sondern globale Regel- und Verantwortungsnetzwerke aufzubauen, die ein globales Checks-and-Balances-Prinzip im Auge hat. Das wird schwierig, aber Optimisten schaffen das!

»Bis ihr Turm zu Babel zusammenbricht« (Dagobert Kuster)

Dagobert Kuster ist Ökonom und wohnt in Gstaad. Er arbeitete als Direktor der Volksbank und baute später das Facility-Service-Unternehmen Sevis auf, das mit 750 Angestellten auf einen Umsatz von über 25 Millionen Franken kam. Im Jahr 2004 verkaufte er sein Unternehmen an den ISS-Konzern und gründete fünf Jahre später, 65-jährig, die neue Reinigungsfirma Dasis (Basel). Dagobert Kuster stellt dem Unternehmen Kapital zur Verfügung und engagiert sich als Verwaltungsrat während zweier Tage in der Woche. Es reizt ihn, sich mit den Riesen der Branche zu messen. (BaZ, 30.12.2009) Das Reinigungsgewerbe sei auch eine Chance für ausländische Arbeitskräfte und könne sein Image mit höheren Löhnen, attraktiveren Arbeitsbedingungen und Spezialisierungen verbessern. Wichtig sei, dass auch Großfirmen und der Staat bei den Ausschreibungen soziale Aspekte berücksichtigen und nicht nur auf den Preis schauen und Kosten abwälzen.

Verändert die Finanzkrise das Denken wichtiger Finanz- und Wirtschaftsleute? Und falls ja, in welche Richtung? Und gibt es quasi alte Tugenden, die auch heute wieder mehr zum Tragen kommen sollten?

So absurd es klingen mag, die Finanzkrise war nicht schmerzhaft genug, als dass sie zu einem Umdenken hätte führen können. Im Gegenteil, die Branche musste die Konsequenzen für ihr Fehlverhalten nicht selber tragen. Auch in der Griechenlandkrise geht es im gleichen Schritt weiter. Hätten die Banken für griechische Schuldner die gleichen Bonitätskriterien angewandt wie bei Krediten an KMU, hätte sich Griechenland nie in diesem Ausmaß verschulden können. Dass das fehlgeleitete, globale Wirtschaftssystem mit Moral, mit Tugenden wieder in die richtigen Bahnen geleitet werden kann, bezweifle ich. Tugendhafter war die alte Zeit wohl kaum, aber vernünftiger, weil die Menschen nicht von einem über Jahrzehnte dauernden, in der Geschichte einmaligen Wirtschaftsboom verwöhnt waren.

Aber ich bin überzeugt, dass der Markt, das heißt letztlich die Gesellschaft, früher oder später alle Übertreibungen korrigiert. Aber je länger die Übertreibungen anhalten und von der Gesellschaft toleriert oder gar gestützt werden, desto schmerzhafter wird die Korrektur.

Da wären die Eliten gefragt, wirtschaftliche, politische, intellektuelle und kirchliche Eliten. Zur Elite zu gehören ist ein Privileg, das verpflichtet. Aber ist sich unsere heutige Elite dieser Verpflichtung gegenüber der Gesellschaft bewusst? War sie es jemals? Oder vergrößert sie nicht, solange sie kann, bewusst oder unbewusst ihre wirtschaftliche, soziale und intellektuelle Distanz zu den weniger Privilegierten? Und das so lange, bis ihr Turm zu Babel zusammenbricht.

Ein technischer Lösungsansatz für die Rettung oder gar Weiterentwicklung unserer liberalen Wohlstandsgesellschaft läge meines Erachtens in der klareren Trennung zwischen Wirtschaft und Staat. Es ist nicht wahr, dass die Wirtschaft alles besser kann als der Staat. Es gibt Aufgaben, die die öffentliche Hand nach den Spielregeln der Politik erfüllen muss. Und es gibt Aufgaben, die die Wirtschaft nach den Regeln des Marktes erfüllen kann. Eine klare und konsequente Zuordnung ist jedoch notwendig. Gemischtwirtschaftliche Betriebe unterliegen weder einer sauberen politischen Kontrolle noch sind sie voll den Marktkräften ausgesetzt. Die Branchen, in denen am eklatantesten übertrieben wird, auch in den Löhnen, sind solche, die der öffentlichen Hand gehören, teilweise gehören, sehr stark reglementiert sind oder so groß sind, dass sie nicht fallen gelassen werden können. Dazu gehören die staatlichen und die ganz großen Banken, Versicherungen, das Gesundheitswesen inklusive Pharmaindustrie, die Energiewirtschaft, die Kommunikationsindustrie, der öffentliche Verkehr.

In diesen Bereichen sollte der Staat die systemrelevanten Aufgaben, für die der Markt ungeeignet ist, übernehmen, und zwar zu hundert Prozent, sich aber aus den Aufgaben, die der Markt besser kann, zu hundert Prozent zurückziehen.

Gibt es einzelne »Wirtschaftsführer«, die sich besonders auszeichnen?

Nicolas Hayek. Hayek war ein Macher, kein Schwätzer. Er hat in den frühen Achtzigerjahren die Uhrenfusion empfohlen und ist mit eigenem Kapital ins Abenteuer SMH eingestiegen. Seither verfolgte er seinen unternehmerischen Weg konsequent. Er platzierte Billigprodukte und Uhren-Nobelmarken präzise im Markt. Er hat die in den Siebzigerjahren am Boden liegende schweizerische Uhrenindustrie zu neuer Blüte geführt.

Und worin besteht die persönliche Motivation, nochmals mit einem neuen Unternehmen einzusteigen? Das Geld?

Die Freude am Unternehmertum und die Freude an einer Branche, die bezüglich ihrer gesellschaftlichen und wirtschaftlichen Bedeutung, aber auch bezüglich der unternehmerischen Herausforderungen stark unterschätzt wird. Und die Chance vielleicht, den Fehler zu korrigieren, mich zu früh in den Ruhestand zurückgezogen zu haben, statt so konsequent wie Hayek am Ball geblieben zu sein.

Wie motivierend sind hohe Löhne in der Wirtschaft?

Als kontraproduktiv erachte ich, wenn Geldverdienen zum Hauptzweck des Managements wird: Die Lohnsysteme, bei denen hohe Löhne nur eine Komponente sind, entkoppeln das Schicksal des Managers vom Schicksal des von ihm geleiteten Unternehmens. In wenigen Jahren hat ein Manager so viel verdient und auf die Seite gelegt, dass das Scheitern seiner Firma seinen Lebensstandard nicht mehr beeinflussen kann.

Unternehmensführung heißt: richtiger Umgang mit knappen Ressourcen. Diese Botschaft muss eine Unternehmensführung täglich verkünden und vorleben. Das kann sie aber nur glaubhaft, wenn sie bei ihren eigenen Löhnen maßhält.

Es ist nicht wahr, dass die hohen Löhne die besten Leute anziehen. Ein Unternehmen zu führen ist so spannend und motivierend, dass es sehr gute Leute gäbe, die diese Aufgabe auch zu einem Bruchteil der heute üblichen Löhne tun würden.

General Motors, damals noch die weltführende Autoherstellerin, hatte folgendes System: gute Basislöhne und die Verpflichtung des Topmanagements, eine bestimmte Anzahl GM-Aktien zum Marktwert zu kaufen und zu halten. GM hat wenn nötig den Aktienkauf seiner Manager mit Krediten zu Marktkonditionen vorfinanziert. Diese Bindung des Topmanagements an das Schicksal der Firma und der anderen Aktionäre ist einfach, transparent und wirkungsvoll.

Eine Assoziation zum Reichtum in der Schweiz?

Wir jammern noch auf einem sehr hohen Niveau und über ein relativ gerechtes System.

7.5 Familienunternehmen

Die Underberg-Gruppe ist ein internationales Spirituosen-, Wein- und Sektunternehmen mit zahlreichen Beteiligungen in verschiedenen Ländern. Hubert Underberg gründete das Unternehmen am 17. Juni 1846, am Tag seiner Hochzeit. Hubertine Underberg leitet das Unternehmen, das mit Magenbitter bekannt geworden ist, in fünfter Generation. Über tausend Mitarbeitende erwirtschaften einen Jahresumsatz von über 500 Millionen Euro. Ein weiteres Beispiel für ein Familienunternehmen ist Endress+Hauser.

»Du sollst bescheiden sein« (Hubertine Underberg)

Frau Hubertine Underberg-Ruder ist promovierte Biologin und leitet gemeinsam mit ihrem Ehemann und ihren Eltern das Familienunternehmen Underberg. Sie ist verheiratet, hat vier Kinder und engagiert sich nebst ihrer geschäftlichen Tätigkeit in der Kirchgemeinde und anderen Gremien.

Frau Underberg-Ruder, Sie sind eine erfolgreiche Frau. Ist Ihnen Ihr Selbstvertrauen schon in die Wiege gelegt worden?

Ich bin ja selber Mutter von vier Kindern. Und man glaubt natürlich immer, dass man das Selbstvertrauen bei allen Kindern fördern sollte. Aber das ist nicht so einfach. Und ich glaube überhaupt nicht, dass das Selbstvertrauen bei irgendwem in die Wiege gelegt wird. Das Selbstvertrauen wächst im Rahmen der Persönlichkeitsentwicklung.

Eltern können diesen Prozess bloß unterstützen. Meine Mutter war auch immer im Unternehmen aktiv, lebte aber sonst eine eher klassische Rollentrennung, und sie vermittelte klare Werte. Uns war klar, dass man kein Essen wegwirft und dass Privilegien verpflichten. Da spielte natürlich vor allem unser christlicher Hintergrund mit.

Früher dachte ich, wer privilegiert aufwächst, hat mehr Selbstvertrauen. Heute bin ich mir nicht mehr so sicher.

Ja, gerade in den Familienunternehmen kann es auch den umgekehrten Fall geben. Es gibt ja einige bekannte Fälle, wo ein Vater oder eine Mutter, die starke Führungspersönlichkeiten sind, bei ihren Kindern das Selbstvertrauen eher behindert haben. Was statistisch überwiegt, weiß ich nicht. Vermutlich spielt auch eine Rolle, ob der Reichtum selbst erarbeitet ist. Und wo wir überhaupt leben. In der Schweiz sind wir ja sehr privilegiert. Auch ein einfacher Arbeiter hat bei uns viel bessere Chancen, als wenn er in Bangladesch leben würde. Das sind gewaltige Unterschiede. Drum habe ich auch Mühe, wenn wir hier von Armut reden. Aber was mich wirklich beschäftigt, sind die Working Poor, die arbeiten teilweise sogar ganztags und kommen trotzdem auf keinen grünen Zweig.

Ja, und darf ich noch nachfragen: Spürten Sie als Kind, aus einer reichen Familie zu kommen? Hatten Sie ein Bewusstsein dafür?

Sie wissen ja wie Kinder in der Schule sind. Du stehst auf dem Schulhof, und da streiten sich zwei Jungs darüber, welcher Papi das größere Auto hat. Und meine Jüngste hat letzthin auch gesagt, das andere Mädchen hat zwei Puppen und ich habe nur eine. Bei uns war das so, dass gut sichtbar war, wer das größere Auto hatte. Aber meine Mutter sagte: Ich möchte euch nicht bei solchen Duellen erwischen. Ich bin auch zwei Jahre lang in Rheinberg am Stammsitz der Firma zur Grundschule gegangen. Und da war noch die zusätzliche Dimension, dass einige Eltern meiner Klassenkameraden beim Unternehmen meines Vaters angestellt waren. Und da brauchte man über diese Unterschiede nicht mehr zu diskutieren, da entwickelte man schon relativ früh in der Kindheit ein gewisses Fingerspitzengefühl. Auch von der christlichen Haltung her. Du sollst bescheiden sein, schließlich hatte ich mir diesen Unterschied nicht erarbeitet.

Und das Geschlecht, hat das auch eine Rolle gespielt in ihrem Werdegang?

Also, ich bin ja jetzt die fünfte Unternehmensgeneration, mein Vater ist die vierte. Vor ihm war klar, dass das Unternehmen vom Vater zum Sohne geht. Mein Vater hat aber schon sehr früh kommuniziert, dass für ihn die Nachfolge keine Frage des Geschlechts sei. Er sagte auch, dass es nur eine Person sein könne, und zwar einfach diejenige, die er für die Fähigste halte. Diese Klarheit half sehr. Und sie ist auch heute noch wichtig. Auch meinem Bruder gegenüber. Ich sage nicht, dass ich die Fähigere bin. Aber der Vater entschied einfach so. Und das hat es auch ermöglicht, dass ich mit meinem Bruder normal sprechen kann und er damit leben kann.

Halten Sie Familienunternehmen heute noch für eine gute Unternehmensform?

Ich glaube nicht, dass Familienunternehmen aussterben, im Gegenteil. Es gibt aber unterschiedliche Erfahrungen. Und es kommt immer auf die jeweiligen Umstände an. Ich kenne ein Unternehmen, bei dem alle vier Söhne einen Anteil von je 25 Prozent erhielten. Das erwies sich als sehr schwierig. Aber für bestimmte Branchen und für bestimmte Aufgaben innerhalb der arbeitsteiligen Wirtschaft ist das Familienunternehmen eine ideale Sache, für andere nicht. Es gibt ja auch einen Lehrstuhl, der sich speziell damit befasst. Insgesamt – so hat die Forschung ergeben – sind Familienunternehmen langfristiger orientiert und damit nachhaltiger.

Wie bringen Sie denn Ihre Familien- und Erwerbsarbeit unter einen Hut?

Knapp vor unmöglich – aber lassen wir die Scherze beiseite. Ich möchte meinen Weg nicht als Modell verkaufen. Ich glaube einfach felsenfest daran, dass jede Frau als Mutter und jeder Mann als Vater den Weg machen muss, der für ihn/sie und auch für seinen/ihren Partner passt. Das ist ein Stück Partnerschaftsarbeit, das sich ein Paar erarbeiten muss. Und dann muss es, damit es irgendwie für die Kinder stimmt, ein Ganzes geben. Und ob das eher mehr die traditionelle Rollenaufteilung ist oder eine andere, das ist die Aufgabe von dem Paar. Die Vereinbarkeit von Beruf und Familie ist eine Verantwortungsaufgabe, vor allem in einem Familienunternehmen. Ich kann nicht verlangen, dass meine Mitarbeiter keine Familie haben dürfen. Meine Mutter hat ja im Bereich unserer Firmenkultur viel erarbeitet. Und gerade wenn man eine gewisse Firmengröße hat, sind solche visionären Leitsätze sehr wichtig. Aber jedes Unternehmen muss auch seine eigenen Vereinbarungen entwickeln und einen eigenen Prozess durchlaufen, der zum jeweiligen Unternehmen dann auch passt. Meine Mutter hat am Anfang zum Beispiel eine Umfrage gemacht, wie viel Bedarf es für eine Kantine gibt, für einen Betriebskindergarten, für eine Nachmittagsbetreuung und so weiter. So meine ich, dass man vom individuellen Unternehmen ausgehen muss. Hinzugehen und sagen, so wie es in Deutschland die Gewerkschaften vielmals gemacht haben, alle Unternehmen müssen verpflichtet werden, einen Betriebskindergarten anzubieten, damit ist niemandem geholfen.

Und Sie engagieren sich noch in der Kirche, im Nachhaltigkeitsbeirat der Axpo. Gehen Sie auch in einen Rotary Club oder in den Club zum Rennweg?

Zum Rennweg nein, in den Rotary nein. Ich bin schon oft angefragt worden und bei Rotary ist mein Mann aktiv. Ich glaube, wenn das Unternehmen mein einziger gesellschaftspolitischer Hintergrund ist, dann mache ich irgendwas falsch. Ein Unternehmen findet immer im Kontext einer Gesellschaft und in einem politischen Umfeld statt. Und da muss ich mich doch als Bürgerin engagieren. Wenn ich nur noch Unternehmerin wäre, fände ich das nicht richtig und zu einseitig.

Also das Engagement ist kein strategisches oder taktisches?

Das fände ich von meinem Menschenbild her falsch. Egal, was ich in meinem Leben mache, ich engagiere mich immer. Ich würde mich als Wissenschaftlerin auch noch in der Politik oder in der Kirche oder in der Umweltarbeit engagieren.

Aber Sie könnten jetzt mit ihrer Energie auch mehr politischen Einfluss nehmen? Ist das für Sie kein Reiz?

Doch, schon. Ich könnte in der katholischen Kirche im Kanton Aargau eine Führungsposition haben. Man hat mir in der Landeskirche schon vor sieben oder acht Jahren einen Posten angeboten. Ich habe aber dann gesagt, erstens ist es mir zu viel und zweitens ist es aber auch nicht gut, wenn man nur in Führungspositionen ist. Allerdings ist es manchmal auch schwierig, sich zurückzuhalten.

Aber andere üben dann viel politischen Einfluss aus. Ein Bankdirektor hat mir kürzlich erzählt, wie gezielt und erfolgreich er einen Bundesrat beeinflusst hat.

Klar, das gibt es auch. Gerade in so kleinräumigen Regionen wie der Schweiz, wo man eben dicht aufeinander lebt. Da gilt schon: Beziehungen schaden dem, der sie nicht hat.

Und wenn Sie jetzt einen Blick auf die Finanzwirtschaftskrise werfen. Ist das etwas, das Sie auch ein wenig zweifeln lässt am kapitalistischen Wirtschaftssystem?

Ich stellte gerade an einem Workshop an der katholischen Universität Eichstätt in Deutschland fest, dass das Gros der Teilnehmenden aus den USA ein ganz anderes Bild von der Wirtschaft und der Verantwortung hat als wir in Europa. Deshalb würde ich mich gegen den Ausdruck Kapitalismus verwahren. Wir sind aus Sicht der Amerikaner irgendwie die »Weicheier«. Die sehen sich selber als das Land der harten Kerle, als Land der Cowboys. Und wir haben hier schon längst eine soziale Marktwirtschaft und zum Beispiel eine Krankenversicherung. Hier gibt es auch einen Ausgleich für diejenigen, die

Schwierigkeiten haben, die Prämien zu bezahlen. Am Workshop sagte ich dann, dass die Nachhaltigkeit ein interessanter Ansatz sei, um den Kapitalismus human weiterzuentwickeln. Da entgegnete mir ein Theologieprofessor aus Amerika, wo seiner Meinung nach mehr oder weniger ein »Kapitalismus pur« vorherrscht, dieses Gerede von der Nachhaltigkeit wäre doch nur eine reine Alibi- und Schminkübung. Aber in unserer Demokratie ist das doch kein Etikettenschwindel. Bei uns gibt es jedenfalls viel echte Partizipation.

Auch bei den Managerausbildungen in Harvard. Da herrscht wieder der Hardlinerkurs vor. Da wird wieder nach militärischen Prinzipien gearbeitet, zum Beispiel mit Schlafentzug und so.

Das, was die Amerikaner viel besser können, muss man ihnen einfach lassen und auch positiv sehen; denn ich glaube einfach nicht, dass es da nur den einen Königsweg gibt. Der amerikanische Ansatz hat einen großen Vorteil: kein Neid. Ein Amerikaner ist Neid eigentlich abhold. Und das finde ich so wohltuend. Er sieht den reichen, fetten »Otto« da rumfahren und er sagt: Hey, der Typ ist doch wirklich cool, so will ich auch mal werden. Und er nimmt das als sportlichen Ansporn. Und das ist ja auch die Begründung vom amerikanischen Mythos; wobei ein Amerikaner schon auch weiß, dass das nicht jedem gelingt, aber er nimmt das mehr als einen gewissen Anreiz. Hier in Europa haben wir teilweise eine Neidgesellschaft. Wir haben gerade auch jetzt eine extrem amerikakritische Öffentlichkeit hier in Europa. Wir sollten aber einfach mehr schauen, von wem wir was lernen können. Denn es geht ja darum, wie wir die Zukunft gestalten wollen. Und da können wir neben den USA auch viel von China und von Osteuropa lernen; wobei selbstverständlich immer gilt: wo Licht ist, gibt es auch Schatten.

Haben Sie den Eindruck, dass die Finanzkrise die hohen Finanzkreise und das unternehmerische Denken verändert?

Ich wurde zu Beginn der New Economy ja belächelt, weil wir – je nach Wirtschaftslage – auch einstellige Gewinnprozente für angemessen halten und etwas produzieren, das man anfassen kann. Sie müssen sich vorstellen: Du wirst dann von einem Banker von oben herab betrachtet, der von seinen »Erfahrungen« spricht, aber etwa das halbe Alter von einem selber hat. Nicht nur ich kam bald zum Schluss, dass da etwas nicht stimmen kann. Auch in New Economy und der Finanzwirtschaft gelten bestimmte ökonomische Grundsätze. Und jetzt verbreitet sich dieses Bewusstsein auch, wegen der Krise. Aber »normale« Unternehmer fanden dieses kurzfristige Shareholder-Value-Denken schon immer übertrieben. Viele wussten doch, dass etliche amerikanische Häuserkredite faul sind. Warum wurde dennoch investiert? Und warum haben zum Beispiel auch deutsche Banken die Griechenland-Fonds angenommen? Nun, ich bin ja Biologin und glaube daher, dass sich ein System immer weiter entwickeln muss. Und mit der Krise geht das jetzt etwas rascher. Vor allem, wenn noch Staatsbankrotte dazukommen. Man kann nur hoffen, dass unsere als soziale Marktwirtschaften verfassten Demokratien damit fertigwerden.

Es gibt jetzt viele, die sagen, es müsse sich etwas ändern. Aber mich interessiert, ob sie das wirklich so meinen.

Ich sehe es schon als eine Fortentwicklung. Aber es gibt auch eine Angst, die ich teile. Das ist die Angst vor der Überregulierung. Da besteht dann die Gefahr, dass man das Kind mit dem Bad ausschüttet. Dann schlägt das Pendel von einem Extrem, »die Wirtschaft darf alles«, ins andere. Dann verhindern staatliche Auflagen das Kreative und Innovative. Dann bekommen viele keinen Kredit mehr, weil die Banken zu viel Eigenkapital aufstocken müssen. Aber jetzt sind viele Probleme erkannt und da muss man nun wirklich dafür sorgen, dass einige der Verantwortlichen wirklich auch ihren Job wechseln. Man sollte einen Schnitt machen, damit ein Prozess der Heilung in Gange kommen kann. So, wie man am Ende des Kommunismus mit gewissen Dingen aufgeräumt hat. Oder wie man am Ende des Faschismus entnazifiziert hat.

Ralf Dahrendorf, der ehemalige Direktor der London School of Economics, betonte kurz vor seinem Tod im Juni 2009, dass individuelle Freiheit auch soziale Sicherheit voraussetze. Er wird aber meistens sehr einseitig mit »Weniger Staat, mehr Freiheit« zitiert.

Ja, aber in der Schweiz ist die Staatsquote ja relativ gering. Es herrscht im Vergleich zu Deutschland eine skeptischere Sicht, was ein Staat überhaupt leisten kann und soll.

Sind Sie denn, was die wirtschaftliche Zukunft betrifft, eher zuversichtlich?

Nein, zuversichtlich wäre zu viel gesagt. Ich glaube, dass wir noch lange nicht durch die Krise sind. Im Augenblick ist die Krise in vielen Ländern noch sehr stark durch die öffentliche Hand übertüncht, die viele Aufträge vergeben hat.

Ich glaube aber auch, dass es nach der vergangenen Phase der Materialisierung es jetzt zu einer Entmaterialisierung kommen wird. Früher hat die Mutter morgens und abends die kranke Oma gewaschen. Dann hat man gesagt, das schafft sie nicht mehr, weil sie berufstätig ist, also muss die Spitex kommen und bezahlt werden. Früher hat die Nachbarin zweimal die Woche auf das Kind aufgepasst, heute muss da ein Hort her und teuer bezahlt werden.

Wir brauchen in Zukunft aber vor allen Dingen eine Anerkennungskultur. Der Wert der Arbeit hängt doch nicht einfach davon ab, ob die Arbeit am Markt einen Preis hat. Und da sehe ich auch eine Chance für unsere Gesellschaft, dass wir wieder stärker eine Anerkennungskultur generieren sollten, in der auch das bürgerschaftliche Engagement, das eben kein Preisschild hat, stärker im Vordergrund steht.

Sie sehen, was da hinten an der Wand hängt. Das sind die Visionen 2001 und 2011. Die erste hat meine Mutter im Jahr 1991 mit dem Management erarbeitet. Die zweite wurde im Jahr 2000 erarbeitet. Jeder Mitarbeiter hat daran mitgewirkt. Alle konnten in einem Workshop ihren Input geben. Jetzt gehen wir dann wieder unsere nächste Vision an. Ich habe gerade angefangen, die ersten Vorgespräche zu führen. Für mich persönlich ist klar, dass das Thema der Anerkennung von dem Nichtmateriellen ein zentraler Bereich sein wird, der stärkere Betonung verdient. Aber jetzt muss ich natürlich erst mal hören, was die Mitarbeitenden sagen.

»Gemeinwohl für Eigenwohl« (Henri Gassler)

Urs Endress, Mitinhaber des Familienunternehmens Endress+Hauser, berichtet auf einer gemeinsamen Autofahrt eindrücklich vom Versuch, den Rückgang der Aufträge durch mehr Weiterbildung des Personals und innovative Workshops zu kompensieren. Dies mit interessantem Ergebnis. Denn so seien viele nützliche und kreative Ideen entstanden. Darauf geht hier auch Henri Gassler ein. Er ist Personalverantwortlicher der Endress+Hauser Flowtec AG. Die in Reinach (BL) situierte Endress+Hauser-Gruppe ist weltweit in der Mess- und Automatisierungstechnik tätig. Der jährliche Umsatz liegt auch nach einem größeren Einbruch im Jahr 2009 immer noch bei über einer Milliarde Euro. Um Arbeitsplätze zu sichern, hat das Unternehmen einen niedrigen Gewinn in Kauf genommen, sagt Klaus Endress, der Hauptverantwortliche des Unternehmens. (BaZ, 19.5.2010) Klaus Endress ist im Basler Universitätsrat, Urs Endress im Hochschulrat der Fachhochschule Nordwestschweiz.

Wie sind Sie zur Personalverantwortung bei Endress+Hauser gekommen?

Mein beruflicher Werdegang ist eine eher »durchgewirbelte« und abwechslungsreiche Geschichte. Ich habe einige Semester Medizin studiert und mich dann für die Studienrichtung Bauingenieur an der ETH in Zürich eingeschrieben. Zunächst lief alles gut, doch nach zwei Jahren entschied ich mich noch einmal für eine andere Ausbildungsrichtung, und zwar für eine Lehre bei den SBB. Das war eine verkürzte Lehre für Maturanden. Danach arbeitete ich in der Informatikabteilung. Eine meiner Aufgaben bestand darin, Personal im Umgang mit den damals noch neuen PCs zu schulen. Berufsbegleitend studierte ich Betriebswirtschaft und landete so im Bereich Kaderförderung der SBB. Ich durfte einen Ausbildungslehrgang für künftige Personalleiter auf die Beine stellen und wurde Personalleiter für die Region Nordwestschweiz. Eine bei den SBB durchgeführte Unternehmensreform »spülte« aber alles weg, was ich aufgebaut hatte. 1999 wechselte ich zu den Industriellen Werken in Basel (IWB) und vor acht Jahren schließlich wurde ich von der Endress+Hauser Flowtec AG in Reinach (BL) angefragt, ob ich meine Erfahrungen als Personalleiter in die Firma einbringen wolle.

Das ist ein interessanter Werdegang.

Durchaus – allerdings hatte ich zwischen meinen beiden Studiengängen eine schwierige Zeit. Ich musste herausfinden, was in beruflicher Hinsicht für mich das Richtige ist. Ich habe längere Zeit gejobbt und arbeitete als Handlanger und Hilfselektriker auf einer Baustelle.

Das hilft Ihnen jetzt auch als Personalchef.

Ja – ich habe viel kennengelernt in ganz unterschiedlichen Arbeitssituationen. Und irgendwie liegt es mir auch, mich um die Kultur einer Firma zu kümmern. Aber das geht nicht ohne persönliches, ja bisweilen »väterliches« Engagement.

Und wie ist die »Kultur« von Endress+Hauser?

Sicherlich eine, die sich deutlich von derjenigen anderer Firmen unterscheidet. [...] Was wir in unserer Firma versuchen, hat einen Hintergrund, den alle Mitarbeitenden kennen und täglich leben. Diese Kultur wird konsequent auch von der Familie Endress vorgelebt. Sonderrechte gibt's da nicht. Ein Beispiel: Wir veranstalten jedes Jahr eine große Flowtec-Weihnachtsfeier, zu der Klaus Endress und seine Frau sowie weitere Familienmitglieder eingeladen werden. Auch der Firmengründer, Georg H. Endress, der 2008 verstorben ist, nahm regelmäßig an dieser Feier teil. Ein Familienmitglied wollte einmal am entsprechenden, für die Familie Endress reservierten Tisch Plätze für 22 Uhr reservieren lassen, da er nicht rechtzeitig um 19 Uhr kommen könne. Da ich derjenige bin, der das Programm für die Weihnachtsfeier aufstellt und mit Herrn Endress alles dazu bespricht, erzählte ich ihm von dieser Platzreservation. Das gefiel ihm gar nicht. Er meinte: Auch als Mitglied der Familie Endress komme man entweder rechtzeitig um 19 Uhr oder überhaupt nicht. Privilegien wollte er niemandem einräumen. Und das zog er dann auch durch.

Klaus Endress hat, als sein Vater noch lebte, die Ausarbeitung einer Familiencharta angeregt. An dieser Charta haben in den Jahren 2005 und 2006 alle drei Generationen mitgewirkt. Sie regelt das Verhältnis der Familie Endress zum Unternehmen. Man ist sich bewusst, dass eine Familie gemeinsam unheimlich stark sein kann, dass enge Banden aber auch eine Gefahr sind. Denn wenn es zu heftigen Auseinandersetzungen kommt, könnte ein solcher Streit das ganze Unternehmen gefährden. In der Familiencharta sind diese Dinge und andere, wie die Nachfolgeregelung, beschrieben und definiert. [...]

Sind Familienunternehmen also nicht passé?

Im Gegenteil: Familienunternehmen sind überhaupt nicht passé. Eine Zeit lang habe ich Einführungskurse für neue Mitarbeitende gehalten. Dort habe ich immer gefragt: »Warum haben Sie sich für die Firma Endress+Hauser entschieden?« Viele sagten, weil es ein Familienunternehmen ist. Ein Familienunternehmen gibt ein Stück weit die Garantie, dass man mit dem, was man erwirtschaftet, sinnvoll umgeht. [...]

Aber kann ein einzelnes Unternehmen wie Endress+Hauser die eigenen Grundsätze verwirklichen, wenn die Konkurrenz anders tickt? Gerät man da nicht in einen Zugzwang, die Ellenbogen stärker einzusetzen?

Wir pflegen den Grundsatz »Gemeinwohl für Eigenwohl«. Denn die Zeit des Einzelkämpfertums ist vorbei. Die Leistungen, die man heutzutage erbringen muss, um im Markt erfolgreich zu sein, können nur gemeinsam erreicht werden. Und an diesem wesentlichen Punkt müssen wir weiterarbeiten. Dass sich die Leute in unserer Firma derart engagieren und gerne zur Arbeit kommen, das ist schon speziell … Und wenn wir bei »Unregelmäßigkeiten« feststellen, dass jemand gesundheitliche Schwierigkeiten hat, dann setzen wir alles daran, damit der betreffende Mitarbeiter wieder in den »Heimathafen der Firma« zurückfindet.

Hat die Finanz- und Wirtschaftskrise der Firma Endress+Hauser auch Grenzen aufgezeigt?

Wir haben diese Grenzen gespürt – auch die Endress+Hauser Flowtec AG. Doch ein Grundsatz wurde in unserem Topmanagement sehr bald diskutiert. Und zwar, dass es keine Entlassungen aus wirtschaftlichen Gründen geben soll. Wir wollten alle an Bord haben, wenn es wieder aufwärts geht. […]

Wie stark versucht das Unternehmen Endress+Hauser in die Gesellschaft hineinzuwirken?

Sehr intensiv – zum Beispiel mit dem Projekt »Denkwerkstätte«, das wir mit der Gemeinde Reinach (BL) initiiert haben. Da setzen wir uns mit Lehrern, Eltern, Schülern und Wirtschaftsvertretern zusammen, um die Thematik Schule und Beruf zu diskutieren. Es bringt wenig zu sagen, die Jugendlichen heutzutage taugen nichts. Die ganze Gesellschaft muss sich mehr auf Tugenden wie Fleiß und Leistung besinnen und fragen, was der eigentliche Sinn des Lebens ist. Die Zeiten, in denen man sich einzig und allein über einen tollen Job identifizieren konnte, sind vorbei. […]

7.6 Banken und Versicherungen

Was ändert sich mit der Finanzkrise bei Banken? Darüber berichten hier drei ehemalige Bankdirektoren: Toni Föllmi, Paul Feuermann und Urs Hägeli. Sie gehen auch darauf ein, wie es zur Krise gekommen ist und was helfen könnte. Wir sprachen auch mit weiteren Direktoren von Banken und Versicherungen, die aber ihre Interviews nicht namentlich zeichnen wollten.

»Wer viel hat, kann viel geben« (Toni Föllmi)

Toni Föllmi ist ehemaliger Direktor der Schweizerischen Nationalbank in Basel. Der Ökonom konzentriert sich heute stark auf ethische Aspekte.

»Wer Geld hat«, sagt Toni Föllmi, »hat auch die Möglichkeit, in eigener Verantwortung Gutes zu tun. Er kann teilen, unterstützen, helfen. Wer nichts hat, kann letztlich auch gar nichts geben. Und wo nichts ist, kann man bekanntlich auch nichts holen. Deshalb sind Besitz und Reichtum an sich nichts eigentlich Schlechtes. Jean Ziegler, der emeritierte Soziologieprofessor der Universität Genf und ehemaliger Nationalrat, hat mir bei einer Begegnung einmal an den Kopf geworfen, ich sei als Banker wohl auch einer jener ›Halunken‹. Ich erwiderte darauf ganz unprätentiös, dass ich ja ›nur ein ehemaliger Zentralbanker‹ sei. Darauf meinte er mit dem ihm eigenen sarkastischen Humor, dann sei ich ja nur ›ein halber Halunke‹. Wie gerne versieht man einen Menschen, eine Berufsgattung mit einem Etikett! Und damit wird ein Mensch wie so oft völlig zu Unrecht abgestempelt und entwürdigt!«

Nach längeren Ausführungen über Besitz, Geld und Werte äußert sich Toni Föllmi zum Faktor Zeit: »Wie viele häufen in einer Art Sammelwut Besitz und Reichtum an, den sie weder brauchen noch nutzen können?« Und danach gefragt, was denn die Finanzkrise verändere, antwortet der ehemalige Nationalbankdirektor: »Die Finanzkrise hat in den letzten Jahren vor allem die Lohnfrage stark emotionalisiert. Doch hat sich die Gesinnung gerade in dieser Frage wesentlich geändert? Lernen die Menschen überhaupt aus der Geschichte? Ich glaube kaum! Ich kenne einige, die während der akuten Phase der Finanzkrise schwer deprimiert waren. Doch kaum war das Schlimmste vorbei, bewegten sie sich wieder im gleichen alten Fahrwasser. Es ist wohl wie beim Schmerz: Kaum ist er vorbei, ist er auch schon vergessen. Besonders stoßend sind gewisse Löhne und Boni und Abfindungen. Und hier stellt sich doch immer wieder die alte Frage nach dem ›gerechten Lohn‹. Was ist das schon, ein gerechter Lohn? Die Schere nach oben ist da und dort geradezu ins Maßlose und alle Grenzen Sprengende aufgegangen, und das nicht nur bei einzelnen Finanzinstituten und Industrieunternehmen. Doch seien wir ehrlich: Gerechte Löhne hat es nie gegeben und wird es auch nie geben. Gerecht ist immer auch eine Frage des Maßes, eine Ermessensfrage, eine Frage des Anstandes auch. Der Lohn aber ist letztlich immer und vor allem eine Frage von Angebot und Nachfrage auf dem Arbeitsmarkt. Wer am längeren Hebel sitzt, hat Macht, der kann eben fordern.«

Toni Föllmi spricht auch das Bankgeheimnis an: »Das Missmanagement vieler Akteure liegt jetzt geradezu augenfällig auf der Hand und kann auch nicht mehr bestritten werden. Ein besonders heikler Punkt ist nach wie vor das schweizerische Bankgeheimnis. Für mich war und ist ›Steuerhinterziehung‹ schon immer Betrug. Dies ist die ethische Frage schlechthin: Nicht alles, was legitim ist, ist auch ethisch! [...] Da erinnere ich mich immer wieder an ein Diktum des früh verstorbenen Basler Staatsrechtlers Professor Max Imboden: ›Recht ist Macht und Macht ist Recht.‹ Wie wurde doch im Laufe der Jahre zum Beispiel das geradezu klassische und unerschütterlich geglaubte schweizerische Bankgeheimnis durch reine Erpressung mehr und mehr verwässert. Vielleicht hat auch die ›normative Kraft des Faktischen‹ obsiegt, vielleicht auch nur die ›Wahrheit‹!«

»Das wird sich dramatisch ändern« (Paul Feuermann)

Paul Feuermann kam 1949 zur Welt. Nach seinem politikwissenschaftlichen Studium an der Universität Lausanne schloss er die London School of Economics mit einem Wirtschaftsmaster ab. Dann zog es ihn in die Bankenwelt. Hier arbeitete er jeweils als Direktor der Privatbank Genf (1988–1990), der Privatbank Vontobel Zürich (1993–1995), der ING Bank Zürich (1995–1999) und der UBS Basel (1999–2005).

Paul Feuermann erscheint mit einem Text von Michael J. Panzner unterm Arm, *When Giants Fall. An Economic Roadmap for the End of the American Era*, und kommentiert, wie das Geschehen in der Finanzwirtschaft auf vielfältige Weise durch die USA dominiert werde.

Die US-Währung habe die größte Markttiefe, die größten international tätigen Konzerne hätten ihren Ursprung in den USA und seien in der Nachkriegszeit zum Vorbild asiatischer und europäischer Unternehmen geworden. Die amerikanischen Banken, führt er weiter aus, hätten eine dominierende Rolle bei der Deregulierung und Internationalisierung der Finanzwelt gespielt. Mit der Präsidentschaft Reagan hätten die USA ihre Wirtschaft mit einer wachsenden Kreditblase neu aufzustellen begonnen. Ab 1987 und nach dem Börsencrash vom Oktober übernahm Alan Greenspan die Leitung der amerikanischen Notenbank. Mit ihm, sagt Paul Feuermann, hätte die Vorstellung von unbegrenztem Kreditwachstum eine neue Dimension und weltweite Ausdehnung bekommen. Der Rhythmus wirtschaftlicher Zyklen werde immer stärker abhängig vom Geschehen in der Finanzwelt und die Wirtschaftspolitik richte sich immer mehr nach den Bedürfnissen der international tätigen Banken. Die Banken selbst würden ihre Grenzen nicht mehr kennen. Unter Marcel Ospel sei an internen Kadersitzungen der UBS die Devise herausgegeben worden, dass die einzigartige Marktstellung im Vermögensverwaltungsgeschäft dazu genutzt werden müsse, um die Bank zur Nummer eins zu machen, mit einem Marktanteil im Über-20-Prozent-Bereich (sic)!

Aber zunächst interessiert uns natürlich der persönliche Werdegang.

Ja, eigentlich stand ab 1979 das Bankengeschäft im Vordergrund. Zuerst im Investment und Corporate Banking des Schweizerischen Bankvereins in Basel, dann London, New York und Panama, später in der strategischen Planung der Generaldirektion. Ab 1988 war mein Schwerpunkt Wealth Management bei der ehemaligen Schmidheiny Bank, der Vontobel, der ING Barings und schließlich der UBS. Mit 56 Jahren folgten der Ausstieg und neue Projekte mit Schwerpunkt Uruguay und der Förderung alternativer Energien.

Und diese kritische Haltung, war die schon immer da?

Über das stete Nachfragen habe ich schon immer versucht, etwas besser verstehen zu können. Das Rüstzeug kam ursprünglich von den Hochschulen, aber der direkte Umgang mit und an den Märkten für Banken und Kunden war für ein vertieftes Verständnis die entscheidende Bühne.

Aus einem Monopolkapitalismus hoch kartellisierter Märkte wurde immer mehr ein Ungeheuer von Kasinokapitalismus mit Möglichkeiten, die sehr tief in die Wahrnehmung einer ganzen Generation hineinwirkten etwa im Sinne: »the limit is the sky« oder alles ist erlaubt, was liquide Mittel schafft zum Zwecke von Finanzgeschäften, meistens hochspekulativen. Aber was sind die Bestimmungsgrößen, was bewegt sich da, wer bewegt was? Auf diese Fragen gibt es nicht nur einfache Antworten. Eines ist klar: Wachstum bedeutet in allererster Linie das Wachstum von Schulden einerseits und Profiten global tätiger Unternehmen andererseits. Um dies zu bewerkstelligen, mussten alle geografischen und regulatorischen Grenzen aufgehoben werden. Diese Entwicklung hat mich sehr interessiert, nicht zuletzt, weil es sich um ein einmaliges Phänomen handelte, das sich erst mit der raschen Entwicklung der informationstechnischen Möglichkeiten so darstellen konnte.

Was verursacht denn die Finanzkrise?

Ich glaube, die entscheidenden »Treiber« sind die globalen Sogwirkungen in den Finanzmärkten, die sich in gigantischen Handelsungleichgewichten und international gehandelten Zahlungsversprechen äußern. Neuerdings sind aber auch Finanzierungslücken im Staatshaushalt und im Privatsektor Ursachen in diesem Prozess der wachsenden Ungleichgewichte. Damit werden Schuldenkrisen Teil des Systems und die zyklischen Veränderungen von Wachstumsprozessen werden systemrelevante Schwächen mit einem absolut gefährlichen Hebel für das Funktionieren von ganzen Gesellschaftssystemen. Dieser Prozess steht am Anfang und wird in den kommenden Jahren flächendeckende »Schäden« verursachen. Es wäre höchste Zeit, dass sich die biedere, sich selbst als »freisinnig« verstehende Elite Gedanken macht, was diese Anhäufung von Schulden eigentlich bedeutet. Die Tagespresse ist derart unbedarft im Umgang mit diesen Themen, dass ihr eine Mitverantwortung an dieser Entwicklung durchaus angelastet werden kann.

Die Politik hat aber den Banken unter die Arme gegriffen …

Die Politiker haben mit der Deregulierung wichtige Steuerungskompetenzen aus der Hand gegeben und damit ihre Rolle auf die des Krisenmanagers heruntergestuft. Dieses Krisenmanagement nimmt natürlich den Steuerzahler in die Pflicht und lastet ihm schwere Bürden auf, die den Mittelstand dezimieren werden. Ganz im Sinne des Gresham'schen Gesetzes wird dem schlechten Geld knappes und später schmerzlich fehlendes gutes Geld nachgeworfen, eine Wahnsinnstat, die immer damit gerechtfertigt wird: Es musste getan werden, um Schlimmeres zu verhüten.

Was sind denn Prognosen, wie es weitergeht?

Die Systemkrise ist weiter in die Tiefe und in die Breite gewachsen. Die Bankenkrise ist in keiner Weise unter Kontrolle. Dafür sind die Bilanzen der großen Finanzintermediäre viel zu groß und mit dubiosen Risiken aufgefüllt! Die Bankenkrise hat inzwischen die ersten Opfer gefunden bei den Schuldnern des Öffentlichen Rechtes. Die Gehilfenschaft von Zentralbanken beim Vertuschen schwerster Verwerfungen hat dazu geführt, dass sich die sogenannten erstklassigen Staatsrisiken im kurzen Laufzeitbereich zu null Prozent Zinsen verschulden können. Also wenn das Geld nichts kostet, dann macht man vor allem kurzfristige Schulden. Dass alle diese Schuldner eigentlich komplett insolvent sind, scheint ebenfalls keine Aufregung zu verursachen. Die Weltwirtschaft schlittert in die schwerste Krise aller Zeiten. Wir werden Volksaufstände, Verelendung, Ungerechtigkeiten, Willkür, Totalitarismus, Mangelerscheinungen erleben, die heute in unserer Spaß- und Blödelgesellschaft unvorstellbar sind, die mit Brot und Spielen bei Laune gehalten wird. Die Krise wird mindestens zwei Jahrzehnte dauern.

Also ist ein Crash vorprogrammiert?

Der Crash ist vor allem ein verheerender GAU im Markt von bezahlten Stellen, sogenannten Arbeitsplätzen. Ein großer Teil der bezahlten Arbeiten, die in der Blasenzeit des sich grenzenlos vermehrenden Geldes entstanden sind, werden verschwinden, und sehr viele Leute werden ihrer materiellen Existenzgrundlage beraubt. Für die von der US-Bundesregierung eingegangenen und gesetzlich verankerten Verpflichtungen im Bereich von Social Security, Medicare, Medicaid und ähnlichen Programmen fehlen die Rücklagen. Solche Reserven sind schlicht nicht vorhanden! Mit anderen Worten: Entweder werden die Leistungen gekürzt oder suspendiert, oder der Staat holt sich das Geld beim Steuerzahler. In den übrigen führenden OECD-Staaten ist die Situation nicht viel besser

War es denn falsch, die UBS zu retten?

Diese Symbiose zwischen Staat und Banken besteht schon seit langer Zeit. Politisch gab es keine Wahl, glaube ich. Die UBS sitzt auf einem riesigen Berg von wertlosen Papieren. Was diesem Prozess aber auch geholfen hat, sind neue *accounting rules*, Buchlegungsstandards. Man konnte hier einige Fenster öffnen und die Bilanzen der Banken stabilisieren; aber eigentlich ist auch das eine Augenwischerei. Der Grund: Ein bedeutender Teil der Kredite im Immobilienbereich vieler Länder, aber hauptsächlich in den USA, wurde verbrieft, will sagen: in handelbaren Wertpapieren dokumentiert. Der Wert dieser Papiere ist dank dem freundlichen Dazutun der Notenbanken und der Regierungen mit ihren »Hilfspaketen« massiv gestiegen, und gleichzeitig ist der Gegenstand des Kredites, der Wert dieser Immobilien, weiter gesunken.

Das klingt nicht sehr zuversichtlich.

Ich bin natürlich privilegiert gewesen, dass ich sechzig Jahre lang leben konnte ohne Krieg und in einer Zeit beispielloser Zunahme materiellen Wohlstandes. Ich hatte eine hohe Mobilität erleben dürfen, als ich ins Erwerbsleben eingestiegen bin. Dafür bin ich sehr dankbar. Ich freue mich an jedem Tag meines Lebens und bin außerordentlich glücklich, dass ich es selber so gestalten kann, wie ich das möchte. Ich kann auch immer wieder für mich Sinnhaftigkeit schaffen. Aber natürlich mache ich mir große Sorgen über die Zukunft – there's no denial!

»Nur die dümmsten Kälber wählen ihre Metzger selber« (Urs Hägeli)

Urs Hägeli ist heute selbständiger Unternehmensberater und mit der Welt der Banken und Unternehmen vertraut. Er war unter anderem stellvertretender Direktor der UBS Schweiz (Fachführung Personaldienste) und Direktor der Ascom AG Bern. Er geht hier auf unsere Frage ein, ob die Finanzkrise das Denken wichtiger Finanz- und Wirtschaftsleute verändert hat:

»Es ist zu differenzieren: Bei den Topexponenten der Großbanken – Investmentbanker – sehe ich keine Veränderung. Mit verblüffender Sturheit und Ignoranz hält man am Bisherigen fest, kein Argument dazu ist schlecht genug. Die Zeit für Remedur innerhalb des eigenen Handlungsspielraums und zu nachhaltigen Lösungen zugunsten der Branche – zurück zur Vernunft und Akzeptanz – ist leider vorbei. Es verbleiben politische Lösungen, die aber auch nach Theodor Storm »Es rast die See und will ihr Opfer haben« tendieren. Die Zeit, wo Unvernunft das Zepter führt, ist leider noch nicht vorbei.

Alle übrigen Banker, die kundenorientiert arbeiten – Private Banking, Kreditgeschäft – und die dementsprechend wissen, wer ihren Lohn bezahlt, bemühen sich um kundenfreundliche Produkte und transparente Preise. Insbesondere innerhalb der Großbanken stoßen sie aber auf Widerstand und können sich kaum durchsetzen, weil die Investmentbanker das Sagen haben. Sie werden in der öffentlichen Meinung jedoch in denselben Topf geschmissen und leiden dementsprechend unter dem schlechten Image. Aufmerksamkeit gebührt denjenigen Privatbankern, die Unabhängigkeit erlangt haben, sich für ein kundenorientiertes Geschäftsmodell einsetzen und dieses Modell auch umsetzen, bei dem die Beratung im Vordergrund steht, nicht der Produktverkauf.«

Urs Hägeli überließ uns exklusiv seinen hier erstmals publizierten Text »Nur die dümmsten Kälber wählen ihre Metzger selber«, in dem sich der ehemalige stellvertretende Direktor der UBS Schweiz an heutige Topbanker richtet:

»Herzliche Gratulation! Sie haben das Ziel erreicht. In Ihren Marketingoffensiven im Ausland argumentieren Sie mit dem Standortvorteil Schweiz. Sie erklären Ihrem potenziellen Kunden, wie einzigartig unser Land doch sei mit seiner direkten Demokratie, der politischen Stabilität und dem daraus resultierenden sozialen Frieden seit Generationen. Diese einzigartige Ausgangslage – gepaart mit den typisch schweizerischen Eigenschaften und Traditionen – habe letztlich zum herausragenden Finanzplatz Schweiz geführt. Sie laden ein, diese Vorteile als Kunde Ihres Institutes zu nutzen, da Sie – trotz Ihrer weltumspannenden Tätigkeit – Ihre Wurzeln daselbst hätten und Swiss(-Quality) Ihr Selbstverständnis und deshalb auch Teil Ihres Namens sei. Wo aber ist Ihre Swissness in ihrer Salär- und Bonuspolitik? Zugunsten Ihres persönlichen Vorteils drehen Sie sich flugs auf dem Absatz und ignorieren schamlos Ihre eigenen Argumente. Sie scheuen sich auch nicht, die wieder positivere Marktentwicklung der letzten Monate als Folge Ihrer eigenen Anstrengungen und Kreativität zu pervertieren.

Mit Ihrer nur für sich selbst in Gang gesetzten Lohnspirale übertreffen Sie in der Zwischenzeit sogar Ihre ausländischen ›Vorbilder‹. Seit Jahren ignorieren Sie zugunsten Ihrer unbegrenzten Gier die immer lauter werdende Kritik. Mit Ihrem egozentrischen System gefährden Sie unseren sozialen Frieden und nehmen damit bewusst die Zerstörung der Grundlage Ihres eigentlichen Erfolgs in Kauf. Ihre Argumente sind schwach und unglaubwürdig. Sie machen es Ihren Gegnern mehr als leicht, für staatlichen Interventionismus eine politische Mehrheit zu finden. So verkommen unsere komparativen Vorteile zu nachhaltigen Nachteilen. An den Nachwehen Ihres unverantwortbaren Eigennutzes wird Ihre Branche zu leiden haben. Fazit: Sie haben viel verlernt und nichts dazugelernt. ›Wir zocken ab, solang es geht! Zulasten der Stakeholder, koste es, was es wolle! Nach uns die Sintflut!‹ Bravo!«

7.7 Kultur und Sport

Kultur und Spitzensport bieten Möglichkeiten, reich zu werden, vor allem auch mit der Kommerzialisierung dieser Bereiche. Arthur Cohn ist über die Kultur zu viel Ruhm und Geld gekommen. Ganz anders ausgerichtet ist das kulturelle Engagement von Catherine Dreyfus Soguel, die auch im Verwaltungsrat der Basler Bank Dreyfus Söhne & Cie. mitwirkt und sich in der High Society ziemlich langweilt. Was den Fußball mit dem Reichtum verbindet, erläutern Benjamin Huggel, »Schweizer Fußballer des Jahres 2010«, und Josef Zindel, der Pressesprecher des FC Basel.[76]

»Geld ist wie das Leben« (Arthur Cohn)

Arthur Cohn ist in Basel aufgewachsen, wo er heute noch wohnt. Sein Vater war ein bekannter Rechtsanwalt, seine Mutter verfasste unter anderem Texte für das Cabaret Cornichon. »Die Werte, die mir meine unvergesslichen Eltern vermittelt haben, sind für mich Vor- und Leitbild«, sagt Arthur Cohn zu seiner Herkunft. »Sie gaben mir Wurzeln und Flügel, Wurzeln hinsichtlich humanistischer Bildung, Familientradition und ethischer Richtlinien, und andererseits Flügel, damit ich von Basel in die große Welt hinausfliege und Eigenes erschaffe. Es ist sehr schwer, im Leben Wurzeln und Flügel zu kombinieren. Viele bleiben auf ihren Wurzeln sitzen und benützen ihre Flügel nicht, andere fliegen hinaus und vergessen ihre Wurzeln. Wenn ich Erfolg hatte, so deshalb, weil ich immer wusste, dass das Eine ohne das Andere undenkbar ist.« Cohn arbeitete zuerst als Journalist beim Schweizer Radio im Sendegefäß »Echo der Zeit«. Er begann dann Drehbücher zu schreiben, reüssierte mit vielen Filmen, die er produzierte, und ist Preisträger von sechs Oscars. Die Philosophisch-Historische Fakultät der Universität Basel verlieh ihm im Jahr 2006 die Würde eines Ehrendoktors.

Was hat Ihnen bei Ihrer Karriere besonders geholfen?

Ich habe mein schwer erarbeitetes Geld nie in dubiose Schneeballsysteme oder andere Gebiete investiert, bei welchen ich keinerlei

Kontrolle habe. Mein Vater, der ein gerader und angesehener Rechtsanwalt war, hat mich gelehrt, Ratschlägen von außen nicht zu viel Gewicht zu schenken und allem voran auf meine eigene innere Stimme zu hören. Das hat mir stets geholfen: die Gewissheit, am Ende des Tages für meine Taten einzustehen und selbst Verantwortung zu übernehmen.

Was motiviert Sie dazu, sich immer wieder sozial zu engagieren?

Die Basis hierzu liegt natürlich in der humanistischen Erziehung, mit welcher ich in meinem Elternhaus an der Austrasse 16 in Basel ausgestattet wurde. Hinzu kommt eine innere Überzeugung, dass der Besitz von Geld eine Chance ist, andere Menschen zu erfreuen. Das Geld ist wie das Leben: Ein mir und jedem Menschen ausgeliehenes Pfand, welches eine Chance bedeutet, Gutes in der Welt zu bewirken.

Was erleben Sie im Kontakt mit Reichen: eine besondere Herzlichkeit oder eine Fassade, hinter der sich Ressentiments verbergen?

Hier lassen sich keine Regeln aufstellen: Es gibt reiche Menschen, die sind tatsächlich besonders herzlich und auf sozialer Ebene verantwortungsbewusst, dann gibt es andere, die schauen nur mit Argwohn auf den Besitz von Mitmenschen und fristen ein mürrisches Dasein. Dasselbe gilt auch für nicht reiche Menschen. Ich denke dabei an die weise Richtlinie des Talmuds: Wer ist reich? Der mit dem, was er hat, zufrieden ist. Wer ist geehrt? Der, der andere Menschen ehrt.

Und was bedeuten Geld und Reichtum für Sie?

Geld ist immer nur Mittel zum Zweck. Die Anhäufung von materiellem Reichtum per se ist gefährlich, wenn sie nicht mit der nötigen Bescheidenheit und Menschlichkeit begleitet wird. Dies gilt sowohl für individuelle Menschen als auch für Banken – gerade der Finanzplatz Schweiz ist also aufgefordert, seine Verantwortung für die Gesellschaft nie aus den Augen zu verlieren.

Haben Sie den Eindruck, dass die Finanzkrise das Denken einflussreicher Leute verändert? Und was wäre Ihr Wunsch, in welche Richtung es gehen könnte?

Ich denke, dass die Finanzkrise den Menschen wieder etwas verloren gegangene Bescheidenheit zurückgegeben hat. Mein Wunsch wäre, dass diese Lektion tatsächlich verinnerlicht wird und langfristig einen verantwortungsvolleren Umgang mit Geld, und insbesondere mit dem anderer Menschen, die einem ihr Geld gutgläubig anvertrauen, zur Folge hat.

»Das langweilt mich« (Catherine Dreyfus Soguel)

Wenig Wert auf Fassade legt Catherine Dreyfus Soguel, die ihr Leben der »Kulturförderung an der Basis« verschrieben hat. Sie stammt aus einer wohlhabenden Familie, arbeitete früher als Journalistin und Publizistin in Paris, engagierte sich bei der Société d'Etudes Françaises, präsidiert seit einiger Zeit die Kulturvereinigung Alliance Française in Basel und lädt immer wieder renommierte Persönlichkeiten aus der frankofonen Welt zu Vorträgen ein. Dreyfus Soguel ist mit einem Privatbankier verheiratet und im Verwaltungsrat tätig.

Wie sind Sie dazu gekommen, sich kulturell so zu engagieren?

Es war immer Kultur in meinem Umfeld. Riesenbibliotheken und Bilder. Und für mich war es ganz selbstverständlich, dass ich mich für Kultur interessiere. Als Kind hat mich mein Vater immer in alle Museen mitgeschleppt. Ich wuchs in Paris auf, verbrachte aber schon früh meine Ferien in Basel. Meine Eltern trennten sich, als ich sechs Jahre alt war. Die Schulzeit verbrachte ich bei meiner Mutter in Paris, die Ferien bei meinem Vater in Basel. Er war Vizepräsident der Dreyfusbank. Und meine Mutter arbeitete bei der OECD im Centre de Développement. Sie pflegte Freundschaften mit Raymond Aron, Alexandre Kojève, Robert Marjolin und anderen. So besuchten uns immer viele Intellektuelle. Ich fand das interessant und studierte dann auch Politologie und Soziologie, bis ich als Journalistin begann. Zuerst schrieb ich viel über den Marché Commun und was sonst so in Brüssel los war, dann mehr über das alltägliche Leben, *la vie quotidienne.* 1990 heiratete ich den Basler Bankier Bernard Soguel Dreyfus und pendelte zwischen Paris und Basel, bis mir das zu mühsam wurde. Und so kam ich ganz nach Basel und begann, ab 1996 die Alliance Française zu leiten.

Und Ihr Mann interessiert sich auch für die Kultur?

Ja, besonders für Kunst und Geschichte, aber viel weniger als ich. Er arbeitet in der Bank. Seine Interessen sind vor allem die Börse und die Bankgeschäfte.

Sie selber sind aber im Verwaltungsrat der Bank?

Ja schon, im Familiengeschäft bin ich drinnen. Aber das läuft ganz nebenher. Ich konzentriere mich auf das kulturelle und soziale Engagement. Ich organisiere über zwanzig Anlässe im Jahr. Das ist eine Riesenarbeit, fast eine Hundert-Prozent-Beschäftigung. Ich komme auch nicht mehr zum Schreiben. Früher verfasste ich zwei Bücher, ein Buch über therapeutische Gruppen, ein anderes Buch über eine ökologische Umwelt. Das habe ich alles ausprobiert.

Kennen Sie viele andere aus privilegierten Kreisen, die sich auch so engagieren?

Ehrlich gesagt, hat mich das nie wirklich interessiert, woher die Leute kommen. Aus welchen Kreisen sie kommen. Ich kenne viele engagierte Frauen, aber ob sie begütert sind oder von normalen Familien kommen, das weiß ich gar nicht recht.

Neben Ihrem kulturellen Engagement bewegen Sie sich auch in der Welt der Banken, mit der Sie auch von Ihrer Herkunft schon etwas vertraut sind?

Das ist eine etwas andere Welt. Natürlich ist es auch eine Chance für mich, denn es ist viel angenehmer, Geld zu haben statt keines. Aber es ist keine Welt, die mich besonders interessiert. Ich bin froh, dass ich sie meinem Mann überlassen kann.

Und Ihr Mann interessiert sich für Ihre kulturellen Aktivitäten?

Ja, aber mehr aus Höflichkeit, glaube ich; wobei er großzügig ist und den Leuten immer hilft, wenn er kann. Aber das ist bei seiner Bank auch viel ausgeprägter als bei anderen Banken. Es funktioniert bei uns mehr wie in einer Familie. Die Leute bleiben zusammen. Mein Bruder ist auch schon lange dabei. Es ist nicht wie bei der UBS, wo die Leute kommen und gehen.

Pflegen sie bewusst Beziehungen zur Finanzwelt?

Ich sollte das mehr tun, aber das langweilt mich immer furchtbar. Vor allem wenn so viel über Geld geredet wird. Ich habe das Glück, mich nicht wirklich darum kümmern zu müssen. Sonst hätte ich vielleicht auch eine andere Einstellung.

Sie haben eine große Auszeichnung bekommen.

Ach ja, die Légion d'honneur. Frankreich verteilt eher freiwillig Orden, als dass sie finanzielle Unterstützung geben.

»Auf einzelne Spieler heruntergebrochen« (Benjamin Huggel)

Benjamin Huggel ist »Schweizer Fußballer des Jahres 2010«. Er spielt beim FC Basel 1893 und gehörte bis Mitte 2010 dem Nationalteam an.[77] Huggel äußert sich hier dazu, wie unterschiedlich einzelne Spieler mit dem Erfolg und großen Geld umgehen.[78]

Benjamin Huggel, Sie haben sich als Profifußballer beim FC Basel und im Schweizer Nationalteam durchgesetzt. Sie haben auch an der Weltmeisterschaft in Südafrika teilgenommen und regelmäßig gespielt. Sie haben erreicht, wovon andere träumen.
Was hat Ihren Erfolg ermöglicht? Und wie sind Sie zu Ihrem Selbstvertrauen gekommen, das wohl nötig ist, um sich so durchsetzen zu können?

Meinen sportlichen Erfolg erreichte ich durch Eigenleistung, Wille und Ehrgeiz. Talent allein reicht nicht, Talent haben viele im Fußball, aber es braucht mehr. Und das Selbstvertrauen entwickelte sich halt mit der Zeit, mit dem zunehmenden Erfolg, mit der Erkenntnis, dass das, was ich im Fußball probierte, auch gelang.

Sie sind über den Fußball zu viel Anerkennung und auch zu Geld gekommen. Sie gehören damit zu den eher wohlhabenden Menschen in der Schweiz. Wie gehen Sie damit um? Ist das für Sie etwas Normales und Selbstverständliches geworden? Oder fühlen Sie sich besonders privilegiert?

Ich weiß, dass ich privilegiert bin, aber ich fühle mich nicht so, weil ich wirklich ein ganz normales Leben führe. Geld zu haben, beruhigt mich, aber ich hatte nie das Gefühl, dass es mich glücklicher macht.

Im Profifußball gibt es große Unterschiede: Die einen verdienen sehr viel Geld, andere deutlich weniger. Halten Sie diese Unterschiede für gerechtfertigt? Und finden Sie es okay, wenn einzelne Spieler so viel verdienen?

Die finanziellen Unterschiede im Fußball halte ich für gerechtfertigt. Fußball funktioniert total nach den marktwirtschaftlichen Regeln von Angebot und Nachfrage. Es gibt in Europa vielleicht fünfzig Topstürmer, aber tausend starke Mittelfeldspieler. Da ist es halt logisch, dass die Stürmer mehr verdienen als die Mittelfeldspieler, mal abgesehen davon, dass im Fußball eine sehr einfache, aber auch sehr ehrliche Leistungshierarchie herrscht.

Wenn Sie einen Blick auf unsere Gesellschaft werfen: Was freut Sie besonders und was bekümmert Sie allenfalls?

Mich freut, dass es heute eindeutig weniger gesellschaftliche Fesseln gibt als noch zur Jugendzeit meines Vaters. Man hat mehr Freiheiten als früher. Sorgen bereitet mir aber, dass viele mit diesen Freiheiten nicht gut umgehen können, denn Freiheit zu haben, heißt nicht einfach zu tun, was man will, sondern heißt zum Beispiel auch, eine Vorstellungskraft für die Sorgen und Nöte anderer zu bekommen.

In unserer Gesellschaft geht die Schere bei den verfügbaren Einkommen und bei den Vermögen stark auseinander. Wie beurteilen Sie diese Entwicklung? Und haben Sie eine Botschaft an die Adresse der Reichen?

Grundsätzlich habe ich keine Lösung für diese soziale Schere parat. Aber es muss ein Ziel der Gesellschaft sein, dass es keine Menschen mehr gibt, die nichts zu verlieren haben. Ich finde es schon gut, dass in der Schweiz jene, die arm geboren wurden, nicht zwingend arm bleiben müssen. Hoffnungslosigkeit ist das Schlimmste, das einer Gesellschaft passieren kann. Und dort, wo Hoffnungslosigkeit herrscht, müssen Änderungen auf dem politischen Weg angestrebt werden. Und mein Appell an die Reichen? Dass sie sich der Schere, der sozialen Problematik bewusst und dass sie nicht maßlos und gierig sind.

»Extreme Leistungslöhne« (Josef Zindel)

Josef Zindel ist gelernter Buchhändler, Publizist und langjähriger Pressesprecher des FC Basel. Als Autor mehrerer Bücher schreibt er auch regelmäßig Texte für kabarettistische Fernsehsendungen. Nebst Fußball interessieren ihn Literatur, Politik und Gesellschaftsfragen.

Wie viel verdient ein Topfußballer in der Schweiz?

Das ist eines der bestgehüteten Geheimnisse. Ich weiß es auch nicht genau. Nach den mir bekannten Indikatoren kann der Betrag im Extremfall bis zu einer Million Franken jährlich gehen oder auch mal darüber hinaus.

Ist das viel zu viel oder normal?

Die fünf bis sechs Fußballer, die so viel verdienen, sind Ausreißer nach oben. Tendenziell wird im Schweizer Fußball eher ein wenig zu viel bezahlt. Die Möglichkeiten sind allerdings begrenzt. Auch wegen den relativ geringen Fernseheinnahmen. Der Durchschnittslohn liegt vielleicht um die 150 000 Franken.

Bei GC soll derzeit niemand mehr als 300 000 verdienen und beim FCB dürfte der Durchschnitt schon höher sein.

Das sind Spekulationen. Das kann ich so nicht bestätigen, ich kenne die Löhne von GC nicht, wobei auch in deren Kader ein, zwei sehr bekannte Leute spielen, deren finanzielle Ansprüche hoch sind. Aufgrund der Jahresberichte kann man gewisse Rückschlüsse ziehen. Sicher ist, dass der FCB der Klub in der Schweiz ist, der im Schnitt die höchsten Saläre zahlt.[79] Und da werden sehr schnell Zürich und die Young Boys folgen, weil diese Spirale aufgrund der Champions-League-Teilnahme in Bewegung kommt und sie nur noch schwer zu stoppen ist.

Gibt es aber auch beim FCB intern relativ große Unterschiede?

Ja, es gibt schon eine Schere. Fußball ist eine der extremsten Leistungslohnbranchen. Die Bankenwelt vielleicht auch, aber beim Fußball gibt es extreme Leistungslöhne, und diejenigen, die eine gute Leistung bringen, werden gut bezahlt, die anderen durchschnittlich.

Und wie wirken sich die Unterschiede auf die Spieler aus: eher stimulierend oder demotivierend?

Nein, die Fußballer akzeptieren zu 99,9 Prozent die Regeln in dieser Branche. Und die Fußballer selber denken schon sehr in Leistungshierarchien. Wenn einer ein Topverdiener ist und die Leistung nicht bringt, dann hat er Akzeptanzprobleme, aber die fangen nicht intern, sondern extern an.

Und wie viel verdienen die Trainer?

Bei den Toptrainern gibt es ganz große Unterschiede, je nachdem ob einer jung oder arriviert ist. In der Regel verdienen Trainer in der Schweiz etwa das, was ein CEO von einem mittleren Unternehmen bekommt.

Das wäre etwa zwischen 500 000 Franken und einer Million.

Ein Trainer beim FCB verdient immer mehr als ein Trainer bei Bellinzona oder Aarau, das ist einfach so.

Das heißt, ein Trainer beim FCB verdient gut über eine Million?

Da müsste er maximalen Erfolg haben, und ein solches Salär bezieht er sicher nicht als Basislohn. Ein großer Bestandteil sind Prämien. Da funktioniert das Bonussystem eigentlich noch. Die Boni fließen nur, wenn die Leistungen stimmen.

Und die Leistungen sind messbar?

Ja, es sind ganz klare Kriterien. Die sind fest geregelt: für Titel und Punkte.

Und wie viel verdient ein Pressechef?

Ich verdiene etwa so viel wie ein Oberstufenlehrer.

Was bedeutet es, wenn junge Spieler relativ früh so viel verdienen?

Das ist ein sehr heikler Punkt. Es gibt tatsächlich fast keine Branche, wo du so jung plötzlich auf einen Schlag so viel verdienen kannst. Manchmal beobachtet man das und denkt, der könnte schon besser zu seinem Geld schauen. Wir versuchen dann, darauf einzuwirken, mal mit Erfolg, mal ohne. Wenn zum Beispiel ein junger Spieler ganz neu aus Afrika zu uns kommt, dann betreuen wir ihn wirklich. Wir haben auch schon das Geld von einzelnen Spielern verwaltet und mit ihnen ihre Ausgaben besprochen. Wir versuchen sie ein wenig zu Bescheidenheit zu erziehen.

Wenn jemand wie Massimo Ceccaroni jahrelang beim FCB spielte und mit 32 Jahren aufhört, wie viel hat er dann in der Regel auf der Seite?

Ich vermute mal, ungefähr so viel wie ein Geschäftsführer von einem KMU nach der gleichen Zeit. Der Ceccaroni war halt finanziell zur falschen Zeit bei uns. Und Klubtreue wird finanziell nicht belohnt. Geld kriegst du immer durch Wechsel. Ein Ceccaroni muss weiter arbeiten. Einer, der während zwölf Jahren nur in der Schweiz gespielt hat, dem geht es nachher ordentlich, aber er hat nicht ausgesorgt. Aber das Ende einer Karriere ist manchmal schwierig. Auch, weil dann weniger Anerkennung da ist. Wenn ich allerdings das jetzige Kader durchgehe, habe ich für die wenigsten Angst. Etlichen gelingt es, im Fußball zu überleben, der ja ein riesiges Geschäft geworden ist.

Auch für Mäzeninnen und Mäzene. Steht bei denen auch die Begeisterung für den Fußball im Vordergrund?

Es sind schon etwa achtzig bis neunzig Prozent Emotionen. Wenn du wirtschaftlich denkst, investierst du nicht im Fußball, zumindest nicht in der Schweiz. Du investierst vielleicht in ein Stadion, aber nicht in einen Fußballklub, wobei zum emotionalen Bereich auch die Geltungsfreude gehört.

Und jetzt ist der FC Basel relativ stark von einer Mäzenin abhängig?

Das stimmt nicht. Das ist ein unausrottbares Klischee. Wir sind sehr glücklich, dass es Präsidentin Oeri gibt. Wir haben aber nach wie vor fast 70 Prozent von unserem Basisbudget selbst erwirtschaftet: durch Zuschauereinnahmen, durch Sponsoring, durch Marketing, ganz minim durchs Fernsehen und durch Transfererlöse. Wenn wir aber ein Loch haben wie dieses Jahr, ist Gigi Oeri als Mehrheitsaktionärin der Holding da, wobei die Holding in der Vergangenheit auch mit Reserven aus früheren Champions-League-Teilnahmen gespeist wurde. Frau Oeri engagiert sich mehr denn je für den Nachwuchs des FCB, dazu auch für soziale Projekte. Sie ist Präsidentin einer internationalen Stiftung namens Scort, die sehr viel im Bereich des Kinder- und Jugendfußballs in der Dritten Welt tut.

7.8 Philanthropie

Maja Oeri[80] stiftete Ende März 2010 fünfzig Millionen Franken für den Erweiterungsbau des Kunstmuseums Basel. (BaZ, 1.4.2010 a) »Einem geschenkten Gaul schaut man nicht ins Maul«, kommentierte Raphael Suter das großzügige Geschenk (BaZ, 3.4.2010).[81] Der Kommentar löste harsche Reaktionen aus. Er wirft die Frage auf, wie philanthropisch die Philanthropie ist, die Christine Cerletti-Sarasin in aller Offenheit diskutiert, zusammen mit Alicia Soiron und Matthias Eckenstein. Weitere Gespräche, die wir mit mehreren der reichsten Frauen der Schweiz zur Philanthropie führen konnten, dürfen hier nicht erwähnt werden.

»Geldsorgen hatte ich nie« (Christine Cerletti-Sarasin)

Christine Cerletti-Sarasin ist Sängerin und Psychologin. Sie arbeitete auch ein paar Jahre als Berufsberaterin. In den Medien erscheint sie vornehmlich als Mäzenin. Sie gehört zu den Frauen, die das Schauspielhaus mitfinanziert haben, und sie engagiert sich finanziell und ideell für kulturelle und soziale Projekte.

Zuerst interessiert mich Ihr Werdegang, also woher Sie kommen.

Also, ich kam im sogenannten Daig zur Welt. Mein Mädchenname ist Sarasin. Und ich hatte ein sehr gespaltenes Verhältnis zu diesem Namen, insbesondere in der Kindheit. Schon in der Schule kam viel Neid und Missgunst auf mich zu. Mir war aber nicht klar wieso. Da dachte ich, es wäre schon einfacher, wenn ich Meier oder Müller heißen würde. Und so hielt ich es auch später. Ich war ja nur ganz kurz verheiratet. Es dauerte keine zwei Jahre, da war ich, 28-jährig, schon Witwe. Aber das ist eine andere Geschichte. Jedenfalls wollte ich meinen Mädchennamen nicht wieder annehmen. Ich wollte aber wissen, was mein Mann für Probleme hatte. Mein Mann hatte sich ja das Leben genommen. Ich studierte dann Psychologie, weil mich einfach die Psyche der Menschen interessierte. Ich kam dann auch in einen ganz interessanten Umkreis. Das war während der Jugendunruhen in den Achtzigerjahren in Zürich. Ich identifizierte mich mit diesen Jungen. Sie hatten ja keinen Freiraum in der Stadt. Wir studierten das dann auch eingehend. Einzelne Mitstudierende kannten meine Herkunft, aber eben nicht alle. Ich versuchte das immer ein wenig zu verstecken. Ein Dozent führte bei seinen Lektionen über die soziale Ungleichheit immer wieder die Familien Burckhardt, Merian und Sarasin vor. Ich reagierte nicht darauf. Aber eine Studienkollegin wies ihn dann einmal darauf hin.

Eigentlich wollte ich Sängerin werden. Während ich als Berufsberaterin arbeitete, fand ich endlich die geeigneten Lehrer und verfügte auch über genügend Geld für die Ausbildung. Ich konnte also risikofrei einsteigen, befasste mich intensiv mit der Musik, machte das Diplom und unterrichtete auch selbst. Geldsorgen hatte ich nie, mein Vater schaute, dass alles läuft. Als dann 1999 die eine meiner zwei Tanten starb, krempelte das mein Leben ziemlich um. Sie hinterließ meinen beiden Cousins und mir ein riesiges Vermögen. Ich war richtig »baff«. Das erwartete ich überhaupt nicht. Die Börse war 1999 im Himmel oben. Wir mussten dann ziemlich hohe Vermögenssteuern zahlen und konnten das in Raten tun. Dann war ich da, mit dem vielen Geld. Ich wusste zuerst gar nicht, was ich damit anfangen sollte. Ich war aber sehr dankbar dafür und wollte ernsthaft etwas Schlaues anfangen und das Geld nicht einfach auf dem Konto lassen. Schon als mein Vater im Jahr 1995 starb und meiner Mutter und mir ein großes Vermögen hinterließ, kamen Leute auf mich zu, die das wussten. Bald nach dem Tod meiner Tante gab ich dann einen Betrag an das Schauspielhaus. Ich war ja selber in der darstellenden Kunst tätig und wollte, dass es den Künstlerinnen und Künstlern besser ging: dass die Bühnentechnik computergesteuert ist, die Künstlergarderoben etwas komfortabler sind und so weiter. Das brachte den Stein etwas ins Rollen. Ich lernte so auch sehr interessante Leute kennen. Und das entwickelte sich immer so weiter. Im November wurde dann angekündigt, dass es ein neues Stadtcasino gäbe und auch die Theaterpassage umgebaut werde. Das fand ich toll – nur, was sollte dazwischen passieren? Wenn das Tram beim Stadtcasino durchfuhr, hatte man aber immer das Gefühl, es käme ein Erdbeben. Da musste ich auch etwas machen. Und darauf erhielt ich viele positive Rückmeldungen. Und auch viele weitere Anfragen. Zum Beispiel vom Erlenverein betreffend Erlebnishof. Dieses Projekt unterstützte ich zwar nicht, aber mit meiner Stiftung Bau & Kultur verwirklichten wir in der langen Erle einen Luchspark. Das war eine schöne Zusammenarbeit. Ich bin ja selber ein Tierfreund, habe Katzen und einen Hund. Und die Luchsanlage kam wirklich gut heraus und macht vielen Freude. Die lange Erle ist ja kostenlos, alle können das sehen. Und das passt auch zu meinem Engagement bei Bau & Kultur. Ein nächstes, immer konkreter werdendes Projekt wird voraussichtlich die Sanierung des Kinderheimes am Lindenberg werden. Das ist ebenfalls sehr wichtig. Das sind meistens Scheidungswaisen. Sie erhalten so einen Rahmen, damit sie sich auch zu Hause fühlen können. [...] Ein weiteres Projekt ist die Bernhardinerzucht, die die Mönche vom Hospiz des Großen St. Bernhard vor fünf Jahren verkauften. [...]

Ich dachte früher, begüterte Personen erhalten ihr Selbstvertrauen in den Schoß gelegt. Aber aus vielen Interviews geht hervor, dass das nicht unbedingt so sein muss. Auch Sie sagten, dass es für Sie eine schwierige Hypothek war, so aufzuwachsen.

Ja, für mich war das eine Belastung damals. Das hatte auch mit meiner persönlichen Geschichte etwas zu tun. Meine Mutter stammte ja nicht aus diesen Kreisen. Mit der ganzen Familiendynamik war das etwas schwierig. Ich hatte die Aufgabe des »Sonnenscheins der Familie«. Ich musste sehr viel übernehmen, was meinem Leben nicht entsprach. Meine Mutter hatte es auch nicht einfach. Und ich war ein schüchternes Kind. Und ich hatte immer Freunde aus den einfacheren Kreisen. Aus meinen Kreisen, nein, mit diesen Jugendlichen konnte ich nichts anfangen. Sie gingen dann Reiten und Golfen und so. Das löste bei mir immer unangenehme Gefühle aus. Das entsprach mir einfach nicht. Ich spürte, dass das nicht mein Ding war. Oft war es mir als Gast an ihren Partys etwas unwohl. Dabei merkte ich auch früh, dass ich lieber Gastgeberin war als Gast, vor allem bei den Bällen und Partys. Als ich dann diese Erbschaft machte, war es schon schwierig, wieder in diese Kreise hineinzuwachsen. Das war schon eine Herausforderung.

Und in Ihrem Studium in Zürich, haben sie sich da wohlgefühlt?

Ja, weil mich diese Leute akzeptierten.

Und als Berufsberaterin?

Meine drei Jahre als Berufsberaterin haben mir gutgetan. Meine Eltern hatten bei meiner Berufswahl nie Druck auf mich ausgeübt, obwohl sie sich einen repräsentativeren Beruf für mich gewünscht hätten. Am liebsten hätte es mein Vater gewollt, dass ich mal sein Geschäft übernehme; er war ja sehr erfolgreich. Es war eine stille Hoffnung von ihm; oder auch, dass ich einen Doktor mache und Akademikerin werde. Aber ich musste das Praktische haben. Alles andere war nicht meines. Aber sie ließen mich machen. Mein Vater hatte einfach Panik, als ich Psychologie studieren wollte. Meiner Mutter machte das nichts aus. Ich wollte einfach wissen, was in meinem Mann abgegangen war. Mein Vater hatte Angst, dass ich einen Röntgenblick entwickle. Er war nicht sehr präsent. Bei uns war es immer so, dass er sagte: Das Geld ist nicht einfach da, man muss dafür arbeiten. Ja klar, teilweise war es schon frustrierend und etwas schwierig, immer das Gleiche zu erzählen; vor allem in den Kreisen mit der Postleitzahl 4057. Das war eine Herausforderung. Aber ich bin immer in diese Kreise gerutscht. Ich war auch in einer Fasnachtsclique in Kleinbasel und habe dort gepfiffen.

Und Ihre Heirat?

In dem Haus, in dem ich jetzt wohne, lebten meine Eltern. Meine Schwiegereltern wohnten daneben. Damals waren es noch nicht meine Schwiegereltern. Dort traf ich dann an einem Fest eine Freundin aus meiner früheren Schulzeit und ihren damaligen Freund, der später mein Mann wurde. Mein Schwiegervater war Professor Aurelio Cerletti. Ein hoch interessanter Typ, ein fantastischer Mensch. Eigentlich hätte ich ihn heiraten sollen (lacht). Er ist leider schon früh gestorben. Mein Mann hatte immer psychische Probleme. Schon die ganze Verlobungszeit verlief sehr spannungsgeladen. Aber meine Schwiegerfamilie akzeptierte mich immer gut.

Und erhob keine Vorwürfe, als sich Ihr Mann umbrachte?

Vonseiten des Schwiegervaters nicht, aber vonseiten der Schwiegermutter schon. Mit meinem Schwiegervater hätte ich gerne noch weiteren Kontakt gehabt, aber er ist dann gestorben. Ich habe mich dann zurückgezogen aus dieser Familie.

Sie konnten dann machen, was Sie wollten, Ihren Interessen folgen und verspürten vielleicht auch einen inneren Druck, etwas Sinnvolles machen zu müssen.

Ja, es ist eine Herausforderung. Als ich dann mein Haus umgebaut hatte und meine Stiftungen noch nicht standen, da wollte ich zu neuen Ufern aufbrechen. Damals ging es mir nicht gut. Ich hatte zwar genug Geld, aber auch die große Aufgabe, herauszufinden, was ich will. Ich musste ja nichts. Das war schon sehr schwierig. Meine 13-jährige Beziehung ging dann auch zu Ende. Ich lebte dann alleine und litt eigentlich darunter. Ich wusste nicht wohin. Mein Geld war immerhin stets ein Schmiermittel, wenn immer es mir nicht gut ging. Wenn man Geld hat, kann man sich Dinge leisten, die sich andere Leute nicht leisten können. Ich konnte dann Kurse besuchen, die meine spirituellen Fähigkeiten ansprachen. Da kamen für mich viele Erkenntnisse: Was will ich eigentlich, was ist meine Bestimmung im Leben? Was freut und berührt mich? Was packt mich? So langsam finde ich es raus. Möglichst jeden Tag möchte ich eine Situation erleben, die mich freut. Seit ich das bewusst mache, geht es mir viel besser. Ich habe auch eine Gruppe von Freunden, drei Personen, die so alle drei Wochen kommen. Und dann sitzen wir zusammen und fantasieren darüber, wie wir uns das Leben verschönern wollen. Da kommen dann ganz spannende Sachen raus. Wir besprechen auch unsere Träume. Träume sagen ganz viel aus. Die drei Freunde kommen gerne zu mir. Jetzt habe ich ja auch meine Stiftungen, die sehr aktiv sind. Ich habe auch mehr in Immobilien investiert, weil die Börse ja nicht so lief. Und was in der EU auch alles läuft, ist ja auch nicht so rosig.

Ihre Gruppe ist Ihnen vermutlich auch wegen der Wertschätzung wichtig. Das sind wohl Leute, die Sie einfach so mögen und nicht wegen des Geldes.

Ich spüre, wenn jemand etwas von mir will. Ich merke aber auch, wenn jemand einfach zu mir kommt, weil er mich mag. Das ist für mich ein Selbstwertthema. Wenn ich mich selber nur über Geld definiere, dann ziehe ich auch nur Freunde an, die mich wegen des Geldes wertschätzen. Aber vor allem in der Zeit, als es mir nicht gut ging, sah ich, dass meine Freundin hinter mir stand, mich aus dem Sumpf holen wollte. [...]

Ist es ihnen wichtig, dass andere wissen, was Sie alles machen?

Nein, das ist mir nicht so wichtig. In erster Linie muss es mir Freude machen. Ich mag es, wenn ein Projekt zu einem Selbstläufer wird. Wenn ich nicht ständig nachschieben muss. Es muss einfach nachhaltig sein. Ich will mich auch nicht in alles einmischen. Ich gebe schon Geld, aber die Leute müssen dann selber Verantwortung übernehmen.

Und warum gibt der Daig so viel Geld für Stiftungen? Ist das eine Herzenssache?

Auch, aber nicht nur. Allgemein ist das schwierig zu beurteilen. Es gibt in keiner anderen Schweizer Stadt so viele Stiftungen wie in Basel. Das bringt offensichtlich schon etwas. Auch steuertechnisch natürlich. Ich kann ja nur für mich reden. Der Hintergedanke ist auch der, dass die wohlhabenden Leute oft denken, dass Steuergelder verschwendet werden. Wenn ich aber über eine Stiftung bestimmen kann, was gemacht wird, kann ich steuern, was mit dem Geld passiert. Ich frage mich schon manchmal, was die Gemeinde Bottmingen mit meinem Geld macht. Klar muss ich Steuern bezahlen, für Straßen, Schulen und Spitäler und so weiter. Ich bezahle ja genug Vermögenssteuern. Aber ich frage mich dann manchmal auch, inwiefern der Staat das Geld wirklich sinnvoll ausgibt.

Und die Finanzkrise, was bewirkt sie?

Klar, überall sind fähige und unfähige Menschen am Werk. Also das, was in Amerika passiert ist, trifft jetzt einfach die Bevölkerung und nicht die Verantwortlichen. Der Mensch fängt langsam an zu begreifen, wie verknüpft alles ist, weiß aber nicht, wie damit umgehen. Alles ist vernetzt. Es hat alles seine Kehrseiten. Alles kann sich nachteilig auswirken. Es ist einfach eine riesige Überforderung da.

Was braucht es denn?

Ja, was braucht es? Dass man sich zurückbesinnt auf die ursprünglichen Werte. Vom Gefühl wegkommt, dass man immer zu kurz kommt. Man hat ja nie genug. Das klingt jetzt etwas nach Sonntagsschule, aber es ist wichtiger denn je, dass man weiß, was man bewirkt und bewegt, und auch wer vielleicht durch mich einen Schritt vorwärts machen kann. Mir wurde am Totenbett von meinem Vater sehr klar: Am Schluss hat man nur noch den Körper, und auch den gibt man dann her. Das Geld nützt dann überhaupt nichts. Ich will nur sagen: Man sollte die Leute wieder zurück auf die Schiene des Wesentlichen bringen, damit sie wissen, was wirklich zählt im Leben. Mangeldenken bringt uns nicht weiter, und das hat mit materiellem Reichtum nichts zu tun.

Und wie erleben Sie »alte Reiche«?

Wenn Sie wissen wollen, ob die Leute zufrieden sind, dann sage ich: nein. Meine noch lebende Tante ist allerdings eine löbliche Ausnahme: Sie ist 98 Jahre alt, sie wohnt mitten in der Stadt. Sie ist nicht mehr sehr stabil auf den Beinen, sie hört fast nichts mehr. Aber sie hat einen kristallklaren Kopf. Unglaublich. Sie hat auch so einen herrlichen Humor. Sie ist für mich ein Vorbild. Ich hatte gerade meinen sechzigsten Geburtstag und bin jetzt auch quasi bei den Grauen Panthern (lacht). Aber ja, meine Tante ist mein Vorbild. Mit Geld zu leben ist sicher einfacher, als ohne Geld zu leben. Aber Geld macht sicher nicht glücklich. Meine andere Tante, von der ich geerbt habe, die war nicht glücklich. Sie stand zu lange unter der Fuchtel meiner Großmutter. Meine Großmutter war eine sehr autoritäre Person. Aber ja, was ist Glück? Es ist ein Zustand positiver Resonanz, sodass man das Gefühl hat: alles ist gut. Das ist mehr als Harmonie. Ja, dass man einfach das Gefühl hat, dass es gut ist, so wie es läuft. Das Gefühl, dass man mit sich selber im Reinen ist und sich so zum Ausdruck bringen kann, wie es seinem Wesen entspricht. Auch neugierig zu sein ist wichtig, sich mit der Welt auseinandersetzen. Viele Reiche haben das nicht. Ich habe mich auch oft gefragt: Habe ich das alles hier verdient? Ich bekam viel; aber ich weiß: du musst etwas damit machen.

War es für Sie ein Schock, dass Sie auf einmal so viel Geld hatten?

Für mich eigentlich nicht, weil bei mir schon vorher Geld vorhanden war, aber für meinen Cousin schon. Für ihn war es ein Schock. Es ist aber schon etwas, was einen überrascht und auf Trab hält. Geld muss in Fluss bleiben. Geld ist eine Form von Energie. Ich habe diese Energie in der Hand. Ich kann sie zurückhalten oder fließen lassen. Wenn die Energie fließt, passieren viele interessante Sachen. Wenn ich sie zurückhalte, dann ist das weniger der Fall.

Hat es Sie nie gereizt, politisch Einfluss zu nehmen?

Nein, sicher nicht. Meinungen zu beeinflussen, das ist echt nicht mein Ding. Für mich ist jede Art von Freiheit wichtig, auch Meinungsfreiheit. Die SVP beispielsweise, die ist ja immer einfach gegen alles, was nicht von ihr kommt, die ist immer dagegen – auch eine Meinung. Die funktioniert halt einfach so. Hinter den Aussagen der Politiker steht immer eine riesige Existenzangst. Deshalb müssen viele ständig boxen und auf ihre Egotrips gehen, statt sich zu vernetzen. Die Welt ist ja so unübersichtlich. Aber es sind sich auch immer mehr Leute bewusst, wie verletzlich sie ist.

Das ist wohl ein zentraler Aspekt.

Ja, und ich weiß ja, dass Sie sich schon länger mit diesem Thema beschäftigen. Sie haben ja auch diese Vortragsreihe in der Uni gemacht. Ich war dann da, zwar mit Vorurteilen, war dann aber sehr überrascht und habe mich auch gefreut. Wir möchten ja auch als Personen wahrgenommen werden und nicht nur als »die Reichen«. Auch wir haben Stärken und Schwächen. Wenn sich mal jemand mit diesem Thema beschäftigt, gibt das so etwas wie eine Plattform. Das Gespräch mit Ihnen gibt mir jetzt auch eine Plattform. Klar, durch die Stiftungen habe ich das auch, aber anders. Teilweise wird man dann schon mit komischen Dingen konfrontiert. Beispielsweise wenn jemand vor der Türe steht und will, dass ich seiner Enkelin eine Wohnung finanziere. Das ist dann schon merkwürdig.

»Ein gelebtes Leben« (Alicia Soiron)

Alicia Soiron ist Architektin und Kunsthistorikerin in Basel. Sie kommt aus dem Emmental und engagiert sich in der Kunst, in der Architektur und im Sozialen.

Sie sind durch Ihr Engagement in der Kunst, Architektur und im Sozialen weithin bekannt. Da interessiert natürlich, wie Sie aufgewachsen und zu dieser Position gekommen sind.

Ich bin in einer Familie aufgewachsen, die gut im Ländlichen verankert ist. Mein Vater und meine Mutter waren bedeutsame, geachtete Personen und unser Bauernhof war herrschaftlich geführt. Das hat mir Sicherheit und Verwurzelung gegeben, die für mein Leben prägend sein sollten. Maßhalten, aber auch Qualität und die Schönheit wurde gepflegt in Haus und Hof; das unbestechliche Auge meines Vaters und Großvaters für die edlen Reitpferde, die prämierten und ausgezeichneten Züchtungen der Kühe und Rinder an internationalen Viehschauen war weit herum bekannt und geschätzt. Diese besondere Begabung und die damit verbundene Wertschätzung haben mich sicher beeinflusst. Aber auch das soziale Engagement unserer Familie, besonders das meiner Mutter mit ihrer wahrhaften Gastfreundschaft und Herzlichkeit war prägend. Oft suchten Flüchtlinge bei uns eine Bleibe, oder Leute, die nicht auf der Sonnenseite des Lebens standen. Unser Haus war immer voll und es war immer jemand am gedeckten Tisch zum Essen da, der es einfach brauchte. Früh habe ich dadurch gelernt Verantwortung zu übernehmen. Zudem hat die Umgebung des Emmentals, in seiner Behäbigkeit und Tradition, auch in Bezug auf meine Gastfreundschaft bleibende Spuren hinterlassen.

Ihr Engagement reicht weit zurück.

Ja, ich habe mich zu allen Zeiten immer engagiert und in einer Reihe von Basler Institutionen verantwortlich mitgearbeitet und mitgestaltet. So zum Beispiel die Basler Kulturräume präsidiert, war über Jahre Vorstandsmitglied und Statthalterin des Kunstvereins und der Kunsthalle. Die Mitgliedschaft in der Kunstkreditkommission, im Kulturbeirat der Regierung und in der Jury des Basler Kulturpreises gehörten ebenfalls zum vielseitigen und spannenden Tätigkeitsfeld. Auf zahlreichen kultur- und sozialpolitischen Schauplätzen war ich präsent auch über Basel hinaus und engagierte mich unter anderem für die Mutterschaftsversicherung, beteiligte mich am Aufbau des Arbeitslosenprojektes Overall und setzte mich vehement für den Erhalt der Serra-Plastik auf dem Theaterplatz ein.

Sie haben auch persönliche Schicksale erlebt. War das eine zusätzliche Motivation für Ihr soziales Engagement?

Ja, so kann man das sehen. Schwierige Situationen weckten in mir eine Stärke, die sonst vielleicht nicht zum Tragen gekommen wäre. Zwei Gesichtspunkte sind mir sehr wichtig: der soziale, aber ebenso der kulturelle. Für die Gesellschaft für das Gute und Gemeinnützige habe ich während zehn Jahren dem Bläsistift als Präsidentin vorgestanden – einer Alterssiedlung, in der Menschen lebten, die nicht auf der Sonnenseite des Lebens standen. Für mich war diese Erfahrung enorm wichtig und hat mich viel gelehrt, auch dass es nie zu spät ist, um Neues zu lernen. Mein besonderes Anliegen für viele Konzepte und Projekte ist es, unüberbrückbar scheinende Positionen zusammenzubringen, Brücken zu bauen, Geld und Geist sinnvoll zu vernetzen.

Ich bin überzeugt, dass kulturelles Schaffen und wirtschaftliches Handeln aus einer gesellschaftlichen Verantwortung sich gegenseitig befruchten und miteinander verbunden sind. Der Mensch lebt nicht vom Brot allein, er braucht dringend auch geistige Nahrung, Kultur. Nur diese überschreitet den Horizont des Faktischen und Kalkulierbaren. Sie schöpft sich selbst und beobachtet zugleich diesen Schöpfungsprozess, wird zur Voraussetzung für die Zukunftsfähigkeit einer Gesellschaft so wie jedes Individuums. Wenn wir die Kunst aufgeben, geben wir den Menschen auf. Da Kultur sich nicht selbst finanzieren kann, besteht geradezu eine Verpflichtung, besonders in schlechten Zeiten, sie zu unterstützen. Deshalb versuche ich mich für den Dialog zwischen Kultur und Wirtschaft einzusetzen, nicht als bloße Imagepflege, sondern um die unterschiedlichen Ansätze als Chance zu nutzen. In dieser Vermittlungstätigkeit – den Kreislauf des Gebens und Nehmens zu ermöglichen und zu pflegen –, da fühle ich mich wohl, lasse mich vom Ziel leiten, unterschiedlichste Menschen in einen fruchtbaren Dialog zu bringen, Gegensätze zu versöhnen, Entlegenes zu verbinden.

Und was ist die Triebfeder?

Mich interessiert der Zwischenraum – auch in der Architektur und Kunst –, das, was zwischen den Dingen, Positionen, Menschen passiert. Ich möchte Katalysator sein, eine Brückenbauerin, eine Begegnungskomponistin. Wichtig ist mir, dass daraus Neues entsteht, aber dass man dem Neuen auch Zeit und Raum gibt, sich zu entfalten. Meine Engagements, sei es im Unternehmen Mitte, im Gundeldinger Feld und andere, gediehen und gedeihen auf diesem Hintergrund.

Ein großes »Zentrum für den Menschen im Zentrum« entsteht im Moment im Haus der ehemaligen Volksdruckerei. Mit einem Philosophicum, einem Therapeuticum der Komplementärmedizin und einem künstlerisch geführten Restaurant für eine breite Öffentlichkeit.

In der Stadt Basel engagieren sich viele Reiche für soziale und kulturelle Projekte. Was motiviert sie dazu?

Ich denke, dass es eine Vielfalt von Anstößen gibt. Was es aber immer braucht, ist eine persönliche Überzeugung, um sich zu engagieren.

Es gibt Leute, die sagen, dass das soziale Engagement auch dem eigenen Status und Stiftungen auch dazu dienen, Geld von den Steuern abzusetzen. Wie beurteilen Sie das?

Diese Haltung ist mir fremd. Aber ich denke, dass ein Erbe auch verpflichtet, sich zu engagieren und andere daran teilhaben zu lassen, unabhängig davon, wie es von der Öffentlichkeit bewertet wird.

Übernehmen die privaten Initiativen das, was der Staat leisten müsste?

Nein, die private innovative Initiative braucht es vermehrt und soll immer wieder lanciert werden. Der Staat ist kein Selbstbedienungsladen. Die Zivilgesellschaft muss für sich einstehen und ihre Verantwortung wahrnehmen. Dabei sollten möglichst keine einseitigen Abhängigkeiten entstehen. Eine Stadtentwicklung darf aber auch nicht einfach von Stiftungen alleine abhängen, die immer mit denselben Auftragsnehmern ihre Projekte ausführen. Das ist problematisch und verhindert den freien Wettbewerb, der unabdingbar ist, um Qualität, Vielfalt und Herausragendes zu fördern. Dazu braucht es aber den Weitblick, den Mut und die Klugheit der Entscheidungsträger.

Sind für Sie Beziehungen zum alten Basler Daig und zu den Medien wichtig?

Meine Vernetzung ist mir dort wichtig, wo es um menschliche Bereicherung und Erfahrung geht. Auf »Imagepflege« in der Regenbogenpresse lege ich keinen Wert. Fundierte Recherchen sind leider rar.

Wie nehmen Sie die Situation der politischen Gremien in der Stadt Basel wahr?

Zwiespältig. Die Verrohung der Auseinandersetzung in den politischen Prozessen macht auch vor Basel nicht halt.

Sind Sie, was die Zukunft betrifft, eher skeptisch oder zuversichtlich?

Zuversichtlich, ich denke, dass Korrekturen immer möglich sind und sich der Mensch und mit ihm die Gesellschaft verändern kann. Diese Entwicklung möchte ich unterstützen; zurückfinden zu einer Kultur, die den Menschen vermehrt in den Mittelpunkt stellt. Die Jugend ist unsere Zukunft. Nur wenn es uns gelingt, dem schnellen

Geld und dem Diktat der Börse etwas entgegenzusetzen und in die Waagschale zu legen, haben wir eine Chance. [...]

Was motiviert Sie persönlich, weiter dranzubleiben?

Bei all meinem Streben unterstützt mich meine eigene Familie stets, macht mir Mut und gibt mir Kraft, etwas zu bewirken, von dem ich überzeugt bin. Ein großer wiederkehrender Motivationsschub ist sicher auch meine Neugierde. Sechs Großkinder lassen mich teilhaben am Werden und an der Gestaltung des Schöpferischen im Alltag. Die Beziehung zu ihnen bewusst aufbauen und die große Familie zu versammeln, wie zu Gotthelfs Zeiten im Emmental, das ist ein »Jungbrunn« und eine Quelle des Glücks für mich und meinen Mann. Wo Menschen etwas tun, das über sie und das Alltägliche hinausweist, da kann etwas entstehen, da können Partnerschaften und Vertrauen gedeihen.

Erleben Sie viele Eltern und Großeltern, die eine gewisse Zufriedenheit ausstrahlen?

Neben Unzufriedenen kenne ich doch zahlreiche glückliche, erfüllte und offene Menschen, die ihre Bestimmungen annehmen. Die Symbolkraft eines gelebten und nicht aufgesparten Lebens könnte da eine Antwort sein.

»Ich schaue, wo mein Geld hingeht« (Matthias Eckenstein)

Matthias Eckenstein ist im nebenamtlichen Hauptberuf Architekt, im Herzen und in der Praxis aber Unternehmer und Mäzen. Er ließ im Jahr 2010 dem Basler Zoo über seine Eckenstein-Geigy-Stiftung einen zweistelligen Millionenbetrag überweisen. Das Geld stammt großenteils von seiner verstorbenen Frau, einer Erbin der Pharmafamilie Geigy. Mit einem namhaften Betrag wollte sich Eckenstein auch an der Erweiterung des Kunstmuseums beteiligen. Und als streitbarer Bürger greift er immer wieder mit Argumenten und Geld in aktuelle Abstimmungen und Diskurse ein, so etwa über den Neubau des Casinos. Früher engagierte sich Eckenstein bei den Sozialdemokraten, heute bei den Liberalen.

Zunächst interessiert Ihr Werdegang. Wurde Ihnen der Erfolg bereits in die Wiege gelegt?

Ich hatte einen erfolgreichen Bruder, der bei der UNO eine hohe Position innehatte. Unser Vater war Architekt. Wir Kinder sollten auch einen technischen Beruf erlernen. Ich hätte lieber Wirtschaft studiert oder mich auf Architekturtheorie konzentriert, musste aber die Architekturfirma des Vaters übernehmen. Ich studierte nebenher Jus mit Kunstgeschichte, gab nach sechs Jahren auf und wollte noch als Bankjurist abschließen. Ich hatte immer einen Partner, auch im Architekturbüro. Wenn Not am Mann war, war ich da. Ich arbeitete dann in ganz unterschiedlichen Branchen und hatte Angst vor den Russen. Dies aus mehreren Gründen: Ich hatte einen rechtskonservativen Vater, mich selbst im Osten schlecht aufgeführt und in Genf den kommunistischen Studentenbund bekämpft. Unsere Familie ist seit der Reformation in Basel.

Zum Schutz vor einer Sowjetbesatzung investierte ich in den USA in Hotels und in Bohrungen von Öl und Gas. Gute Freunde arrangierten mir die Kontakte. Auch später, als ich in Basel eine Großgarage übernahm, hatte ich einen ausgezeichneten Partner. Ich verstehe nichts von Autos und kenne einfach die Grundüberlegungen der Geschäftsführung, die in allen Betrieben dieselbe ist. Mich interessierten sonst Bernoullis Ideen zum gemeinschaftlichen Bodenbesitz. Ich wandte mich durch die Freiwirtschafts-Theorie dem Sozialismus zu und ließ das dann wieder sein. Ich musste mir ja eine unternehmerische Existenz aufbauen. Aber ich war Mitglied der SP für ein paar Jahre und politisierte im Studentenrat in Genf gegen die Kommunisten. So legte die Bundespolizei auch ausführliche Fichen über mich an. Seit ich hier das Architekturbüro habe, führe ich ein normales, bürgerliches Leben. Ich wechselte dann von den Sozialdemokraten zu den Liberalen, bin aber kein disziplinierter Parteigänger.

Was war Ihr Motiv, in so verschiedenen Branchen zu investieren?

Zur Autorvertretung kam ich zum Beispiel über einen Freund, dem ich Geld geliehen hatte und der in Konkurs ging. Ich kam zu vielen Sachen wie ein Hund zu einem Tritt. So auch beim Öl und bei den Hotels. Ich musste für meinen Vater Häuser verwalten, welche ich auch in Hotels umbaute. Mein Vater kam aus einer eher begüterten Familie, die Mutter war Zahnärztin aus Schaffhausen.

Sie engagieren sich auch immer wieder für umstrittene Projekte.

Ja, ich finde das lustig. Das Leben ist ein Spiel, aber natürlich ein seriöses Spiel. Ich rege mich selbst nicht so auf und finde es manchmal eher lustig, dass sich die anderen so aufregen.

Der Zoologische Garten prägt wohl Ihr Image sehr. Mit dem Affenhaus machen Sie vielen Leuten eine Freude.

Ich und meine Kinder sind sehr nahe beim Zoo aufgewachsen. Meine Frau hat immer vom Zoo geredet und ihr Großonkel, Professor Geigy, schenkte vor fünfzig Jahren das Affenhaus. So kam es zum Projekt. Ich bin zwar nicht religiös, aber das Motiv, etwas Gutes zu tun mit den anvertrauten Pfunden, ist Teil der abendländischen Kultur und der christlichen Welt, in der ich erzogen wurde. Ich bin allergisch auf Leute, die ohne eine persönliche Betroffenheit und Verantwortung für irgendetwas ihr Geld oder das Geld von anderen ausgeben. Ich schaue schon genau, wo mein Geld hingeht, und versuche die Richtungen zu bestimmen. Meine Tochter hatte zum Beispiel Kinderarthritis. Sie wuchs weniger als andere Kinder, weil sie zu viele Medikamente erhielt. Ich unterstütze daher jetzt ein neues Forschungsprojekt, das sich mit der Medikation für Kinder befasst. Ich bin sehr für das private Unternehmertum. Die Verantwortung fehlt oft, wenn man mit »other people's money« arbeitet.

Wie erklären Sie sich so etwas wie die Finanzkrise?

Ich bin sehr für den Einfluss der Eigentümer in Firmen (KMU). Wenn der Eigentümer die nötige Erziehung, Anstand und das Wissen hat, ist das gut. Also nicht Ospel, sondern Villiger, der eine saubere Geschäftsführung garantiert. Und objektiver ist man, wenn man aufpasst, dass man nicht das eigene Geld verliert. [...]

Denken Sie, dass man jetzt auch diese Lehren aus der Krise zieht?

Viele ziehen keine Lehren aus solchen Krisen, denn sie kommen wieder. Alle Verbote ersetzen die Tatsache nicht, dass man aus der Vergangenheit lernen soll. Am besten lernt man, wenn nicht nur das Gehirn, sondern auch das Portemonnaie involviert ist. Wenn das Gehirn versagt, dann revoltiert auch die Frau zu Hause wegen dem Haushaltsgeld.

Sind Sie für die nähere Zukunft eher optimistisch oder pessimistisch?

Es wird eine Zeit dauern, bis man die Schulden im Griff und bis man die Inflationsgefahr gebannt hat. Es gibt viele Dinge, die gut laufen. Aber es gibt immer noch Stolperstellen, die man korrigieren muss. Dass die Wirtschaft sich aber wieder erholt, ist ganz klar. Sie hat sich bis jetzt immer wieder erholt. Ein Weltuntergang ist vielleicht programmiert, aber gar nicht für eine absehbare Zeit. Der Mensch hat immer schon eine Lösung für diese Probleme gefunden.

Wie sehen Sie das Verhältnis von Staat und Wirtschaft?

Ich habe keine allzu hohe Meinung von der Politik. Viele Politiker sind Karrieristen, die wissen, dass sie in der Politik eine Bedeutung erhalten, die sie in der Privatwirtschaft nicht erreichen könnten. Leider nur wenige private Unternehmer, die gewohnt sind, Verantwortung zu tragen, engagieren sich in der Politik. Als privater Unternehmer kann man besser verdienen und nicht jeder kann einem ans Bein pinkeln. Privates Unternehmertum braucht die Fähigkeit, langfristig zu denken; das können die Politiker nicht. [...]

Früher haben private Unternehmen einzelne Kader in die Politik geschickt. Heute nehmen sie ihren Einfluss mehr über die Verwaltung und Regierungen wahr.

Früher hatte jede Firma einen »Fressprokuristen«, manchmal auch in der Direktion. Der Fressprokurist musste die Firma auch politisch repräsentieren, notfalls auch beim »Chüngelizüchterverein«. Alt Nationalrat Felix Auer war der ausgezeichnete Fressprokurist der

Ciba. Es wäre besser, wenn die Wirtschaftsführer selber auftreten und sich nicht hinter Verbandssekretären verstecken würden. Blocher kennt die Wirtschaft ausgezeichnet und er wollte mit denselben Geschäftsführungs-Überlegungen in Bern regieren. [...]

Und wie sehen Sie Herrn Vasella?

Das war keine Heirat. Ich finde gut, was er macht. Er ist kein Eigentümer. Er arbeitet mit dem Geld anderer Leute. Bei seiner Geburt hätten seine Eltern nie gedacht, dass einmal so viel an seinem Finger hängen könnte.

Wie erleben Sie den Basler Daig?

Den Daig gibt es so gar nicht. Es gibt einfach einen Kreis von Leuten, die sich von klein auf kennen und sich etwas helfen. Das ist grundsätzlich gut. Es ist im Basler Daig üblich, dass man die Eigenen nicht verhungern lässt. Wir sind seit 450 Jahren in Basel und gehören nicht zum Daig. Warum, weiß ich nicht. Aber der Daig ist für die Stadt ein großer Segen und macht viel Gutes. Ich verbringe viel Zeit mit Leuten aus dem Daig, aber auch mit anderen Leuten. Ich schätze den Kontakt zu ganz unterschiedlichen Menschen. [...]

Wie gehen Sie mit dem Älterwerden um?

Für mich bedeutet das Älterwerden, dass ich schnell erschöpft bin und nicht mehr rumrennen kann. Ich wünschte, dass man das mit einer Operation aufheben könnte (lacht). Ich war immer sehr selbständig und organisiere mir den Tag selbst. Ich finde immer wieder Sachen, die mich interessieren. Dann suche ich ein paar Leute und wir engagieren uns. Ich weiß, dass ich noch ein paar Dinge erledigen muss vor dem Tod. Als ich jung war, dachte ich immer, was wohl die anderen in der Firma oder in der Familie machen, wenn ich nicht mehr da bin. Jetzt denke ich einfach, dass sie weitermachen.

7.9 Unterstützte mit eigener Stiftung

Daniela Dolci und Onorio Mansutti sind beide künstlerisch tätig und kulturell engagiert. Sie haben auch Stiftungen gegründet, um ihre Anliegen finanziell abstützen und weiter verbreiten zu können. Sie stehen in engem Kontakt zu Reichen und plädieren dafür, die philanthropische Kultur weiter anzuregen.

»Kann ich das Geld annehmen?« (Daniela Dolci)

Daniela Dolci ist eine gefragte Musikerin mit eigenem Ensemble. Das Ensemble Musica Fiorita reflektiert den neusten Stand der historischen Aufführungspraxis in der barocken Musik und ist international bekannt. Monarchie und Aristokratie brachte diese Musik auf. Ohne Hof wäre im 18. Jahrhundert kein Musiker oder Komponist angestellt worden. »Ohne Wohlhabende hätten wir diese Kultur nie gehabt. Diese Leute waren nötig und sie sind es auch heute«, sagt Daniela Dolci. Ethische Prinzipien sind ihr ebenso wichtig wie die hohe Qualität ihrer Musik.

Darf ich zunächst nach der Herkunft fragen?

Ich bin 1961 in Sizilien geboren. Meine Eltern sind Italiener. Mein Vater kam Anfang der Fünfzigerjahre vom Norden nach Sizilien. Er wollte hier soziale Arbeit leisten und gründete ein internationales Weiterbildungszentrum. Private Vereine unterstützten das Projekt weltweit. Unser Vater wollte unabhängig bleiben und hat konsequenterweise nie Geld vom italienischen Staat angenommen. Er lebte für die Kultur und sein soziales Engagement. Das Centro Studi e Iniziative in der Nähe von Palermo war weithin bekannt. Dort gründete er, zusammen mit den Einheimischen, neue soziale Strukturen, die frei von der Mafiagewalt waren. Auch internationale Kurse in Kunst, Musik, Soziologie, Wirtschaft, Astrologie und anderes mehr fanden dort statt. Da mein Vater die Verbindung zwischen Mafia und Politik öffentlich denunzierte, lebte er gefährlich. Er wurde oft angeklagt und inhaftiert. Obwohl wir sehr jung waren, durften wir bei vielen Antimafia-Aktivitäten dabei sein. Das hat uns natürlich sehr geprägt. Auch wenn wir sehr bescheiden lebten, war ihm die Ausbildung von uns Kindern sehr wichtig. Jeder von uns hat im Ausland studieren dürfen.

Wie wichtig war die Bekanntheit des Vaters für das eigene Selbstvertrauen?

Ich bewunderte seinen Kampf gegen die Mafia, vielleicht gerade weil viele unserer Schulkameraden Kinder von Mafiosi waren. Wir mussten aufpassen, mit wem wir uns aufhielten und was wir sagten. Dadurch, dass wir als einzige Kinder im katholischen, konservativen Land nicht getauft waren, wurden wir von unseren Mitschülern auf gemeine Art verspottet. Diese und andere Unannehmlichkeiten haben mich eigentlich eher gestärkt. Wir hatten wenig Geld, aber eine große Liebe zur Musik, die sehr intensiv gepflegt wurde. So durfte ich Cembalo spielen lernen. Mein Vater verschuldete sich, um mir das erste Cembalo in Sizilien zu kaufen. Mit sechzehn Jahren bestand ich die Aufnahmeprüfung an der Basler Musikakademie. Mit Stipendien war es dann möglich, mein Studium zu finanzieren.

Und Basel blieb auch der Ort des weiteren Engagements?

Ja, ich wohne jetzt schon seit vierunddreißig Jahren hier und konnte mich als Musikerin entfalten. Zu meinen Lieblingsprojekten im Ausland gehören die Konzerte und Kurse in Bolivien. Es ist eindrücklich, was die Menschen hier mit bescheidenen Mitteln in der Alten-Musik-Szene leisten. Sie organisieren attraktive Festivals mit Musikern aus aller Welt. Wir können dort mit einheimischen Indio-Chören tagelang konzentriert arbeiten. Es ist ein bereichernder musikalischer, aber auch menschlicher Austausch. Sie pflegen eine jahrhundertealte Tradition und wir bringen hoch spezialisierte Interpretation früher Musik auf der Basis der alten Quellen. Mit unserem Ensemble leisten wir dort einen großen sozialen, musikalischen Einsatz. Im Jahr 2006 erhielt ich von den Ehrenbürgern Chiquitos, Bolivien, eine Würdigung als Friedensbotschafterin durch die Musik.

Solche Arbeit würden wir gerne noch weiter vertiefen, sind aber auf Unterstützung angewiesen. Die Pro Helvetia und private Kreise helfen uns bereits. Unser Ensemble hat nun eine eigene, kleine Stiftung. Sie sichert uns eine gewisse Infrastruktur, die für eine nicht staatliche Institution wie unsere enorm wichtig ist und hilft uns bei vielem, was sonst nicht möglich wäre. Um unsere außergewöhnlichen Projekte durchführen zu können, sind wir aber weiterhin auf Stiftungen, Firmen und einzelne Persönlichkeiten, die Freude an der Musik haben und unser Engagement schätzen, angewiesen.

Und da gibt es wohl auch interessante Kontakte zu reichen Persönlichkeiten? Darf ich nach Eindrücken fragen?

Ja, durch meine Arbeit konnte ich viele Leute kennenlernen. Ich habe mich manchmal auch gefragt: Kann ich das Geld annehmen, ist das gut? Im 18. Jahrhundert konnte diese Musik dank aristokratischer Kreise entstehen. Ohne Hof wäre kein Musiker, kein Komponist angestellt worden. Also ohne die wohlhabenden Menschen hätten wir diese Art von Kultur nie gehabt. Diese Leute waren nötig und sind es auch heute noch. Ich habe vor Jahren von einem Mafioso ein verlockendes Angebot bekommen, eine große Tournee in Italien durchzuführen. Nachdem ich mich über ihn erkundigt hatte, lehnte ich das Angebot selbstverständlich ab.

Und darf ich nach dem Eindruck von Paul Sacher fragen? Da habe ich schon viel Unterschiedliches gehört.

Ich kannte ihn als Musikerin und wir kannten ihn auch privat. [...] Genial war, wie er in einer Zeit, in der andere den Krieg vorbereiteten (1933), ein Institut mit Lehre und Forschung für Alte Musik gründete. Dass er mit seiner Frau Maya Sacher zusammen die Kultur und die Kunst in Basel so geprägt hat, ist ein Glücksfall für diese Stadt. Für die Kultur ist er von bleibendem Wert. Die ganze Familie Sacher-Oeri hat sich für das Kulturleben in Basel unheimlich verdient gemacht. Die neue Vera-Oeri-Bibliothek der Musikakademie ist fantastisch. In der Schweiz ist der soziale, mäzenatische Geist sehr ausgeprägt und ich schätze diese Haltung sehr.

Kommen Sie also gut zu den Mitteln, die Sie benötigen?

Ja und nein. Die Konkurrenz ist auch im Bereich der Alten Musik ziemlich hart geworden und Basel ist weltweit eines der wichtigsten Zentren. Unsere Projekte sind sehr anspruchsvoll und die Reisen sind aufwendig. Umso wichtiger ist es, qualitativ hochstehende Projekte gestalten zu können. Wir hoffen, weiterhin regelmäßige Unterstützung aus unserer Stadt zu bekommen, um noch viele Jahre Basler »Botschafter« der Alten Musik in der Welt zu sein.

»Wir dürfen nicht einfach zuschauen« (Onorio Mansutti)

Onorio Mansutti ist ein Künstler, der schwierig zugängliche Lebenswelten dokumentiert.[82] Bekannt geworden ist er zunächst als Modefotograf. Seit bald vier Jahrzehnten engagiert er sich auch für armutsbetroffene Kinder und Jugendliche in Brasilien. Er unterstützt Schul-, Berufsbildungs- und Wohnprojekte und schlägt eine kulturelle Brücke zwischen Brasilien und der Schweiz. Mit seiner Stiftung »Kinder in Brasilien«[83] und dem Basler Kulturhaus Brasilea[84] versucht Mansutti, Kunst mit sozialer Gerechtigkeit zu verbinden. Legendär sind das Klosterbergfest und seine Versteigerungen von Fotografien und Bildern im Basler Musiklokal Atlantis. Da kommt zusammen, was Rang und Namen hat. Und der Erlös geht von Spendefreudigen direkt an Armutsbetroffene in Brasilien.

»Die Armut ist besonders brutal, wenn sie direkt mit dem Reichtum konfrontiert ist«, erklärt uns Onorio Mansutti. Und: »Wir dürfen einfach nicht zuschauen, wie Kinder keine Schule besuchen, weil ihnen das Geld für den Bus oder die Gebühren fehlen. Sonst sehen wir sie eben, wie sie statt in der Schule auf der Straße landen und Kaugummi oder sonst etwas verkaufen. Wir haben hier die Möglichkeit, etwas dagegen zu tun. Wir müssen nur wollen.« Wie Mansutti selbst dazu kam, resümiert der ehemalige Basler Regierungs- und Nationalrat Remo Gysin, der an unserem Gespräch dabei war und das Projekt unterstützt: 1974 entschließt sich Mansutti bei einem üppigen Nachtessen in Rio, beeindruckt vom großen Missverhältnis zwischen Wohlstand und hoffnungsloser Armut, den Schulbesuch eines

Kindes zu finanzieren. Der Journalist Otto Engel und seine Gattin Hilde übernehmen in Rio die Betreuung von Marcelo de Almeida, der später Pilot beziehungsweise Kommandant einer Fluglinie wird. 1975 haben sich bereits dreihundert Personen zu einem jährlichen Beitrag über acht Jahre verpflichtet. 1987 wird aus der losen Projektform eine Stiftung mit Sitz in Basel, mit Onorio Mansutti als Präsident. Der Zweck der Stiftung besteht darin, Kindern in Brasilien, schwerpunktmäßig in Rio de Janeiro, zu unterstützen. Dies hauptsächlich durch Beiträge an die Kosten der Elementarschule und der Weiterausbildung. Im Jahr 2010 finanzierte die Stiftung über 20 000 Kindern in Brasilien den Grundschulbesuch. Zur Ausbildungsförderung gehören die Betreuung durch eine Person, die dem Kinde nahesteht, sowie die Verbesserung der Wohnsituation. Gysin erwähnt auch die langjährige Kontinuität in der Ausbildung und die Breitenwirkung durch die vielen Schulabsolvierenden und die Prominenten, die das Projekt unterstützen. Auf die Motivation dieser Persönlichkeiten angesprochen, antwortet Mansutti: »Ich glaube schon, dass sie sich noch berühren lassen und Gutes tun wollen. Und das ist doch erfreulich, auch wenn noch etwas Eigenwerbung hinzukommt.« Und jetzt kommt Mansutti selbst in Schwung. Er steht vom Stuhl auf und demonstriert, was er bei Auktionen ab und zu erlebt. Nämlich wie Einzelne, die ein Bild erstehen, dies auch so inszenieren, dass andere das auch erfahren. »Das ist halt so und irgendwie menschlich«, bilanziert Mansutti. Seit 1999 lädt er am Eidgenössischen Bettag jeweils zwanzig geistig behinderte Jugendliche mit ihren Angehörigen zu einem Fest in sein Wochenendhaus im Elsass zu Essen und Spiel ein. Das wiederum animierte Klaus M. Leisinger dazu, am »Partnership Day« der Novartis ebenfalls Menschen mit einer Behinderung einzuladen, um die sich dann die Kader des Unternehmens (während des gemeinsamen Ausflugs) kümmern.

7.10 Drinnen und draußen

Annemarie Burckhardt und Regina Steinbrück sind wohlhabend aufgewachsen, leben aber, selbst begütert, dem Selbstverständnis nach eher ein alternatives Leben. Sie sind, was die Welt der Reichen betrifft, drinnen und draußen. In der Welt der Reichen bewegte sich lange auch Dieter Behring. Wegen dubioser Geschäfte angeklagt, kam er aber zwischenzeitlich ins Gefängnis und wird heute gerichtlich belangt. Uns interessierte dennoch oder erst recht, wie er beurteilt, was sich aktuell in der Finanzwelt tut.

»Wir gingen etwas planlos vor im Leben« (Annemarie Burckhardt)

Annemarie Burckhardt kommt aus wohlhabenden Kreisen, mit denen sie auch heute noch gute Beziehungen unterhält. Früher bei den Liberalen, engagiert sie sich seit der Sandoz-Katastrophe bei den Grünen und hat auch eine eigene Stiftung initiiert.

Zuerst also die Frage nach der eigenen Herkunft.

Mein Vater war Karl Wackernagel, ein Seidenbandfabrikant. Er musste in der Krise von 1929 aber aufgeben, konnte dann wieder zurück in die Bank Sarasin, wo er zuvor eine kaufmännische Ausbildung absolviert hatte. Im Krieg wurde er Teilhaber. Ich kam als viertes Kind während der Wirtschaftskrise zur Welt. Wir lebten damals den Umständen entsprechend bescheiden. Ich besuchte das Gymnasium, schloss aber, im Gegensatz zu meinen vier Geschwistern, nicht mit der Matura ab, sondern mit einem allgemeinbildenden Diplom. Nach der Schule ging ich ein Jahr nach England, danach ein halbes Jahr nach Paris. Dann begann ich eine Schneiderlehre, erkrankte an Tuberkulose und verbrachte eine einjährige Kur in Davos. Als Kind wusste ich gar nicht, was mein Vater für einen Beruf hatte. Meine älteren Brüder bekamen den Ehrgeiz unserer Eltern zu spüren, mich ließen sie einfach machen. Meine Mutter arbeitete vor ihrer Heirat als Sekretärin bei der Bankiervereinigung. Mein Vater war oft beruflich angespannt, hatte auch viel Aktivdienst, gestaltete aber sehr schöne Sommerferien, wo er mit uns wanderte und gute Literatur vorlas. Bildung und Musik waren in unserem Elternhaus sehr wichtig. Die ganze Familie war musikalisch. Wir besuchten oft Konzerte und mein Vater spielte sehr gut Cello und machte Kammermusik. Er ging noch im hohen Alter zur Bank.

Lucius Burckhardt, mein späterer Mann, studierte zunächst Medizin und war mit meinem Bruder befreundet, der Zoologie studierte. Sein Elternhaus stand in Davos. Während meiner Kur in Davos besuchte er mich. Nach meinem Aufenthalt machte ich eine Lehre als Sekretärin und wurde Personalsekretärin bei Geigy, allerdings nicht lange. Denn 1955 heirateten Lucius und ich bereits. Und damals gab es das Relikt aus der Krise, dass man bei der Heirat die Stelle aufgeben musste. Und das galt auch für uns, obwohl nur ich erwerbstätig war. Lucius war ja schon früh politisch aktiv und verfasste schon als Student das Buch *Wir selber bauen unsere Stadt*. So erhielt er eine Stelle als wissenschaftlicher Mitarbeiter im Dortmunder Institut für Sozialforschung. Ich bekam dann auch die Möglichkeit, im Institut etwas mitzuarbeiten. [...]

Die Professur in Kassel folgte etwa zehn Jahre später?

Vorher hatte er noch eine Dozentur an der jungen Hochschule für Gestaltung in Ulm. Danach, Anfang der Sechzigerjahre, wurde er Redaktor der Architekturzeitschrift *Werk*. Gleichzeitig hatte er einen Lehrauftrag für Soziologie der Architektur an der ETH Zürich. [...]

Und blieb in Kassel bis in die Neunzigerjahre.

Ja, bis über seine Emeritierung hinaus. Er wurde nach der Wende von der Thüringischen Regierung angefragt, in Weimar am ehemaligen Bauhaus die Fakultät für Gestaltung zu gründen. Danach wurde ich ja unverhofft in den Großen Rat des Kantons Basel-Stadt gewählt, und so kamen wir wieder zusammen zurück nach Basel. Lucius schrieb weiter und hielt viele Vorträge und ich engagierte mich von 1996 bis 2001 bis zu meinem siebzigsten Geburtstag im Parlament.

Und jetzt kam noch die Stiftung Lucius und Annemarie Burckhardt dazu.

Ich habe ja keine Kinder und dachte immer, dass ich einmal mit dem Ersparten etwas bewirken will. Und da lernte ich, nach ersten Abklärungen, den Kassier des Basler Kunstvereins kennen, dem ich von der geplanten Stiftung erzählte. Und dann ging alles ganz schnell und die La Roche-Bank half mir, eine Stiftung zu gründen. Und jetzt ergeben sich erste Projekte. So kann ich auch Leute unterstützen. Die Bank verwaltet das Ganze, und die Anträge sind bis jetzt noch überschaubar. Aber man muss selbst schon aktiv sein. Ich bin jetzt viel in den Bündner Alpen und habe mich nach Erscheinen des städtebaulichen Porträts der Schweiz des ETH Studios Basel am Begriff »Alpenbrache« gestoßen. Glücklicherweise entdeckte ich bald die »Neun Thesen für die Stärkung in der Peripherie« von Gion A. Caminada, die eine Entgegnung auf die ETH-Studie sind. Caminada ist dann auf meinen Vorschlag eingegangen, eine längerfristige Forschung zu übernehmen mit dem schönen Titel »Orte schaffen«. Sie soll ein Umdenken in der Planung in Gang setzen.

Und was ist das für ein Gefühl, so über Geld und Projekte verfügen zu können?

Das bedeutet, mich nochmals einer neuen Herausforderung zu stellen. [...]

Und wie sehen die Beziehungen einer Politikerin der Grünen, die selbst eigenwillig Kunst kreierte, zum Daig aus?

Da unsere Aktivitäten immer außerhalb von Basel waren, habe ich keine Probleme mit dem Daig. Wahrscheinlich hatte er eher Probleme mit uns. Jetzt entdecken sie die Bedeutung von Lucius. So bekomme ich auch viel Anerkennung.

Ändert die Finanzkrise das unternehmerische Denken?

Nein, eigentlich sehr wenig. Es sind andere, die leiden. Ich weiß nicht, was noch kommt. Aber der Verlust war effektiv nicht groß, außer bei der UBS. Ich bin in diesem Rahmen an der unteren Grenze.

Wie glücklich leben »alte Reiche«?

Ich habe noch viele Kontakte zu ehemaligen Studenten. Die kommen mich in Basel oder Bergün besuchen. Ich versuche, aktuell zu bleiben, gehe spazieren und mache Sport. Ich profitiere vom reichen kulturellen Angebot in Basel und orientiere mich in Kunst und Architektur. Durch die wissenschaftliche Arbeit von Lucius knüpfe ich auch viele neue Kontakte. Durch die »Spaziergangswissenschaft« tritt viel Neues in mein Leben. Deshalb bin ich auch glücklich und zufrieden.

»Das gibt Distanz« (Regina Steinbrück)

Regina Steinbrück versuchte früh aus ihrer wohlhabenden Herkunft auszubrechen, was teilweise auch gelang. Sie arbeitet heute als Psychologin und lebt in einer »offenen Villa« am Vierwaldstädtersee. Ihr Mann kommt aus einer Unternehmerfamilie, die in der Hochkonjunktur gut verdiente.

Darf ich zunächst nach der Herkunft und dem Werdegang fragen?

Meine Mutter kommt aus Norditalien. Das ist ein spezieller Schlag von Leuten, sehr autoritär und stark. Die Familie meines Vaters ist gerade das Gegenteil, mehr nach innen gerichtet. Sie ist sehr gebildet. Mein Vater, Großvater und meine Großmutter sprachen sieben Sprachen. Mein Vater lebte zum Lernen. Er studierte Physik und Chemie, später dann Germanistik, Journalismus und Geschichte. Als die Kinder kamen, hat er auch noch Jus studiert, als Grundlage zum Gelderwerb. Er arbeitete in Bern mit den Bundesräten und wurde mit fünfunddreißig Jahren jüngster Oberrichter im Kanton Aargau. Entsprechend bin ich auch aufgewachsen. Es gab immer spezielle Besucher. Nationalräte, Regierungsräte und Leute aus der Wirtschaft gingen bei uns ein und aus. Das prägt einen und gibt einem eine andere Optik. Zu Hause musste zum Beispiel immer alles perfekt sein. Man musste nach Knigge essen, während Gäste sich nicht an diese Regeln halten mussten.

Solche Erlebnisse führen wohl auch dazu, die Autoritäten anders zu betrachten.

Ja, das gibt Distanz und auch ein gewisses Selbstbewusstsein. Und einen Einblick eben in die zwei Welten, eine vordergründige und eine hintergründige. Sein und Schein passen oft nicht zusammen. Mein Vater war sehr locker mit meinen Freunden, die zu Besuch kamen. Aber man merkte den Respekt, den sie ihm entgegenbrachten. Sie haben sich dann sofort anders verhalten. Das hat mich immer gestört. Ich wollte immer wissen, was dahintersteckt. Das hat mir entsprechend viele Schwierigkeiten eingebracht. Solange mein Vater gelebt hat, war das kein Problem. Mein Vater starb aber schon früh, als ich sechzehn Jahre alt war. Als Oberrichter, aktives Mitglied vom FC Aarau und Richter am Geschworenengericht war er unantastbar. Als er starb, ging ich vier Jahre auf Reisen. Wenn er noch gelebt hätte, dann hätte ich mir das nicht erlauben können. Sein Tod eröffnete mir also eine neue Welt. Der Druck, einmal Staranwältin oder etwas Entsprechendes zu werden, fiel von mir ab.

Als ich zurückkam, besuchte ich die Kantonsschule. Dort merkte ich, dass man nicht sagen darf, was man sieht. Zum Beispiel durfte man dem Chemielehrer, der alle Tierversuche als notwendig betrachtete, nicht widersprechen. [...] Ich wurde zuerst vom Chemieunterricht suspendiert, dann von der Schule. Da ich mit dem Recht aufgewachsen bin, habe ich dann eigenhändig einen Rekurs verfasst und an die Erziehungsdirektion gesandt. Die haben eine aufschiebende Wirkung verlangt, sodass ich zur Schule zurückkehren konnte. Die Situation ist dann aber eskaliert. Ich habe dann einen Staranwalt (SP) aus Lenzburg genommen, mich weiter gewehrt [...] und schließlich an der Kantonsschule Zofingen die Matura gemacht.

Und sich also früh durchgesetzt.

Ja, wir sind zum Beispiel seit Jahren mit der Familie XY befreundet. XY war ein Patriarch. Wir waren in ihrer Villa eingeladen. Wir saßen alle beim Essen, als ich ihn nach der fehlenden Pfeffermühle fragte. Das war für alle ein kleiner Schock. Aber XY stand auf und holte mir die Pfeffermühle persönlich aus der Küche. Ich habe früh gelernt, wer ich bin. Regeln, die jede Zugehörigkeit zu der Schicht der Reichen voraussetzt, habe ich zwar erfüllt, aber auch nicht. Ich bin ein Formwandler. Auch heute. Wir wohnen zwar am See und man könnte denken, dass ich sehr reich bin. Für andere Reiche ist das ein Statussymbol, wir leben das aber. Leute befürchten manchmal, dass ich, weil unser Haus für alle offensteht, ausgenützt werde. Diese Angst und die Abschottung sind bei den Reichen sehr ausgeprägt.

Und wie ist es weitergegangen nach der Kantonsschule?

Nach der Kanti in Zofingen bin ich wieder auf Reisen gegangen. Daraufhin habe ich in Zürich Psychologie studiert. Mich haben immer die Indigenen fasziniert. Deshalb wollte ich einen Abschluss in Ethnologie machen. Als erstes und zweites Nebenfach habe ich Völkerrecht gewählt. [...] Dann wurde ich aber schwanger und spürte plötzlich die italienischen Mamma-Gene. Dann wurde ich zum ersten Mal richtig sesshaft. Hier am See leben wir seit 1993.

Sind Leute, die reich aufwachsen, besonders selbstbewusst?

Ich hatte eine sehr gute Freundin, deren Eltern beide in der Fabrik gearbeitet haben. Sie war künstlerisch sehr begabt und hat dann eine kaufmännische Lehre gemacht. Ich fand das schade. Sie sagte aber, dass bei mir, wenn alle Stricke reißen, immer die Familie helfend im Hintergrund stehen würde. Das hat mich sehr beeindruckt. Ich hatte immer das Gefühl, dass diese Freundinnen aus einem bescheideneren Umfeld viel freier leben können; frei von Etikette und Förmlichkeiten. Bei mir hatte ich immer das Gefühl, dass ich in einem Museum lebe. Bei den Reichen muss immer alles sauber und einwandfrei sein. Viele haben zwanghaft Angst vor allem, das lebt. Ich habe auch viele Geschenke bekommen, die ich gar nicht wollte. Dafür konnte ich zum Beispiel niemanden dazu überreden, lieber für den WWF zu spenden. Die Strukturen der Reichen sind ja teilweise schon ziemlich homogen. Man geht an dieselben Orten zum Einkaufen, zum Essen und in die Ferien. Innerlich sind viele in Not, weil sie diesen Zwängen ausgesetzt sind. Eine Freundin von mir, deren Vater Unternehmer und Nationalrat ist, hatte die ganze Kindheit lang ein schlechtes Gewissen wegen ihrem Reichtum. Um sich damit nicht mehr konfrontieren zu müssen, umgibt sie sich mit anderen Reichen. [...]

XY kommt in den Medien meistens gut weg. Zu Recht?

Ich bin aus dieser Freundschaft ausgestiegen, weil ich zum Gewissen der Familie wurde. Sie haben mir immer alles erzählt. So auch die Geschichte mit der Schwangerschaft der Freundin des Sohnes. Das, was man von solchen Leuten in der Öffentlichkeit hört, ist nur Schein. [...] Ich habe diese Leute fast bedauert, weil sie in einem Gefängnis leben. Letztlich kann man ja nur in einem Bett schlafen und mit einem Auto fahren. Und wenn mein Vater nicht so früh gestorben wäre, dann hätte ich nicht ausbrechen und so frei leben können.

Und wie steht es mit den glücklichen Reichen?

Ich kenne viele Reiche, aber keine wirklich zufriedenen. Ich hatte das Glück, dass die Familie meiner Mutter eher aus einfachen Verhältnissen kam. Es waren schon auch mächtige Leute, aber sie waren mit der Natur verbunden. [...] Wenn man aber nur mit dem Silberlöffel im Mund aufwächst, dann ist das schon ganz anders. Ich habe das bei meiner Freundin gesehen. Ihr wurde die Freundschaft zu mir verboten. [...] Ihre Eltern lassen sich jetzt gerade ihre Villa von einem Stararchitekten umbauen, leben darin wie in einem Hotel und lassen sich von Angestellten unterhalten. Viele Reiche sind getrieben, noch reicher zu werden. Sie versuchen so, ihre inneren Nöte zu kompensieren. Andere werden Mäzene und delegieren ihre Kreativität an andere. Aber sie könnten doch auch selbst einmal eine Gitarre in die Hand nehmen und die Kreativität selbst leben. Das krampfhafte Vermeiden von Fehlern verhindert das Leben.

»Was einen nicht umbringt, macht einen stark« (Dieter Behring)

Dieter Behring kämpft seit Jahren mit gerichtlichen Verfahren. Sein Anlagesystem funktionierte offenbar nicht so erfolgreich, wie viele lange glaubten. In besseren Zeiten soll er in Basel 430 Millionen Franken versteuert haben. Seine kulturellen Vorhaben faszinierten und seine großzügigen Spenden imponierten. Auch sozialdemokratische Abgeordnete profitierten davon. Selber lebte Dieter Behring gerne auf großem Fuß. Das symbolisiert heute seine verschlossene Prestigevilla, die er in Basel weiter ausbauen wollte. Die Bundesanwaltschaft ermittelt gegen ihn. Laut Wikipedia besteht der Verdacht, »dass die illegal entgegengenommenen Publikumsgelder nie wirklich angelegt wurden, sondern gezielt für die Verwendung in einem Umlageverfahren gesammelt, verschoben und schließlich unrechtmäßig und zur Aufrechterhaltung des mutmaßlich betrügerischen Systems verwendet wurden«. Geprellte Anleger machen einen Schaden von mindestens 220 Millionen Franken geltend. Uns interessierte unter anderem sein Umgang mit Macht(verlust).

Wie verändert die Finanz- und Wirtschaftskrise das Denken wichtiger Wirtschaftsleute? Geht der Trend in Richtung mehr soziale Kompetenz oder Ellenbogen?

Es verändert sich gar nichts. Die soziale Kompetenz hinkt den Ellenbogen – nach wie vor – bei Weitem hinterher. Wichtige Wirtschaftsleute? Es zeigt sich immer wieder, dass Wirtschaftsleuten, die sich selbst zu wichtig nehmen, die soziale Kompetenz vollständig fehlt und sie munter mit den Ellenbogen durch »ihre Geschäftswelt« ospeln. Im Gegensatz dazu ist – und das war schon immer so – bei Menschen, die sich selbst nicht so wichtig nehmen, die Sozialkompetenz weit ausgeprägter.

Ist mit einer Machtverschiebung zu rechnen: von Eigentümern zu Managern? Und von Wirtschaft zu Politik?

Vor allem bei den großen und einflussreichen Konzernen hat diese fast vollständige Machtverschiebung von den Eigentümern zu den

Managern längst stattgefunden, und die Schafherde von Aktionären applaudiert noch kräftig dabei. Die Machtverschiebung von der Wirtschaft in die Politik kann und wird nie ernsthaft stattfinden, weil das Kapital maßgebend bleibt. Das gelegentliche Gewinsel nach Kapital, »um den Staat nicht zu gefährden«, insbesondere nach gravierenden Fehlleistungen der Manager, verschwindet bei der geringsten Erholung sofort wieder und macht dem altbekannten Imponiergehabe Platz.

Und wie gehen Sie persönlich mit Ihrem Machtverlust um?

Da mir – da uns, mir und auch meiner Frau – die Ausübung von Macht nie wichtig war, gibt es in dieser Beziehung auch nichts, mit dem man umgehen muss. Dies bedeutet jedoch nicht, dass Verleumdungen in den Medien und unfaire Ermittlungshandlungen uns nicht stark getroffen haben und uns nach wie vor hart treffen, aber was einen nicht umbringt, macht einen bekanntlich stark.

7.11 Im Spiegel der Prominenz

Kurt Aeschbacher, »-minu«, Hildegard Schwaninger und Klaus J. Stöhlker sind bekannt, selber eher wohlhabend und setzen sich beruflich mit der Welt der Reichen auseinander.

»Teilen bringt langfristigen Erfolg« (Kurt Aeschbacher)

Kurt Aeschbacher kam 1948 in Bern zur Welt. Nach dem Abschluss seines Wirtschaftsstudiums arbeitete er unter anderem als Vizedirektor der Grün 80. Seit 1981 moderiert er zahlreiche Sendungen am Schweizer Fernsehen, seit 2001 mit eigener wöchentlicher Talkshow. Aeschbacher war der erste UNICEF-Botschafter für die Schweiz.

Sie treffen öfter Manager und reiche Leute. Wie nehmen Sie diese wahr?

Was ich im Rahmen meiner Gespräche mit Verantwortlichen im Management und mit wohlhabenden Menschen in den letzten Monaten herauszuhören vermeine, ist Folgendes. Der Gedanke der Philanthropie, der in der Schweiz im Vergleich zu den USA in der Vergangenheit von reichen Familien eher zurückhaltend gehandhabt wurde, findet bei Patrons und Reichen heute größere Beachtung als noch vor zwei, drei Jahren. Die Infragestellung des Marktes als alles regulierende Kraft in der Gesellschaft und der Politik bewegt die wohlhabenden Schichten vermehrt dazu, sich gesellschaftlich zu engagieren. Dies nicht zuletzt, um den eigenen Status zu legitimieren. Gebildete Reiche sehen die Notwendigkeit, dass für den Zusammenhalt der Gesellschaft soziales Engagement der Bessergestellten unumgänglich ist. Das äußert sich aber gut schweizerisch eher in »diskreten« Maßnahmen, die man oder frau entweder mit eigenen Stiftungen oder der Unterstützung von Hilfswerken bewerkstelligt, die dem individuellen Gusto entsprechen. So erzählte mir kürzlich Samih Sawiris von seinen Bauprojekten in Ägypten, die er für Arme in großem Stil realisiert. [...] Ernst Tanner, CEO und Verwaltungsratspräsident von Lindt & Sprüngli, erzählte mir ebenfalls, dass sie ganz strategisch und über ihre eigenen Kanäle faire Anbaubedingungen in ihren Produktionsgebieten für Kakao aufbauen. [...] Etienne Jornod, der CEO und Verwaltungsratspräsident von Galenica, unterstützt jährlich mit einem großen Betrag die Bemühungen von Professor Ruedi Lüthi, der in Simbabwe für die Aidsprophylaxe tätig ist. [...] Solche, die langfristig die Entwicklung ihres Unternehmens verantworten, sind sich ihrer sozialen Verantwortung eher bewusst als jene Manager, die sich hauptsächlich auf die Optimierung ihrer eigenen Karriere konzentrieren. In dem Zusammenhang scheint mir die Lernfähigkeit der Manager in der Finanz- und Versicherungsbranche fast inexistent. Ich führe dies darauf zurück, dass diese Individuen moderne globale Zigeuner sind, sprich Menschen, die weder eine klare Verwurzelung in einer bestimmten Region zulassen noch ihrem Arbeitgeber gegenüber loyal sind. Menschen, die grundsätzlich keine anderen Zielsetzungen kennen, als ihren Status zu optimieren und das persönliche Einkommen zu maximieren, sind sich der gesellschaftlichen Verantwortung ihres Handelns kaum bewusst.

Das hängt auch damit zusammen, dass sie sich kaum außerhalb ihrer eigenen Kreise bewegen und somit kein Korrektiv ihr Denken verändert. Ihre Lebensform ist dermaßen stark vom normalen sozialen Umfeld entfernt, dass ihnen auch das Gefühl für das Richtige und Falsche, für die Dimensionen und die Gefahren des eigenen Handelns, verloren geht. Den Grund dafür sehe ich in der mangelnden Verwurzelung innerhalb einer Region und damit dem Verlust des Gefühls für Alltagsprobleme und das Empfinden der »normalen Bürger«. Dazu kommt, dass sie ihre Entscheide mit fremdem Geld, ohne die persönlichen Verlustrisiken treffen können und höchstens ein vergoldeter Rauswurf resultiert, der sich aber schon Wochen später als brillanter Einstieg in ein nächstes Unternehmen verschmerzen lässt. Wenn hier die Politik plötzlich regulierende Funktionen erhält, ist das eine logische Konsequenz innerhalb demokratischer Systeme. Es ist meiner Ansicht nach aber keine nachhaltige Lösung, da auch die Machtzirkel von Politikern eine zunehmende Entfremdung von der Realität beinhalten. Die Handlungsmotivation vieler Politiker besteht demzufolge auch weniger in der Suche nach einer nachhaltigen Problemlösung als in der oft populistischen Stimmenmaximierung. Regulierungen sind in einem gewissen Ausmaß nötig, wenn die Einsicht der Handlungsträger fehlt, sie garantieren aber keineswegs einen besseren gesellschaftlichen Zusammenhalt. Erfolgreich wäre bloß die Einsicht bei den Reichen und Mächtigen, dass Teilen die Voraussetzung zu einem eigenen langfristigen Erfolg ist und nur auf diesem Weg der gesellschaftliche Zusammenhalt aufrechterhalten werden kann.

»Oft ist es nur Geiz« (-minu)

Hans-Peter Hammel alias -minu kam 1947 in Basel zur Welt. Nach dem Realgymnasium besuchte er die Journalistenschule. Seit 1967 schreibt -minu wöchentliche Kolumnen in der *Basler Zeitung*. Er hat auch eine eigene Sendung auf Telebasel. -minu kennt die Basler Prominenz und gehört dazu. Er kocht für sie, schreibt über sie und engagiert sich für soziale Projekte.

Lassen sich »alte Reiche« von »neuen Reichen« unterscheiden? Welche Unterschiede bestehen allenfalls zwischen verschiedenen Gruppen von Reichen?

Es gibt das gute, alte Geld: Familien, die seit Generationen ihr Geld zusammenhalten und in ihrem alten, in Basel asketischen und puritanischen Lebensstil weitermachen. Man redet oft davon, dass ihre Zurückhaltung, was das Geld zeigen betrifft, etwas Wunderbares sei. Auch im Gegensatz zu Zürich. Das sehe ich nicht immer so. Oft ist es einfach nur Geiz. Und die Sparsamkeit wird zum Steckenpferd. Der Stadt bringt dies nichts. Ein Beispiel: »Stucki« hat mir einmal erklärt, dass er von den »alten reichen Baslern« nicht leben könne. Die würden das Restaurant meiden, weil sie nicht darin gesehen werden wollen. Weil man einfach nicht so unnötig Geld verprasst – schon gar nicht für einen Genuss. Dieselben sparsamen Basler würden sich aber nicht genieren, im Ausland, wo sie unter sich sind, Dreisternelokale aufzusuchen. [...] Die Sparsamkeit des guten, alten Basel hat für die Stadt große Nachteile – es bringt nichts, wenn diese in den Supercenter Aktion einkaufen und die kleinen Lädeli daneben sterben. Ich glaube, dass hier auch Geld verpflichtet. Aber da lebt man im alten Geld-Basel eine ureigene Linie. Ich habe Probleme damit. Natürlich ist das Mäzenatentum des alten reichen Basel etwas Wunderbares. Und ich kenne auch viele reiche alte Basler, die soziale Werke großzügig unterstützen, ohne dass ihr Name je in Glanz und Gloria aufgetaucht wäre. Wieder ein Unterschied zu Zürich, wo man einen Check für Wohltätigkeit nur ausstellt, wenn vorher die Presse orientiert worden ist.

Hat die Finanz- und Wirtschaftskrise das Denken und Verhalten von Reichen verändert? Und falls ja: in welche Richtung?

Die Wirtschaftskrise wurde von den »alten Reichen« kaum gespürt. Oder geht – sagen wir's mal so – ohne große Erschütterungen auszulösen an ihnen vorbei. Natürlich sind sie um einige Zigmillionen ärmer. Aber da sie ja eh stets sparsam gelebt haben, bekümmert sie dies nicht. Die Neureichen – so habe ich das mitbekommen – sind da weitaus weniger locker. Sie reagieren sehr sensibel, um nicht zu sagen hysterisch. Ich persönlich finde, dass diese Krise ganz gutgetan hat und guttut. Sie lässt einen wieder mal auf die eigentlichen Werte zurückbesinnen. Ich habe durch meinen Beruf immer wieder mit den ganz Reichen zu tun gehabt. Ich habe sie nur in seltenen Fällen als »unangenehm« erlebt – aber ich habe zu oft auch gesehen, wie »arm« sie in und mit ihrem Geld lebten. Man nimmt sie bei jedem Tun doppelt so genau unter die Lupe. Man verbietet ihnen, meistens aus Neid, mehr als dem Normalbürger. Und sie werden täglich von einem Dutzend Bittstellern nach Geld gefragt. Das ist nicht unbedingt lustig.

Wir haben sehr viele Staatsangestellte, die sehr hohe Löhne absahnen und eigentlich nie zur Kasse gebeten werden. Es würde bei einer Sammlung für eine Klinik, ein Projekt oder eine kulturelle Veranstaltung niemandem in den Sinn kommen, einen Regierungsrat oder einen Chefbeamten um einen Obolus zu bitten. Reiche werden immer zur Kasse gebeten. [...]

»Sitzen seit Generationen auf ihren Pfründen« (Hildegard Schwaninger)

Hildegard Schwaninger lebt als Journalistin und Publizistin in Zürich. Sie schreibt in ihren regelmäßigen Kolumnen im *Tages-Anzeiger* auch über das, was sie bei der High Society am Zürcher Opernball und anderswo beobachtet.

Unterscheiden Sie zwischen »alten«, »neuen« und weiteren Reichen?

Die Unterschiede zwischen »alten Reichen« und »neuen Reichen« sind fundamental. Die alten Reichen sitzen seit Generationen auf ihren Pfründen, sie sind – oft seit Jahrhunderten – gewohnt reich zu sein und kennen die gesellschaftlichen Verpflichtungen, die mit dem großen Vermögen einhergehen: soziales und kulturelles Engagement, Verantwortung gegenüber den schlechter Gestellten. Für die Neureichen ist das Geld neu, sie denken zuerst einmal an sich selbst und ihre materiellen Bedürfnisse, die sie mit dem Geld befriedigen können. Dazu kommt dann schnell das Bedürfnis, den neuen Reichtum anderen zu zeigen. Daher die Protzerei und die Sehnsucht nach

Zurschaustellen des Geldes, ein markanter Unterschied der neuen Reichen zu den alten Reichen.

Was motiviert Reiche, viel Geld für soziale, ökologische und kulturelle Anliegen zu spenden?

Bei den alten Reichen ist es Tradition, dass man soziale, kulturelle, ökologische Anliegen unterstützt. Es ist eine gesellschaftliche Verpflichtung. Nach dem Motto, was wir besitzen, ist eigentlich nur eine Leihgabe, die es gut zu verwalten gilt. Und wir sind verpflichtet, unseren Reichtum mit den Schwächeren zu teilen. Bei den alten Reichen werden auch die Erben zu dieser Haltung erzogen. Die neuen Reichen, wenn sie spenden, wollen sich damit einen Namen machen. Sie spenden ein Museum, dafür wird es nach ihnen benannt. Oder sie wollen sich, wie viele Ausländer, die vielleicht wegen krummen Geschäften einen schlechten Ruf haben, bei den Schweizern einen Sympathiebonus holen. Man ermöglicht ein Orchesterkonzert mit einem berühmten Dirigenten, oder man stiftet Geld für ein Frauenhaus, schon steht der Name in der Zeitung, das kommt billiger als ein Inserat, und man wird den Menschen als Wohltäter bekannt. Manche Neureiche gründen Stiftungen, weil sie einen Namen als Wohltäter machen können und auch noch Steuern sparen. Für die Spendierfreudigkeit gibt es schon grundsätzlich verschiedene Motive zwischen altem Geld und neuem Geld.

Verändert die Wirtschafts- und Finanzkrise das Denken reicher Menschen?

Die alten Reichen werden ihr Denken nicht groß ändern müssen, sie haben schon viele Finanz- und Wirtschaftskrisen überstanden. Viele neue Reiche haben in der Finanzkrise so viel Geld verloren, dass sie heute nicht mehr reich sind. Sie müssen ihr Denken zwangsläufig ändern. Wenn sie klug sind, merken sie, dass man mit einem Smart genauso glücklich sein kann wie mit einem Maybach; dass Geld zwar wichtig ist, aber dass man nicht sein ganzes Glücksempfinden vom Geld abhängig machen sollte.

Was motiviert Sie persönlich, sich so intensiv mit der Welt der Reichen zu befassen?

Mich motiviert nicht der Reichtum, ich bin motiviert, über Menschen zu schreiben, die etwas vorstellen und etwas zu sagen haben, die etwas geleistet haben, die vielleicht berühmt sind. Darunter gibt es halt auch Reiche. Abgesehen davon trinke ich gerne guten Champagner. Die Welt der Reichen ist besser geheizt als die Welt der Armen.

»Die ungleiche Verteilung stört mich nicht« (Klaus J. Stöhlker)

Seit vierzig Jahren lebt und arbeitet Klaus J. Stöhlker am Zürichsee. Er arbeitet als Journalist, TV-Redaktor und vor allem als Unternehmensberater. Stöhlker gilt als Doyen der Schweizer PR-Berater und ist über seine Aufträge, Beziehungen und eigenen finanziellen Verhältnisse recht gut mit der Welt der Reichen vertraut.[85]

Der Reichtum ist in der Schweiz sehr einseitig verteilt. Stört Sie das? Empfehlen Sie mehr Ausgleich?

Die ungleiche Verteilung des Reichtums stört mich nicht wirklich. Wer sein Glück nur darin findet, ein eigenes Flugzeug mit zwei Piloten, eine Superjacht in Monaco und ein Jagdgebiet von der Größe des Kantons Thurgau in Südspanien zu besitzen, mag solches brauchen. Meine Bedürfnisse und Träume sind dies nicht. Der Reichtum wird dann gefährlich, wenn er mit seinem Einfluss die besondere Form der Schweizer Demokratie, die basisdemokratische Entscheidung, gefährdet. Auf diesem Weg sind wir schon weit vorangeschritten, weshalb ich darüber besorgt bin. Wo Reichtum sich mit persönlicher und gesellschaftlicher Intelligenz verbindet, kann die Schweiz davon nur gewinnen. Wo er nur dazu dient, große Segelrennboote zu bauen oder Autorennen zu bestreiten, halte ich angesichts der zunehmenden Krise der Menschheit Einschränkungen, die vom Staat auferlegt werden, für möglich. Wir sollten auch berücksichtigen, dass Gier kein Privileg der Reichen ist, sondern auch bei den Armen des Landes sehr ausgeprägt ist. Was nützt es, den gierigen Armen zu helfen, wenn daraus nur gierige Mittelstandsbürger oder manchmal sogar gierige Neureiche werden? [...]

Über wie viel Einfluss verfügen Sie selbst und wie sind Sie dazu gekommen?

Mein Einfluss, so groß oder klein er sein mag, ist letztlich geliehen. Er beruht auf der Kraft des Wissens und der Kombination von Ideen. Letztlich sehe ich mich als eine Art »intellektuellen Leibwächter«, der vorhandene Kommunikationsstrukturen sichert und stärkt. Weil ich in der Schweiz, aber nicht nur dort, seit nunmehr fast vierzig Jahren etliche bekannte, aber noch mehr unbekannte Erfolge erzielte, ist die Nachfrage nach meinem Rat – zu meiner eigenen Überraschung – noch überdurchschnittlich groß. [...]

Verändert Ihrer Wahrnehmung nach die Finanzkrise das unternehmerische Denken?

Die Finanzkrise verändert das unternehmerische Denken in der Schweiz nur unwesentlich. Weit verbreitet ist der Irrtum, die Entwicklung des Finanzkapitalismus werde nun gestoppt oder mindestens eingeschränkt. Diese relative Schlechtwetterphase wird vorübergehen, vielleicht sogar weiteres Ungemach auslösen. Eines ist sicher: Die Großbanken und Finanzkonzerne werden größer und anonymer werden. Angesichts des Hungers des Kapitals nach materieller Reproduktion werden nur die besten Unternehmen der Realwirtschaft überleben. Im Rahmen des Schweizer Sonderfalls werden die Schweizer Kleinkapitalisten ihre Firmen weiterhin an finanziell potente Ausländer verkaufen. Damit wird die Schweiz, wesentlich gefördert durch große Teile der Bundesverwaltung, des Bundesrats und kantonaler Regierungen, zu einem Musterstaat der Globalisierung. [...]

Und wie beurteilen Sie das Zusammenspiel von Wirtschaft und Politik in der Schweiz?

Die Politik fördert die Entwicklung der A-Wirtschaft, jener Firmen und Organisationen, die international und global ausgerichtet sind: von Novartis und Roche über Nestlé, Glencore bis zur FIFA oder zu den internationalen Behörden in Lausanne und Genf; dazu gehören auch die über 5000 pauschalbesteuerten Ausländer. Die B-Wirtschaft der klassischen Schweiz, herkömmlicherweise »die Schweiz« genannt, dient als Nährboden für die Entwicklung der A-Wirtschaft, weshalb die Unternehmen der B-Wirtschaft auch höhere Steuern und Abgaben zahlen müssen als die zahlreichen ausländischen Konzerne. Natürlich macht die A-Wirtschaft, widerwillig, politische Zugeständnisse, die aber meist kurz darauf neu verhandelt werden. Zusammengefasst: Politik und A-Wirtschaft arbeiten nahezu perfekt zusammen. Dies wird durch die B-Schweiz finanziert, die auch für die Infrastruktur des Landes sorgt. [...]

Was ist Ihnen sonst noch wichtig in Bezug auf den Reichtum in der Schweiz?

Wer den Reichtum der Schweiz bekämpfen will, macht einen großen Fehler. Die Schweiz ist in einer Situation, welche derjenigen Venedigs vor dem Einmarsch von Napoléon I. vergleichbar ist. Entweder stärken wir unser politisches System, indem wir auf bestimmten Volksrechten bestehen, oder der Reichtum wird abwandern, wie dies früher auch in anderen Staaten geschehen ist. Auffällig sind die jüngeren »Volksaufstände«, wo das Schweizer Volk gegen die Anträge seiner eigenen Politiker und die der Vertreter der Wirtschaft abgestimmt hat: zweite Säule, Anti-Minarett-Initiative, gegen Pauschalbesteuerung im Kanton Zürich. Dieser Faktor ist aus der Sicht der A-Schweiz wie der bürgerlichen Parteien, zu welchen ich auch die SP Schweiz zähle, irreal. Deshalb gibt es Versuche der FDP, CVP und der BDP, wieder einen politischen Kern zu bilden, dem das Schweizer Volk willens ist zu folgen. [...]

7.12 Aus Sicht des Umfelds

Wir haben mit verschiedenen Personen gesprochen, die einen spezifischen Zugang zu Reichen haben. So etwa mit Hausangestellten, die bei einzelnen Reichen tätig waren oder sind. Bei diesen Gesprächen erwies sich die strenge Anonymisierung als schwierig. Zudem haben Studierende in einem Seminar, das wir zur Soziologie des Reichtums durchführten, Essays über ihre Erfahrungen beim Babysitting bei Reichen oder beim Praktikum in einer Bank oder einer Versicherung mit Kontakten zu interessanten Kundinnen und Kunden verfasst. Wir verwenden diese Texte dankbar als Hintergrundinformation und lassen im Folgenden zwei Personen (Namen geändert) zu Wort kommen, die uns persönlich von ihren Erfahrungen bei Reichen berichtet haben. Michel Müller pflegte jahrelang die Gärten von Reichen. Und Nadja Degen arbeitete als Pflegerin bei Reichen.

»Ich musste immer Kaffee trinken« (Michel Müller)

Michel Müller (Name geändert) ist Landschaftsgärtner. Er pflegte während der letzten Jahrzehnte die Gärten mehrerer Villen und erzählte uns von seinen Erfahrungen.

Müller erlebte wenig Knausriges und viel Großzügiges, wobei ihn das manchmal fast mehr irritierte. Er musste sich zuerst daran gewöhnen, dass bei einem reichen Ehepaar, das ihn sogar öfter von einem Chauffeur abholen und nach Hause fahren ließ, sein Tageswerk mit dem Frühstück begann. Und dann gab es auch immer wieder Zwischenverpflegungen und längere Pausen. So dass sich Müller schon ab und zu fragte, ob er als Gärtner oder Unterhalter angestellt sei. Kaum waren alle Arbeiten erledigt, bat ihn Madame, schon nach zwei bis drei Tagen wieder zu kommen, um allenfalls noch etwas nachzubessern. »Aber ich wusste beim besten Willen nicht was.«

Michel Müller wurde, wie er betont, nicht in schwierige, sondern in dramatische Verhältnisse hineingeboren. Seine leibliche Mutter arbeitete im Rotlichtmilieu, eine Indianerfrau, die mit einem Lastwagenchauffeur in die Schweiz kam. Ihr Sohn wurde ihr weggenommen. Sie musste ihn direkt der neuen Partnerin ihres Mannes geben, die ein Kind verloren hatte und ebenfalls im Milieu arbeitete. Hier widerfuhr Michel schon früh viel Gewalt. Er kam dann, fünfeinhalbjährig, mit seiner älteren Halbschwester in ein Waisenhaus in der

Ostschweiz. Sein erster Waisenhausvater war ein gutmütiger Lehrer und Pädagoge, wurde aber schon bald pensioniert. Die beiden folgenden Waisenhausväter waren Sadisten. Sie prügelten die Kinder und zogen sie übermäßig zur Arbeit bei. Vom Heim aus machte Michel dann eine allgemeine Gärtnerlehre. Seine berufliche Tätigkeit führte ihn über viele Stationen auch einige Jahre nach Afrika. Während der rezessiven Einbrüche schlug sich Müller, zurück in der Schweiz, zunächst als Tankwart durch. »Ich machte so als Büezer viel Geld«, sagte er. Aber das war auch die Zeit, in der sich die Kundschaft zunehmend selber bediente und Arbeitsplätze wegrationalisiert wurden. Und so beschloss Müller, sich selbständig zu machen. Er lancierte im *Baslerstab* ein ganz kleines Inserat, bot sich (für Kost und Logis) als Störgärtner an und erhielt schon bald viele Anfragen. Sein Einmann-Unternehmen florierte, bis zu seinem Herzinfarkt. Dann nahm er nur noch wenige Aufträge von Reichen an. »Das tat auch meinem Selbstwertgefühl gut«, sagte er uns im Gespräch. »Sie ließen mich in ihren riesigen Gärten schalten und walten. Ich war selbständig und mein eigener Meister. Zuerst bestellte ich eine große Mulde. Denn die Gärten waren meistens total überladen, weil die Gartenbaugeschäfte immer viel machen, das komplett unnötig ist. Dann konnte ich auch Wünsche anbringen und mit dem Eigentümer zusammen einen speziellen Rasenmäher oder eine Leiter einkaufen gehen. Sie akzeptierten auch, dass ich ohne Gift arbeitete und das Einfache und Natürliche betonte. Auch der Umgebung entsprechend. Ich war Landschaftsgestalter. An einem Waldrand gibt's bei mir keinen englischen Rasen, sondern eine Matte mit Gras. Den ganz alten Basler Daig mied ich. Schon wegen der Sprache, die mich nervt. Aber es gab Direktoren, die waren ganz okay. Und unterschiedlich. Den einen sah ich wochenlang nie, aber er ließ mir das Geld immer korrekt zukommen. Ein anderer kam schon am ersten Tag extra zum Mittagessen heim, um mit mir die Gestaltung des Gartens zu besprechen. Wir plauderten dann mehrere Stunden zusammen. Er nahm sich Zeit und ging an jenem Nachmittag gar nicht mehr ins Geschäft zurück. Und weil er eine halbe Stunde zu spät zum Mittagessen kam, erlaubte mir seine Frau, in der Zwischenzeit das ganze Haus zu besichtigen. Sie gab mir sogar einen Schlüssel für das verschlossene Hinterhaus. In der Regel wurde ich zum Kaffee und öfter auch zum Essen eingeladen. Als ob ich ein Eigener wäre. Einzelne wenige ließen mir die Suppe nach draußen bringen oder stellten sie mir auf der Veranda hin. Oder es gab Kaffee mit Süßigkeiten, die ich nicht mochte. Aber viele leben ja selber auch eher bescheiden, wobei der Schein manchmal trügt. So erwies sich zum Beispiel ein besserer Geräteschuppen als Luxussauna mit Cheminée. Oder in einer Loggia entdeckte ich einen Swimmingpool. Aber diese Superreichen profitierten dann gleichwohl bei den Einkäufen von Geräten von meinen Rabatten, die ich im Gartenbaugeschäft erhielt. Sie akzeptierten auch gerne meinen tiefen Lohnansatz, gaben mir aber dafür etwas mehr Trinkgeld. Ich brauchte jeweils nur zwei bis drei Wochen, um so einen Garten wieder gut ›zwäg‹ zu machen. Und das alleine, ohne Gehilfen. Das war ihnen auch recht. Denn sie fürchten nichts so sehr, als wenn man über sie spricht. Das haben sie nicht gerne. Aber auf meine Verschwiegenheit war Verlass. Das wussten sie genau. Mir sind gute Beziehungen mehr wert als Geld. Und zu mir waren fast alle immer sehr nett. Auch eine Frau, die sich ihrem Mann gegenüber recht exzentrisch verhielt, war mir gegenüber ziemlich normal und hat mich sogar verwöhnt. Am einen oder anderen Ort stellten sie mir auch ein eigenes Zimmer und einmal sogar eine kleine Wohnung zur Verfügung, wo ich mich über Mittag zurückziehen konnte. Ich hätte dort auch wohnen können. Und das ist halt der Unterschied, ob du in einer gewöhnlichen Gärtnerei oder als Selbständiger bei den Reichen arbeitest.«

»Sie wollen Wärme, die sie sonst nicht erhalten« (Nadja Degen)

Nadia Degen (Name geändert) arbeitete für ein privates Pflegeunternehmen in mehreren Haushalten von Reichen. »Ich habe nichts gelernt, aber eigentlich viel; ich habe mich in der Pflege hochgearbeitet. Und dafür musste ich schon recht alt werden«, erzählte sie uns. »Bei einem alten Ehepaar schwamm ich im Lob. Das tat mir gut. Sie waren nett. Und wir mussten hier eine 24-Stunden-Betreuung organisieren. Das kostete 30 000 Franken im Monat, mit Köchin, Pflegefachfrau, Nachtwache und allem. Ganz anders verhielt sich eine alleinstehende Frau zu mir. Sie herrschte mich immer wieder an und behandelte mich als Gesinde. Und wenn sie telefonierte, befahl sie mir manchmal während des Gespräches, noch dies oder jenes zu tun. Sie musste irgendwas beweisen und stellte mich gegenüber anderen als ihre Putzfrau vor. Eine andere Frau war kurios und echt makaber. Das ging sehr weit. Beim Essen legte sie ab und zu ihre Prothese ins Trinkglas. Manchmal tätschelte sie mir mit ihrem Stock auf mein Hinterteil und musste dann kichern, auch wenn sie zum Spaß grobe Schimpfwörter benutzte. Oder sie versuchte, mich zu erschrecken. Sie tat so, als ob sie auf der Toilette eingeschlafen sei, und wenn ich dann kam, um nachzusehen, spielte sie Geist. Sie verbrachte überhaupt viel Zeit auf dem Klo und bat mich eindringlich, ihrer Tochter nichts davon zu erzählen. Ihre Tochter konnte nicht einmal zuschauen, wenn wir ihrer Mutter die Windeln wechseln mussten. Sie hielt die Hilflosigkeit ihrer Mutter nicht aus, die mit mir noch eine Reise nach Argentinien machen wollte. Davon schwärmte sie öfter. Und als einmal eine Kreditkarte herumlag, sagte sie mir, ich könnte die Karte entsorgen. Ich begleitete die gute Frau dann aber zur Bank. Und da stellte sich heraus, dass noch 60 000 Franken auf diesem Konto lagen. Sie hob dann 10 000 Franken Haushaltsgeld ab, obwohl 400 Franken gereicht hätten. Ihre Tochter anerbot mir für meine Dienste, ein Bild auszuwählen. Aber ich wollte nichts von hier, obwohl mir meine Chefin das erlaubte. Ich fragte sie extra. Wenn es von der alten Frau gekommen wäre, hätte ich es nicht annehmen dürfen, aber von der Tochter schon. Trotzdem, ich wollte das nicht. Mein Mann versteht nicht, wenn ich auch sonst nichts annehmen will, auch von meiner eigenen Mutter nicht. Es stimmt zwar, dass ich nur zweiundzwanzig bis dreiundzwanzig Franken in der Stunde verdiene. Aber das ist das Geld, das ich wirklich verdiene. Und mir tun die Leute ja leid, wenn ich sie so in ihrer letzten Lebensphase sehe. Viele pferchen sich schon vorher in ihrem Getto ein und leben viel zurückgezogener, als man meint. Da ist nichts von rauschenden Festen. Sie heirateten ja schon von Reich zu Reich. Das ist wie Inzucht. Ich kenne eine, die noch jünger ist und in eine andere Stadt zum Coiffeur geht. Sie will so vermeiden, dass über sie geredet wird. Eine andere hat zwei Doktortitel. Aber jetzt läuft ihr die ganze Zeit der Speichel aus dem Mundwinkel. Und ich klaube dann ein Taschentuch hervor, wie ich das früher bei meinen Kindern gemacht habe. Bei ihr habe ich das Gefühl, dass sie bei mir eine Wärme sucht, die sie sonst nicht findet. Das ist bei anderen auch so. Die einen wollen dich als Tochterersatz, bei anderen musst du den Hintereingang benutzen.«

7.13 Psyche und Macht

Bei unseren eigenen Interviews stehen Persönlichkeiten im Vordergrund, die bereit waren, sich ausführlich und teilweise auch recht (selbst)kritisch zu äußern. Das ergibt eine besondere Auswahl. Gerhard Dammann, der Leiter der Psychiatrischen Klinik Münsterlingen, verfasste eine Studie über *Narzissten, Egomanen, Psychopathen in der Führungsetage* (2007). Wir unterhielten uns mit ihm über seine Erfahrungen mit dem Management wirtschaftlicher Unternehmen.

Gerhard Dammann beschreibt den Narzissmus als Motor für Erfolg. Ein Mythos gibt vor, mit Emotionslosigkeit, Ehrgeiz und Stärke mehr erreichen zu können. Der Narzissmus motiviert und verknüpft den Erfolg und die Führerschaft. Und in Krisen ist starke Führung besonders gefragt. Aber das ist gefährlich, stellt Dammann fest. Denn ausgeprägten Narzissten fehlen die Bodenhaftung und das Gefühl für Grenzen. Sie heben ab und sehen in anderen viel Feindliches, um sich selber besser über sie erhöhen zu können. Sie gewähren auch wenig wirkliche Unterstützung, weil die Energie eigenen Zielen nutzen soll. Zudem verlangt das Konkurrenzprinzip, sich gegen andere durchsetzen zu können. Und da gehören je nachdem auch Mitarbeitende zur potenziellen Konkurrenz. Zudem sind sie mit der Sache nicht wirklich tief verbunden, was sich dann in Krisen zeigt, geht es ihnen doch letztlich um die Stabilisierung ihres eigenen Selbstwerts. Ursachen können emotionale Traumatisierungen und emotionale Vernachlässigung sein. Auch mangelnde Erfahrung, Grenzen gesetzt zu bekommen. Wer nur den (elterlichen) Auftrag realisiert, Erfolg haben zu müssen, erfährt den Erfolg als (Selbst-) Zweck. Ziel ist es, im Mittelpunkt zu stehen. Das hält auch andere auf Distanz, die einen ja bewundern sollen. So beinhaltet der Narzissmus eine Angst vor Nähe, die wirkliche Empathie verunmöglicht. Aus dieser Position resultieren Stimmungsschwankungen, Wutanfälle, Zynismus und der Versuch, andere zu entwerten und sich über sie zu erheben. Neid kennzeichnet den destruktiven Narzissmus als Extremvariante, den Dammann, individualisiert, als eine Persönlichkeitsstörung diskutiert, die beim oberen Kader stärker anzutreffen ist als beim unteren.

Der Psychotherapeut Thomas Kornbichler in *Die Sucht, ganz oben zu sein* (2007) die psychohistorischen Dimensionen von Macht und Herrschaft, wobei er auch die Politik einbezieht. »Das süchtige Streben nach Macht im Sinn von Herrschaftsstreben kann als fehlgeleitete Kompensation von Minderwertigkeitskomplexen beschrieben werden.« (ebd.: 42) Mächtige streben nach immer noch mehr Geltung und Anerkennung. Denn: »Macht verspricht Sicherheit.« (ebd: 57 ff.) Dabei geht es nicht um eine fördernde Hinwendung zu anderen Menschen. Machtmenschen suchen Wissen nicht um der Wahrheit willen, Kunst nicht um der Schönheit willen, Menschen nicht um der Geselligkeit willen, Wirtschaft nicht um des Wohlstands willen. Ihnen sind diese Wertbereiche ein Mittel, um die Macht weiter zu steigern. Sie verkehren sich so in ein rigides Denken und in ein gefühlskaltes Manipulieren. Ihr Selbstwertgefühl ist oft überwertig. Das Bad in der Menge hilft, das innerlich leere Selbst affektiv aufzuladen. Die Strategie der Demagogie zielt darauf ab, andere für eigene Zwecke zu vereinnahmen. Sie weist sich gerade in schwierigen Zeiten gerne als schützende Hand aus. Guten Anklang findet dann der Ruf nach Stärke, nach Sauberkeit und einfachen Tugenden. Was Leute verwirrt, wird auf einen einfachen gemeinsamen Nenner gebracht.

Als Feindbilder für paranoide Botschaften dienen »der korrupte Staat« und »die Fremden«. Wer von eigenen Vergehen ablenken will, projiziert sie gerne auf andere und verbindet eigennützige ökonomische Interessen mit etwas Philosophie und generalisierter Weltanschauung. Das verleiht der eigennützigen Botschaft ihre »höhere Würde«. (ebd.: 31/32).

Wie Kritik vornehmlich an die Adresse des eigenen Schattens formuliert wird, zeigte sich auch, als uns ein großer Konzern dazu einlud, mit dem Kader ein Konfliktseminar durchzuführen. Wir stellten zunächst vier unterschiedliche Konflikt- und Teammodelle vor: Der Blitz symbolisiert das konfliktfreudige Modell, die Waage das harmonische, die Blume das organische, das Räderwerk das mechanische. Zum Blitz gehört natürlich der Donner. Die Luft ist nie so rein wie nach dem Gewitter. Alle zwölf Manager bekannten sich spontan zu diesem Konflikttyp. Danach befragt, wie sie das Modell der Waage beurteilten, mokierten sich mehrere Teilnehmende über konsensbeflissene Mitarbeitende, die Konflikte gerne ausbalancieren würden. Nachdem die Verfechter des Blitzmodells genug Dampf abgelassen hatten, änderte sich der Tenor. Der Blitz zerstört viel, hieß es nun. Er entfacht kaum kontrollierbare Feuer und entlädt sich erst nach längeren Stauphasen. Das deutet darauf hin, dass das Blitzmodell nicht besonders konfliktfreudig ist. Es tabuisiert die Ruhe der Waage, die sich manche Blitztypen zwar wünschen, aber kaum gönnen; obwohl sich mit Gelassenheit oft mehr erreichen lässt als mit Ellenbogen.

Kritisch äußerten sich die Manager auch zum Modell der Blume. Das organische Wachstum benötige zu viel Zeit. Die arbeitsteilige Wirtschaft sei hingegen auf Funktionalität angewiesen. Wenn ein Rädchen defekt sei, müsse es einfach ausgetauscht werden. Aber die viel gepriesenen Flexibilität ist in einem organischen Modell oft eher möglich als in einem mechanischen. Und darum geht's. Wichtig ist das Bewusstsein dafür, wann es was braucht. Am Anfang eines Prozesses begünstigt ein organisches Vorgehen kreative Lösungen. Das Modell der Waage empfiehlt sich, wenn hohe Verletzlichkeit vorhanden ist. In einer operativen Abschlussphase eines Projektes ist eher verlässliches Räderwerk gefragt. Sind Positionen festgezurrt, kann indes ein Gewitter heilsam sein. Uns überraschte, wie erfahrene Manager ihre Konfliktfähigkeit überschätzten. Wer gut führen will, muss doch die eigenen Schwachstellen kennen. Kader, die über organische Konfliktmodelle herziehen, lehnen vordergründig ab, was sie selbst mehr wollen. Die offensive Abwehr bindet Energie, verschleißt Geld und macht krank.[86] Davon zeugt die erhöhte Infarktgefahr, die gerne heroisiert oder tabuisiert wird. Doch die Kooperationsfähigkeit wird zu wenig als Schlüsselqualifikation kultiviert. Und das ist nicht einfach individualpsychologisch gemeint. Die Psyche der Manager ist, wie uns der St. Galler Wirtschaftsethiker Peter Ulrich ausführte, ein wichtiger Wirtschaftsfaktor. Doch heute kommt, so Ulrich, ein anderer Führungstyp in die Chefetagen: nämlich einer, der mehr oder weniger bereit sein muss, massenweise Entlassungen vorzunehmen. So wiederholt sich unseres Erachtens der Versuch, Probleme just mit den Mitteln lösen zu wollen, die diese Probleme mitverursachen.

7.14 Anstelle einer Typologie

Wir sind von vier Typen von Reichen ausgegangen: erstens von »alten Reichen« (der früheren Aristokratie und des Patriziats); zweitens von Personen, die durch die Industrialisierung reich geworden sind; die dritte Gruppe kommt aus dem wirtschaftlichen Aufschwung der Nachkriegszeit, die vierte vermochte vor allem von modernen Technologien, Medien und Finanzinstituten zu profitieren. Das sind die neuen Reichen. Bei ihnen zeigt sich, wie bei allen anderen Gruppen auch, dass diese historisch orientierte Einteilung sehr grob ist. Es gibt »neue Reiche«, die ihren Reichtum über Finanztransaktionen steigerten, andere über ihren großen Einsatz bei technologischen Entwicklungen. Je nach Branchenzugehörigkeit ließe sich diese Gruppe also weiter differenzieren. Dagegen opponiert der Mäzen Matthias Eckenstein. Entscheidend ist für ihn das unternehmerische Denken. Und das bilde sich unabhängig von der Branche aus und davon, ob jemand in Öl, Autos oder Windmühlen investiere. Auch die gängige Unterscheidung zwischen altem und neuem Reichtum ist heikel, wenn sie dem alten Reichtum einfach pauschal mehr soziale Verantwortung zuschreibt. Wir haben im Kapitel »Reichtum heute« eine einfache Typologie gewählt. Sie stützt sich darauf ab, wie der Reichtum entstanden ist: durch hohe Saläre, Börsen- oder Unternehmensgewinne, Erbschaften oder Vermögensanlagen. Das ist eine mögliche, sachlich abgestützte, aber keine sehr differenzierte Einteilung. Schwieriger wird es, sobald wir Lebensstile oder gar Haltungen einbeziehen wollen. Wir diskutierten das mit dem deutschen Reichtumsforscher Peter Imbusch (Wuppertal). Er verneinte klar die Möglichkeit, eine sinnvolle Typologie vornehmen zu können: »Es sind kaum verallgemeinerbare Aussagen über die Denkwelten der Reichen möglich, weil die Gruppe der Reichen in sich höchst unterschiedlich ist und in eine Vielzahl von Untergruppen zerfällt. Insofern laufen alle verallgemeinernden Aussagen Gefahr, als pauschalisierend wahrgenommen zu werden oder Stereotype zu bedienen. Dies verweist allerdings nur einmal mehr auf die Notwendigkeit, sich endlich differenziert in einer gesellschaftlichen wie globalen Perspektive mit dem Reichtum intensiver als bisher auseinanderzusetzen.«

Wir haben nun in der exemplarischen Aufbereitung von über hundert Interviews im Wesentlichen zehn Gruppen gebildet und rund vierzig Personen so verortet. Aber diese Einteilung ist sehr zufällig. Sie ändert sich je nachdem, welche Kriterien wir anwenden. Die meisten der Erwähnten ließen sich auch in eine andere Gruppe einteilen, auch wenn bei Einzelnen ihre aktuelle Tätigkeit als Kulturschaffende oder Mäzenin sehr prägend ist. Aber gerade bei diesen beiden Gruppen zeigt sich wiederum, wie übergreifend sie sind und wie sehr sie sich auch innerhalb unterscheiden. Wenn Arthur Cohn Filme produziert, dann ist das selbstverständlich ebenso ein kulturelles Engagement, wie wenn Catherine Dreyfus einen algerischen Schriftsteller unterstützt. Wobei wir Catherine Dreyfus auch bei den

Banken hätten aufführen können, zumal sie aus einer Bankierfamilie kommt, selbst Verwaltungsrätin einer Privatbank und mit einem Bankier verheiratet ist. Wir verzichten hier also auf den Versuch einer Typologie und begnügen uns damit, unsere anfänglichen Annahmen weiter zu differenzieren. Wir tun dies nur hypothetisch als Ansatz für eine umfassendere empirische Studie.

1. Viele reiche Menschen verfügen über ein Selbstverständnis, das selbstbewusst wirkt. Ihr Selbstvertrauen deutet auf eine gut ausgestattete Grundsicherheit hin. Aber oft trügt der Schein. Die Sonderstellung bringt auch viel Schwieriges in reiche Familien. Große Erbschaften erhöhen das Konfliktpotenzial. Und (psychische) Erkrankungen sind auch dann belastend, wenn sie privilegiert behandelt werden.
2. Reiche Menschen geraten öfter in Situationen, die folgenschwere Entscheidungen erfordern und Krisen auslösen können. Das hängt nicht nur mit der Verwaltung des Reichtums, sondern auch mit verantwortungsvollen beruflichen Positionen und komplexen familiären Konstellationen zusammen. Hinzu kommt der empfundene Druck, etwas Besonderes leisten zu müssen, um sein Standing zu legitimieren. Das kann sowohl eine persönliche Tendenz zu offensiven Strategien als auch zum Rückzug fördern. Beide Strategien erweisen sich als konfliktiv. Die eine eckt mehr gegen außen an, die andere erhöht die quasi innere Vereinzelung. Die verbreitete Individualisierung erhöht zudem die Bereitschaft, sich selbst viel Verantwortung zuzuschreiben und Vorwürfe zu machen. Dies auch deshalb, weil die persönliche Ressourcenausstattung sowie das Potenzial zu produktiven Veränderungen besonders groß sind.
3. Reiche Menschen stellen sich, auch wenn sie nach weiterem Reichtum trachten, öfter die Frage nach dem Sinn des ökonomischen Wachstums, der permanenten Effizienzoptimierung, der Erhöhung der Geschwindigkeit und nach dem eigentlichen Sinn des Lebens. Gerade weil sie materiell fast alles haben und sich

auch längere Ruhephasen gönnen können, erhält diese Frage ein besonderes Gewicht. Sie setzen sich damit philosophisch interessiert auseinander, suchen die Auseinandersetzung und lieben es, im trauten Kreis oder wann immer möglich darüber zu diskutieren. Das Bewusstsein der Endlichkeit vermittelt auch eine gewisse Distanz zum alltäglichen Geschehen sowie eine Bescheidenheit und Gelassenheit. Es fördert zudem die Bereitschaft zu teilen und zu spenden. Religiös motivierte Reiche sind sozial besonders engagiert. Sie wissen, dass der Mensch nicht vom Brot allein lebt, und kennen den Bibelspruch, nach dem es leichter ist, dass ein Kamel durch ein Nadelöhr geht, als dass ein Reicher in den Himmel kommt.

4. Kinder von Reichen haben besondere Gründe, sich manchmal recht einsam zu fühlen. Die einen wachsen auf einer schönen Insel auf, auf der sie entweder isoliert sind oder die Idylle zumindest nicht verstetigen können; andere erleben schon früh turbulente Stürme, die wiederum das vorzeitige Ausbrechen oder Abschotten fördern. Die einen dürfen länger – mehr oder weniger behütet – Kinder sein, andere übernehmen schon früh emotionale oder sonstige Aufgaben, um den gefährdeten Zusammenhalt mit zu garantieren. Dass in reichen Haushalten häufig (bekannte) Gäste auftauchen, nimmt den Kindern eine gewisse Scheu vor »großen Tieren«.
5. Reiche Menschen sind bezüglich weltlicher Fragen eher aufgeschlossen. Sie legen bei ihren Lebensentwürfen viel Wert auf eine gute Ausbildung, sprechen mehrere Sprachen und sind stärker international orientiert. Eine erhöhte Sensibilität ist gegenüber ökologischen Fragen feststellbar. Die Nachhaltigkeit erweist sich als ein zunehmend verbindendes Schlüsselthema.
6. Reiche sind kulturell besonders interessiert und engagiert. Alte Reiche fördern mehr traditionelle Einrichtungen wie die Oper und das klassische Theater. Neue Reiche unterstützen gerne avantgardistische Projekte. Ein Trend geht vom kulturellen zum sozialen Engagement. Statt ein weiteres Museum zu fördern, bie-

ten sich vermehrt auch Projekte an, die darauf abzielen, die berufliche Integration von Jugendlichen (mit einem Migrationshintergrund) zu fördern. Die beliebte Förderung überschaubarer Projekte dient auch dazu, das eigene Leben aufzuwerten und sich indirekt über innovative Projekte zu verwirklichen.

7. Bei der sozialen Frage liegt vielen Reichen besonders daran, vor allem jene Menschen zu unterstützen, die entweder sogenannt unverschuldet in Not geraten sind oder fleißige Working Poor sind. Dabei gilt: Reichtum verpflichtet, aber nur beschränkt und auf freiwilliger Basis. Reiche wollen selber darüber bestimmen, wen und was sie unterstützen. Das macht für viele die Stiftungen attraktiv, wobei bei einzelnen auch das Umgehen steuerlicher Abgaben eine Rolle spielt. Große Skepsis besteht jedenfalls gegenüber staatlich verordneter Umverteilung. Und da scheint sich mit der Finanzkrise wenig verändert zu haben. Das Faktum, dass der Staat große Finanzinstitute gerettet hat, trägt eher dazu bei, die Distanz zu erhöhen.
8. Reiche Menschen favorisieren das Primat der Wirtschaft. Auch wenn die Finanzkrise das Vertrauen in die Marktkräfte etwas relativiert, setzen sie auf die ökonomische Selbstorganisation und auf neue Eliten. Dem Staat billigen sie primär eine ergänzende korrektive Ordnungsfunktion zu, die nur da zum Tragen kommen soll, wo er sich finanziell engagiert. Sozialpolitisch tendieren Reiche eher zu wertkonservativen Haltungen, selbst wenn sie sich global orientieren und in neue Technologien investieren.
9. Reiche schreiben die Vermehrung ihres Reichtums überwiegend persönlichen Fähigkeiten zu. Sie attestieren das auch Personen, die hauptsächlich viel geerbt haben. Wer reich ist, scheint daran ein persönliches Verdienst zu haben. Reiche haben – teilweise wegen ihrer materiellen Ressourcen – das Gefühl, über außergewöhnliche Fähigkeiten zu verfügen. Verluste ihres Reichtums schreiben sie extern verursachten Krisen und staatlichen Regulierungen zu, die permanent übermarchen und nur in ganz wenigen, entscheidenden Momenten fehlen.

10. Viele reiche Menschen verbindet – bei allen Unterschieden – eine innere Verwandtschaft. Sie erkennen sich gegenseitig am Habitus und an den feinen Unterschieden, auch wenn sie äußerlich nur wenig voneinander wissen. Reiche Menschen sind aber nicht nur reich, sondern primär Mensch. Sie essen, trinken, schlafen, machen sich Sorgen, freuen sich und unterscheiden sich in vielerlei Hinsicht kaum von nicht reichen Menschen, außer dass sie über mehr Einfluss und Geld verfügen.

8 Wie sich Reichtum abschottet

Der Reichtum in der Schweiz liegt nicht nur in wenigen Händen, sondern ist auch räumlich konzentriert. Der soziale Raum, in dem Reiche verortet sind, korrespondiert mit einem entsprechenden Platz im physischen Raum. Oder mit den Worten Pierre Bourdieus: Der bewohnte Raum ist nichts anderes als der »verdinglichte, d.h. physisch verwirklichte beziehungsweise objektivierte Sozialraum« (Bourdieu 1997: 161). Im physischen Raum werden soziale Strukturen sichtbar und Ungleichheit wird materialisiert. Und der Besitz von Kapital bringt Macht über den Raum. Eine sehr gute Ausstattung mit ökonomischem Kapital bedeutet die Möglichkeit, physischen Raum einzunehmen und sich anzueignen. Quantitativ mehr Raum, aber auch qualitativ besseren Raum – was Verschiedenes bedeuten kann: Ruhe, Exklusivität, schöne Aussicht, gute Luft, ein vorteilhaftes Steuerklima ... Unterschiedliche »Standortfaktoren« führen dazu, dass sich Reiche an ausgewählten Orten niederlassen. Die geografische Nähe fördert wiederum die Anhäufung von sozialem Kapital, erleichtert also durch (zufällige) Kontakte die Pflege und Kultivierung sozialer Beziehungen. Wenn Wohlhabende am gleichen Ort wohnen und Nachbarn sind, kommt es zu einer Kumulation von Vorteilen und Privilegien: Die Quartiere der Reichen sind mit besonderer Infrastruktur ausgestattet, weisen eine hohe Ästhetik auf und formen eine kulturelle und soziale Umgebung, in der sich die Wohlhabenden »unter sich« befinden. Eine exquisite Adresse bedeutet zudem auch einen Gewinn an Prestige, an symbolischem Kapital. Das schicke Wohnviertel »weiht [...] jeden einzelnen seiner Bewohner symbolisch, indem es ihnen erlaubt, an der Gesamtheit des akkumulierten Kapitals aller Bewohner Anteil zu haben« (Bourdieu 1997:166).

Wer mit einem großen Maß an ökonomischen Ressourcen ausgestattet ist, kann sich zudem müheloser im Raum bewegen – Mobilität ist bei Reichen eine Selbstverständlichkeit. Die Möglichkeit, jederzeit ein Flugzeug oder einen Helikopter zu besteigen, erweitert den Aktionsradius und fördert multilokale Lebensformen. Trotz des oft mondänen Lebensstils und der Weltenbummlerei sind Reiche (insbesondere jene aus alten Familien) jedoch meistens an einem festen Ort verwurzelt, der oft mit der Familiengeschichte eng verbunden ist. Daneben haben aber viele einen oder mehrere Zweitwohnsitze im In- und Ausland.

In diesem Kapitel fragen wir nach den durch Reiche angeeigneten Räumen und dokumentieren verschiedene Formen von Segregation und Abschottung. Seltener geschehen diese Grenzziehungen in der Schweiz durch klare und offensichtliche Zugangsschranken wie Mauern oder Zäune, öfter durch subtilere Markierungen und Mechanismen der Exklusion. Und nicht immer handelt es sich um einen bewussten, geplanten und absichtlichen Prozess der Abschottung, sondern teilweise ganz einfach um das Resultat von Wettbewerb (zum Beispiel steuerlichem) und Marktmechanismen (zum Beispiel Immobilienspekulation) – das heißt um das Produkt von gesellschaftlichen Macht- und Ressourcenungleichheiten.

8.1 Räumliche Segregation von Reichtum in der Schweiz

Traditionell hielten sich die Reichen meist in den Städten auf: Hier befinden sich die sozialen Orte des Bürgertums wie etwa das Opernhaus, die edlen Klubs, die Zunfthäuser, das Theater oder die Museen. In den vergangenen Jahrzehnten haben sich jedoch viele Reiche in den Agglomerationen niedergelassen – zwar nicht weit von den städtischen Zentren entfernt, jedoch idyllischer in der Landschaft gelegen. In den Städten Basel (Bruderholz, St.-Alban-Vorstadt, Gellert) und Zürich (Sonnenberg, Zürichberg) gibt es weiterhin Villenquartiere, in denen viele Reiche leben. Für die Umgebung Zürich sind jedoch Gemeinden wie Küsnacht, Herrliberg, Kilchberg oder Wollerau beliebte Wohnorte geworden. Die soziale und kulturelle Infrastruktur der Stadt bleibt in unmittelbarer Reichweite und wird weiterhin frequentiert. Auch die Nähe zum See scheint ein wichtiger Faktor zu sein. Viele Reiche genießen die Annehmlichkeiten eines Landsitzes mit Seeanstoß oder mit exklusiver Hanglage und direktem Blick auf den See und in die Berge – neben der berühmten Zürcher Goldküste ist auch die Region Genfersee zu einem Biotop für Superreiche geworden.

Es ist jedoch nicht nur der Reiz der schönen Aussicht, der in der Schweiz die Superreichen in einige wenige bevorzugte Regionen lockt. Weitaus am meisten Erklärungskraft für die Wohnortswahl der Wohlhabenden hat die Steuerpolitik. Durch den Föderalismus bei den Steuern kommt es zu einem »Wettbewerb um die Reichen«, der die Konstituierung homogener Gruppen (homogen bezüglich der Ausstattung mit ökonomischem Kapital) auf räumlicher Basis begünstigt. Die helvetische Spezialität der Pauschalbesteuerung reicher Ausländer und Ausländerinnen hat seit dem Inkrafttreten der Bilateralen Verträge mit der EU zu einem sprunghaften Anstieg von ausländischen Steuerflüchtlingen geführt – im Jahr 2008 gab es in der Schweiz laut Angaben des Eidgenössischen Finanzdepartements[87] rund 5000 Steuerabkommen mit Reichen aus dem Ausland (mehr zum Thema Pauschalbesteuerung in Kapitel 10). Die Verteilung auf die Kantone ist sehr unterschiedlich. Viele aufwandbesteuerte Personen haben ihren Wohnsitz in beliebten Tourismus- und Kurorten der Schweiz.

Die Wohnorte der in der Schweiz wohnhaften 100 Reichsten

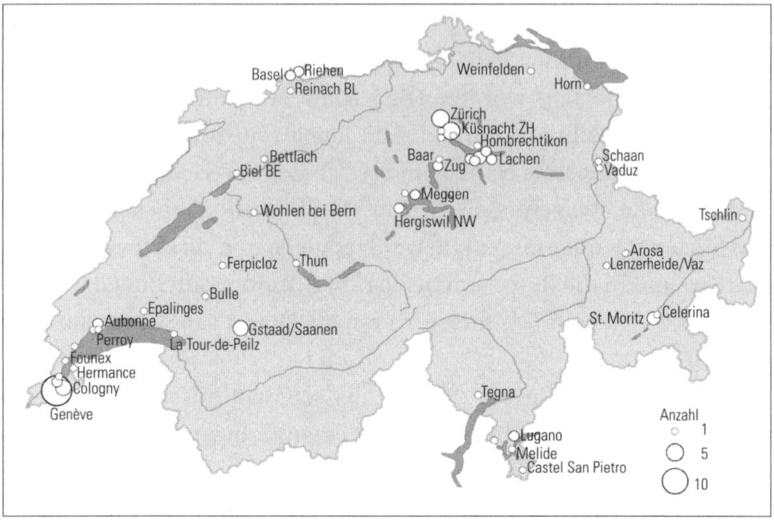

Quellen: eigene Recherchen (moneyhouse/Handelsregister, Bilanz u. a.).

Wie die Grafik oben zeigt, kumuliert der Reichtum an den Ufern des Zürich-, Zuger-, Vierwaldstätter- und Genfersees, in Basel sowie in den touristischen Hochburgen im Engadin, in Gstaad und im Südtessin. Trotz vergleichsweise hohen Steuern lassen sich im Kanton Genf viele Superreiche nieder. Juweliere, Privatbankiers, russische Oligarchen wie auch prominente Stars befinden sich darunter. Die gute Infrastruktur für Reiche mit den exklusiven Privatschulen und -banken und das internationale Ambiente gelten als attraktiv. Im Kanton Waadt zieht nicht nur der Seeanstoß insbesondere ausländische Superreiche an, sondern auch die Pauschalbesteuerung. Hier leben weitaus am meisten Pauschalbesteuerte in der Schweiz – im Jahr 2008 waren es rund 1200. Neben Ex-Formel-1-Weltmeister Michael Schumacher profitiert davon auch der schwedische IKEA-Gründer Ingvar Kamprad – reichster Einwohner der Schweiz und Nummer fünf in der weltweiten Reichstenliste (Vermögensschätzung der Zeitschrift *Bilanz* (4.12.2009): 35–36 Mrd.). Der Nobelort Gstaad – ein alpines Steuerparadies – verhilft dem Kanton Bern zu einigen Superreichen (u. a. Familie Bertarelli, Bernie Ecclestone, Gunter Sachs). In der Kunst- und Kulturmetropole Basel wohnt insbesondere der diskret auftretende alte Geldadel, der sogenannte Basler Daig. Diese traditionsreichen alten Familien und Vermögensmilliardäre dominieren in der Region Basel, während die Einkommensmillionäre tendenziell den Kanton verlassen und in steuergünstigere Gegenden ziehen (so zum Beispiel Roger Federer oder Daniel Vasella). Im Kanton Zürich wohnen am meisten Superreiche. Die steuergünstigen Gemeinden insbesondere am rechten Zürichseeufer sind beliebt. Durch die Abschaffung der Pauschalbesteuerung ab 2010 müssen nun aber ausländische Millionäre im Kanton Zürich reguläre Steuern zahlen. Einige Steuerflüchtlinge wie der Russe Viktor Vekselberg wandern ab – zum Beispiel in den Kanton Zug oder Schwyz. So ist auch die Villenansammlung im Kanton Schwyz am oberen Zürichsee nicht nur durch die schöne Aussicht bedingt, sondern hat ihre Ursachen in der hier noch praktizierten und sehr niedrigen Pauschalbesteuerung, den niedrigen Steuerfüßen in Gemeinden wie Wollerau oder Freienbach und in den insgesamt sehr niedrigen Kantonssteuersätzen. Die Neureichen der Bankenwelt zieht es mit Vorliebe hierhin. Marcel Ospel ist von Basel in die Schwyzer Seegemeinde Wollerau umgezogen, seine geschätzten Steuerzahlungen gingen dadurch von 5,3 Millionen auf 1,7 Millionen Franken zurück. Rund um den Vierwaldstättersee und den Zugersee reizen ebenfalls tiefe Steuersätze, der Kanton Zug führt die Liste der tiefsten nationalen Einkommenssteuern an und gilt sowohl national wie international als Steuerparadies. Keine Superreichen verzeichnen die Kantone Jura oder Uri, wobei letzterer mit dem Projekt des Ägypters Samih Sawiris – dem Bau eines Luxusresorts in Andermatt – auf den Zuzug von Reichen hofft.

Der alte Reichtum ist stärker an einen Ort gebunden, Familiensitze werden von Generation zu Generation weitergegeben. Die vornehmen Altbasler Familien wie die Burckhardts, Sarasins, Oeris und Vischers bewohnen im historischen St.-Alban-Quartier ehrwürdige, traditionsreiche Häuser. Die Anciennität steigert das symbolische Kapital. Das klassische Symbol des Aristokraten ist das Schloss. Es ist Ausdruck von Tradition, alter Familie und adligem Stand. Der Besitz eines Schlosses verschafft dem Besitzer gegenüber den Außenstehenden das Gefühl, räumlich und sozial distanziert und abgehoben zu sein. Heute sind viele Schlösser in der Schweiz nicht mehr von Adligen bewohnt. Sie werden von vermögenden »Neureichen« gekauft, wie zum Beispiel das 1739 erbaute Schloss Gümligen, das von Willy Michel, einem der reichsten Schweizer (laut *Bilanz* vom 4.12.2009 besitzt er 800–900 Millionen), bewohnt wird. Michel kommt aus relativ bescheidenen Verhältnissen. Als Aufsteiger hat er sich aber alle Insignien zugelegt, um das fehlende familiale Kulturkapital zu kompensieren: eine Kunstsammlung, Mäzenatentum und eben ein Schloss. Auch der Pfarrerssohn Christoph Blocher besitzt ein historisches Schloss im Bündnerland (Schloss Rhäzüns), nicht weit von seiner Ems-Chemie gelegen.

Der Besitz mehrerer Wohnliegenschaften ist ein verbreitetes Merkmal des Reichtums, ebenso wie eine hohe und große Distanzen umfassende Mobilität, die sich reiche Personen ferienhalber, zu Geschäftszwecken oder zur Aufrechterhaltung ihrer weitverzweigten verwandtschaftlichen und freundschaftlichen Beziehungen leisten können. Nicht wenige der heutigen Reichen bilden den Inbegriff des modernen Nomadentums, das im Kontext der Globalisierung zweifellos neue Dimensionen erreicht hat. In dieser Welt der reichen »Superklasse« (Rothkopf 2008) wird die Frage des Wohnsitzes zunehmend obsolet. Die durch ein steuergünstiges Domizil gesparten Kosten können die übrigen Transaktionskosten (Mobilität, Kontakte zu Freunden und Familie, Erwerb neuer Liegenschaften) hinlänglich aufwiegen. Insbesondere Einkommensmillionäre sind tendenziell weniger an einem Ort verwurzelt und empfänglicher für Lockangebote. Dieses Segment hatten die Politiker im Kanton Obwalden im Visier, als sie eine Initiative lancierten, um »Zonen für hohe Wohnqualität« zu schaffen. Der kleine Bergkanton tritt im Steuerwettbewerb besonders aggressiv auf. Konkret lautete die Idee: Reiche können wünschen, wo sie bauen wollen, bisher unbebaute Landstücke an attraktiver Lage werden dann zu Bauland umgezont.

Mindestens neun Gebiete von bis zu 5000 Quadratmetern, an sonniger Lage und mit unverbaubarer Aussicht, sollten einkommens- und vermögensstarken Personen vorbehalten bleiben. Gegen dieses Vorhaben einer exklusiven Landnutzungspolitik wurde jedoch das Referendum ergriffen, 62 Prozent der Stimmbevölkerung äußerten sich Ende November 2009 gegen die Errichtung von Sonderzonen.

An der Zürcher Goldküste gibt es keine rechtlichen Sonderzonen für Reiche. Trotzdem ziehen Gemeinden wie Küsnacht am rechten Zürichseeufer viele Reiche an. Der Steuerfuß ist hier nach Zumikon der zweittiefste im Kanton (Statistisches Amt des Kantons Zürich 2010) und die Metropole Zürich ist nur ein Katzensprung entfernt. Mit Mauern und Zäunen umsäumte Villen dominieren den oberen Dorfteil von Küsnacht, Villen mit Seeanstoß den unteren Teil. In Küsnacht wohnen die Autoimporteure Walter Frey und Walter Haefner, die Verleger Hans Heinrich Coninx und Michael Ringier und die Pop-Legende Tina Turner. Vor Kurzem hat der russische Oligarch Vasili Anisimov – ihm gehört das Aluminium- und Immobilienimperium Coalco mit Filiale in Zug – eine Prunkvilla erbaut. Sie soll laut Schätzungen 50 bis 60 Millionen kosten – das bisher teuerste Eigenheim an der Goldküste. Der Bauboom geht weiter, trotz Wirtschaftskrise: Laut *Neue Zürcher Zeitung* (14.4.2010) hält sich bei Immobilien das Luxussegment gut. Unter High Net Worth Individuals (HNWI) und Family-Offices herrsche derzeit ein großes Interesse am Immobilienkauf. Längst ist das Seeufer in Küsnacht mit Villen verbaut und damit in Privatbesitz – wie es auch in vielen anderen Gemeinden am Zürichsee der Fall ist. Die Tendenz zur Privatisierung des Uferzugangs hält an. Dies läuft dem Projekt entgegen, einen Uferweg rund um den Zürichsee zu realisieren. Zu sehr prallt diese Initiative auf die Interessen von Grundstückeigentümern, die verhindern wollen, dass in Zukunft Spaziergänger durch die Gärten ihrer Villen laufen. Das Beispiel des versperrten Zugangs zum Seeufer zeigt, wie ungleich die Verfügungsgewalt über private und öffentliche Räume ist.

Herrlich gelegen zwischen Zürichberg und See ist auch das Zürcher Seefeldquartier. Bei Reichen ist es deswegen sehr gefragt. In den letzten Jahren sind die Mieten im Quartier explodiert. Investoren kaufen alte Häuser, kündigen die Mietverträge der Mieterinnen und Mieter, nehmen aufwendige Renovationen vor oder stellen moderne Neubauten auf das Grundstück. Die bisherigen Mieter – oft ältere Menschen und Familien – können sich die aufgewerteten Wohnungen nicht mehr leisten und werden in periphere Stadtgebiete und in die Vorstadtgemeinden verdrängt. Die soziale Durchmischung verschwindet, gut verdienende Banker und Unternehmer ziehen ein.

Der Begriff Gentrifizierung – abgeleitet von englisch *gentry*, womit ursprünglich der niedere Landadel im England des 18. und 19. Jahrhunderts bezeichnet worden ist – beschreibt sozialräumliche Veränderungen in Stadtvierteln. Gemeint ist die Aufwertung von Bausubstanz bei gleichzeitiger Veränderung (häufig Homogenisierung) der Bewohnerstruktur und des Images eines Stadtviertels. Da das Zürcher Seefeld symbolisch dafür steht, ist in Zürich inzwischen auch von der »Seefeldisierung« die Rede. Das Phänomen, alte Liegenschaften in luxuriösere und damit teurere Wohnflächen umzubauen, ist jedoch längst nicht mehr nur im Zürcher Seefeld zu beobachten: So sind auch im traditionell von Arbeiterinnen und Arbeitern, Migrantinnen und Migranten bewohnten Quartier Zürich Aussersihl (Stadtkreise 4 und 5), im Berner Lorrainequartier (vgl. dazu Mullis 2009) oder im Basler St. Johann ähnliche Entwicklungen im Gange. »Die Seefeldisierung findet überall statt«, titelt der *Tages-Anzeiger* (23.3.2010) und stützt sich dabei auf eine Untersuchung der Stadt Zürich. Diese kommt zum Ergebnis, dass fast in ganz Zürich eine Steigerung der Mieten nach Wohnungssanierungen zu beobachten sei. Die Aufwertung und Verdrängung hat sich zu einem neuen städtischen Mainstream entwickelt: »Gentrification ist zum Normalfall geworden«, sagt auch der Stadtsoziologe Andrej Holm (2010), der verschiedene Stadtentwicklungsprozesse insbesondere in Deutschland untersucht hat, wo er immer häufiger flächendeckende Mietpreiserhöhungen beobachtet.

Der Prozess der Gentrifizierung ist für die Schweiz weit weniger gut dokumentiert als für Deutschland. Laut einer Nationalfonds-Studie (Rérat et al. 2010) ist in Städten wie Zürich, Zug, Thun und

Winterthur seit den 1990er-Jahren ein klarer Trend feststellbar, dass gutverdiendende Haushalte wieder vermehrt in die Stadt ziehen (nachdem in den Jahrzehnten zuvor der gegenteilige Prozess der Abwanderung beobachtet wurde). Am Beispiel von Zürich zeigt die Studie auf, wie Neubauten eine mobile, finanzstarke Elite anziehen *(new build gentrification)*. Drei Hauptfaktoren beeinflussen die Vermögenden im Entscheid für den urbanen Wohnstandort: die luxuriöse Ausstattung der Wohnungen, die Nähe zur städtischen Infrastruktur sowie die Vielfalt des kulturellen Angebots.

Die Gentrifizierung geht nicht nur vom Immobilienmarkt aus, sondern wird auch politisch begleitet durch staatliche/städtische »Aufwertungspolitik«. Längst haben auch rot-grün regierte Städte die neoliberalen Grundannahmen wie Standort- oder Steuerwettbewerb übernommen. Die politischen Interventionen reichen von sanften Maßnahmen im Quartier über Privatisierungen öffentlicher Räume, die Aufhebung von Genossenschaftswohnungen, den Bau von prestige- und renditeträchtigen Großbauprojekten bis zur Sanierung von Altbauten und zur Zusammenlegung von kleinen Wohnungen zu teuren Großwohnungen. »Aufwertung für wen?«, fragt da der Zürcher Stadtforscher Richard Wolff *(Tagblatt der Stadt Zürich*, 27.5.2009): »Man verbessert den Wohnraum, was teurere Wohnungen zur Folge hat, es kommen Galerien, Boutiquen, Schickimicki-Restaurants, Trend-Bars und zahlungskräftigere Bewohner.« Dies führe zu einem regelrechten Verdrängungswettbewerb. Auch der ETH-Professor Christian Schmid ist ein Kritiker der gegenwärtigen Stadtentwicklung. Er sieht nicht nur einzelne Quartiere von Gentrifizierungsprozessen betroffen, sondern beobachtet eine Ausdehnung dieser Aufwertungsstrategien auf das ganze innerstädtische Gebiet und argumentiert, die Stadt entwickle sich dadurch »zu einem privilegierten Reproduktionsraum für einen bestimmten Teil der globalen Oberklasse« (Schmid und Weiss 2004). Luxusmodernisierungen, die zu physischen Veränderungen im Raum führen, gehen mit einer veränderten Struktur des sozialen Raums einher und schreiben damit soziale Ungleichheiten fest.

8.2 Die Selbstexklusion der Reichen

Gated communities – oder »Gettos der Reichen«, wie sie im Volksmund auch genannt werden – sind Quartiere oder ganze Dörfer, die zumeist umzäunt und mit einem Sicherheitsdispositiv ausgestattet sind und wo sich die Bewohner vor der Öffentlichkeit verschließen. Man kennt sie vorwiegend aus den USA oder aus Mexiko, aber auch in europäischen Städten wie London oder Madrid gibt es solche Wohnviertel für Vermögende, die meist eine hohe soziale Homogenität aufweisen. *Gated communities* sind vor allem in Ländern mit großen sozialen Ungleichheiten vorzufinden, heißt es. Trifft das nicht auch für die Schweiz zu?

Es scheint, dass sich der Reichtum in der Schweiz im Gegensatz zu anderen Ländern nicht hinter allzu hohen Mauern verschanzen will und wegen der geringen Kriminalität und der großen Diskretion wahrscheinlich auch nicht muss. Trotzdem kann man gerade in letzter Zeit Tendenzen feststellen, dass sich die Wohlhabenden zunehmend auch sozialräumlich ausgrenzen, also eigene private Räume für sich beanspruchen. Sie betreiben eine Art von freiwilliger Exklusion und verschließen sich vor der übrigen Gesellschaft. Sicherheitsbedenken stehen dabei weniger im Vordergrund als die Vorstellung eines Lebens in der »idealen Gemeinschaft«: Ordnung, die Kultivierung eines ausgewählten Lifestyles in einer homogenen Gemeinschaft von Menschen mit ähnlich gehobenem Lebensstil sowie Ruhe und schöne Natur sind meist wichtiger als Videoüberwachung und Sicherheitsdienste. »Gemeinschaft« kann dabei verschiedenes bedeuten: die Bewohnung eines gemeinsamen Territoriums, die gemeinsame Errichtung und Nutzung einer exklusiven Infrastruktur (z. B. Golfplatz), die Bekennung zu gemeinsamen Werten, Identitäten oder Lebensstilen. Blakeley und Snyder (1997), die mit *Fortress America* eine der einflussreichsten Monografien zum Thema vorgelegt haben, unterscheiden drei Typen von abgeschotteten *communities: safety zone communities, lifestyle communities* und *prestige communities.*

Safety zone communities verfolgen die Zielsetzung, ein gestiegenes Sicherheitsbedürfnis zu befriedigen, das aus einer realen oder gefühlten Bedrohung durch Kriminalität oder Terrorismus resultiert. Innen und Außen sind klar getrennt mit einer physischen Abschottung durch Mauern, Zäune, Alarmanlagen, privates Sicherheitspersonal und Überwachungskameras. Als Beispiel einer *safety zone community* könnte man für die Schweiz das World Economic Forum (WEF) in Davos nennen. Alljährlich Ende Januar wird Davos zu einer klar definierten Sperrzone, die von Tausenden von Soldaten und Hunderten von Scharfschützen und Elitepolizisten bewacht wird, damit sich die Staats- und Konzernchefs ungestört und in luxuriöser Umgebung treffen können. Wer mit dem Zug ins abgesperrte Alpental reist, muss in Fideris ein »Viehpferch« durchlaufen, damit potenziellen »Störenfrieden«, Demonstranten und Demonstrantinnen der Weg nach Davos abgeschnitten werden kann. Die hohen Gäste kommen meist per Helikopter ins Tal geflogen.

Lifestyle communities sind Wohn- und Freizeitanlagen, in denen sich Menschen treffen, die ähnlich gelagerte Interessen haben und die gleichen Freizeitaktivitäten in einem separierten und geschützten Raum pflegen. Oft sind *lifestyle communities* als Klubs organisiert und tendieren zu hohen Mitgliedsbeiträgen und restriktiven Aufnahmebestimmungen. Ein Beispiel ist die im Bau begriffene Luxus-Alpenoase in Andermatt. Auch exklusive Golfklubs wie der Golf & Country Club Zürich bilden eine Art *lifestile community.*

Bei *prestige communities* geht es primär darum, unter ihresgleichen zu leben und den Reichtum geschützt zur Schau zu tragen. Der Statusaspekt, das Prestige und die Distinktion sind wichtig dabei. Als Beispiele gelten das Villenviertel am Suvrettahang in St. Moritz (vgl. nächstes Kapitel), Edelchalets am Oberbort in Gstaad oder das Villenviertel in Küsnacht/ZH.

St. Moritz, Suvretta: Beispiel einer *prestige community*

Im Nobeltouristenort St. Moritz kommt ein Villenviertel rund zwei Kilometer vom Zentrum entfernt einer Art prestigereicher »Enklave von Reichen« gleich. Am Suvrettahang, der nach Süden ausgerichtet ist und einen wunderschönen Blick auf den Champfèrer- und den

Silvaplanersee gewährt, konzentrieren sich zwischen Lärchen und Arven Dutzende von Luxusvillen, die Millionären und Milliardären aus ganz Europa als Zweitwohnsitz dienen. Früher kamen Persönlichkeiten wie Aristoteles Onassis, der Schah von Persien oder die Schauspielerin Liz Taylor. Auch heute ist die Suvretta-Community sehr international: Erben, Bankiers, Industrielle. Dazu gehören die Fiat-Agnellis, Kornilia Martinos vom Clan des griechischen Reederei-Imperiums, der Münchner Modeunternehmer Willy Bogner, die deutsche Kaufhauserbin Heidi Horten, der indische Stahlbaron Lakshmi Mittal, die reichste Frau der Schweiz, Charlene de Carvalho-Heineken, die Bankierfamilie Bär, die Zürcher Bodmers, der Zuger Rohstoffhändler Marc Rich, die Familie Imholz (Reiseunternehmen), Jet-Aviation-Gründerfamilie Hirschmann oder der ehemalige Konzernchef der Credit Suisse, Lukas Mühlemann. Hier mischt sich neues und altes Geld. Der Suvrettahang sei heute eines der wichtigsten Machtzentren Europas, das zwischen den Feiertagen illustrer besetzt sei als der Wirtschaftsgipfel in Davos, mutmaßt das *Manager Magazin* (10.3.2005).

Die Architektur am Suvrettahang ist nicht einheitlich – sie reicht von Tudorgotik (einst die Villa des Schahs von Persien) übers traditionelle Chalet und Engadinerhaus bis zum hochmodernen kubusförmigen Gebäude. Das viele Geld, das in den Häusern steckt, lässt sich von außen nur vermuten – es handelt sich nicht um prunkvolle Paläste. Letztlich ist das Innere der Villen entscheidend. In einigen Gebäuden sollen prächtige Saunalandschaften und Pools, Fitness- und Billardräume und Kinos mehrere Stockwerke tief in den Berg gebohrt sein. Auch die Straße von St. Moritz den Hügel hinauf in Richtung Suvretta ist keine Prachtallee, sondern eine ganz normale Landstraße. Nur die vorbeifahrenden Karossen – edle Autos mit Nummernschildern ganz unterschiedlicher Herkunft – verrät, dass es sich nicht um irgendein beliebiges Außenquartier handelt. Zwar säumen Schilder die Zufahrtswege zu den Villen, auf denen »Privat – Kein Zugang« steht, und teilweise sind die Privatwege mit Schlagbäumen versperrt. Aber richtige physische Zugangsschranken wie

Mauern und Zäune gibt es hier nicht. Trotzdem bleiben die Reichen meistens unter sich. Wer einen Spaziergang zwischen den Villen des Suvrettahangs macht, erfährt eine symbolische Ausgrenzung, die viel subtiler wirkt. Denn ohne Pelzmantel und bloß mit Rucksack und Wanderschuhen ausgerüstet, wurden wir hier ab und zu misstrauisch beäugt und gefragt, ob wir denn etwas suchten. Einzelne Blicke von Bewohnerinnen scheinen einen darauf hinweisen zu wollen, dass man hier eigentlich nichts zu suchen habe. Es wirkt eine Art von symbolischer Gewalt – eine sanfte Gewalt, die zur Selbstexklusion all jener führt, die sich in dieser edlen Gesellschaft nicht zu Hause fühlen.

Das Quartier weist viele Eigenheiten auf, die an eine *gated community* erinnern: Es wird bewohnt von einer Art *community* – der Gruppe der Superreichen –, die sozial homogen ist, sich oft persönlich kennt, gemeinsamen Hobbys frönt und durchaus so etwas wie einen *sense of community* pflegt. »Wer's auf den Suvrettahang geschafft hat, hat es geschafft«, kommentiert ein Schweizer Boulevardblatt *(Schweizer Illustrierte,* 14.2.2005). Die Bewohner des Suvrettahangs organisieren sich im privaten Verein Pro Suvretta, der dafür sorgt, dass der Hügel so exklusiv bleibt, wie er es heute ist. Was nicht schwierig scheint, denn die Eintrittsbarrieren für Emporkömmlinge sind hoch: Die Immobilienpreise gelten als rekordverdächtig und erreichen das Niveau der besten Lagen von Paris und London: Laut dem »Dow Jones' Wealth Bulletin« von 2009 ist der Quadratmeterpreis an der Via Suvretta mit rund 47 000 Franken der sechsthöchste der Welt. Für Ausnahmeobjekte am Suvrettahang wurden schon 100 Millionen Franken bezahlt, selbst kleine, baufällige Chalets sind nicht unter 10 Millionen zu bekommen. Und der Boom hält trotz Wirtschaftskrise an: An der Via Suvretta haben die Immobilienpreise weiter zugelegt, während alle anderen Standorte der Top Ten der Welt an Wert verloren haben (durchschnittlich 12 Prozent). Die Preise am Suvrettahang stiegen binnen eines Jahres um schätzungsweise 20 Prozent. Begründet wird der Wertzuwachs einerseits mit dem starken Schweizer Franken, aber auch mit dem wachsenden Interesse von Superreichen, die aus Steuergründen in die Schweiz umziehen wollten. So geistere seit Längerem schon das Gerücht in England herum, dass Londons Reiche bald das Weite suchen und als neues Domizil die Schweiz wählen könnten, weil die Steuern für Reiche steigen werden *(NZZ am Sonntag,* 26.7.2009).

Das Suvretta-Quartier ist relativ jung: Bis nach dem Zweiten Weltkrieg wurde der Hang noch hauptsächlich von Kühen beweidet. 1955 war die Gemeinde St. Moritz bankrott, bekam aber von der Familie Froriep von Salis eine Halbinsel am See zum Kauf angeboten. Um sich diese leisten zu können, veräußerte man im Laret die ersten Grundstücke – zum Preis von fünf Franken pro Quadratmeter. In den 1970er-Jahren begann das große Bauen, die Grundstückpreise schnellten in die Höhe. Heute schreibt die *NZZ am Sonntag* (28.12.2008) vom »Beverly Hills der Alpen« und rechnet vor, dass die ersten Käufer, zum Beispiel die Unternehmerfamilie Schmidheiny, sich heute theoretisch über eine Wertsteigerung um das 8400-fache freuen können.

Unten am Hang, zu Füßen der Villen, liegt eines der exklusivsten Hotels der Schweiz, wo klare Dresscodes gelten (für Männer dunkler Anzug und Krawatte, sonntags Smoking) und wo die Gäste beim Badezusatz die Wahl zwischen Goldrausch und Perlmutt haben: Das Nobelhotel Suvretta House. Großes Getue und das Zurschaustellen von Reichtum ist in dem Traditionshaus aber verpönt, Understatement zählt. Ebenso wichtig wie persönlicher Service ist der Direktion die Verbundenheit mit dem Team. So tragen auffällig viele Servicekräfte Sterne an ihrer Uniform, ein Zeichen für Treue: Jeder Stern bedeutet ein Jahrzehnt im Dienst des Hauses, einige reihen gleich mehrere Sterne auf. Man kennt sich: Der Empfang der ankommenden Gäste an einem Februarsamstag vor dem sonntäglichen White Turf gleicht einem Familientreffen. Anlässlich des Pferderennens auf dem gefrorenen St. Moritzer See, das während dreier Wochenende im Februar ausgetragen wird, landen die Privatjets jeweils in Samedan im Viertelstundentakt. Die Concierges des Suvretta House kennen die Namen ihrer Gäste, und viele Gäste sind untereinander bekannt, wenn nicht gar befreundet, da sie schon seit Jahrzehnten ihre Weihnachtsferien und den Winterurlaub hier verbringen.

Das Suvretta House garantiert auch eine Infrastruktur für die Freizeitbeschäftigung der Suvretta-Community: Die hoteleigene Skischule bietet Privatunterricht (die Skipiste beginnt direkt vor dem Hotel), im Angebot stehen jedoch auch Tennis, Reiten, Curling, Wurftaubenschießen sowie Ausflüge zu den drei Golfplätzen in der Umgebung. »Uns schwebt ein separates Suitenhotel vor. Es soll dort noch ruhiger und abgeschiedener als im Suvretta House zugehen. Mit Superdienstleistungen und umfassender Betreuung. Ein total exklusives Hotel als Gegenmittel zur hektischen Welt, für all die Manager, die um die Welt gejagt werden«, sagt Suvretta-Hotelier Vic Jacob, der mit seiner Frau seit über zwanzig Jahren das Suvretta House leitet (*Tages-Anzeiger*, 29.12.2009).

Bei einem Drink an der Bar im Suvretta House oder bei Engadiner Wurst und Rösti nebenan in der Chasellas-Hütte können ganz ungezwungen Beziehungen geknüpft werden – hier laufen die Fäden des Suvretta-Netzwerkes zusammen. Ein wichtiger Ort der Begegnung ist auch die 1658 erbaute Chesa Veglia – eines der ältesten Häuser von St. Moritz. Im Untergeschoss befindet sich ein Privatklub, zu dem man nur auf Einladung Zugang hat. Der Versuch, hier tagsüber als »Normalsterblicher« auf der Sonnenterrasse einen Kaffee zu trinken, ist uns nicht gelungen: Zwar wurde uns ein großzügiger Tisch zugewiesen und die Karte gebracht, als wir uns dann aber gegen das vorgeschlagene Kaviar-Zvieri (Kostenpunkt 220 Franken) entschieden und nur einen Kaffee bestellten, verflog die Aufmerksamkeit des Servicepersonals. Die edle Zuckerdose wurde noch auf den Tisch gestellt, unser Kaffee war aber auch nach über dreißig Minuten nicht serviert, worauf wir die exklusive Terrasse wieder verließen. Es war wohl keine böswillige oder bewusste Unterlassung der Bedienung und wahrscheinlich kann auch nicht der fehlende Nerz oder ein unangemessenes Auftreten dafür verantwortlich gemacht werden. Vielmehr wirkten hier die feinen Mechanismen des Klub-Effekts, durch den Außenstehende nicht als zugehörig erkannt werden, kein symbolisches Kapital verkörpern, dementsprechend weniger Aufmerksamkeit bekommen und ganz einfach »übersehen« werden.

Das St. Moritzer Netzwerk gelte als sehr geschlossen, erzählt ein Skilehrer, der während der Saison den ganzen Tag mit Reichen die Hänge runterrutscht und dabei auch einiges vom Alltag seiner Klientel mitbekommt. So habe der Corviglia-Skiklub ungeschriebene Aufnahmekriterien, die man nicht so schnell als Neuankömmling erfülle. Und wer sich angestrengt darum bemühe, mache sich umso unbeliebter. Diskretion, ein schlichtes Auftreten und Understatement gelten auch hier als wichtige Werte. Und ohne beste Kontakte zu Mitgliedern schafft man es niemals, in dieses exklusive Netzwerk aufgenommen zu werden.

Wer keinen festen Wohnsitz am Suvrettahang hat, aber trotzdem luxuriöse Ferien in St. Moritz verbringen möchte, macht dies in einem der fünf Fünfsternehotels von St. Moritz. Seit Jahren gibt es einen Trend zu Serviced-Appartments mit Hotelanschluss, die oft für längere Zeit (bis zehn Jahre) vermietet werden. Das Kempinski Grand Hotel des Bains ist ein Beispiel dafür: Die Bewohner der exklusiven Residenzen profitieren von allen Serviceleistungen des Fünfsternehotels und können sich zudem – wohl stärker als die Bewohner des Suvrettahangs – in einer elitär auftretenden Gemeinschaft bewegen, die sich durch einen exzessiven Konsum auszeichnet. Hier verbindet sich laut Werbebroschüre »eine große Hoteltradition mit modernem Service, Exklusivität mit sportlichem Anspruch, Understatement mit Luxus«.[88] Zum Service gehören nicht nur ein 24-Stunden-Conciergedienst, sondern auch eine permanente Überwachung durch den Sicherheitsdienst, die Benutzung einer luxuriösen Spa-Landschaft und die Zahnpflege in der hoteleigenen Klinik »swiss smile«.

St. Moritz ist Understatement einerseits, Luxus andererseits; während man Ersteres tendenziell eher am Suvrettahang lebt, wird in den Fünfsternehotels im Dorf etwas mehr Luxus und Glamour gezeigt. Das Sehen-und-gesehen-Werden scheint in den Hotels eine größere Rolle zu spielen als in den Ferienhäusern am Suvrettahang. In der Sendung »St. Moritz – Ein Wintermärchen« des Schweizer Fernsehens (Dezember 2009) gab Reto Mathis, der berühmte Koch des Badrutt's Palace (Platz eins der besten Winterhotels 2009), seine persönliche Einschätzung zu diesem elitären Lebensstil: »Hier ist nicht der Ort, um ökologisch oder sozial aufzutreten. St. Moritz ist der Sündenpfuhl der Alpen, eine dekadente Gesellschaft, und ich bin Teil dieser Dekadenz.« Den Kaviar für die Rösti seiner Gäste holt er Anfang Saison jeweils gleich selber mit dem Privatjet in Paris ab.

Dementsprechend steigen in den Hotels häufiger sogenannte Neureiche ab, die sich darum bemühen, »dazuzugehören«. Sie sind die lukrativsten Kunden der Einkaufsgasse von St. Moritz, in der sich Luxusgeschäft an Luxusgeschäft reiht. Hier zählt vor allem die Marke und der Name, der eigentliche Gebrauchswert des Konsumgutes wird zur Nebensache. Die Boutiquen heben sich deutlich ab von »normalen« Einkaufsläden und strahlen eine ausgesprochene Exklusivität aus. Wer den Laden ohne entsprechendes Portemonnaie betritt, wird zwar nicht abgewiesen, fühlt sich aber sehr bald fehl am Platz. Die aufmerksamen Blicke der Verkäuferinnen weisen einen darauf hin, dass man hier eigentlich nichts zu suchen hat. Hier herrscht die Logik des »look, but don't touch«: Wer nach dem Preis fragen muss, ist hier sowieso am falschen Ort.

Unmittelbar in der Nähe des Badrutt's Palace haben auch die Bank Julius Bär und die UBS ihre Filialen. Noch vor einigen Jahren setzte die UBS Skilehrer ein, um Jagd auf ausländische Kunden zu machen. Die traditionsreiche Vermögensverwaltung Julius Bär, die seit Dezember 2008 eine Filiale in St. Moritz hat, warb der UBS einige ihrer St. Moritzer Wealth-Manager ab. Die Bärenbank stellt inzwischen beim Polo-Turnier ein eigenes Team, um unter den reichen Gästen auf sich aufmerksam zu machen. Die seit 2009 in St. Moritz vertretene Deutsche Bank hat für die Rekrutierung von vermögenden Privatkunden gar den ehemaligen St. Moritzer Kurdirektor Hanspeter Danuser angeheuert, der über ein weltweites Beziehungsnetz zu Superreichen verfügt. Inzwischen ist jedoch immer mehr

Skepsis gegenüber europäischen Kunden angesagt. *(Sonntag,* 13.12.2009) Die UBS beispielsweise verweigert Neugeschäfte mit Kunden aus Deutschland, Italien, Frankreich und Großbritannien, sofern der Eindruck entsteht, dass Steuerhinterziehung im Spiel ist. Im Februar 2010, als herauskam, dass die berühmte Liste mit den Namen deutscher Steuerhinterzieher in die Hände deutscher Behörden geraten war, bekamen wohl einige deutsche Gäste in St. Moritz kalte Füße. Insbesondere Kunden und Kundinnen der Bank Julius Bär sollen unter Verdacht auf Steuerhinterziehung stehen. (WOZ, 11.2.2010)

Neben der gesunden Bergluft, der edlen Gesellschaft und der luxuriösen Infrastruktur ist die gute verkehrstechnische Erschlossenheit ein Grund für die Beliebtheit von St. Moritz bei den Wohlhabenden. Der Privatflugplatz in Samedan bietet einen schnellen Zugang ins Engadin. St. Moritz ist neben Aspen, Colorado, weltweit der einzige Winterkurort, den die Superreichen mit ihren Langstreckenjets anfliegen können. Der höchstgelegene Flugplatz Europas steckte zur Jahrtausendwende in großen Finanzschwierigkeiten. Der Betrieb wurde dann jedoch ab 2004 von der Engadin Airport AG – einer Investorengruppe um Urs E. Schwarzenbach – übernommen, »damit der Jetset auch künftig ins Engadin fliegen kann«, wie die *Neue Zürcher Zeitung* (17.9.2004) schrieb. Man gelangt aber auch mit der Rhätischen Bahn nach St. Moritz. Und reich muss man auch nicht unbedingt sein, wenn man in St. Moritz Ferien machen will. Preiswerter geht's zum Beispiel in der Jugendherberge in St. Moritz Bad: Da ist ein Bett samt Frühstück und Abendessen für 59 Franken zu haben. Von dort aus starteten wir unsere Recherchen – und staunten umso mehr über die großen sozialen Gegensätze auf so kleinem Raum. Die Jugendherberge liegt in einem Quartier mit älteren Wohnblöcken, auf der Straße spielen Kinder und sprechen portugiesisch miteinander. Hier leben jene Menschen, die den Reichen dienen und mit ihren Serviceleistungen und Handwerkskünsten dafür sorgen, dass oben im Dorf und auf dem Hügel alles funktioniert und glänzt. Doch immer weniger finden sie eine bezahlbare Wohnung in der Umgebung, viele Einheimische wandern in Nachbargemeinden oder ins Unterland ab. Auch in St. Moritz zeigt sich der Verdrängungswettbewerb, den wir schon im Zürcher Seefeld und in anderen Stadtquartieren beobachteten.

Vom Gebärsaal bis in die Altersresidenz: Abgeschottete Parallelwelten

Die Enklaven der Reichen betonen nicht nur die sozialen Ungleichheiten zwischen Reich und Arm, sondern drücken auch den ungleichen Zugang zu öffentlichen Gütern und Dienstleistungen aus, der zwischen verschiedenen sozialen Schichten besteht. Die symbolischen wie physischen Mauern und Zugangsschranken zeigen, dass die Superreichen nicht viel gemeinsam haben mit dem Rest der Gesellschaft.

In der Schweiz boomen exklusive Angebote, die sich ausschließlich an Menschen richten, die sehr zahlungskräftig sind, was zur Entstehung von eigentlichen parastaatlichen Privatreichen führt. Der amerikanische Journalist und *Wall Street Journal*-Reporter Robert Frank spricht gar von »Richistan«, einem eigenen virtuellen Land, das von den reichsten Amerikanerinnen und Amerikanern bewohnt wird (Frank 2009). Auch wenn der Reichtum in der Schweiz zweifellos diskreter ist als in den USA: Auch hierzulande leben viele Reiche in einer Parallelwelt. Eine privatisierte Welt mit einem eigenem Gesundheitswesen (Privatkliniken), eigenem Verkehrssystem (z. B. Swiss Jet, eine Fluggesellschaft mit Sitz in Samedan), eigenen Schulen (zahlreiche private Eliteinternate) und eigenen Banken (Familiy Offices). Wer bezahlen kann und zum Klub der Auserwählten gehört, kann teilnehmen und von den Serviceleistungen profitieren, die anderen sind ausgeschlossen.

Die Sonderbehandlung beginnt schon in den ersten Sekunden des Lebens: Zwar kommen alle Kinder nackt zur Welt. Aber nicht alle Kinder erblicken das Licht der Welt in einer Gebärsaal-Suite der Zürcher Privatklinik Hirslanden, wo für einen »stilvollen Start ins Leben« gesorgt ist (*NZZ am Sonntag*, 9.8.2009.) Seeblick, Gourmetküche, Hi-Fi-Anlage und Designermöbel zeichnen die Suiten aus, im eigentlichen Gebärzimmer stehen ein Designergebärstuhl mit Massagefunktion und indirekter Bodenbeleuchtung, und die Scheren, Zangen, Saugglocken und Putztücher sind diskret in der Wand verborgen – möglichst wenig soll man von der Medizin sehen. Ein paar Monate später besuchen die Kinder dann vielleicht die neu gegründete Krippe Globegarden beim Paradeplatz im Zürcher Bankenviertel – eine »Kindertagesstätte für künftige Manager« *(Tages-Anzeiger,* 16.8.2009). Geboten wird ein flexibles Betreuungsangebot von 7 bis 21 Uhr an fast 365 Tagen im Jahr. Wichtig ist die Zweisprachigkeit (deutsch und englisch) und die Frühförderung in Kunst und Musik. Die Pädagogik richtet sich nach einem internationalen Curriculum, das schon für das Alter von drei Jahren Stundenpläne vorsieht. Die beiden Krippengründerinnen – beide selber Ex-Bankerinnen – bekamen für das pädagogische Konzept von der Internatsleiterin des Lyceum Alpinum in Zuoz Beratung. Den Windeln entwachsen, besuchen die Kinder reicher Eltern eine International School, die es in immer mehr Schweizer Städten gibt, bevor sie in das Eliteninternat in Zuoz eintreten, wo ihre Bildung und ihr Benehmen einen weiteren Schliff bekommen. Wenn sie das Schutzalter überschritten haben, tanzen sie am Wochenende dann vielleicht im Memberbereich des Clubs Indochine (Bedingung: 1500 Franken Mitgliederbeitrag pro Jahr plus Empfehlung durch Klubchefin). An der Uni teilen sie den Hörsaal zwar auch mit Studierenden mittelständischer Herkunft und mit Vereinzelten aus dem Arbeitermilieu, außer sie studieren an einer ausländischen Eliteuniversität. Entscheidender sind aber die verschiedenen sozial exklusiven Orte und Netzwerke (Klubs, Wohltätigkeitsbälle, Kunstausstellungen), in denen sie sich in selbstverständlicher Weise bewegen und wo sie vielleicht auch auf den Traumpartner oder die Traumpartnerin treffen, meist einem ähnlichen Milieu entstammend. Die gemeinsamen Ferien verbringen sie auf der Familienjacht im Mittelmeer, in einem exklusiven Golf-Resort in Spanien oder an einer der Nobeldestinationen in den Alpen (St. Moritz, Verbier, Gstaad, Klosters) – vielleicht bald in einem privatisierten Skigebiet, bei dem die Benutzung der Skipisten an eine Klubmitgliedschaft gebunden ist, damit man auf privaten, leeren Skipisten rumcarven kann. (Radio DRS, 16.9.2008) Auf dem Weg in die Ferien nach Übersee schätzen sie vor dem Abflug die Annehmlichkeiten der First-Class-Lounge der Swiss und genießen dann den Flug in der »Suite über den Wolken« – wie Swiss die neue First Class nennt, die Privatjet-Besitzer zum Umsteigen auf den »öffentlichen« Flugverkehr bewegen soll (*Basler Zeitung*, 22.1.2009). Sollten sie einmal gesundheitliche Probleme haben, stehen erstklassige Privatkliniken zu ihren Diensten, die wie Fünfsternehotels ausgestattet sind. Die Zürcher Klinik am See ist spezialisiert auf Schönheitschirurgie, das Bethesda in Basel, die Clinique de Genolier bei Nyon, die Privatklinik Bethanien in Zürich oder das Pendant dazu, die Clinique Générale in Freiburg bieten eine breite Palette an Behandlungen an; die Privatklinik Wyss in Münchenbuchsee, die Privatklinik Meiringen und die Privatklinik Hohenegg in Meilen helfen insbesondere bei psychischen Krankheiten. In der neu gegründeten Privatpraxis Double Check, in der zahlreiche Chefärzte des Zürcher Unispitals einem lukrativen Nebenjob nachgehen, erhält man für 6240 Franken einen größeren Check-up – von der Blutanalyse bis zur Computertomografie. Die Praxis ist mit der besten Technik ausgestattet, die sich das öffentliche Unispital nicht leisten kann (*Tages-Anzeiger*, 5.5.2009). Wer mal pflegebedürftig wird, lässt sich in einer luxuriösen Pflegeresidenz umsorgen – die Tertianum-Gruppe beispielsweise bietet inzwischen auch im Premium-Segment Rundumpflege an. Solange wie möglich bleiben die reichen Seniorinnen und Senioren jedoch lieber in ihrer Villa und lassen sich von einem abgestimmten Team aus Pflegern, Ärzten, Therapeutinnen und Haushaltshilfen betreuen. Tertianum bietet auch ambulante Pflege an – auf Wunsch kommen ein exklusives Mittagessen, der Gärtner oder ein Reisebegleiter nach Hause.

Von speziellen Friedhöfen und Bestattungsdiensten für Reiche haben wir noch nicht gehört. »Im Himmel obe sy mer mynetwäge alli glych«, pflegte die patrizische Bernerin Madame de Meuron zu sagen, »aber hie unde wei mer einschtwyle no Ornig ha!«[89]

9 Wie Reichtum kultiviert und reproduziert wird

Unter den Superreichen sind in vielen Fällen ganze Familienclans vertreten (vgl. die Beispiele der Familien Wille und Schwarzenbach in Kapitel 2.4). Über Generationen hinweg bilden sich Dynastien, die ihren Reichtum innerhalb der Familienbande weitergeben – nicht nur über ökonomisches Erbe. Ein Sprössling einer reichen Familie erbt irgendwann mal ein großes Vermögen, vielleicht ein (paar) Unternehmen, Liegenschaften. Er erbt aber auch ein soziales Netzwerk, »wertvolle« Beziehungen. Und so, wie er in diese »guten Kreise« hineinwächst und sein Sozialkapital anhäuft, bekommt er von Kindsbeinen an kulturelles Kapital vererbt: Der Umgang mit Kunst muss gelernt sein. Wer in einer Umgebung aufwächst, in der Gemälde von berühmten Malern die Wände zieren, antike Möbel mit einer eigenen Familiengeschichte im Salon glänzen, ein wertvoller Flügel für das Erlernen des Klavierspiels zur Verfügung steht, der Besuch eines klassischen Konzerts, einer Oper oder Kunstvernissage nichts Außergewöhnliches ist – der weiß mit Kunstwerken und Musik etwas anzufangen und erlernt schon früh, was »Kultur« ist und was »guten Geschmack« ausmacht. (Bourdieu 1982 a)

Wir fragen hier nach Mechanismen und Institutionen der sozialen Reproduktion von Reichtum, das heißt nach den Umständen, wie die Reichen ihren Wohlstand kultivieren und von Generation zu Generation weitergeben, um sich die Existenz als Klasse zu sichern. Welche Bedeutung spielt die Familie heute noch – im Zeitalter der Individualisierung? Gibt es in der Schweiz ausgewiesene Bildungsinstitutionen für die Qualifizierung und Vorbereitung des Nachwuchses auf Führungspositionen? Lassen sich wichtige Institutionen der Geselligkeit identifizieren, die zur Kultivierung und Weitergabe des sozialen Kapitals der Reichen dienen? Inwiefern bildet sich dabei ein »klassenspezifischer Habitus« heraus, der sich in »feinen Unterschieden« manifestiert?

9.1 Die Bedeutung der Familie

»Nie hat die Welt vermögenden Familien so viele Chancen geboten«, verkündet die Firma Marcuard Familiy Office mit Sitz an der Zürcher Bahnhofstrasse, in London und Bermuda, auf ihrer Website.[90] Immer mehr Superreiche leisten sich den Komfort eines Allround-Service in allen Lebenslagen. Wie das Buch *Wealthy Insights* von Ariel Sergio Goekmen zeigt, der im Jahr 2008, als er seine Innenansichten aus der Welt der Reichen veröffentlichte, bei der Credit Suisse den Wealthy Families Sector leitete, sind der Erhalt und die Weitergabe großer Familienvermögen die zentrale Sorge der Kundschaft von Treuhändern und Vermögensverwalterinnen. Die Gefahr eines Schwunds des Familienvermögens tritt ein durch Erbteilung, durch die Steuerforderungen des Staates oder durch verschwenderische und geschäftlich untüchtige Nachkommen. (Goekmen 2008:15) Abhilfe kann hier ein Family Office schaffen – womit nichts anderes gemeint ist als die moderne und strategische Variante einer sogenannten Familienkiste. Beim Family Office handelt es sich um auf Familienvermögen spezialisierte Investmentprofis, die für reiche Familien maßgeschneiderte Anlage-, Steuer- und Vermögensberatung und -verwaltung anbieten und auch finanziell unbedarfte Familienmitglieder im Umgang mit dem Geld schulen. Daneben unterstützen sie auch bei philanthropischen Aktivitäten – diese Dienstleistung gewinnt zunehmend an Bedeutung. Empfohlen werden Stiftungsgründungen, da diese eine »maximale Reduktion der Steuerbelastung« und die »Sicherstellung der (automatischen) Vermögensnachfolge« gewährleisten können. »Die Koordination von

Dienstleistungen im Bereich der Liegenschaftsverwaltung, Kunstberatung sowie Administration von Privatjet und Jacht runden unsere Dienstleistungspalette ab«, erläutert Peter Stocker, Mitglied der Geschäftsleitung des Marcuard Familiy Office. (Denaris 12/2006)

Einzelne superreiche Familien haben ihr Vermögen gar in ein eigenes Single Family Office transferiert – was sich aber wegen des personellen Aufwands im Normalfall erst ab einem Vermögen von über einer halben Milliarde Franken lohnt: Multimilliardär Ernesto Bertarelli unterhält ebenso ein Single Family Office wie Rohstoffexperte Marc Rich und der reichste (Wahl-)Schweizer Ingvar Kamprad. Die Sandoz-Erben um Pierre Landolt firmieren gar offiziell mit dem Begriff: Sandoz Family Office SA. Wer etwas weniger superreich ist, kann sich bei einem Vermögen ab 50 Millionen Franken mit anderen Familien zu einem Multi Family Office zusammenschließen. Anbieter wie das Marcuard Family Office wenden sich explizit an eine begrenzte Anzahl Familien mit erheblichem Vermögen. Immer mehr Banken springen auf dieses Geschäft auf (vgl. Burkhard und Dörig 2008/2009). Diesen Trend untermauert auch die Gründung des St. Galler Family Office Forums, einer Plattform für Unternehmen beziehungsweise Inhaber im Single-Family-Office-Bereich an der Universität St. Gallen.[91]

Die erfolgreiche Weitergabe und Kultivierung des ökonomischen Kapitals über Generationen hinweg erfolgt über verschiedene Mechanismen und ist also nicht bloß eine rein ökonomische Aufgabe von Vermögensverwaltern: Wichtige Elemente sind die Ausbildung von familieninternen Nachfolgern, nicht zu unterschätzen ist jedoch auch die Bedeutung der richtigen Verbindungen, was nicht zuletzt durch eine geschickte Heirat geschieht.

In der Gründungszeit ist ein Unternehmen meist von einer einzelnen Person, dem Unternehmensgründer, geprägt. Beim Übergang von der zweiten in die dritte Generation ist dieser Individualismus dann oft verschwunden. Das Unternehmen wird zum Familienunternehmen. Kollektivität ist eine wichtige Ressource, trotz individualistischer Ideologie in der Unternehmenswelt. Hier zeigt sich, wie bedeutsam die Familie noch immer ist: Während in nördlicheren europäischen Ländern teilweise schon vom Aussterben der Familienunternehmen die Rede ist, ist das – zumindest für die Schweiz – im Moment nicht zu prognostizieren. Dies zeigt eine Untersuchung des Center for Family Business der Universität St. Gallen. Sie stellt für Großunternehmen mit mehr als 500 Mitarbeitenden einen Anteil an Familienunternehmen von über 56 Prozent fest, bei Unternehmen mit 250 bis 500 Mitarbeitenden gar über 71 Prozent (Zellweger und Fueglistaller 2007: S. 30). Betont wird in dieser Studie aber nicht nur die zahlenmäßige Bedeutung von Familienunternehmen. Es ist auch die Rede von der Wichtigkeit »vertrauensbasierter Beziehungen« in Familien und der durch die lange Traditionalität ausgestrahlten guten Reputation eines Familienunternehmens – gerade in wirtschaftlich turbulenten Zeiten. Eigentümerunternehmer und Familienunternehmer ständen, im Gegensatz zu angestellten Geschäftsführern/Managern, mit ihrem Namen und dem Namen der Familie für das Unternehmen. Dadurch überlappen sich die Identität des Unternehmers, der Familie und der Firma (ebd.). Das heißt aber auch, dass Nachkommen – ob sie es wollen oder nicht – durch ihre familiäre Herkunft mit dem Unternehmen verbandelt sind und gewisse Erwartungen zu erfüllen haben. Nur eine gelungene Nachfolgeregelung sichert die Kontinuität – des Unternehmens wie der Familiendynastie.

Intergenerationelle Weitergabe: Kontinuität im Unternehmen

»Heißt einer Schmidheiny, ist das Leben vorbestimmt. In die Wiege gelegt die Lebensaufgabe. Vorgezeichnet der Lebensweg« *(Weltwoche,* 28.8.2008). Die prominenteste Industriellendynastie des Landes ist mittlerweile in der vierten Generation (vgl. Kapitel zum »Phänomen Schmidheiny«). Die Schmidheinys aus Heerbrugg dominierten während Jahrzehnten die Schweizer Wirtschaft. Heute aber scheint das Familienimperium langsam zu zerfallen: Es stehen keine Nachkommen in Aussicht, die die Voraussetzungen erfüllen, um in der fünften Generation die Führung der verschiedenen Firmen übernehmen zu können. »Bekanntlich haben sowohl Thomas als auch Stephan direkte Nachkommen. Unter ihren insgesamt sechs Kindern befinden sich auch zwei erwachsene Söhne. An eine familiäre Nachfolge, beteuern Insider, sei in Anbetracht der individuellen Interessenlage des Nachwuchses jedoch beim besten Willen nicht zu denken« *(Bilanz*, 28.5.2003). Damit ist die Familie Schmidheiny nicht alleine: Rund 95 Prozent der Familienunternehmen überleben die dritte Generation nicht – oft sei eine »fehlende Vorbereitung der nachfolgenden Generation« der Grund (vgl. The Family Business Network, www.fbn.ch).[92] Zwar hat Stephan Schmidheiny schon 1990 durch eine Schenkung an das bekannte International Institute for Management Development (IMD) in Lausanne einen Lehrstuhl für Familienunternehmen eingerichtet. Doch die eigene Familiendynastie scheint nun im Niedergang. Denn entscheidend ist, dass in jeder Generation ein Nachfolger zur Verfügung steht, der sich um die Weiterführung der Dynastie kümmert und die Linie somit fortsetzt. Es geht dabei nicht zuletzt um die Wahrung des »Familiengedächtnisses«. Um die Kontinuität einer Familiendynastie zu gewährleisten, muss der Nachwuchs ganz bewusst und zumeist schon sehr früh in die Geschäfte des Familienunternehmens eingeführt werden. In einem Unternehmerhaushalt werden die Kinder meist in besonderer Weise sozialisiert, sie wachsen fast automatisch in das Unternehmen hinein. Was nicht heißt, dass die Erbfolge automatisch geschieht: Oft vertreten Familienunternehmer ein ausgeprägtes Leistungsethos und stellen ihren Nachwuchs zuerst unter Bewährungsprobe.

Die Familie Blocher ist hier beispielhaft: Die ältesten beiden Kinder wurden ins väterliche Unternehmen eingebunden, nachdem sie zuerst die Lehrjahre außerhalb des Familienunternehmens absolviert hatten. Markus Blocher, der zuvor bei McKinsey arbeitete, ist nun CEO der Ems Dottikon. Magdalena Martullo-Blocher, die ihre Karriere bei Rivella begann, wurde im Alter von gut dreißig Jahren CEO der Ems-Chemie mit weltweit rund 2000 Mitarbeiterinnen und Mitarbeitern. Christoph Blocher erzählte der Zeitschrift *Bilanz* (vor seiner Bundesratswahl, als er noch Chef bei der Ems war): »Dann lade ich jährlich die Kinder und meine Frau zu je zwei Tagen Führungsseminar in die Ems-Chemie ein. Ich möchte, dass die ganze Familie einen Bezug zur Firma hat.« *(Bilanz,* 1/2003:73) Die Blocher-Kinder scheinen von Kindsbeinen an auf ihre Aufgabe vorbereitet worden zu sein: »Unternehmerisches Denken haben wir sicher alle im Blut – aufgesogen in der Kindheit«, sagt Miriam Blocher (ebd.: 72). Sie, die 2006 ein neues Familienunternehmen »dazugekauft« hat, das Läckerli-Huus, meint bei Amtsantritt als Alleinaktionärin, CEO und VR-Präsidentin in Personalunion: »Ich führe ja nicht zum ersten Mal«. *(Bilanz,* 19.12.2006)

Auch Hans Heinrich Coninx, ehemaliger Verwaltungsratspräsident und Haupteigentümer der Tamedia (Familienvermögen laut *Bilanz* 2009: 1,25 Milliarden), bemühte sich um eine Heranführung des Nachwuchses an das Unternehmen. Die Familie führt das Unternehmen seit über einem Jahrhundert und gilt als die bedeutendste Verlegerfamilie in der Schweiz. Heute halten drei Familienzweige 76 Prozent der Aktien. In einem Interview 1999 führte er aus: «Jeder Familienstamm ist heute im Verwaltungsrat mit zwei Mitgliedern vertreten. So ist jeder Familienstamm sehr nahe am Unternehmen und ausgezeichnet orientiert. Wir führen unsere Kinder an das Unternehmen heran: Sie treffen sich jedes Jahr einmal für einen Workshop während mehrerer Tage, besuchen die Unternehmen, arbeiten mit in Redaktionen und im Inserateverkauf. So bleibt das Interesse intakt. [...] Die Ältesten der nachfolgenden Generation sind heute um die dreißig. Wir verfolgen, wie sie sich entwickeln. Ich werde gerne Platz machen, wenn in dieser Generation Führungsansprüche heranwachsen.« (Affentranger und Prange 1999) Acht Jahre später, im Jahr 2007, übernimmt sein inzwischen 42-jähriger Neffe Pietro Supino das Verwaltungsratspräsidium und vertritt fortan die Gründerfamilie in der fünften Generation.

Loslassen zu können, das scheint für viele ein Problem zu sein. Wer jahrzehntelang ein Unternehmen geführt hat, fühlt sich oft unersetzlich. Auch Hans Heinrich Coninx suchte nach der »Stabübergabe« bei seiner Pensionierung nach einer neuen Aufgabe – und ist nun im Juni 2009 in den Verwaltungsrat der Rothschild Bank AG gewählt worden.

Familie Scheufele besitzt das Luxusgüterimperium Chopard (Uhren und Schmuck), ihr Familienvermögen wird laut *Bilanz* (4.12.2009) auf 1,5 bis 2 Milliarden Franken geschätzt. Scheufeles können als Musterbeispiel einer Familiendynastie bezeichnet werden. In jeder Generation leitet ein Nachfolger mit Namen Karl die Geschicke des Geschäfts, inzwischen ist schon der vierte Karl im Amt: Karl-Friedrich. Und auch er hat schon für Nachwuchs gesorgt: Karl-Fritz und Caroline. Das Familienunternehmen funktioniert perfekt – Chopard ist zum weltgrößten familiengeführten Uhren- und Schmuckimperium mutiert. Die Geschäfte florieren seit 1963, als Karl Scheufele, einer Uhren- und Schmuckdynastie aus Pforzheim entspringend, die Firma von der Familie Chopard übernahm: konstantes Wachstum zwischen fünf und zehn Prozent jedes Jahr. Heute wirkt Vater Karl Scheufele III. als Verwaltungsratspräsident, Sohn Karl-Friedrich Scheufele und Tochter Caroline Gruosi-Scheufele haben die operative Leitung inne und sind zudem Hauptaktionäre der Gruppe. Auffällig ist die geschlechtsspezifische Arbeitsteilung innerhalb der Familie Scheufele: Karl-Friedrich leitet das Herrenuhrengeschäft und kümmert sich um technische und kommerzielle Belange, seine Frau Christine Liechti ist für den Einkauf zuständig. Caroline kümmert sich um den Schmuckbereich, ums Design und um das Image des Hauses. Sie hat durch eine geschickte Heirat mit Fawaz Gruosi, dem Gründer der Marke Grisogono, ein neues Label in die Familie eingebracht. Womit wir nun beim Thema der Heiratspolitik sind.

Klassenspezifische Heiratsbeziehungen: Wahlverwandtschaften

Eine der besten Strategien zur Reproduktion des Reichtums ist eine geschickte Heiratspolitik. Eine Heirat betrifft nicht einfach nur einen Mann und eine Frau, sondern sie bringt zwei Familien miteinander in Verbindung. Diese »internen« Heiraten erlauben es, das Vermögen innerhalb der Gruppe zu behalten. Max Weber (1922/1980) sieht die Ehegemeinschaft (»Konnubium«) unter seinesgleichen als einen Mechanismus zur Etablierung oder Festigung vor allem ständischer Gesellschaften. In Anlehnung daran kann man heute gruppenspezifische Heiratsbeziehungen als einen Indikator für das Ausmaß der sozialen Schließung wie auch der Reproduktion von bestehenden klassenspezifischen Strukturen sehen.

Die Heiratspolitik der Reichen spielte bis in die Siebzigerjahre eine große Rolle (zur historischen Bedeutung vgl. Kapitel 2.3 in diesem Buch und Holliger 1974). Sie ist aber auch heute insbesondere beim Geldadel noch aktuell, wobei sich die Methoden in den letzten Jahrzehnten verfeinert haben und nicht mehr so offensichtlich sind. Ein Mann und eine Frau aus vermögender Familie lernen sich oft »rein zufällig« bei der Ausübung einer Freizeitbeschäftigung (Golf, Reiten, Kunst), an einer Elitebildungsstätte (z. B. Lyceum Alpinum Zuoz oder Harvard-Universität), an einem Ball oder einer Benefizveranstaltung kennen und lieben. Sozial sehr exklusive Räume sind gute Gelegenheiten für Bekanntschaften. Dabei spielen selbstverständlich auch die Erziehung und der »gute Stil« eine Rolle. Wer aus demselben Milieu kommt, findet eher Gefallen aneinander. Pierre Bourdieu (1982 a: 373) spricht in diesem Zusammenhang von »Wahlverwandtschaften«: Der Geschmack paart die Menschen, die zueinander passen, und macht sie einander verwandt.

Die *Neue Zürcher Zeitung* veröffentlicht regelmäßig Anzeigen von exklusiven Partnervermittlungen: »Worldwide Exclusive, for Elite Marriages« – unter diesem Titel werden europaweit Partnerschaften in guten Kreisen arrangiert. Da wird zum Beispiel ein 45-jähriger Multimillionär – »führend in der globalen Hochfinanz« – präsentiert, der eine Eliteuniversität absolviert hat, sechs Sprachen spricht, luxuriöse Wohnsitze auf drei Kontinenten besitzt, beachtliche humanitäre Projekte durchsetzt, »per Elternhaus von gutem Stil« ist und eine Familie gründen möchte. Oder die »brillante Staranwältin«, die eine internationale Anwaltsfirma gegründet hat: »Die ungemein gewinnende Persönlichkeit dieser herausragenden Frau definiert restlos alles, was unter Elite verstanden wird«, worauf die »namhafte

Herkunft sowie hohe Auszeichnungen« erwähnt werden sowie die feinen Wohnsitze, ihre Kunst- und Musikkenntnisse und ihre »makellose Integrität«. Betont wird stets, dass der Partner den »entsprechenden Background« haben muss und »in der gleichen Dimension« lebt (www.worldwide-elite.com). Explizitere Hinweise auf die soziale Position der Wunschpartnerin oder des Wunschpartners erübrigen sich hier, da der praktizierte Lebensstil unbestritten mit einer sehr guten Ausstattung an ökonomischen Ressourcen in Verbindung stehen muss. Zudem erfolgt wohl schon bereits durch die Wahl der Zeitung, in welcher inseriert wird, eine erste soziale Selektion der potenziellen Partnerinnen und Partner.

Es gibt jedoch durchaus auch Beispiele von »einfachen« Schwiegersöhnen, die sich in vermögende Familien hineingeheiratet haben: Dabei kann es zu einer geschickten Ergänzung der Kapitalsorten kommen, wie beispielsweise bei Daniel Vasella, der selber nicht aus dem Großbürgertum stammt (sein Vater war aber immerhin Geschichtsprofessor an der Uni Freiburg), der mit seinem schulischen Titel als Arzt jedoch bei einer zukünftigen Frau aus der Sandoz-Familie gute Voraussetzungen zum Einstieg ins Pharmabusiness mitbrachte. Vasella heiratete Anne-Laurence Moret, Tochter aus vermögendem Freiburger Haus, Nichte von Marc Moret, dem langjährigen Sandoz-Verwaltungsratspräsidenten und Architekten der Fusion von Sandoz und Ciba zu Novartis. »Vasella ist sicher leistungswillig und ambitioniert, doch ohne den Onkel der Ehefrau wäre der Karriereeinstieg wohl kaum so mühelos gelungen«, mutmaßt die *Weltwoche* (8.5.2003).

Bei Marcel Ospel, der in eher einfacheren Kleinbasler Verhältnissen aufwuchs, geschah der soziale Aufstieg vom Bankangestellten zum UBS-Chef synchron zu seinen »Liaisons«: Seine erste Frau, mit der er zwei Kinder hat, »suchte er noch unter seinesgleichen«, wie die *Weltwoche* (ebd.) schreibt. Gleichzeitig mit dem Aufstieg zum Chef des damaligen Bankvereins ehelichte er 1996 Andrée Koechlin aus der Koechlin-Dynastie, einer vermögenden Familie des Basler »Daig«. Manche behaupten, der Name Koechlin habe Ospel bei seinem Aufstieg im Bankverein in der Schlussphase entscheidend geholfen. (ebd.) Diese Ehe, der zwei weitere Kinder entstammen, ist ebenfalls in die Brüche gegangen: Ospels aktuelle, dritte Ehefrau, mit der er inzwischen Zwillinge hat, stammt aus bestem Zürcher Haus: Adriana Bodmer, Tochter einer der ältesten Zürcher Familien, die durch den Handel und das Bankgeschäft zu Reichtum gekommen ist.

9.2 Exklusive Bildung: Die feinen Unterschiede erlernen

Die Erziehung und Ausbildung – sowohl im privaten Raum (Familie) wie innerhalb der Institution Schule – bildet eine der wirksamsten Instanzen zur Reproduktion von Klassenverhältnissen. Wie der französische Soziologe Pierre Bourdieu eindrücklich aufgezeigt hat, nimmt die Bedeutung von Bildung und kulturellem Kapital für die Klassenstruktur moderner Gesellschaften zu. Die Dominanz der Finanzmärkte und die erhöhte Komplexität der Wirtschaft durch die Globalisierung fordern neue Kompetenzen, die durch ökonomische Bildung erworben werden müssen. Zwar gibt es durchaus Beispiele von Unternehmensführern, bei denen der wirtschaftliche Erfolg unabhängig ist von der schulischen Bildung: Es gibt Erben, die direkt in das väterliche Geschäft eingestiegen sind, ohne einen höheren Bildungstitel erworben zu haben. Dies ist jedoch immer seltener der Fall. Von den jüngeren Vertretern der unternehmerisch aktiven Reichen haben die allermeisten zumindest einen MBA-Abschluss erworben. Auf der anderen Seite gibt es auch »neuere Reiche«, die es ohne ein Universitätsdiplom zu einem beachtlichen Vermögen gebracht haben. Ihre Kinder werden aber bestimmt eine gute Schule besuchen und sich so das (noch) fehlende kulturelle Kapital erwerben, um zum Kreis der »guten Gesellschaft« dazuzugehören.

In den »alten Familien« ist die Erziehung in erster Linie eine familiale Angelegenheit. Fortgeführt wird sie teilweise in privaten Internaten. Diese exklusiven Bildungsinstitutionen dienen zur Vorbereitung der zukünftigen Erben und vermitteln den Schülerinnen und

Schülern zudem ein ausgedehntes und förderndes Netz von Beziehungen sowie eine gewisse Kenntnis wirtschaftlicher Regeln und Gesetze oder Dispositionen wie Autoritäts- und Hierarchiebewusstsein.

Die Schweiz verfügt über einige ausgesprochen exklusive Eliteinternate, die bei den Reichen und Superreichen weit über die Landesgrenzen hinaus einen guten Ruf haben. Das Lyceum Alpinum in Zuoz, das Internat Rosenberg in St. Gallen, das Internat Le Rosey in der Nähe von Lausanne oder das Institut Montana am Zugerberg gelten als Bildungs- und Erziehungsstätten mit kosmopolitischem Geist, die den Absolventinnen und Absolventen nicht nur eine exzellente Ausbildung verschaffen, sondern auch eine identitätsbildende Funktion wahrnehmen.

Institut auf dem Rosenberg

Das traditionsreiche Institut auf dem Rosenberg (gegründet 1889) liegt auf einem Hügel über der Stadt St. Gallen in einer parkähnlichen Umgebung. Der Campus besteht aus mehreren Jugendstilvillen aus dem 19. Jahrhundert, in denen die Verwaltung, die Klassenzimmer und die rund 300 Schülerinnen und Schüler aus 50 Nationen – nach Geschlecht getrennt – untergebracht sind. Schon allein die geografische Lage des Rosenberg-Internats weist auf das »Abgehobensein« dieser kleinen Elite hin. Die Kinder wachsen hier völlig abgeschottet von anderen sozialen Realitäten in einer eigenen Welt auf. Diese Welt ist nicht nur symbolisch gesprochen rosarot: Der Campus wird von einem rosaroten Zaum gesäumt, und auch im Innern der Gebäude dominiert die rosarote Farbe. Am Rosenberg wohnen Kinder aus Unternehmerdynastien, aus Königshäusern, aber auch einige »Neureiche«, insbesondere aus dem deutschsprachigen und dem russischen Raum. Die Namen der gegenwärtigen Zöglinge werden nicht bekannt gegeben; *discrétion oblige*. Man weiß aber, dass »die Klientel«[93] vorwiegend aus Deutschland, der Schweiz, aus Spanien, Italien und Russland kommt. Sicher ist, dass es sich um Zöglinge von sehr reichen Familien handelt, denn das Schulgeld von 75 000 Franken pro Jahr (ohne Extras, für Schulausflüge, Bücher usw. kommen rund 15 000 Franken jährlich hinzu) können sich andere schlicht nicht leisten.

Das Internat nimmt Kinder ab sechs Jahren auf, der größte Teil der Schülerschaft ist jedoch im Alter von vierzehn bis sechzehn Jahren. Am Rosenberg können verschiedene Abschlüsse erlangt werden, die den Zugang zu weiterführenden Bildungsinstitutionen ermöglichen, wie zum Beispiel das Abitur, die Matur oder das International Baccalaureate. Die Schule ist jedoch nicht in erster Linie für eine exzellente schulische Ausbildung, sondern viel mehr für ihre erzieherische Funktion bekannt. »Zu einer ausgewogenen Persönlichkeit gehört nicht nur eine schulische Ausbildung, sondern auch eine ausgeprägte Sozialkompetenz und ein außergewöhnlich hohes Maß an Selbstdisziplin«, heißt es in der »Instituts-Philosophie«. Dies sei »letztendlich unabdingbar für spätere Führungspositionen« (www.instrosenberg.ch). Wer morgen das Sagen haben will, muss sich heute etwas sagen lassen können. Die strenge Hand der Internatsleitung sorgt für die nötige Disziplin und Ordnung. Der Tagesablauf ist klar festgelegt: Tagwache um 7 Uhr, 7.30 Uhr Frühstück mit Namensappell und Kontrolle der Hygiene, Schule von 8 bis 11.45 Uhr, dann Umkleiden für das Mittagessen (der Speisesaal darf von den Knaben nur mit Krawatte und von den Mädchen im Rock betreten werden). Nach dem Mittagessen ist von 13 bis mindestens um 15.30 Uhr wieder Schule, danach ist Zeit für Sport oder Kunst. Um 18 Uhr ist Nachtessen, danach »Studium« bis um halb zehn. Um viertel vor zehn ist Lichterlöschen. Wer danach noch Lichter anmacht, telefoniert oder spricht, hat eine Buße zu bezahlen: zwischen 22 und 24 Uhr 150 Franken, nachher 500 Franken. Wer Drogen besitzt oder konsumiert, fliegt. Regelmäßig werden unangemeldet Alkoholtests durchgeführt: Wer erwischt wird, kriegt eine Woche Schulverweis.

Neben Disziplin erfahren die Kinder weitere Seiten eines Lebens in der »besseren Gesellschaft«: Sie lernen den Umgang mit Kunst und Kultur (allwöchentlich gibt es einen Museums-, Oper- oder Theaterbesuch), die Benimmweise bei Gesellschaftsanlässen (z. B. am Herbstball, auf den sich die Schüler während dreier Monate vorbereiten, indem sie Debütantentänze einüben), und die Voraussetzungen für ein mondänes Leben, indem sie sich verschiedene sprachliche Fähigkeiten erwerben.

Le Rosey

Ein weiteres Beispiel eines exklusiven Eliteinternats ist das Institut Le Rosey in Rolle in der Nähe von Lausanne, das Kindern ab sechs Jahren offen steht (www.rosey.ch). Die 1880 gegründete internationale Institution rühmt sich als »the most exclusive school in Europe«. Die rund 400 Schülerinnen und Schüler wechseln mit den Jahreszeiten zwischen zwei Campus: Den Frühling und Herbst verbringen sie auf einem Landsitz aus dem 18. Jahrhundert, dem Château du Rosey zwischen Rebbergen und dem Genfersee, den Winter auf dem »alpinen Campus« in Gstaad. Dass Gstaad überhaupt zu einem so noblen Skiort wurde, verdankt das Bauerndorf dem Institut Le Rosey – denn einigen ehemaligen Schülerinnen und Schülern der Institution war dieser Ort in ihrer Schulzeit ans Herz gewachsen und sie wurden zu treuen Stammgästen und Chalet-Besitzern in Gstaad.

»To develop the whole person«, lautet das Motto der Schule. In Le Rosey wird ein wahrhaft mondäner, kosmopolitischer Habitus geschaffen: Im Jahreskalender stehen »Cultural Trips« nach Paris oder Rom, Besuche von US-amerikanischen und englischen Eliteuniversitäten und ein »Optional London Theatre Trip« auf dem Programm. Man lernt intelligent und kultiviert über Kunst zu sprechen. Der Schulunterricht erfolgt in Französisch und Englisch, die Schülerinnen und Schüler kommen aus mehr als fünfzig verschiedenen Nationen. Auch der eigenen kulturellen Betätigung wird ein großes Gewicht beigemessen: Die Jugendlichen spielen zumeist ein Instrument, singen in einem der zwei Chöre oder spielen in einem der drei schuleigenen Orchester. Große Bedeutung hat zudem der Sport: Im Schulgeld von 91 200 Franken pro Jahr inbegriffen ist »an immense daily choice of sports«: Das Internat verfügt über elf Tennisplätze, zwei Swimmingpools, ein Rugby- und ein Fußballfeld, einen Reitstall, zwei Gymnastikräume und einen privaten Strandzugang. Im Sommer können Sportarten wie Wasserskifahren, Rudern, Segeln, Golf und Leichtathletik, im Winter Schneesportarten wie Skifahren, Snowboard oder Curling ausgeübt werden. Denn für junge Leute »mit Klasse« gehört es dazu, nicht nur den Geist, sondern auch den Körper richtig zu »formen«. »Mens sana in corpore sano«, so lautet deshalb auch ein wichtiges Motto des Internats.

Im Gegenzug zum luxuriösen Angebot wird aber viel an Disziplin und Einsatz gefordert von den Internatsschülern: Die Codes von Le Rosey beinhalten harte Strafen bis zum Ausschluss, zum Beispiel bei Drogen- oder Alkoholkonsum, bei Aufenthalt »on the étage of a member of the opposite sex« oder wenn sich jemand unerlaubt vom Internatsgelände wegbewegt. Wer die Hausordnung missachtet, muss frühmorgens zum Dauerlauf antreten.

Die Jugendlichen haben klare Dresscodes zu befolgen: Für »Boys« gilt zum Essen Krawattenpflicht, das Hemd oder das Poloshirt muss in der Hose getragen werden, langes oder gefärbtes Haar, Ohrringe oder Piercings und schlechte Rasur sind verboten. Die »Girls« haben eine Bluse zu tragen, welche die Schultern sowie die Taille bedeckt, sie dürfen keine aufreizende Kleidung und außer in den Ohren keine Piercings haben. Für spezielle Gelegenheiten wie Besuche oder Feierlichkeiten ist die Schuluniform zu tragen. Außerhalb der sportlichen Aktivitäten dürfen keine Turnschuhe, T-Shirts oder andere sportliche Kleidung getragen werden. Wer die Dresscodes missachtet, muss eine Woche lang den ganzen Tag Jackett und Krawatte (Boys) oder Kleid (Girls) tragen.

Auch die Benimmregeln zu Tisch werden den Jugendlichen klar eingeschärft. Bekundet ein Schüler Schwierigkeiten mit den Tischmanieren, wird ihm eine Gouvernante zur Nacherziehung zugeteilt. Zudem muss der Umgang mit Autoritäten gelernt sein: In den Codes ist bis ins Detail beschrieben, wer wem die Türe aufhalten muss und wie die Begrüßung zu erfolgen hat, sodass man fast den Eindruck hat, es handle sich hier um die Beschreibung einer Zeremonie oder eines höfischen Rituals.

Die Schule fürs Leben – die totale Erziehung

Wer Le Rosey oder das Rosenberg-Internat erfolgreich durchlaufen hat, ist in den »Genuss« einer »totalen Erziehung« gekommen. Weit weg von ihren Eltern müssen die Internatsschülerinnen und -schüler lernen, mit anderen Menschen zusammen zu essen, zu schlafen, zu lernen – den ganzen Tag zu verbringen. Der Alltag ist klar vorgegeben und bietet wenig Freiraum, er erinnert ein wenig an eine Rekrutenschule. Das ganze Leben der Jugendlichen ist den Augen von Aufsichten ausgesetzt, die soziale Kontrolle ist groß. Durch die harte Schule und den ritualisierten Alltag, den die Jugendlichen erfahren, wird ihr Charakter nachhaltig geprägt: Sie lernen nicht nur, wie sie sich in den »besseren Kreisen« zu verhalten haben. Es entwickelt sich auch so etwas wie ein »Korpsgeist«, der den Jugendlichen eine kollektive Identität gibt und ihnen das Bewusstsein verschafft, einer Elite anzugehören.

Pierre Bourdieu (1982 b, 1988) hat den Prozess der »Investitur« als ein Ritual der Grenzziehung beschrieben, durch den die Differenzen zwischen Individuen infolge eines »Einsetzungsritus« (franz. »institution«) legitimiert werden. Eine Investitur erhebt einen Menschen in eine Stellung, die ihn an Autorität und Anerkennung gewinnen lässt. Sie führt gleichzeitig zu einer Bestimmung der sozialen (kollektiven) Identität eines Individuums. Wer also ein Eliteinternat oder eine Eliteuniversität durchläuft, dem werden nicht nur ein profundes Wissen, »noble« Eigenschaften und Umgangsformen vermittelt, es wird ihm zudem die Zugehörigkeit zu einem engen Zirkel einer Elite mit kollektiver Identität und mit einem ausgesprochenen (Klassen-)Bewusstsein gesichert. Die Werte der Gemeinschaft werden gleichsam in den Körper eingeschrieben: Die Manieren, die Gewohnheiten, der Umgang, die Art und Weise zu sprechen und sich zu bewegen, Essgewohnheiten wie Geschmacksurteile zeugen von der »totalen Erziehung« und von diesem »Einsetzungsritus«. Dies ist es, was die Distinktion ausmacht – der Klassenhabitus, der sich in den »feinen Unterschieden« manifestiert: Die Rosenbergler und die Roséens werden durch diese Eigenschaften – falls sie sich mal aus dem geschützten Kreis hinausbegeben und sich zum Beispiel »unten« in der Stadt St. Gallen oder in Lausanne unter Gleichaltrige mischen – sofort als Rosenbergler oder als Roséens erkannt: Nicht nur wegen äußerlicher Eigenschaften wie den Stiefeln von Vuitton oder dem Mantel von Dolce & Gabbana, sondern eben auch durch ihren Habitus, das heißt durch die inkorporierten Eigenschaften, die zwar Ausdruck einer privilegierten Sozialisation sind, oft aber als »natürlich« erscheinen und dargestellt werden.

In den gehobenen Kreisen reicht es zu wissen, dass jemand bestimmte Institutionen durchlaufen hat, um seine Zugehörigkeit zur Elite anzuerkennen: Zuoz-Alumnus, Rosenberg-Ehemaliger oder »ancien roséen« zu sein bedeutet mehr als einfach eine exzellente Ausbildung genossen zu haben. Die Alumni von Le Rosey (ehemalige Schülerinnen und Schüler, zusammengeschlossen in der Association des anciens roséens) schreiben: »Les amitiés internationales tissées pendant les années d'études sont un capital inestimable: partout dans le monde il y a un ancien Roséen prêt à accueillir et à aider un autre ancien.« Die Ehemaligen treffen sich Winter für Winter zu einer Fondueparty und einem Skirennen in Gstaad, sehen sich bei der Heli-Ski-Réunion im kanadischen Revelstoke, an einem der Stadtdiners im Club du Polo in Paris oder im Restaurant Scandinavia in Moskau, oder sie treffen sich zu einem Freundschafts-Golfturnier auf Long Island. Das während der Internatszeit akkumulierte soziale Kapital bleibt so über das ganze Leben hinweg bestehen: »A School for Life«, wie es auf der Homepage verheißen wird.

Wie Eliten »fabriziert« werden: Die universitären Kaderschmieden

Die Modernisierung der Qualifizierung des ökonomischen Führungspersonals ist bemerkenswert: Waren vor wenigen Jahrzehnten interne Karrieren in einer Firma der übliche Weg (»sich hochdienen«), ist heute ein Universitätsabschluss und/oder ein MBA (Master of Business Administration) schon fast ein Muss für einen Posten im Management. (Dyllick und Torgler 2007) Die neuen Unternehmer führen ihre Legitimität nicht mehr auf edle Geburt oder Reichtum zurück, sondern auf ihre »Kompetenz«. Bei den absolvierten Studienrichtungen der Führungskräfte mit Universitätsabschluss stehen die Wirtschaftswissenschaften mit einem Anteil von 46 Prozent deutlich an der Spitze, gefolgt von den Technischen Wissenschaften mit 24 Prozent, dem Recht mit 12 Prozent sowie den Exakten und Naturwissenschaften mit 9 Prozent. Die verbleibenden 9 Prozent verteilen sich auf die übrigen Fachbereichsgruppen (Geistes- und Sozialwissenschaften, Medizin und Pharmazie, Sprach- und Literaturwissenschaften). Dabei gewinnen internationale Titel eine zunehmende Bedeutung. 39 Prozent der Universitätsabschlüsse von Führungskräften werden im Ausland erworben. (ebd.: 80 f.) Ein Zertifikat einer Eliteschule wie jener von Harvard bedeutet häufig ein Eintrittsticket für Führungspositionen.

Die Universität St. Gallen (HSG) und die Eidgenössische Technische Hochschule Zürich (ETH) sind die größten Kaderschmieden der Schweiz: Die HSG hat vor allem ihre Bedeutung bei der Qualifizierung von Chefs in Banken und Versicherungen, die ETH bei Führern von Chemie- und Technologiebetrieben. Die Universität Zürich ist für ein Jurastudium beliebt. Laut der Studie von Dyllick und Torgler (ebd.: 82 f.) haben 72 Prozent der in der Schweiz ausgebildeten Topmanager an einer dieser drei Schweizer Hochschulen studiert – eine hohe Konzentration, die laut Studie auf ein »ausgeprägt hierarchisch ausgeformtes Universitätssystem« in Bezug auf die Ausbildung ihrer Führungskräfte hinweist. In Frankreich wird diese Konzentration überboten, wo die sehr selektiven Eliteuniversitäten (Pierre Bourdieu nennt sie die »Schulen der Macht«) eine überragende Rolle in der sozialen Reproduktion der Elite einnehmen.

MBAs sowie Abschlüsse an Business Schools (INSEAD, IMD, Harvard Business School, London Business School etc.) gewinnen an Bedeutung. Ingesamt verfügte im Jahr 2010 jeder dritte CEO der hundert größten Schweizer Unternehmen über eine solche Zusatzqualifikation. (Schilling 2010: 22) Beliebt ist unter den Schweizer Führungskräften das INSEAD (Institut Européen d'Administration des Affaires) in Fontainebleau bei Paris und das International Institute for Management Development (IMD) in Lausanne. Zu echten Idealbildern sind US-amerikanische Eliteuniversitäten wie Princeton, Harvard oder Stanford geworden. Rolf Soiron (VR-Präsident Holcim), Rolf Dörig (VR-Präsident Adecco), Daniel Vasella (VR-Präsident Novartis), Ernesto Bertarelli (ehemals Serono), Frank Schnewlin (VR Swiss Life), Peter Forstmoser (Ex-VR Swiss Re), Michael Mack (VR-Präsident Syngenta), Martin Senn (CEO Zurich), Martin Bisang (CEO Bellevue Group), Hansjörg Wyss (VR-Präsident Synthes) – sie alle haben ein Diplom von der Harvard Business School. »Wer einmal in Harvard unterrichtet wurde, ist sein Leben lang Teil des *old boy network* – der Name Harvard allein öffnet die meisten Türen«, schreibt die *Bilanz* (3/2003). Einer der aktivsten Harvard-Alumni-Klubs außerhalb der USA ist derjenige in der Schweiz (www.harvardclub.ch). Er hat zwei Niederlassungen, eine in Zürich und eine in Genf, inzwischen zählt der Club schweizweit 890 Alumni. Einmal im Monat treffen sich die mehrheitlich männlichen Mitglieder im Restaurant Rüden in Zürich zu einem Lunch mit einem *distinguished guest speaker*. Austausch von Informationen und Wissen sowie Pflege der Geselligkeit (z.B. Golfturnier) gehören dazu. Hansjörg Wyss – mit geschätzten 7,5 Milliarden Franken Vermögen Nummer sechs der Schweizer Reichstenliste – spendete 2008 der Harvard-Universität 140 Millionen, um ein neues Biotechnik-Institut einzurichten. Dies ist die größte Spende in der Geschichte der Universität. *(Tages-Anzeiger,* 10.10.2008) Seit der Krise sei das Spendenaufkommen für den »Olymp der Managerausbildung« jedoch stark rückläufig, berichtet die *Bilanz* (31.7.2009) und fürchtet um das Image der Elitebildungsstätte: Harvard ist bekannt für das enge Verhältnis zur Wall Street und habe nicht wenige der Führungskräfte ausgebildet, die für die Krise mit verantwortlich sind. Das kratzt am Image der bedeutendsten Managerbildungsstätte.

Ähnliches musste auch die Universität St. Gallen oder die HSG – wie die sehr internationale Ausbildungsstätte häufig noch genannt wird (diese Abkürzung kommt von der alten Bezeichnung Hochschule St. Gallen) – erfahren: Das *Magazin* schreibt im Frühling 2009 von einem »Sturmtief über St. Gallen« *(Das Magazin,* 29.5.2009). Auslöser der Krise war der »Fall Thielemann«: Der Wirtschaftsethiker Ulrich Thielemann, Dozent an der Universität St. Gallen, erklärte in einem Referat vor dem Finanzausschuss des Deutschen Bundestags über Steuerhinterziehung und die Steueroase Schweiz, in der Schweiz kursierten »abenteuerliche Argumente zur Rechtfertigung des Bankgeheimnisses«. Der Schweizer Elite fehle in Sachen Steuerhinterziehung das Unrechtsbewusstsein.[94] Was folgte, war ein »finanzplatzpatriotischer Aufschrei« (WOZ, 9.4.2009), Thielemann wurde beschuldigt, dem Ruf der HSG zu schaden. Die Verurteilung Thielemanns durch das Rektorat der HSG und die Schweizer Medien führte jedoch auch zu einer kritischen Diskussion über die neoliberale Einheitsmeinung an der HSG, wo angehende Manager eine einseitige Shareholder-Value-Doktrin eingeflößt bekämen. *(Das Magazin,* 29.5.2009) Einige HSG-Professoren haben sich inzwischen selbstkritisch zur Finanzkrise geäußert. HSG-nahe Kritiker urteilten, Absolventen würden »falsch programmiert« und der HSG-Titularprofessor Fredmund Malik forderte »eine geistige Fastenperiode«: »ein Vierteljahr schweigen und über die Folgen des Neoliberalismus nachdenken« *(Tages-Anzeiger,* 9.4.2009). Dieses Vierteljahr ist inzwischen vorbei. Und die Gewinnmaximierer sind weiterhin prominent an der HSG vertreten. In der Weiterbildungskommission sitzt noch immer Josef Ackermann, Chef der Deutschen Bank, der eine 25-Prozent-Eigenkapitalrendite auch heute für absolut realistisch hält.

Im deutschsprachigen Raum ist die Universität St. Gallen, die älteste Wirtschaftsuniversität Europas, zu einer wichtigen Ausbildungsstätte für das ökonomische Führungspersonal geworden. 1898 von lokalen Geschäftsleuten gegründet, gilt die HSG als eine Kaderschmiede von Managern aus der ganzen Welt. Dabei scheint die wissenschaftliche Exzellenz gar nicht unbedingt im Vordergrund zu stehen. Nach Björn Johansson, dem ehemaligen Chairman der HSG-Alumni, zeichne die HSG ein starkes Zusammengehörigkeitsgefühl unter den Absolventinnen und Absolventen aus. Die Lehrjahre an der HSG führten zur Herausbildung einer gemeinsamen Identität:

»HSG ist zu einem Markenzeichen geworden, das man gerne auch gegen außen zeigt. Gegen innen hebt es das Wir-Gefühl. Wir sprechen eine gemeinsame Sprache, weil wir die gleiche theoretische Ausbildung genossen, die gleichen Professoren gehabt, die gleichen Bücher gelesen und die gleichen Cases behandelt haben.« Johansson spricht von der HSG als »einer großen Familie«. Das Campusleben trägt zur Entwicklung eines Gefühls der Differenz und der Überlegenheit bei, das für die Ausübung einer gesellschaftlichen Machtposition notwendig ist. Durch diese Distinktion verstärkt sich der Ausdruck des Unterschieds zu denjenigen, die nicht dazugehören, was Johansson als »Zusammengehörigkeitsgefühl« bezeichnet. Die HSG will keine Massenuniversität sein – sondern sieht sich als Institution der Elite – klein, aber nicht provinziell. *(Das Magazin,* 29.5.2009)

Little Harvard in Switzerland – die HSG orientiert sich stark an der amerikanischen Eliteuniversität und hat sich auch nach deren Vorbild einen Alumni-Verein (Verein der Ehemaligen) gegründet. Dadurch bleiben die Absolventen der HSG ihrer Ausbildungsstätte ein Leben lang treu. Die Alumni organisieren alle zwei Jahre exklusive Wochenenden in attraktiven Orten wie Flims oder Montreux, spielen zusammen Golf und knüpfen dabei lukrative Kontakte. Die Beziehungspflege ist der wichtigste Zweck akademischer Alumni-Vereine. Eine bedeutende Rolle für die Corporate Identity spielt das fast 1200 Seiten umfassende Jahrbuch, dessen Adressverzeichnis fast so dick ist wie jenes von Harvard und das als »Manager-Kompendium Europas« gilt. Nach Aussage des HSG-Alumni-Vereins werden mehr als die Hälfte der 500 führenden Schweizer Unternehmen von einem dieser Ehemaligen geführt. Ob Zürich, London oder New York – der 19 000 Mitglieder zählende Ehemaligenklub der HSG hat vielerorts Absolventen, die Stammtische organisieren. Das Netzwerk reicht bis in die Topetagen zahlreicher Firmen Europas und ist eine erstklassige Job- und Kontaktbörse. Hier wirkt der Stallgeruch: Wenn ein HSG-Absolvent auf einen Personalchef trifft, der ebenfalls in St. Gallen studiert hat, dann »ist das für beide ein Wiedererkennungsfaktor, das Gefühl von Gemeinsamkeit, Kreditwürdigkeit, ein Qualitätszeichen, womit das Gespräch schon mal lockerer in Fluss kommt«, sagt Franz Schultheis, Soziologieprofessor an der Universität St.Gallen (*Handelszeitung*, 2.7.2008).

9.3 Orte der Geselligkeit

Damit dieses von Schultheis beschriebene »Gefühl von Gemeinsamkeit« hergestellt werden kann, bedarf es »Orte der Geselligkeit«, an denen es auch mal im ganz informellen Rahmen zum gegenseitigen, vertrauensbildenden Austausch kommen kann. Dabei lassen sich Unterschiede erkennen in den Strategien zur zweckmäßigen Anhäufung, Vermehrung und Kultivierung des sozialen Kapitals: Reiche aus »alten« Familien präferieren andere Orte als »neue« Reiche und Vertreter der Konzernelite. Wer aus einer reichen Familie stammt, bekommt allein schon durch sein Verwandtschaftsnetz eine Menge an Sozialkapital vererbt. Die Familien- und Freundschaftsbande werden gepflegt an exklusiven Festen und Bällen oder an Privatanlässen. Katrin Rieder zeigt am Beispiel der »Grande Société«, wie in Bern die Burgergemeinde ihre höfisch anmutenden Feste zu feiern pflegt (Rieder 2008).

Manager und Unternehmer erwerben sich Sozialkapital durch strategisches Networken. Neben Studienkameradschaften sind sie durch gemeinsamen Einsitz in Verwaltungsräten oder durch Mitgliedschaften in Wirtschafts- und Serviceklubs verbunden. Ein eher informelles Mittel zur Netzwerkbildung ist für die Schweiz typisch: Die Apéro-Kultur. »Es gibt kaum eine Veranstaltung oder ein Geschäftstreffen, das nicht mit einem Apéro, Apéro riche, Apéro prolongé oder Nachtessen endet«, staunt Freiburghaus (2008:242). Diese Art von ungezwungener »bewegter Geselligkeit« scheint die Möglichkeit zu bieten, interessante Menschen zu treffen und sich bei Bedarf mit ihnen zusammenzusetzen. Es werden persönliche Gesprächsebenen geschaffen, die sonst in kühlen Büros nicht zustande kommen.

Einen hohen Stellenwert bei der Anhäufung und Kultivierung des Sozialkapitals haben die teils sehr exklusiven Veranstaltungen wie

Opernbälle, Galas, Kunstvernissagen, Theaterpremieren oder mondäne Veranstaltungen wie das Polo-Turnier oder das White Turf in St. Moritz. Dabei scheint das aristokratische Prinzip der »demonstrativen Verschwendung« ein glanzvolles Comeback zu feiern. Luxus wird zelebriert, Porno-Chic setzt sich auch in besten Kreisen durch. Wohltätigkeitsgalas erfreuen sich einer wachsenden Beliebtheit unter den Reichen. Der Zürcher Opernball, dessen Erlös dem Opernhaus zugutekommt, hat sich in den gut sechs Jahren seines Bestehens schon fest in den Terminkalendern der Reichen und Prominenten etabliert.

Die Vielfalt der Schweizer Museen und Galerien ist einmalig und genießt einen internationalen Ruf. Nirgendwo auf der Welt gibt es so viele Museen im Vergleich zur Einwohnerzahl. Höhepunkt der Kunstliebhaber ist jeweils die Art Basel, die wichtigste Kunstmesse weltweit. Trotz Krise ist diese Messe noch immer ein beliebter sozialer Treffpunkt von Superreichen weltweit.

Auch beim gemeinsamen Ausführen von sportlichen Aktivitäten kommt es zu ungezwungenen, informellen Begegnungen, die sich als sehr wertvoll erweisen können. Dabei sind derartige Beziehungen bestimmt nicht rein instrumenteller Natur, sondern haben auch einen freundschaftlichen und geselligen Charakter. Eine besondere Attraktivität in der Wirtschaftselite genießt heute neben dem Segeln und dem Reitsport vor allem das Golfspiel. Golf wird langsam eine Volkssportart, aber auch hier findet eine Abgrenzung statt – es gibt auf der einen Seite die Migros-Golfplätze, auf der anderen Seite jene, die nur einem auserwählten Kreis zugänglich sind. Die Golfklubs sind eifrig darauf bedacht, diese klassische Exklusivität ihres Sports zu bewahren. Relativ hohe Aufnahmegebühren, nicht gerade billige notwendige Investitionen in Golfkleidung und Golfschläger sowie zum Teil restriktive Aufnahmebedingungen sorgen für die nötige soziale Distanz. »Es gibt Golfklubs, die jeden nehmen. Sie sind froh um die 25 000 Franken Eintrittsgebühr und die 3000 Franken Jahresbeitrag, die in ihre Kasse kommen. Daneben gibt es Golfklubs, die äußerst wählerisch sind. Bei einem der drei Nobelklubs von Zürich besucht die Wahlkommission den Kandidaten sogar zu Hause. Man will seine Frau kennenlernen, man will sehen, wie er wohnt. Dann sagt man Ja oder Nein« *(SonntagsZeitung,* 2.8.2009). Der Golf & Country Club Zürich in Zumikon gilt als einer der exklusivsten und formellsten Klubs in der Schweiz. Für eine Golfrunde mit einem wichtigen Kunden sei es ein absoluter Topplatz. Wer es formell mag, werde in Zumikon nach bester Manier empfangen. Fürs Dinner im eleganten Teil des Restaurants sollte die Krawatte nicht vergessen werden.

Nur wenn es einem Klub gelingt, die ausgesprochene Exklusivität zu bewahren, scheint ein solches Netzwerk eine wirklich große Bedeutung für die Akkumulation und Kultivierung von sozialem Kapital zu behalten. Sterbling (1998:196) weist darauf hin, dass die Verwertungs- und Konvertabilitätschancen von Sozialkapital umso größer sind, je mehr die darin involvierten Institutionen Mechanismen der sozialen Schließung enthalten. Ein Klub wie der Golf & Country Club Zürich, wo nur Zugang findet, wer einen »außergewöhnlichen Leistungsausweis« und eine persönliche Einladung vorweisen kann, beschränkt den Zugang zu Privilegien und Erfolgschancen auf einen begrenzten Kreis von Auserwählten.

10 Umverteilung durch Steuerpolitik

Ausgerechnet das Binnenland Schweiz hat die prestigereiche Segler-Trophäe America's Cup zweimal nach Hause gebracht. Möglich gemacht hat dies der passionierte Segler Ernesto Bertarelli mit seinem Team der Alinghi-Jacht. Bertarelli ist Miterbe eines Milliardenvermögens – von der *Bilanz* 2009 auf 10,5 Milliarden Franken geschätzt – aus den Geschäften des Biotech-Unternehmens Serono (*Bilanz*, 4.12.2009). Im Jahr 2007 verlegten er und seine Familie ihren Wohnsitz vom waadtländischen Gland nach Gstaad (NZZ, 1.11.2007). Der schicke Ferienort Gstaad gehört zur Berner Oberländer Gemeinde Saanen. Diese gilt auch als Steuerparadies. Dort besitzt zum Beispiel der französisch-polnische Filmregisseur Roman Polanski sein Chalet. Zu Polanskis Freunden gehört der französische Sänger Johnny Halliday. Dieser hatte in seiner Heimat für Ärger gesorgt, als er sein Domizil 2006 ebenfalls nach Gstaad verlegte. Grund dafür war die Aussicht auf erhebliche Steuerersparnisse durch eine Pauschalbesteuerung in der Schweiz. Für Aufregung sorgt in Frankreich aber auch Liliane Bettencourt. Die Erbin des Kosmetikkonzerns L'Oréal und reichste Frau Europas hat 80 Millionen Euro schwarz auf einem Schweizer Bankkonto liegen. Bettencourts Vermögensberaterin war ausgerechnet Florence Woerth, die Frau des französischen Arbeitsministers Eric Woerth. Dieser hatte als Haushaltminister die Schweiz als Oase für reiche französische Steuerbetrüger und Steuerhinterzieherinnen angeprangert. (NZZ, 21.6.2010)

Tatsächlich ist für reiche Einzelpersonen und Familien die Besteuerung eine von drei materiellen Hauptsorgen – auch in der

Schweiz (Goekmen 2008: 15). Der Steuerwettbewerb ist nicht zuletzt ein Rennen um »gute« Steuerzahlende. Denn dort, wo es viel zu versteuern gäbe, gibt es viel zu sparen. Sehr oft geht deshalb großer Reichtum mit einer ausgeklügelten Steuerplanung einher, in deren Rahmen alle legalen Mittel zur Steuervermeidung ausgeschöpft werden. Wie die Debatten um die Steuerhinterziehung von reichen ausländischen Personen in der Schweiz zeigen, werden die Grenzen des Legalen dabei auch überschritten. Gleichzeitig haben die Verwerfungen durch die jüngste Finanzkrise und durch den Machtwechsel in den USA zur Erosion eines wichtigen schweizerischen Steuersparvehikels für Reiche aus aller Welt geführt: nämlich des Bankgeheimnisses. Wir fragen hier, wie sich die Besteuerung von wohlhabenden Personen entwickelt hat.

10.1 Leistungsfähigkeit, Umverteilung oder Neutralität?

Der Wechsel von Verbrauchssteuern zur Besteuerung von Einkommen und Vermögen ist eines der Merkmale des modernen Nationalstaates (Daunton 2002/Mann 1937/Ullmann 2005). Im Gegensatz zu den »indirekten« Verbrauchsteuern auf Waren, Transport oder Dienstleistungen bezeichnet man die Einkommens- und Vermögenssteuern als »direkte« Steuern. Direkte Steuern werden meistens progressiv erhoben. Damit bezahlen Reiche nicht nur absolut, sondern auch verhältnismäßig mehr Steuern als Nichtreiche. Der Philosoph Aristoteles gilt als Vater dieser Auffassung. Er schrieb: »Wenn die Personen nicht gleich sind, so werden sie nicht gleiche Anteile haben können.« (Aristoteles 1983: Buch 5, 1130b–1131a) Das Steueropfer der Reichen muss demnach im Verhältnis größer sein als jenes der Armen. Nur dann werden alle im gleichen Ausmaß belastet (vgl. Tipke und Lang 2002). Bei der klassischen Debatte um Steuergerechtigkeit werden zwei Dimensionen berücksichtigt. Erstens eine horizontale, die sich auf Menschen in gleichen oder ähnlichen Einkommens- oder Vermögensverhältnissen bezieht; nur wenn sie gleich besteuert werden, gilt das als gerecht. Die andere Dimension ist die vertikale: Damit ist die Tatsache gemeint, dass Menschen in unterschiedlichen Wohlstandsverhältnissen leben und sich dadurch eine soziale Hierarchie ergibt. Diesen Unterschieden zwischen oben und unten muss die Besteuerung Rechnung tragen, wenn sie gerecht sein soll. Aber die Steuern sollen auch umverteilen: »Steuern sind die Korrektive des frei wütenden Marktes«, schreibt der Genfer Soziologe Jean Ziegler (Longchamp et al. 2006: 7). Für den deutschen Steuerwissenschaftler Fritz Neumark gehört die »Redistribution von Einkommen und Vermögen« nebst der Steuergerechtigkeit zu den ethisch-sozialpolitischen Besteuerungsgrundsätzen (Neumark 1970: 35/195). Die belgische Sozialwissenschaftlerin Gerlinde Verbist bezeichnet die Besteuerung deshalb auch als sozialpolitisches Instrument (Verbist 2002).

Doch nicht alle sehen die Besteuerung so positiv: Ein *NZZ Folio* zum Thema »Steuern« übt im Untertitel des Hefts mindestens rhetorische Kritik: »Wie der Staat uns zur Kasse bittet« (*NZZ Folio,* 2/2008). Kritiker der Umverteilung durch Steuern argumentieren oft mit dem sogenannten »Neutralitätsgebot« des englischen Nationalökonomen William Petty. Dieser forderte 1662: Steuern sollen die Individuen in der gleichen Lage belassen, in der sie sich vorher befanden. Sonst seien sie ungerecht. (Walker 1892) Pettys Gebot ging als Edinburgh-Regel in die Debatte ein und diente als Argument für eine proportionale Besteuerung, bei der jede Einkommensklasse verhältnismäßig gleich viel Steuern bezahlt. (Mann 1937/1947: 158 f.) Im Zuge der neoliberalen Revolution lebte das Neutralitätspostulat wieder auf (vgl. etwa Keuschnigg 2004).

Die Steuerprogression steht geistesgeschichtlich in der Kontinuität des progressiven Liberalismus. Für diesen war die Beseitigung massiver Ungleichheiten ein wichtiges Gerechtigkeitspostulat, das nur durch Umverteilung erreicht werden konnte. (Mann 1937/Tipke und Lang 2002: 80) Frühe Anwälte einer umverteilenden Besteuerung waren beispielsweise die beiden aufklärerischen Philosophen Montesquieu und Rousseau. Sie befürworteten eine Besteuerung, die das Existenzminimum verschonte, aber den Überfluss wegsteuerte (vgl.

Montesquieu 1995/Rousseau 1977). Das Prinzip der Steuerprogression gelangte seit Mitte des 19. Jahrhunderts zur Anwendung. Der Kanton Basel-Stadt war 1840 europaweit die erste Gebietskörperschaft, die progressive Einkommenssteuern einführte, noch vor Großbritannien im Jahr 1842. Den Hintergrund bildete in Basel-Stadt einerseits der staatliche Finanzbedarf nach der Trennung von Baselland im Jahr 1833. Andererseits wirkten sich die veränderten politischen Kräfteverhältnisse aus. Denn die Altreichen und der Staatsadel bezahlten unter dem alten Steuersystem nur eine proportionale Abgabe auf ihren Einkünften. Der Handel dagegen wurde mit einer Umsatzabgabe belastet. Ein schwerreicher Gutsbesitzer hatte demnach weniger zu bezahlen als ein Kaufmann mit gut gehendem Geschäft. Die Basler Kaufleute wehrten sich erfolgreich dagegen und setzten eine progressive Steuer auf dem Einkommen durch. (Blaser 2006)

Im späten 19. Jahrhundert wurde die Steuerprogression auch immer mehr ein Anliegen der Arbeiterbewegung (Mann 1937). Allerdings kritisierten auch Linke den »naiven Glauben« an die Umverteilung durch den Staat. 1866 schrieb Karl Marx an die Internationale Arbeiterassoziation, dass keine Änderung in der Form der Besteuerung »zu einer wesentlichen Veränderung in den Beziehungen zwischen Arbeit und Kapital führen« könne. Zwar seien direkte Steuern den indirekten Steuern vorzuziehen, als eine Art kleineres Übel (Marx 1866).[95] Aber die Steuerprogression sei im Grunde eine bürgerliche Forderung. Denn »die Einkommensteuer setzt die verschiedenen Einkommensquellen der verschiedenen gesellschaftlichen Klassen voraus, also die kapitalistische Gesellschaft« (Marx 1875). Gleichwohl wurde die Forderung nach Steuerumverteilung zum sozialdemokratischen Allgemeingut.

Soziale Forderungen konnten sich oft in oder unmittelbar nach Kriegs- und Krisenzeiten durchsetzen. Moderne Kriege belasteten die Staatsfinanzen stark, weshalb die Regierungen effiziente Einnahmen suchten. Gleichzeitig drückten Kriege und wirtschaftliche Krisen auf das Verhältnis zwischen den sozialen Klassen. Angesichts der miserablen Lebens- und Verdienstmöglichkeiten eines Großteils der arbeitenden Bevölkerung war der allmähliche Aufbau eines Sozialstaats unerlässlich, um Sozialrebellionen oder Revolutionen abzuwenden. Und die staatlichen Sozialversicherungen mussten irgendwie finanziert werden. Dazu gab es mehrere Möglichkeiten: umverteilende Steuern genauso wie lohnabhängige Sozialabgaben, bei denen ein für alle gleich hoher Anteil des Lohns in die Sozialversicherungen fließt. In vielen Ländern kam ein Mix zustande. So auch in der Schweiz, in der die progressive Besteuerung Teil des Umverteilungssystems ist.

10.2 Welche Steuern für die Reichen?

Bei der Steuerprogression unterscheidet man zwischen direkter und indirekter Progression. Die indirekte Progression wird durch eine Mindestgrenze bewirkt, ab wann das Einkommen oder Vermögen zu versteuern ist: Je höher Einkommen oder Vermögen einer Person, desto weniger nützt ihr die Steuerersparnis. Mit Steuerprogression ist aber meistens die direkte Progression gemeint. Ein Steuertarif gilt dann als (direkt) progressiv, wenn höhere Einkommens- oder Vermögensanteile mit einem zunehmend höheren Tarif besteuert werden als tiefe Einkommen oder Vermögen. Verdient jemand 500 000 Franken, dann bezahlt er oder sie auf den restlichen 450 000 Franken prozentual viel mehr Steuern als jemand, der nur 50 000 Franken verdient. Ab einer gewissen Höhe von Einkommen und Vermögen wird also jede weitere Einheit dieser Bemessungsgrundlage – sei es das Einkommen oder das Vermögen – mit einer wachsenden Steuer belegt. Die Steuerprogression sollte das Einkommen oder Vermögen reicher Personen im Verhältnis stärker reduzieren als jenes von Durchschnittsverdienenden.

Mit diesem Grundsatz wollte der Kanton Obwalden im Jahr 2005 radikal brechen. Den Hintergrund bildete der Steuerwettbewerb (vgl. dazu Kapitel 10.5). Bis dahin galt Obwalden wegen der hohen Steuern als »Steuerwüste«. In den »Steueroasen« Zug, Schwyz und Nidwalden hatten sich nicht nur viele Firmen, sondern auch viele reiche Privatpersonen niedergelassen, angelockt durch tiefe Steuertarife. In Schwyz entfielen zudem sämtliche Erbschafts- und Schenkungssteuern, auch für Nichtverwandte. Da Obwalden in diesem Rennen um die guten Steuerzahlenden mithalten wollte, musste der Kanton sich etwas einfallen lassen. Die Lösung lautete: tiefere Steuern für Reiche mit dem Prinzip der steuerlichen Degression – die Progression sollte ins Gegenteil verkehrt werden. Ab einer gewissen Höhe des Einkommens sollte der darauf zu bezahlende Steueranteil schrumpfen. Für den Obwaldner Finanzdirektor Hans Wallimann war der umstrittene degressive Tarif ein kurzfristiger Befreiungsschlag. Dadurch sollte der notorische Nettoempfängerkanton aus dem interkantonalen Finanzausgleich wirtschaftlich aufholen können. Denn in Obwalden versteuerte im Jahr 2003 mehr als die Hälfte (51 Prozent) der Steuerpflichtigen relativ kleine Einkommen zwischen 0 und 30 000 Franken. Lediglich 3,1 Prozent der Obwaldner Steuerpflichtigen wiesen ein steuerbares Einkommen zwischen 100 000 und 300 000 Franken aus und konnten damit zu den Wohlhabenden oder Reichen gezählt werden. (Vogler 2007) Auch gemessen am Volkseinkommen pro Kopf wies der Kanton Obwalden im Jahr 2005 den vierttiefsten Wert in der Schweiz aus: nur gerade knappe 40 000 Franken. Zum Vergleich: Im Steuerparadies Zug betrug das Volkseinkommen über 93 000 Franken pro Kopf.[96] Nach Ablauf einer Frist von ungefähr fünf Jahren wolle man, so versicherte Hans Wallimann, das Obwaldner Steuergesetz erneut ändern: »Wir werden dann wieder progressiv besteuern.« *(Tages-Anzeiger,* 20.12.2005) Der damalige schweizerische Justizminister Christoph Blocher zeigte sich erfreut über diese steuerpolitische Offensive und meinte: »Jetzt heißt es nicht mehr, hohe Steuern sind sozial, sondern: Hohe Steuererträge dank niedriger Steuersätze.« *(Schweizerzeit,* 26.1.2007)

Aber nicht alle in Obwalden waren damit einverstanden. Zusammen mit dem linken Waadtländer Nationalrat Josef Zysiadis gingen sie vor Bundesgericht – und bekamen recht. Das Schweizerische Bundesgericht erklärte im Juni 2007 die degressiven Steuersätze des Kantons Obwaldens für verfassungswidrig. Denn damit werde gegen den in der Bundesverfassung statuierten Grundsatz der Besteuerung nach der wirtschaftlichen Leistungsfähigkeit verstoßen. Wie so oft in der Steuerrechtspraxis, beriefen sich auch die Bundesrichter auf Aristoteles und die von ihm formulierte Verteilungsgerechtigkeit.[97]

Degressive Steuertarife bei direkten Steuern haben in der Schweiz gegenwärtig (noch) wenig politischen und juristischen Rückhalt. Aber es lassen sich im schweizerischen Steuersystem unterschiedliche Wirkungen identifizieren, die dazu führen, dass Reiche bei den Steuern besser davonkommen als Nichtreiche. Ihnen wenden wir uns nun zu.

10.3 Degressive Tendenzen und Pauschalsteuer

Erstens gehen die meisten Steuertarife bei sehr hohen Einkommen zu einem gleichbleibenden, also linearen Steuersatz über oder sie gehen sogar leicht zurück und werden damit degressiv. Denn ab einer gewissen Einkommenshöhe wird der Steuersatz pro zusätzliche Einkommenseinheit (Grenzsteuersatz) nicht weiter erhöht, sondern abgeflacht, damit das Zusatzeinkommen nicht gänzlich weggesteuert wird. Ein paar Zahlen dazu: In Luzern beispielsweise sinkt die Steuerbelastung von ledigen Personen beim letzten Einkommensanteil (Marginalbelastung oder Grenzbelastung) von 20,5 Prozent auf 19,6 Prozent pro zusätzliche 1000 Franken, wenn das Einkommen mehr als 500 000 Franken beträgt. In Zug stagniert diese Grenzbelastung bei Einkommen über 200 000 Franken generell bei 10,9 Prozent, während es in Basel konstant 25,4 Prozent ab einem Einkommen von 300 000 Franken sind. (ESTV 2010 a) Diese Tendenz gilt auch für die direkte Bundessteuer: Der Grenzsteuersatz steigt ab einem Einkommen von über 166 200 Franken pro zusätzliche 1000 Franken auf 13,2 Prozent an und sinkt bei einem Einkommen von über 712 400 Franken wieder auf 11,5 Prozent. Nimmt man gemeindliche, kantonale und direkte Bundessteuern zusammen, dann bedeutet das, dass die Spitzeneinkommen mit einem Grenzsteuersatz von lediglich zwischen 22 bis etwa 35 Prozent besteuert werden. (*Denknetz*, 2010: 4)

Zweitens wirken sich Konsumsteuern wie die Mehrwertsteuer degressiv aus. Denn wenn alle die gleich hohe Steuer bezahlen, und das ist bei der Mehrwertsteuer der Fall, dann tut dieser Betrag jenen, die reich sind, viel weniger weh als jenen, die arm sind. Das gilt drittens auch für gemischte Steuersysteme mit linearen Steuertarif-Anteilen, wie etwa das Modell einer »dualen« Einkommenssteuer: Neu würden damit nur noch die Einkommen progressiv besteuert, die Unternehmensgewinne jedoch proportional.[98]

Schließlich bewirkt auch die Pauschalbesteuerung eine Degression für hohe Einkommen. Die Grundlage dieser Steuerpauschale ist der Aufwand für die Lebenshaltung, weshalb auch von der »Besteuerung nach dem Aufwand« die Rede ist. Während degressive und lineare Steuertarife das Gebot der vertikalen Steuergerechtigkeit verletzen, stellt die Pauschalbesteuerung zusätzlich den Grundsatz der horizontalen Steuergerechtigkeit infrage: Denn dadurch werden manche Reiche anders, nämlich tiefer besteuert als andere Reiche. In den Genuss einer Aufwandbesteuerung gelangen nur ausländische Personen oder solche schweizerischen Personen, die mindestens zehn Jahre nicht in der Schweiz gelebt haben. Ausschlaggebend ist, dass Pauschalbesteuerte zwar ihren Wohnsitz in der Schweiz haben, aber nicht hier erwerbstätig sind. Der Kanton Waadt kennt seit 1862 eine besondere Besteuerungsart für nicht erwerbstätige ausländische Personen, Genf seit 1928 und der Bund seit 1934. Viele Kantone erließen nach 1948 entsprechende Regelungen. Und heute wenden alle Kantone außer der Jura und Glarus die Pauschalbesteuerung an. 2008 profitierten davon 5008 Personen. (Morger 2010) Parlamentarische Vorstöße bezeichnen die Pauschalsteuer als ungerecht, willkürlich und unmoralisch. Zudem untergrabe sie die Steuermoral. Behörden halten hingegen fest, die Besteuerung aufgrund des objektiv feststellbaren Aufwands bedeute keine Privilegierung und sei aus praktischen Gründen angebracht (WAK-N, 13.9.2004). Diese Meinung teilte die Zürcher Stimmbevölkerung jedoch nicht. Sie nahm im Februar 2009 eine Volksinitiative zur Abschaffung der Pauschalbesteuerung im Kanton Zürich an. Offenbar sahen auch viele einheimische

Wohlhabende die Steuergerechtigkeit verletzt und unterstützten das von der kleinen Linkspartei Alternative Liste lancierte Begehren. Denn viele Pauschalbesteuerte haben in Gemeinden oder Kantonen ihren Wohnsitz, die verhältnismäßig hohe Spitzensteuersätze für hohe Einkommen kennen. Das gilt zum Beispiel für den Kanton Waadt mit 1197 Pauschalbesteuerten (im Jahr 2008) (Morger 2010). Nach Zürich wurden auch in anderen Kantonen ähnliche Initiativen gegen die Pauschalbesteuerung lanciert. Allerdings will die Konferenz der kantonalen Finanzdirektorinnen und -direktoren in ihrer Mehrheit keine Abschaffung dieser Spezialbehandlung für Reiche, sondern eine Reform, die vor allem auch eine Harmonisierung der unterschiedlichen Pauschalen in den Kantonen beinhaltet (NZZ, 29.5.2010).

Die Abschaffung der Pauschalsteuer im Kanton Zürich hat einen gewissen Symbolcharakter. Und sie bewegt auch einige Reiche dazu, ihr Domizil zu verlegen, wie zum Beispiel den russischen Industrieinvestor Viktor Vekselberg, der jüngst von Zürich nach Zug zog. Im Jahr 2008 zahlte Vekselberg in Zürich eine Pauschalsteuer von 1,9 Millionen Franken. Gemäß *Forbes* besitzt Vekselberg ein Vermögen von circa 6,5 Milliarden Schweizer Franken. (*Forbes* 2010) Durch seinen Umzug nach Oberwil bei Zug rechnete Vekselberg nach eigenen Angaben mit einem jährlichen Steuerbetrag im Kanton Zug von zirka einer Million Franken (*Zentralschweiz am Sonntag*, 9.5.2010).

Aber die Pauschalbesteuerung sollte auch nicht überbewertet werden. Den rund 5000 ausländischen Pauschalbesteuerten stehen Zehntausende Reiche mit oder ohne Schweizer Pass gegenüber, die ihre Steuern ohne das Instrument der Aufwandbesteuerung zu optimieren wissen.

10.4 Steuerüberwälzung und Wirkung von Steuerabzügen

In der Theorie reduzieren direkte, progressive Steuern das Einkommen von Reicheren stärker als jenes von Ärmeren. Doch gilt das auch für die Praxis? »Festzustellen, wer eine Steuer an den Staat abführt, ist eine relativ einfache Aufgabe. Schwieriger ist es herauszufinden, wer sie letztlich trägt.« (Blankart 2001:331) Bei der Mehrwertsteuer werden die Unternehmen vom Staat absichtlich entlastet – zulasten der Konsumenten. Und auch die Unternehmen selbst überwälzen einen Teil ihrer Steuern: Je höher die Steuern, desto tiefer die Löhne an Angestellte und/oder die Preise für die Kundschaft. Das ist ökonomischer Mainstream, wird aber in der politischen Diskussion von bürgerlicher Seite kaum je eingestanden. Nicht Mainstream sind dagegen Boni-Steuern für sehr hohe Einkommen. Boni-Zahlungen sind bei Bankmanagern typisch. Die Linken schlugen eine Boni-Steuer im Frühsommer 2010 als Bedingung für den Staatsvertrag zwischen der Schweiz und den USA vor, bei dem es um die hinterzogenen US-Steuergelder auf UBS-Konten in der Schweiz geht. Die Idee scheiterte aber. Die NZZ schlug eine Alternative vor: »Die einfachste Variante wäre die Verschärfung der Steuerprogression auf den höchsten Einkommen, zum Beispiel ab 1 Mio. oder 2 Mio. Fr.« (NZZ, 10.6.2010) Sie gab aber sofort zu bedenken: »Wer allerdings die Steuer am Ende effektiv tragen würde, ist eine ganz andere Frage [...].« Das Eingeständnis der führenden bürgerlichen Zeitung in der Schweiz, dass auch direkte Steuern überwälzt werden, ist bemerkenswert. Auch wenn es in diesem Kontext zur taktischen Abwehr einer berechtigten Forderung dient.

Auch Steuerabzüge sind eine Form der Steuerüberwälzung. Steuerabzüge – das ist ein Sammelbegriff für verschiedene Kategorien von Möglichkeiten, die steuerliche Bemessungsgrundlage und damit den Steuerbetrag zu reduzieren. Informationen dazu liefern in erster Linie die kantonalen Wegleitungen zum Ausfüllen der Steuererklärung und thematische Übersichten der Eidgenössischen Steuerverwaltung. Mittlerweile finden sich auch Übersichten in der einschlägigen Steuerratgeber-Literatur (vgl. Chatelain 2010). Und auch Steuerberatungen spielen eine wichtige Rolle. Know-how und die Tatsache, ob man sich eine Steuerberatung leisten kann oder nicht, entscheiden, wer in welchem Ausmaß Abzüge geltend macht. Das zeigte auch die Kommission zur Evaluation der öffentlichen Politik im Kanton Genf auf. Sie veröffentlichte 1998 einen Bericht »bezüglich der kantonalen Politik in Sachen Steuerabzüge«. Darin hielt sie fest, Menge und Komplexität der Abzüge würden unter anderem dazu führen, dass die Steuerbeamtinnen und -beamten die einzelne Steuererklärung nur noch sehr summarisch prüfen könnten. Jene, die viele (und große) Abzüge geltend machen, kommen insgesamt gut weg. Jene aber, die Abzüge vergessen oder sie nicht kennen, haben mehrheitlich Pech, weil die Beamten sie in der Regel nicht darauf hinweisen. Die Untersuchung gelangte zum Schluss, dass die Abzüge nicht hauptsächlich jenen Personen zugutekommen, die sie aus sozialpolitischer Sicht benötigen. Vielmehr funktionierten sie nach dem Gießkannenprinzip: Eine breite Menge von Personen profitiert, also längst nicht nur jene, die wirklich darauf angewiesen wären. Zudem bestand eine große Spannbreite zwischen quantitativ unbedeutenden Abzügen wie Berufsauslagen und finanziell bedeutenden Abzügen etwa für die Rückkaufsumme von Lebensversicherungen oder Schuldzinsen. Ebenfalls bedeutend waren die Abzüge für das Vorsorgesparen (Säule 3a), was Wohlhabende sich stärker leisten können. Schließlich wies die Kommission nach, dass einkommensabhängige Abzüge bei einem progressiven Steuertarif mit steigendem Einkommen größer ausfallen (Commission 1998) – was in der Steuertariflehre längst bekannt ist (vgl. etwa Homburg 2007).

Die Eidgenössische Steuerverwaltung bestätigte diese Effekte in ihrer Studie von 2005 (Peters 2005). Ironischerweise bewirken nebst den Abzügen für Schuldzinsen und Liegenschaftskosten gerade auch Transferabzüge (Sozialversicherungsbeiträge, Prämien, Sparzinsen) und Sozialabzüge (Kinderabzug, Zweitverdienerabzug, Fremdbetreuung) eine stärkere Entlastung von mittleren und oberen Einkommen. Ohne Abzüge, aber mit der gleichen Progression, würde eine gleichmäßigere Verteilung der frei verfügbaren Einkommen resultieren. Das zeigt auch die Grafik mit den vier zusammenfallenden Lorenzkurven für die Einkommensverteilung im Kanton Bern. Die Verteilung bleibt nämlich praktisch identisch: ob man nun das Arbeitseinkommen (Bruttoeinkommen) betrachtet oder das Einkommen nach dem persönlichen Abzug und dem Abzug für Berufskosten (steuerbares Einkommen). Und sogar dann, wenn man dann noch alle anderen Abzüge einberechnet (verfügbares Einkommen mit Abzügen) oder ob man diese Abzüge weglässt (verfügbare Einkommen ohne Abzüge). Mit anderen Worten: der Umverteilungseffekt von Abzügen tendiert insgesamt gegen null.

Zusammenfallende Lorenzkurven für die Einkommensverteilung im Kanton Bern

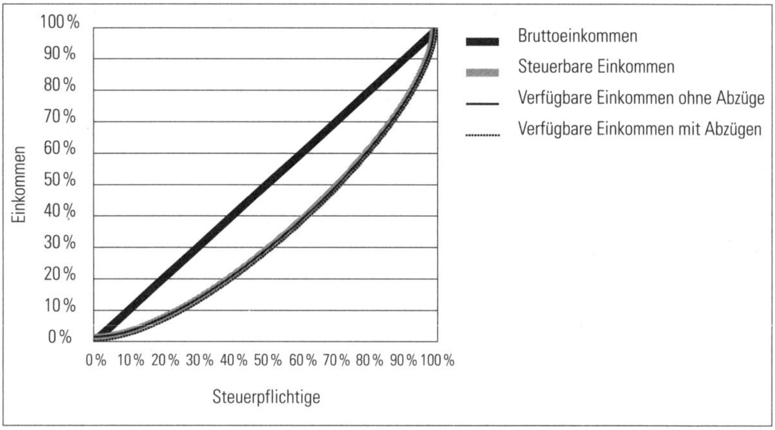

Quelle: Peters 2005, eigene Darstellung.

Die genannten Studien belegen: Steuerabzüge kommen im geltenden Steuersystem weniger den unteren als den mittleren und teilweise den oberen Einkommensschichten zugute. Aus sozialpolitischer Sicht drängen sich deshalb einige Maßnahmen auf.

Erstens: Weniger ist mehr. Das Dickicht der Steuerabzüge nützt vor allem Personen mit hohen Einkommen, die über Informationen und Beratung zur Steuervermeidung verfügen. Zweitens: Bestimmte Abzugskategorien sollten kritisch überprüft beziehungsweise gestrichen werden. Das betrifft vor allem die Kosten für Liegenschaften, für freiwillige Versicherungsprämien und das Vorsorgesparen. Denn auch das betrifft die Wohlhabenden überdurchschnittlich. Drittens: Eine Obergrenze für Abzüge sollte festgelegt werden. Das ist zum Beispiel bei Schuldzinsen ratsam. Denn viele Personen mit hohen Einkommen und Vermögen verschulden sich absichtlich, um Steuern zu sparen. Viertens: Fixe Steuergutschriften sind besser als einkommensabhängige Sozialabzüge. Denn von Gutschriften profitieren ärmere Familien stärker als reiche, was einer Umverteilung zugutekommt.

Die Resultate der Steuerabzugsforschung führen in der Politik teilweise zu einem Umdenken. Allerdings schießen dabei jene, die eine radikale Steuervereinfachung vorschlagen, zum Beispiel die Easy Tax ohne Steuerprogression und ohne Abzugsdickicht, übers Ziel hinaus. Der Verzicht auf Abzüge, gekoppelt mit einem Einheitssteuertarif, scheint zwar verwaltungstechnisch attraktiv. Er ist aber umverteilungspolitisch falsch und trägt der unterschiedlichen Lebenssituation von Menschen – die einen mit vielen Kindern, die anderen mit Schulden, die Dritten alleinstehend und die Vierten mit Krankheiten, die sich auf ihr Budget auswirken – zu wenig Rechnung.

Das gilt auch für das »Obwaldner Modell« mit dem linearen Steuertarif. Nach seiner Niederlage vor Bundesgericht führte der Kanton Obwalden Anfang 2008 nämlich eine sogenannte Flat Rate Tax ein. An die Stelle der Progression kam ein linearer Einheitstarif. Steuerabzüge existieren keine mehr. Stattdessen erhalten alle Steuerpflichtigen einen Freibetrag in der Höhe von 10 000 Franken gewährt. Dadurch entsteht immerhin eine gewisse indirekte Progression. Allerdings fällt die Umverteilungswirkung der Flat Rate Tax insgesamt negativ aus: Sie verteilt von unten nach oben um. Dessen ist man sich auch in Sarnen bewusst. Um diese systembedingte Schwäche auszugleichen, wollte die Obwaldner Steuerverwaltung die unteren Einkommensgruppen mit »großzügigen« Verbilligungen der Krankenkassenprämien entschädigen. (BaZ, 13.12.2007) Die Mehrheit der Obwaldner Bevölkerung profitiert ohnehin kaum von der Flat Rate Tax, wie eine Zwischenbilanz vom Sommer 2009 zeigt. Obwalden wird erst für Steuerpflichtige ab einem Bruttoeinkommen von 200 000 Franken zu einer Oase. (*Tages-Anzeiger*, 27.7.2009)

Auch der Kanton Uri führte flache Steuertarife ein, verzichtete allerdings auf die Abschaffung aller Abzüge. Wenden wir uns im Folgenden etwas ausführlicher dem Schweizer Steuerwettbewerb zu.

10.5 Wettbewerb um Reiche

Die Eidgenössische Steuerverwaltung publiziert jährlich Vergleiche der Steuerbelastungen zwischen Kantonshauptorten beziehungsweise Gemeinden. Das veranschaulicht den Steuerwettbewerb um reiche Firmen und Privatpersonen. Vergleichen wir zuerst die Einkommenssteuern: Am günstigsten kommen Einkommensmillionäre in den Innerschweizer Steuerwettbewerbs-Gemeinden Wollerau, Freienbach und Feusisberg, alle im schwyzerischen Bezirk Höfe am Zürichsee, weg. Die Steuerbelastung eines Millioneneinkommens betrug dort im Jahr 2009 zwischen 6,75 und 6,91 Prozent. Ebenfalls viel Geld sparen Einkommensmillionäre in den Gemeinden des Kantons Zug, in denen sie 2009 zwischen 9,97 bis 11,32 Prozent ihres Einkommens versteuerten. Schwyz und Zug führen damit den Steuerwettbewerb um reiche Personen deutlich an. (ESTV 2010 a) Unternehmen interessieren sich dagegen mehr für eine Gesamtsicht, nicht nur für die formalen Steuersätze. Wie viel kostet zum Beispiel eine »hoch qualifizierte« Arbeitskraft? Im internationalen Vergleich schneiden hier die Schweizer Kantone insgesamt gut ab, Appenzell Ausserrhoden (tiefste Unternehmenssteuerbelastung), Obwalden, Zug, Schwyz und Nidwalden gar sehr gut. Nur in Singapur und Hongkong ist die Steuerbelastung jeweils noch tiefer; in Singapur für Unternehmen, in Hongkong für gut bezahlte Arbeitskräfte. (Basel Economics AG 2009) Auch im Bereich der Vermögensbesteuerung ist ein Wettbewerb im Gange. So schwankte die Steuerbelastung eines Reinvermögens von 10 Millionen Franken im Jahr 2009 zwischen 1,05 Promille in Wollerau (SZ) und 9,66 Promille in Veyrier (GE). (ESTV 2010 a) Dass der Unterschied im absoluten Steuerbetrag dann »nur« gerade 86 100 Franken ausmacht, zeigt vor allem auch, wie tief die heutigen Vermögenssteuern sind, die seit 1959 nur noch die Kantone erheben.

Die Bundesbehörden betrachteten den interkantonalen Steuerwettbewerb, von dem vor allem Reiche profitieren (vgl. *NZZ am Sonntag*, 11.3.2007), lange kritisch. Hat sich das geändert? Zumindest meinte Finanzminister Hans-Rudolf Merz 2007: »Tiefere Steuern sind positiv, solange die öffentlichen Leistungen nicht darunter leiden. [...] Wenn sich jetzt sogar SP-regierte Städte wie Zürich am Steuerwettbewerb beteiligen, ist das doch ein gutes Zeichen!« *(Sonntags-Blick,* 11.3.2007) Noch dürfte Hans-Rudolf Merz als Ausnahme gelten: Er schert aus dem »Kartell der Finanzminister« aus, die sich sonst überall auf der Welt für einheitliche hohe Steuern einsetzen (Frey 2006: 6). Immerhin wird auch in der Schweiz noch versucht, mit dem Neuen Finanzausgleich (NFA), der Steuereinnahmen zwischen reicheren und ärmeren Kantonen und Gemeinden umverteilt, und einer minimalen Steuerharmonisierung, die jedoch die Höhe der Steuern nicht regelt, den Steuerwettbewerb im Schach zu halten. Zu wenig, wie das Wettbewerbsexperiment des Kantons Obwalden zeigt.

Sowieso engagiert sich die Schweiz auch insgesamt im internationalen Steuerwettbewerb. So ist zumindest die Halbierung der Steuerbelastung von Dividenden bei »qualifizierten«, also erheblichen Unternehmensbeteiligungen durch die Unternehmenssteuerreform II aus dem Jahre 2008 zu deuten. Und es wird außerdem um Bankmanager geworben, die nach der Finanzkrise beispielsweise in London stärker besteuert werden: »Relocation to Switzerland«, heißt ein entsprechendes Informationsblatt eines Treuhandunternehmens vom Mai 2010 mit einem speziellen Fokus auf ausländische Hedgefondsmanager (KPMG 2010). Wer profitiert nun in erster Linie von dieser Steuerpolitik – und was bedeutet sie für die Verteilung des Wohlstands in der Schweiz?

10.6 Tiefe Steuern – hohe Ungleichheit?

Gemäß den bereits zitierten Analysen der Eidgenössischen Steuerverwaltung steht die tiefe Steuerbelastung in den Kantonen Nidwalden, Schwyz und Zug in einem direkten Zusammenhang mit den dort höheren Durchschnittseinkommen: Wer sehr gut verdient, zieht lieber in einen Tiefsteuerkanton und drückt dort den Durchschnitt der Einkommen hinauf. Dadurch vertieft sich die Ungleichheit, weil nun (mehr) Großverdienende und Reiche neben Normalverdienenden und Ärmeren leben. Die Reichen halten einen größeren Teil aller Einkommen – das Einkommen ist konzentrierter als in Kantonen, wo die Unterschiede zwischen oben und der Mitte oder zwischen oben und unten nicht so ausgeprägt sind. Mit steigendem Durchschnittseinkommen nimmt die Ungleichheit der Einkommensverteilung zu. Die folgende Grafik zeigt diesen Zusammenhang deutlich auf. Ausnahmen bilden die beiden Kantone Wallis und Graubünden.[99]

Höhe und Verteilung der Einkommen auf Kantonsebene, 2003

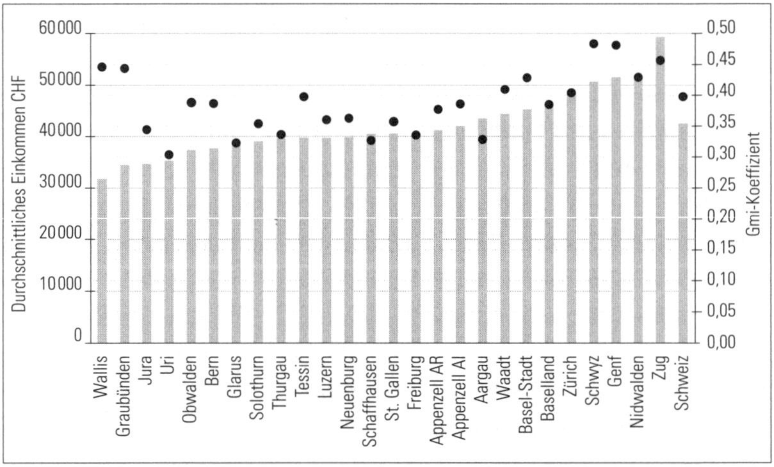

Regionale Verteilung / Jeitziner und Peters 2009.

Wie kommt dieser Zusammenhang zustande? Im Steuerwettbewerb geht es hauptsächlich um die Gunst von Reichen und von finanzstarken Firmen, die mittels tiefer Steuern angelockt werden sollen. Die Theorie, dass die Menschen dorthin gehen, wo die Steuern günstiger sind, geht auf den Ökonomen Charles Tiebout (1956) zurück. Wallace Oates entwickelte dazu eine Theorie von der Kapitalisierung der Steuerersparnis durch höhere Immobilienpreise (1969). Dabei geht es um den Zusammenhang zwischen Steuerwettbewerb, den dadurch ausgelösten Bevölkerungsbewegungen und steigenden Boden-

und Mietpreisen in Steuerparadiesen. Einschlägige Studien gelangten für die Schweiz zum Resultat, dass der Steuerwettbewerb eine Zuwanderung auslöst. Allerdings gilt dies nur für Personen ab einer gewissen Einkommenshöhe.[100] Der St. Galler Ökonom Gebhard Kirchgässner schrieb, »dass der Steuerwettbewerb fast ausschließlich Chancen für Personen mit hohem Einkommen« eröffne (Kirchgässner 2007).

Auch andere Studien kommen zum Schluss, dass Steuern (erst) bei Personen mit hohen Einkommen eine gewisse Rolle für den Umzug spielen. (Liebig und Sousa-Pouza 2006) Allerdings sind solche Befragungen heikel. Denn viele geben nicht zu, dass Steuern ein wichtiger Grund für einen Wohnortswechsel sind. Zwei Beispiele dafür sind die aus Basel stammenden Mehrfachmillionäre Marcel Ospel und Roger Federer. Beide wehrten sich gegen Vermutungen, sie zögen aus steuerlichen Gründen aus Basel-Stadt beziehungsweise aus Baselland weg. Ospel gab als Motiv für seinen Umzug nach Wollerau die aus Zürich stammende Gattin an (Parma und Vontobel 2009). Tennisstar Federer wollte seinen vielen in der Region von Wollerau wohnenden Freunden näher sein *(Tages-Anzeiger,* 17.7.2008).[101] Zweifel an diesen Aussagen sind wohl berechtigt. Viktor Vekselberg war da etwas aufrichtiger.

Der Umzug solcher reicher Personen wirkt sich nun auf die Wohlstandsverteilung aus: Der Bezirk Höfe mit Wollerau weist nach den letzten Berechnungen durch die Eidgenössische Steuerverwaltung die größte Ungleichheit auf mit einem Gini von 0,67 in Bezug auf die steuerbaren Einkommen (Median Schweiz: 0,34)[102] und einem Gini von 0,63 in Bezug auf die Äquivalenzeinkommen (Median Schweiz: 0,28) (Peters 2010). Seit 2003, als die Einkommensverteilung anhand der Daten der direkten Bundessteuern zum letzten Mal berechnet wurden, nahm die Ungleichheit im Kanton Schwyz um 0,045 Gini-Punkte zu – schweizweit waren es dagegen »nur« 0,015. (ebd.: 18)

Auf diese Schattenseiten des Wettbewerbs um Reiche und kapitalkräftige Unternehmen weisen selbst Standortstudien der Credit Suisse hin. Deren Regional-Disposable-Indicator (RDI) erfasst das frei verfügbare Einkommen der Haushalte eines Kantons nach Steuern, Sozialversicherungs- und Krankenkassenprämien und nach den Ausgaben fürs Wohnen. Während der steuergünstige Kanton Zug im Jahr 2006 in Bezug auf die Lebenskosten für die breite Mittelschicht noch auf Platz 5 rangierte, verschlechterte sich seine Position in nur zwei Jahren dramatisch: Per 2008 kam das Steuerparadies nur noch auf den 18. Platz der günstigen Kantone. (Credit Suisse Economic Research 2008) Der Grund dafür sind vor allem die überproportional hohen Ausgaben fürs Wohnen, die in Zug bezahlt werden müssen. Der Zusammenhang ist ursächlich. Denn im Verbund mit anderen Faktoren lockt die Zuger Tiefsteuerpolitik viele einkommensstarke Einzelpersonen und Firmen an und kurbelt damit die Nachfrage auf dem Immobilienmarkt an.

Die Umzüge von Roger und Mirka Federer oder von Viktor Vekselberg sind legale Wege, um Steuern zu sparen. Viele ausländische Vermögen gelangen jedoch – auch ohne die Personen, denen sie gehören – auch auf nicht ganz legalem Weg in die Schweiz: nämlich als Schwarzgeld oder hinterzogene Steuersummen. Auch Einheimische praktizieren Steuerhinterziehung zwecks Steuervermeidung.

10.7 Steuerhinterziehung und Steuerbetrug

Regionen- oder Ländervergleiche zeigen eine unterschiedliche Einstellung der befragten Personen zu Steuerhinterziehung. Resultate, welche die Schweiz knapp unterhalb des Durchschnitts in Bezug auf die Höhe der Steuermoral situieren, illustrieren, dass der in der Politik hergestellte Zusammenhang zwischen Hochsteuerstandort und schlechter Steuermoral zu kurz gegriffen ist. Denn im gleichen Ranking steht das Hochsteuerland Schweden mit einer relativ guten Steuermoral, was ein Unrechtsempfinden gegenüber Steuerhinterziehung ausdrückt. Die relativ schlechte gesamtschweizerische Steuermoral – Nidwalden stellt einen positiven Ausreißer dar – führt Gebhard Kirchgässner auf die einzigartige Unterscheidung zwischen Steuerhinterziehung und Steuerbetrug im schweizerischen Recht zurück. Steuerhinterziehung liegt dann vor, wenn die Steuererklärung nicht oder unvollständig ausgefüllt wurde. Sie gilt nicht als Straftat, sondern wird lediglich gebüßt. Von Steuerbetrug wird gesprochen, wenn Dokumente gefälscht werden und die Absicht der Steuerhinterziehung erkennbar ist. Dies gilt als Delikt, das strafrechtlich verfolgt wird. Diese Unterscheidung dürfte das Unrechtsbewusstsein in Bezug auf Steuerhinterziehung schmälern. *(NZZ Folio,* 2/2008)

Das steht allerdings in einem gewissen Widerspruch zu Befunden, die Steuermoral und demokratische Partizipation in einen positiven Zusammenhang bringen. Otto Veit, ordoliberaler Finanzsoziologe aus Deutschland, hatte bereits in den 1920er-Jahren vermutet, die Bereitschaft, Steuern zu zahlen steige, wenn die Bürgerinnen und Bürger über die Verwendung der Gelder mitbestimmen könnten (vgl. Veit 1927). Manche zeitgenössische Finanzwissenschaftler sahen diese Verbindung vor allem in der direktdemokratischen Schweiz als gegeben.[103] Verlässliche Zahlen gibt es keine. 1962 versuchte der Bundesrat zum ersten und einzigen Mal, die Höhe von Steuerhinterziehung und Steuerbetrug, die sogenannte »Steuerdefraudation«, zu kalkulieren: Auf 17 bis 23 Milliarden Franken schätzte er die Summe von nicht deklarierten Wertschrifterträgen, Banknoten, Gold und Sparguthaben. (Schweizerischer Bundesrat 1962) 1969 kam es zu einer steuerlichen Generalamnestie, die dem Bund 11,5 Milliarden Franken einbrachte. Seither haben die Behörden nicht mehr versucht, das Ausmaß der Steuerhinterziehung zu berechnen. Entsprechend schießen die Schätzungen ins Blaue: Gemäß repräsentativen Recherchen der TV-Sendung »Kassensturz« von 2008 verheimlichen die Schweizerinnen und Schweizer durchschnittlich 22,3 Prozent ihres Einkommens vor den Steuerbehörden. Beliebt sei dabei die Eröffnung von Schwarzgeldkonten in Deutschland. (SF DRS, »Kassensturz«, 11.3.2008) Eine aktuellere Schätzung geht davon aus, dass in der Schweiz, je nach Betrachtungsweise, jährlich 5 bis 10 Prozent der gesamten Steuereinnahmen oder deutlich über 10 Prozent der gesamten Einkommen hinterzogen werden *(Tages-Anzeiger,* 3.2.2010). Im Juni 2010 veröffentlichte der »Kassensturz« schließlich eine Umfrage, in welcher 1000 Personen zu ihrer Einstellung zu Steuerhinterziehung, Nichtdeklaration von Erbschaften und zur Steuermoral im Kontext von Boni-Zahlungen befragt worden waren. 12 Prozent der Befragten fanden es »in Ordnung« oder »eher in Ordnung«, wenn jemand bei den Steuerangaben schummelt, wobei die Männer eine dreimal höhere Toleranz für Steuerhinterziehung zeigten als die Frauen. Klar wurde auch der Zusammenhang zwischen Boni-Zahlungen und schwindender Steuermoral: 30 Prozent der Befragten gaben nämlich an, ihre Bereitschaft, Steuer zu bezahlen, sinke angesichts der Boni-Exzesse von Banken, die in der Krise Staatsbeihilfen erhielten. (SF DRS, »Kassensturz«, 1.6.2010)

Auch wenn bei solchen Schätzungen und Befragungen keine Angaben dazu gemacht werden, wie sehr die Hinterziehung von der Einkommens- und Vermögenshöhe abhängt, gibt es ein paar Hinweise: Aus der Halbjahresbilanz der landesweiten Steueramnestie 2010 geht hervor: Im Kanton Schwyz tauchte ein Vermögen von 30 Millionen Franken auf. Auch im Kanton St. Gallen zeigten sich 320 Personen mit einer bisher unversteuerten Summe von insgesamt 50 Millionen Franken an. In Basel-Stadt waren es bisher 106 Personen, die 80 Millionen Franken neu deklarierten, wobei eine einzige Person eine Summe von 55 Millionen hinterzogen hatte. *(Tages-Anzeiger,* 6.7.2010 a)

Besonders unter Beschuss ist die Vermögensverlagerung in die Schweiz durch ausländische Personen. Seit der Finanzkrise hat sie noch an Brisanz gewonnen. Die internationale Staatengemeinschaft scheint allerdings immer weniger bereit, diese Form der Steuerflucht durch ihre reichen Staatsangehörigen zu tolerieren, wie der Steuerstreit mit der EU und den USA zeigen. In der Schweiz hat die Verwaltung von ausländischen Vermögen eine lange Tradition und ein erhebliches Ausmaß: So verwalteten die Schweizer Banken im Spitzenjahr 2007 über 3 Billionen Franken an ausländischen Depots, davon stammten knapp 1,27 Billionen Franken von privaten Anlegern. Diese Summe schrumpfte anschließend auf 882 Milliarden Franken, wohl infolge der Finanzkrise und wegen der Jagd vieler

Länder nach reichen Steuersündern. (EFD 2009) Die Tendenz ist jedoch wieder zunehmend: Gemäß einer Studie des Vermögensverwalters Boston Consulting lagen im Jahr 2009 bereits wieder 2,1 Billionen US-Dollar Offshore-Gelder auf Schweizer Banken. Damit beträgt der Anteil der Schweiz am weltweiten Offshore-Markt 27 Prozent. Er ist nirgends größer. (NZZ, 11.6.2010) Gemäß Berechnungen und Schätzungen der Genfer Finanzrecherche-Institution Helvea wurden 80 Prozent der aus EU-Ländern stammenden Gelder auf Schweizer Banken von ihren Besitzern im Heimatstaat nicht deklariert. Das wären dann 726 Milliarden Franken Schwarzgeld allein aus der EU, woher die Hälfte aller ausländischen Anlagen in der Schweiz stammt. (Helvea und Peter Thorne 2009/BaZ, 12.2.2010) Allein auf dem Tessiner Finanzplatz liegen hinterzogene italienische Gelder im Wert von geschätzten 200 Milliarden Franken (NZZ, 21.10.2009). Die entwicklungspolitische Plattform Steuerwende geht davon aus, dass jährlich von Privatpersonen hinterzogene Steuergelder im Wert von 5,4 Milliarden Franken aus dem Ausland in die Schweiz gelangen (www.steuerwende.ch). Welche Relevanz die Steuerflucht reicher ausländischer Personen in die Schweiz hat, zeigt die Tatsache, dass 9000 der insgesamt 14 700 Personen, die sich bis Mitte November 2009 wegen Steuerhinterziehung bei den US-Steuerbehörden selbst angezeigt hatten, ein Konto in der Schweiz besaßen (*St. Galler Tagblatt*, 17.11.2009).[104]

Unter dem Druck der US-amerikanischen Steuerbehörden und der US-Politik erklärte sich die Großbank UBS im Februar 2009 bereit, den USA Daten zu jenen reichen amerikanischen Bankkundinnen und -kunden auszuliefern, die mittels ihres UBS-Kontos steuerbares Einkommen und Vermögen am US-Fiskus vorbeigeschmuggelt hatten. Damit verletzte die Bank das 1934 im Eidgenössischen Bankengesetz verankerte Verbot, Bankkundendaten an Dritte weiterzugeben (Bankgeheimnis). Die Eidgenössische Finanzmarktaufsicht (Finma) und der Bundesrat sicherten diese Verletzung jedoch im Sommer 2009 ab. Seither ist eine lebhafte Debatte darüber im Gang, wie der Schweizer Finanzplatz in Zukunft mit den Geldern reicher ausländischer Kundschaft umzugehen hat: Soll eine Abgeltungssteuer auf diese Gelder an die Herkunftsstaaten bezahlt werden? Weil aber die Inhaber dieser Gelder in diesem vonseiten der Banken vorgebrachten Vorschlag anonym bleiben würden, wird damit das Problem der Steuerhinterziehung nicht gelöst, sondern erinnert an einen Ablasshandel (vgl. auch BaZ, 11.8.2009). Sollen die Banken von den potenziellen Anlegern daher den Nachweis verlangen, dass ihr Geld im Heimatland auch deklariert beziehungsweise versteuert wurde (sogenannte Weißgeldstrategie)? Und soll die einzigartige Unterscheidung zwischen Steuerhinterziehung und Steuerbetrug fallen? Im neuen Staatsvertrag Schweiz – USA ist dies bereits geschehen: Schweizer Behörden und UBS können dadurch bei 4450 reichen amerikanischen UBS-Kundinnen und -Kunden, die des Steuerbetrugs oder der schweren Steuerhinterziehung verdächtigt sind, das Bankgeheimnis aufheben *(Tages-Anzeiger,* 18.6.2010). In die gleiche Richtung weisen auch die revidierten Doppelbesteuerungsabkommen (DBA) mit den USA und elf Staaten, in denen die OECD-Standards zum automatischen Informationsaustausch bei Steuerhinterziehung verankert sind *(NZZ am Sonntag,* 27.9.2009 b). Die Schweiz schaffte es dadurch, wieder von der grauen OECD-Liste der Steuerparadiese gestrichen zu werden. Das reicht jedoch nicht, damit Reiche aus allen Ländern gemäß den Grundsätzen zwischenstaatlicher Steuergerechtigkeit besteuert werden können. Hierzu muss die Zinsbesteuerung, die zwischen der Schweiz und der EU seit 2005 in Kraft ist, auch auf andere Staaten ausgeweitet werden.[105] Zudem sollten sämtliche Doppelbesteuerungsabkommen den automatischen Informationsaustausch bei Steuerhinterziehung vorsehen. Einen solchen Informationsaustausch mit der Schweiz fordert auch die EU, die, wie die obigen Schätzungen zeigen, stark von der Steuerflucht der Reichen in die Schweiz betroffen ist.

Allerdings lässt sich längst nicht das gesamte Ausmaß der internationalen Kapitalflucht durch die OECD-Klauseln erfassen. Deshalb hat die UNO auch ein Musterabkommen für wirtschaftlich sehr ungleiche Länder konzipiert, das als Vorbild für zukünftige Doppelbesteuerungsabkommen mit Ländern des Südens und Osten dienen könnte. Bekämpft werden müssen aber auch steuerliche Umgehungspraktiken wie das von manchen multinationalen Unternehmen praktizierte *transfer pricing*, bei dem die Unternehmenssteuern an einem anderen (günstigeren) Ort entrichtet werden als dort, wo sie eigentlich angefallen sind. Einmal mehr dient hier die Konzernstruktur dafür, Steuern zu minimieren. Davon profitieren Unternehmenseigner, Manager und Großaktionärinnen, während die Bevölkerung in den betroffenen Ländern, in denen zwar produziert, aber nicht versteuert wird, das Nachsehen hat.[106]

10.8 Fazit: Reichtum durch Steuern umverteilen?

Der Kanton Baselland wagte in den frühen 1970er-Jahren das Experiment einer Reichtumssteuer. Als die Linke in den 1990er-Jahren eine Neuauflage forderte, lehnte die Regierung Basellands dies mit dem Argument ab, die frühere Reichtumssteuer habe eine Steuerflucht in der Höhe von 200 Millionen Franken ausgelöst. In seiner Analyse kam das Büro BASS allerdings zu anderen Schlüssen: Die damaligen steuerlichen Einnahmeverluste seien vor allem auf die praktisch gleichzeitig einsetzende Wirtschaftskrise zurückzuführen. Die Studie gelangt mittels Simulation zum Schluss, dass der Steuerzuschlag für Reiche einen positiven Umverteilungseffekt hatte. (Bauer und Baumann 1996: 2) Stimmt das? Haben progressive Steuern wirklich Wohlstand von den Reichen hin zu den Ärmeren umverteilt? Dies zu untersuchen ist aufgrund methodischer Probleme schwierig. Die Sozialwissenschaftler Fabian Dell, Thomas Piketty und Emmanuel Saez haben es versucht. Sie haben die langfristige Entwicklung der hohen Einkommen und Vermögen in der Schweiz im Verlauf des 20. Jahrhunderts mit jener in anderen Ländern verglichen. Ihr Befund lautet: In den USA und Frankreich kam es nach dem Ersten Weltkrieg und bis in die späten 1960er-Jahre zu einer Reduktion der Einkommens- und Vermögenskonzentration. In der Schweiz jedoch nicht. Das hat einerseits damit zu tun, dass die Schweiz nicht in den

Krieg verwickelt war. Da damals das Kapital in den Krieg führenden Ländern rasant vernichtet wurde, spielt dies eine große Rolle. Aber es gibt auch andere Gründe. Das schweizerische Gesamtsteuersystem verfügt über eine insgesamt schwache Progression im Vergleich zum Ausland. (Dell et al. 2005) Die Autoren stützen sich für diese Kausalität auf eigene und fremde Vorgängerstudien sowie auf den Ausschluss anderer Variablen. Sie regen allerdings selber an, diese These durch weitere Forschungen zu überprüfen.

Stimmt der Zusammenhang, dann wirkt sich auch der Trend zu immer tieferen Erbschaftssteuern negativ aus. Erbschaftssteuern wurden in der Schweiz vor allem nach der Mitte des 19. Jahrhunderts in verschiedenen Kantonen eingeführt und im Lauf des 20. Jahrhunderts ausgebaut. Seit den 1980er-Jahren gibt es einen Gegentrend, und heute sind Erbschaftssteuern außer in den drei Kantonen Appenzell Innerrhoden, Jura und Waadt für direkte Nachkommen abgeschafft. (Hindersmann und Myssen 2003/*Bilanz,* 9.11.2007) Doch Erbschaften sind ein wichtiger Faktor in der intergenerationellen Vermögensbildung und tragen damit maßgeblich zur Ungleichheit der Vermögen in der Schweiz bei (vgl. Kapitel 3.1). Soll die wachsende Einkommens- und Vermögenskonzentration eingedämmt werden, dann sind Reichtums- und Erbschaftssteuern nicht der einzige Weg, aber sie können dazu beitragen. Umgekehrt können weitere lineare Steuersenkungen und Flat-Rate-Tax-Experimente die Schere zwischen unten und oben noch weiter öffnen, falls der Staat den unteren Einkommen nicht durch Wohlstandstransfers stärker entgegenkommt. Dazu muss er allerdings auch über die entsprechenden Mittel verfügen.

Wir haben gesehen, dass die Umverteilung durch progressive Einkommens- und Vermögenssteuer nicht ausreicht, weil sie Lücken und Schlupflöcher enthält, die sich vor allem für hohe Einkommen und große Vermögen lohnen. Und: »Die Wirkung der Steuerprogression [...] ist aufgrund des vergleichsweise geringen Anteils, den diese Steuern zur Finanzierung der sozialen Sicherheit beitragen, auf der Gesamtebene nicht mehr sichtbar beziehungsweise wird durch ge-

genläufige Effekte aufgehoben«, bilanzierten Kilian Künzi und Markus Schärrer ihre Evaluation der Umverteilungswirkungen des sozialen Sicherungssystems (Künzi und Schärrer 2004:14). Einen ähnlichen Schluss lässt auch eine Studie von Ecoplan über die Wohlstandsverteilung in der Schweiz zu. (2004) Demnach heben sich die Effekte von progressiven direkten Steuern und degressiv wirkenden Sozialversicherungsbeiträgen bei den Erwerbshaushalten in etwa auf. Und die Ausgaben für Wohnen, nichtobligatorische Versicherungen und Vorsorgesparen bewirken eine Einkommensumverteilung von arm zu reich.

Bereits Karl Marx und der Soziologe Rudolf Goldscheid haben auf ein scheinbares Paradox hingewiesen: Je ungleicher die Einkommensverteilung, desto stärker profitiert die Staatskasse. Denn dann können auf den hohen Einkommen progressive Steuern erhoben werden. Goldscheid folgerte daraus, dass der Staat an einer Abschwächung der Einkommenskonzentration, welche die Progression und damit die Staatseinnahmen senken würde, gar nicht interessiert sein könne (Goldscheid et al. 1976:76). Falsch, könnte man heute sagen: Die enorme Wohlstandssteigerung breiter Schichten hat es dem Staat ermöglicht, seine Steuerbasis auf praktisch sämtliche erwachsenen Personen auszuweiten. Allerdings bezahlen noch heute in der Schweiz 3 Promille der Steuerpflichtigen über 21 Prozent der direkten Bundessteuer, und die obersten 11 Prozent der Steuerpflichtigen tragen fast 73 Prozent der Bundesteuer (ESTV 2010 d). Aus neoliberaler Sicht beweist dies die Abhängigkeit des Staates von den Wohlhabenden. Dabei zeigen solche Relationen vor allem, wie ungleich die Einkommen nach wie vor verteilt sind. Wären die Einkommens- und Wohlstandsunterschiede kleiner, dann fiele nicht nur die Steuererhebung gleichmäßiger aus. Insgesamt bräuchte es auch weniger Umverteilung über Steuern und Transfers.

Aus Sicht einer kritischen Reichtumsforschung bedeutet dies: In erster Linie sollten die »Markteinkommen« gleichmäßiger verteilt sein. Lohndeckel nach oben und Mindestlöhne für unten sind dafür unerlässlich. In zweiter Linie ist Reichtum so zu besteuern, dass eine gewisse Korrektur der ungleichen, durch den »Markt« erfolgten Verteilung der Einkommen und Vermögen möglich wird. Im Folgenden dazu einige Vorschläge:

1. Wichtig ist eine Kapitalgewinnsteuer für natürliche Personen. Diese existiert heute in keinem Schweizer Kanton mehr. Die Schweiz ist nebst Griechenland das einzige OECD-Land, das auf diese Steuer verzichtet. Ähnlich wie der Schweizerische Gewerkschaftsbund mit einer entsprechenden Volksinitiative empfahl auch die »Expertenkommission Steuerlücken« 1998 die Besteuerung der privaten Kapitalgewinne. Der Bundesrat wehrte sich jedoch gegen ein solches Ansinnen. Seine Argumente waren unter anderem eine unerwünschte Überschneidung mit der Vermögenssteuer und das Bankgeheimnis. Stattdessen stellte er eine Steuer auf die Gewinne an Unternehmensbeteiligungen in Aussicht. (Schweizerischer Bundesrat 2000) Das Argument mit der Überschneidung ist hinfällig geworden, weil die Kantone im Steuerwettbewerb auch die Vermögenssteuern senken. Das Bankgeheimnis befindet sich in Auflösung. Und das Projekt einer Beteiligungssteuer wurde im Rahmen der Unternehmenssteuerreform II schließlich ins Gegenteil verkehrt. Die Besteuerung der Dividenden sowohl im Geschäfts- wie im Privatvermögen wurde reduziert.[107]
2. Es braucht zudem eine angemessene Besteuerung von Immobilien. Gemäß dem Vermögensverwalter Barclay Bank gäbe es bedeutend mehr Vermögensmillionäre in der Schweiz, wenn man die Immobilien zu ihrem tatsächlichen Markt- und Verkaufswert einschätzen würde (Barclays Wealth und Economist Intelligence Unit 2008). Diese Erkenntnis hatte der Bundesrat schon 1962. Damals schätzte er die Differenz zwischen Verkehrswert und Steuerwert von Grundbesitz auf 65 Milliarden Franken (Schweizerischer Bundesrat 1962), damals rund ein Drittel des Schweizer Bruttoinlandsprodukts.
3. Einheitliche Erbschaftssteuern, vom Bund erhoben, wurden und werden immer wieder gefordert, bisher erfolglos. Angesichts der

Bedeutung der Erbschaften für den Vermögensreichtum einer kleinen Schicht muss hier aber der Hebel angesetzt werden (vgl. Kissling 2008).[108]

4. Damit gar nicht erst derartige Erbmassen entstehen, sind auch hohe Einkommen und Vermögen angemessen zu besteuern. Dafür gibt es verschiedene Vorschläge. Einerseits das Modell des früheren ETH-Informatikprofessors Carl A. Zehnder: Bis zu einer gewissen Einkommenshöhe besteuert nur die Gemeinde. Ihr Steuerfuß richtet sich nach ihren finanziellen Bedürfnissen. Die nächsten Einkommensanteile besteuert nur der Kanton, und zwar in allen Gemeinden gleich hoch. Bei (sehr) hohen Einkommen kommt der Bund zum Zug und besteuert die überschießenden Einkommensanteile in der ganzen Schweiz einheitlich. Die direkte Bundessteuer würde damit zu einer Reichtumssteuer und der Steuertourismus der Reichen entfiele. (NZZ, 3.2.1998/EFD und ESTV 2007)[109] Eine solche implizite Reichtumssteuer visiert andererseits auch die SP Schweiz mit ihrer »Steuergerechtigkeitsinitiative« mittels harmonisierten Mindeststeuersätzen für hohe Einkommen und hohe Vermögen an.[110] Angesichts der extrem hohen Vermögensungleichheit in der Schweiz sollte zudem auch eine bundesweite Vermögenssteuer diskutiert werden. Eine solche existierte im Ersten und Zweiten Weltkrieg. Auch die Besteuerung von Boni für hoch bezahlte Manager und Bankers bleibt wie erwähnt ein Thema. In England wurde die Boni-Steuer erfolgreich eingeführt. In Deutschland haben die politischen Akteure daraufhin dieses Instrument ebenfalls evaluiert. Entgegen der Skepsis der deutschen FDP ergab ein Rechtsgutachten, dass eine solche Steuer auch in Deutschland rechtlich möglich sei. Warum nicht auch in der Schweiz?

Die Kantone sollten nicht nur auf die Steuererträge achten, sondern auch die gesamtgesellschaftlichen Auswirkungen der Steuerpolitik evaluieren. Wenn die Bevölkerungsmehrheit wegen des Steuerwettbewerbs höhere Lebenskosten in Kauf nehmen muss, dann war der

Köder, volkswirtschaftlich gesehen, größer als die Beute. Der breiten Bevölkerung nützen auch Steueramnestien wenig: Wenn der Staat dazu aufruft, hinterzogene Steuergelder ohne Angst vor Bestrafung zu melden, dann profitieren vor allem reiche Personen. Gleichzeitig zeigt der Erfolg der Steueramnestie 2010: Das Dilemma der eigenverantwortlichen Selbstdeklaration ist kaum zu lösen. Während die einen mit der Steuererklärung überfordert sind, nutzen andere jede Möglichkeit zum Abzug aus und bezahlen weniger. Das gilt auch für den deutschen Milch-Unternehmer Theo Müller in Erlenbach (ZH). Seine Finanz- und Steuerberater fanden Mittel und Wege, Müllers Veranlagung so zu optimieren, dass er nun weniger bezahlen muss als mit einer Pauschalsteuer – alles »ganz legal«. *(Tages-Anzeiger,* 10.10.2010) Wieder andere konnten erfolgreich zweistellige Millionenbeträge verheimlichen. Wenn solche Personen dann auch noch einen Rabatt bis zu 70 Prozent auf der Nachsteuer erhalten, wie das die Kantone Genf und Tessin vorsehen, dann zahlt sich Steuerhinterziehung auch langfristig aus *(Tages-Anzeiger,* 6.7.2010 b). Reformen in Richtung einer gerechteren Besteuerung sind aber politisch schwierig durchzusetzen. Deshalb braucht es zusätzlich Lösungen außerhalb der Steuerpolitik. Dem gehen wir in unserem Schlusskapitel nach.

11 Sozialer Ausgleich: Umdenken und umlenken

Und jetzt, was bleibt? Für jeden wohl anderes. Bei unseren Gesprächen mit Reichen kam, was die Zukunft betrifft, viel Skepsis zum Ausdruck. Die Krise war »nicht nachhaltig genug«, lautete der Tenor. Es geht weiter wie bisher. Aber das muss nicht sein. Zentral ist für uns der Umgang mit der sozialen Ungleichheit. Dabei interessiert auch, woher die Akzeptanz der Diskrepanz kommt. Wir greifen hier Ergebnisse und Einsichten unserer Arbeit auf, die für uns wichtig sind.

11.1 Wenn das so weitergeht …

»Ich wäre bisweilen richtig glücklich, wenn wir uns bei allem eidgenössischen Gejammer daran erinnerten, dass es uns richtig gut geht«, so äußerte sich Franz C. Widmer, der ehemalige Chefredaktor der *Basellandschaftlichen Zeitung*, auf unsere Frage, was sich derzeit in der Schweiz ändert und ändern könnte. Eher zuversichtlich stellte uns gegenüber auch der Basler Anwalt Andreas C. Albrecht, Präsident des Bankrates, »bei vielen Bankern fast eine neue Bescheidenheit« fest. Die Wirtschaftskrise habe nach seiner Beobachtung in der Schweizer Wirtschaft dazu geführt, »dass die vielen Führungspersonen, die schon vorher eine mehr oder weniger ausgeprägte soziale Verantwortung wahrgenommen haben, sich in dieser Haltung bestärkt sehen und diese mit mehr Selbstbewusstsein vertreten«. Für eine neue ökosoziale Ordnung plädierte in unserem Gespräch Roger de Weck. Der Kapitalismus benötige einen neuen Rahmen, der das

Diktat der kurzfristigen Kapitalverwertung durchbreche. Und der Milliardär Götz Werner schlug uns gegenüber vor, »dass alle Aktionäre und Verwaltungsräte mit ihrem eigenen Kapital haften müssen«. Dann würden sie die Sorgfaltspflicht und Kontrolle auch ernster nehmen. Ralf Dahrendorf, der ehemalige (im Juni 2009 verstorbene) Direktor der London School of Economics, erklärte uns: Wenn die Wirtschaft ihren Einfluss weiter konzentriere und sich das politische Korrektiv aufweiche, dann werde es gefährlich. Dann könnte uns ein autoritäres 21. Jahrhundert bevorstehen. – Diese Zitate deuten auf unterschiedliche Wahrnehmungen und Perspektiven hin. Aus unserer Sicht verschärft sich die soziale Brisanz weiter, wenn kein struktureller sozialer Ausgleich zustande kommt.

»Amerikas Reiche werdens richten«, titelte die *Basler Zeitung* (17.8.2010) und beschrieb, wie in den USA sogenannte »clean rich«-Milliardäre ihr Geld vermehrt mit sauberen Geschäften verdienen und viel für den Klimaschutz tun wollen. Das ist erfreulich. Auch wir bekamen von einem Manager zu hören: »Lasst uns da nur machen, wir werden das Ozonloch schon flicken.« Was hier anklingt, ist eine neue Omnipotenz. Sie erweckt den Anschein, Probleme mit dem individuellen Hochkrempeln der Ärmel lösen zu können. Aber das geht nicht. Wenn reiche Menschen, was sehr erwünscht ist, ihre Spendefreudigkeit und ihr soziales Engagement weiter ausbauen, ändert das wenig an der strukturellen sozialen Ungleichheit. In unserer Arbeit finden sich viele erfreuliche Beispiele von Reichen, die viel Gutes tun. Gleichwohl hat die Kluft zwischen den untersten und obersten zehn Prozent der verfügbaren Einkommen und der Vermögen zugenommen. Um diese unsoziale Entwicklung umzukehren, sind gesellschaftliche Verbindlichkeiten nötig. Die Existenzsicherung darf nicht vom Goodwill von einzelnen Reichen abhängen. Wichtig ist daher die Transparenz darüber, wie der gemeinsam erwirtschaftete Reichtum entstanden und wie einseitig er verteilt ist. Zudem sind, nebst den Spenden der Reichen, auch die vielen Subventionen zu berücksichtigen, die Reiche über Steuervergünstigungen und erhebliche Infrastrukturleistungen erhalten. Es gibt also nicht nur den Goodwill der

Reichen, sondern auch viel Goodwill gegenüber den Reichen. Leider fehlt dieser Goodwill oft gegenüber sozial Benachteiligten.

11.2 Zur Akzeptanz der Diskrepanz

»Scheininvalide« – diesen Begriff hat der milliardenschwere Unternehmer und SVP-Politiker Christoph Blocher einige Monate vor seiner Wahl in den Bundesrat in die politische Diskussion eingebracht (*Tages-Anzeiger,* 13.6.2003). Dass ausgerechnet ein Reicher in der Schweiz mit diesem Diskurs begann, mag erstaunen. Misstrauen gegenüber sozial Benachteiligten hat sich in vielen Köpfen durchgesetzt. Offenbar auch beim Mister Schweiz des Jahres 2010. Wo man ihn abends garantiert nicht antreffe, fragte das *Migros Magazin* den schönsten Schweizer. »In der Luzerner Gassenküche beim Servieren«, lautete seine Antwort (*Migros Magazin,* 21.6.2010). Gängige Demütigungen und Ausgrenzungen haben System. Oft wird eine ganze Klasse von Menschen, die zu den unteren Schichten gehören, schlechtgemacht. Diese Form der Benachteiligung kann man als »Klassismus« bezeichnen: als Diskriminierung von Menschengruppen aufgrund ihrer sozialen Herkunft. Mit Argumenten, die Menschen schablonisieren und in ihrer Integrität verletzen (vgl. Kemper und Weinbach 2009).

Die Akzeptanz großer Unterschiede beruht erstens auf der Hoffnung vieler Menschen, auch sie könnten eines Tages zu Reichtum kommen. Schließlich gilt Reichtum als erstrebenswert. Politik und Medien tragen zu dieser Sicht auf den glanzvollen Reichtum bei. Zweitens spielt der Mythos von der größeren Leistung der Reichen eine wichtige Rolle. Und drittens betonen tonangebende Privilegierte immer wieder, dass »Leistungsschwache« quasi selber schuld seien. Gegen Rassismus existieren Gesetze. Sexismus wird von der Bundesverfassung ebenfalls angeprangert. Aber gegen die Herabsetzung von Menschen aufgrund ihrer sozialen und wirtschaftlichen Lage gibt es keine gesetzliche Handhabe. Vielmehr beinhaltet die Politik des »schlanken Staats« – mit Sparmaßnahmen auf Kosten sozial Benachteiligter – eine Tendenz zum Klassismus. Indem sie jene unteren Schichten trifft, die über zu wenig Einkommen verfügen. Auch jene Kritik, die behauptet, der Sozialstaat mache die Menschen nur abhängig (Murray 1984), zurrt soziale Ungleichheiten fest. Damit fördert sie die Akzeptanz der Diskrepanz. Und behindert eine Umverteilung, welche die Lebensbedingungen breiter Bevölkerungskreise verbessert.

Deshalb ist die Art und Weise so wichtig, wie die Staaten nun die letzte Finanz- und Wirtschaftskrise bewältigen. Wenn sich Arbeitslosigkeit verbreitet und soziale Dienstleistungen abgebaut werden, gedeiht auch ein Nährboden für Fremdenfeindlichkeit. Der Abbau staatlicher Leistungen führt dann dazu, dass sich sozial Benachteiligte gegenseitig bekämpfen. Der Diskurs über »Scheininvalide« und »Sozialschmarotzer« zeigt nämlich auch, wie ungenügend eine Politik sein kann, die Ungleichheit lediglich mit *Um*verteilung bekämpfen will. So richtet sich die Philosophin Nancy Fraser gegen eine Umverteilungspolitik, die Arme und Bedürftige zu reinen Hilfsempfangenden macht. Eine solche Politik, kritisiert Fraser, bestätige das bestehende Gefüge. Sie zementiere soziale Ungleichheit und bevormunde die Abhängigen. Zudem bestehe die Gefahr, dass die Armen als »Unersättliche« und Schmarotzer dastehen. (Fraser 2001) Fraser plädiert für »transformative« Maßnahmen, mit denen eine Neustrukturierung der zugrunde liegenden Verhältnisse angestrebt wird, um die ungerechten Folgewirkungen zu beheben (Fraser 2001: 47). Schritte in diese Richtung sind Mindest- und Maximallöhne sowie progressive Steuern. Viele Privilegierte wollen hingegen die Steuerprogression abschwächen. Einzelne plädieren sogar dafür, keine direkten Steuern auf Einkommen und Vermögen zu erheben. Sie argumentieren volkswirtschaftlich mit »Wohlstandsverlust«: Steuern würden Nachfrage oder Angebot künstlich verknappen, also die Marktkräfte schwächen und das Wachstum dämpfen. Dabei ist es umgekehrt. Wenn alle mehr am gemeinsam erwirtschafteten Erlös teilhaben, dann stärken Solidarität und soziale Sicherheit die Zuversicht und Entfaltungsmöglichkeiten der Individuen. Wohlstand für alle (vgl. Corneo 2009) zielt allerdings nicht darauf ab, dass möglichst viele ein Ingvar Kamprad oder eine Gigi Oeri sein können. Es geht vielmehr darum, allen ein gutes Leben zu ermöglichen. Es geht nicht um »Gleichmacherei«, sondern um Freiheit und Selbstbestimmung. Und Handlungs- und Entfaltungsmöglichkeiten sind nun einmal wesentlich durch sozioökonomische Verhältnisse bedingt (vgl. Sen 2005, Marti 2010). Das zeigt das Beispiel der Familie von Finck, die die Aktienmehrheit der Mövenpick-Gruppe besitzt. Dazu gehören auch die berühmten Glacés, Weine und Hotels. August von Finck junior hat die deutschen Parteien CSU und FDP finanziell großzügig unterstützt. Das hat gewirkt. Nach ihrem Amtsantritt gewährte die deutsche Regierung den Hoteliers Erleichterungen bei der Mehrwertsteuer. (*Süddeutsche Zeitung,* 18.1.2010) Diese Kombination von wirtschaftlicher Macht und politischem Einfluss hat Tradition: August von Finck senior (1898–1980) vergrößerte sein Bankunternehmen in den späten 1930er-Jahren, indem er jüdische Privatbanken weit unter ihrem Wert erwarb. Als finanzieller Unterstützer Hitlers und als NSDAP-Parteimitglied hatte er dazu beigetragen, dass es überhaupt zu solchen »Arisierungsgewinnen« kommen konnte. (Köhler 2008: 504 ff./Ashby 1978: 372 ff.) Das Beispiel zeigt, wie wichtig es ist, die Verflechtung von Reichtum und Politik weiter zu erforschen.

11.3 Zukunft mit Zukunft

Wir versuchten mehr darüber zu erfahren, wie Reichtum entstanden und verteilt ist und wie Reiche denken und lenken. Dabei interessierte uns vor allem auch der Umgang mit der sozialen Ungleichheit, die sich bei den verfügbaren Einkommen und bei den Vermögen in den letzten Jahren weiter verschärft hat. Wir fassen hier nun wichtige Ergebnisse unserer Studie zusammen und plädieren dafür, den gemeinsam erwirtschafteten Reichtum strukturell gerechter zu verteilen. Dies im Sinne einer Zukunft mit Zukunft.

(1) Reichtum verstehen

Wir wollten uns ein Bild davon machen, wie Reiche denken und lenken, und wählten unterschiedliche Zugänge aus: einen geschichtlichen, einen statistischen, einen ethnografischen, einen medien-, einen gesprächs- und einen umverteilungsorientierten. Dieses Vorgehen ermöglichte uns einen Einblick in die Welt der Reichen. Dabei interessierten, nebst der Lebensweise, vor allem auch Fragen der sozialen Ungleichheit und der Macht. Dass die Angefragten fast ausnahmslos zu Gesprächen bereit waren, sagt etwas über die dialogische Kultur aus, die in der Schweiz existiert. Die Gespräche dokumentieren auch eine große Bereitschaft, sich über gesellschaftliche Probleme zu verständigen. Das ist sympathisch, aber auch ein wenig trügerisch. Denn wenn wir die privilegierten Reichen mit jenen sozial Benachteiligen vergleichen, die bei unseren weiteren Studien im Vordergrund stehen, dann liegen dazwischen Welten. Und die Diskrepanz dieser unterschiedlichen Realitäten gibt zu denken. Wie lässt sich diese Kluft überbrücken? Diese Frage stellten wir uns immer wieder. Und sie führt über die erfreuliche Spendebereitschaft einzelner Personen hinaus zu strukturellen Überlegungen einer (Um-)Verteilung, die eine Zukunft mit Zukunft ermöglicht. Denn eine Gesellschaft entwickelt sich gut, wenn es möglichst allen Mitgliedern gut geht.

(2) Reichtum hat eine Geschichte

Und Geschichte wird vor allem auch von den Reichen geschrieben. Deshalb muss die Reichtumsforschung auch historisch vorgehen. Wir versuchen, der Entstehung von Reichtümern auf den Grund zu kommen. Hier gibt es noch viel zu tun. Aber einige Anfänge sind – für die Schweiz und auch international – gemacht. Reichtum kann sich über Generationen hinweg vererben. Wir kennen viele Beispiele für eine solche Kontinuität des Reichtums. Andererseits können manche reiche Familien auch verarmen. An ihre Stelle rücken soziale Aufsteiger – historisch gesehen bisher meistens Männer – mit ihren Familien. In Mittelalter und früher Neuzeit waren vor allem der

Bodenbesitz und Einnahmen aus dem Kriegsdienst die wichtigsten Reichtumsquellen, nicht zu vergessen die Heirat mit einer reichen Erbin. Ein Beispiel dafür ist FDP-Nationalrat Johann Schneider-Ammann, Verwaltungsratspräsident der Ammann Group Holding AG, Präsident der Schweizerischen Maschinen-, Elektro- und Metallindustrie und im September 2010 zum Bundesrat gewählt. Allerdings gab es auch Ehefrauen und Töchter von Reichen, die nicht erbten: Noch 1974 setzte August von Finck senior, damals reichster Deutscher, in seinem Testament nur die Söhne als Erben ein (*Bilanz*, 9.4.2010).

In der Industrialisierung wurden Kapitalinvestitionen in Maschinen und Fabriken entscheidend. Und natürlich der Faktor Arbeit, also die massenhafte und rentable Beschäftigung von Arbeiterinnen und Arbeiter. In der Schweiz waren auch oft Bankiers am Puls der Reichen und Mächtigen – und oft verdienten sie sich auch selber eine goldene Nase. Aus dem interregionalen oder internationalen Handel wurden und werden einige ebenfalls sehr reich – dabei spielt auch der Profit aus dem globalen Ungleichheitsgefälle eine wichtige Rolle. Wir zeigen die Entwicklung von Reichtum in verschiedenen Regionen der Schweiz und anhand der verschiedenen Faktoren: städtisches Patriziat, Militär, Handel, Industrie, Banken, Heirat und Erbschaft. Die beiden Fallbeispiele zu den Familien Wille und Schmidheiny verdeutlichen diese Zusammenhänge.

Nicht selten wird der Eindruck erweckt, es finde eine Zirkulation von Reichtum statt: neue Reiche würden Altreiche ablösen. Eine solche Auffassung findet sich auch beim italienischen, Faschismus-freundlichen Ökonomen und Soziologen Vilfredo Pareto, der die angebliche Elitenzirkulation beschrieben hat (vgl. Pareto 1955: 220 ff.). Es ist die Geschichte vom Tellerwäscher zum Milliardär. Von der Verkäuferin und Cabarettänzerin zur schillernden Unternehmerin. Wie Ljuba Manz, die es dank Fleiß, Charme und einem Instinkt für die richtigen Ehemänner – Nummer zwei war der Schweizer Hotelbesitzer Caspar E. Manz – zu Einfluss und Reichtum gebracht hat (*Reporter*, 18.11.2009). Das Beispiel zeigt aber auch: So »märchenhaft« solche

Aufstiegsgeschichten sind, so illusorisch ist die Reichtumszirkulation. Denn die Reichen stellen nicht nur zahlenmäßig einen exklusiven Klub dar. Sie bestimmen auch meistens selber – auf die eine oder andere Weise – wer neu dazukommt. Die Cluster des Reichtums – zu Deutsch Klumpen – werden auf diese Weise verstärkt, aber kaum je auf- oder abgelöst.

(3) Reichtum heute

Reiche lassen sich als Reiche nach Löhnen und Boni, Gewinnen (an der Börse und im Unternehmen) sowie nach der Vermehrung und Weitergabe von Vermögen typisieren. Wir tun dies, weil diese Zahlen wichtig sind. Wir verknüpfen die aktuellen Daten mit konkreten Beispielen. Dabei zeigt sich auch: Die Finanzkrise 2007/2008 hat zwar viele, aber nicht alle Reichen getroffen. Und viele Reiche haben sich schon ein Jahr darauf von ihren Einbußen erholt. Etliche sind sogar auf dem besten Weg, frühere Spitzenwerte – Einkommen oder Vermögen – zu überholen. Im Fall des Credit-Suisse-CEO Brady Dougan ist das bereits geschehen. In welchem Verhältnis diese Reichen und ihr Reichtum zur übrigen Bevölkerung stehen, haben wir uns in den Ausführungen zur Wohlstandsverteilung angeschaut. In den Industrieländern haben sich übers Ganze gesehen die Wohlstandsunterschiede in den letzten paar Jahrhunderten verringert. Technische Fortschritte, starke soziale Bewegungen für höhere Löhne und Umverteilungsmaßnahmen durch den Staat haben einer Bevölkerungsmehrheit im 20. Jahrhundert zu (bescheidenem) Wohlstand verholfen. Allerdings haben die Wohlstandsunterschiede seit den 1980er-Jahren in vielen Ländern wieder zugenommen, auch in der Schweiz. Vielerorts sind die explodierenden Einkommen der obersten 10 Prozent, 1 Prozent oder gar 0,1 Prozent der Bevölkerung dafür verantwortlich. In den Topsphären ist deshalb von einer »Ökonomie der Superstars« die Rede. Diese Trends lassen sich auch für die Schweiz beobachten. Dazu kommt eine exorbitante Vermögensungleichheit. Der Anti-Abzocker-Diskurs gegen allzu hohe Einkommen und Boni ist zwar berechtigt. Wenn er aber die Ungleichheit der

Vermögen nicht einbezieht, dann kann die Debatte ihr Ziel verfehlen. Wird der Fokus allein auf die Abzocker und damit auf Neureiche gerichtet, bleiben der alte Reichtum und die hohen Vermögen diskret im Schatten. Dort häufen sich munter Zinsen an. Und der Reichtum wird weitergegeben, wenn nicht auch hier Maßnahmen wie etwa Vermögens- und Erbschaftssteuern greifen. Steuern verteilen zwar nicht wirksam um, aber ohne Steuern würden die Verhältnisse noch ungleicher. Und die Reichen noch reicher.

(4) Theoretische Ansätze

Reichtum ist theoretisch wenig erfasst. Was dominiert, sind individualistische Zugänge. Sie interessieren sich für Lebensstile und erwecken den Anschein, als ob Leistung allen Willigen den Aufstieg ermögliche. Diese Sicht legitimiert Privilegien. Sie fördert auch die Akzeptanz von Unterschieden, die zunehmend verwischt werden, obwohl sich die sozialen Gegensätze in wichtigen Bereichen verschärfen, so etwa bei den Vermögen und den verfügbaren Einkommen. Andere Ansätze theoretisieren die vertikalen Strukturen einer Gesellschaft. Sie fragen, warum begehrte Güter so unterschiedlich verteilt sind und weshalb gleichwohl die Auffassung vorherrscht, dass die Suche nach Glück die Sorge um das Materielle abgelöst habe. Wir orientieren uns stark am theoretischen Ansatz des französischen Soziologen Pierre Bourdieu. Soziale Klassen definieren sich über die unterschiedliche Ausstattung an ökonomischen, sozialen und kulturellen Kapitalien. Sie manifestieren sich vor allem auch im Zusammenspiel von Beziehungen. Und die »feinen Unterschiede« dokumentieren über individuelle Vorlieben hinaus immer auch gesellschaftliche Strukturen. Sie prägen unser Wollen und Handeln. Und sie relativieren auch das meritokratische Prinzip, das der Kapitalismus für sich beansprucht. Zum einen, weil die Bedingungen unterschiedlich sind. Und zum anderen, weil sich der große Reichtum unabhängig von der Leistung vermehrt. Der Glaube an die Meritokratie hilft aber, die Kluft zwischen oben und unten zu akzeptieren. So scheinen sich Funktionseliten auch durch besondere Fähigkeiten auszuzeichnen. Oft sind es aber Machteliten, die ihren Einfluss in der Wirtschaft, Gesellschaft und Politik dank Herkunft, Beziehungen und Kapital geltend machen und halten können. Wir weisen auf Ansätze hin, die das theoretisieren und auch darauf eingehen, wie Konsumstrategien darauf abzielen, Machtgefälle und soziale Ungleichheiten zu festigen und hinzunehmen. Dabei interessieren auch weitere Differenzierungen, die sich beispielsweise aus der geschlechtlichen Zugehörigkeit ergeben. Hinzu kommt die Frage, was neue Elitetheorien dazu motiviert, elitäre Denkweisen zu reaktivieren, die im Faschismus verbreitet waren.

(5) Reichtum und Macht

Wer regiert die Schweiz? Das thematisierte Hans Tschäni vor rund dreißig Jahren (1983). Er kritisierte, wie die Großindustrie und Finanzwelt über Verbände und andere Kanäle die Politik beeinflussen und sich gewissermaßen selber kontrollieren. »Filzokratie« nannte Hans Tschäni diese Vereinnahmung, die heute weiter spielt. Wirtschaft und Politik sind eng miteinander verknüpft. Das führt auch die Finanzkrise vor Augen. Sie veranschaulicht das Fehlen eines Korrektivs. Dass einzelne Verbände wegen internen Gerangels etwas an Einfluss verlieren, deutet nicht auf einen generellen Machtverlust hin. Ethische Manifeste appellieren an die Selbstverantwortung und postulieren mehr Selbstkontrolle. Aber darauf ist kein Verlass. Wer zahlt, befiehlt. Die kapitalkräftigen Vereinigungen werden sich weiterhin für ihre eigenen Interessen einsetzen. Wichtig ist, dass die Arbeitnehmenden sich ebenfalls organisieren und ihren Einfluss geltend machen. Das kann über gewerkschaftliche Vereinigungen, Betriebsgruppen, alternative Denknetze und Quartierorganisationen geschehen; auch über eine intensive Kooperation zwischen diesen Gruppen und dem Austausch mit staatlichen Einrichtungen. Solche Bestrebungen verfügen zwar über weniger Finanzen, aber Wissen und Beziehungen sind auch Macht. In allen Feldern sind demokratische Allianzen zu bilden. Das gilt zunehmend auch für das internationale Parkett. Hier dominiert eine neu entstehende, globale Klasse kapitalkräftiger Kreise das Geschehen. Wenn das so weitergeht, fürchtete auch der (2009 verstorbene) liberale Soziologe Ralf Dahrendorf in unserem Gespräch, »dann erhalten autoritäre Strömungen weiteren Auftrieb«.

(6) Medien

Medien berichten viel und unterschiedlich über Reiche. Federführend ist das Wirtschaftsmagazin *Bilanz*. Firmenportäts sind immer noch häufig in den Wirtschaftsbünden zu lesen, Sex- und Homestorys über Reiche nicht nur in den Boulevardblättern, sondern auch in den Sonntags- und Wochenzeitungen. Diese bringen aber auch aussagekräftige Interviews und, leider etwas spärlich, gut recherchierte Hintergrundinformationen. Darüber hinaus finden sich auch in den Tageszeitungen immer wieder interessante Meldungen. In der Walliser Gemeinde Chandolin beträgt beispielsweise das steuerbare Einkommen 21 000 Franken pro Privathaushalt, in der Waadtländer Gemeinde Vaux-sur-Morges hingegen 340 000 Franken, wie die NZZ (9.3.2010) notiert. Auch profilierte Kolumnen thematisieren den Reichtum relativ berechenbar aus je unterschiedlicher Sicht: aus marktliberaler, politisch liberaler, sozialliberaler, sozialdemokratischer oder sozialistischer. Porträts von Reichen lassen Bewunderung aufkommen und den Reichtum als etwas Verdientes erscheinen. In einzelnen Biografien kommen Reiche sehr fassadenorientiert daher. Selten thematisieren Medien die Frage nach der Macht, obwohl reiche Personen viel Einfluss auf Wirtschaft, Politik und Gesellschaft nehmen. Der Einfluss reicher Personen äußert sich auch im Besitz der Medien. Hier zeichnen sich eine gefährliche Monopolisierung und Machtkonzentration ab, die einzelne Medien banalisieren. Auffällig ist auch, wie parteilich einzelne Medien berichten, ohne das transparent zu machen. Mit der Zunahme der sozialen Brisanz erhöht sich jedenfalls die Gefahr, populistisch an quasi natürliche Werte sogenannter Durchschnittsmenschen zu appellieren, um Kollektivurteile zu mobilisieren.

(7) Wie Reiche denken und lenken

Die Gespräche mit reichen Personen vermitteln einen Einblick, wie sie denken und lenken. Die Privilegien im Elternhaus disponieren zu einem eher selbstbewussten Selbstverständnis, bringen aber auch besondere Schwierigkeiten mit sich. Wer sich selbst hocharbeitet, entwickelt einen ausgeprägten Leistungssinn. Reiche, die in leitender Funktion sind, verkörpern einen unternehmerischen Geist mit quasi intrinsischer Motivation. Die Last bedeutet auch Lust. Das Spielerische erfüllt Kindheitsträume. Kalkül und Kreativität verknüpfen sich. Auch im Sponsoring und bei Spenden an Stiftungen und Projekte. Sie sollen nützlich sein. Auch für einen selbst. Manchmal leben Unterstützte stellvertretend etwas für einen selbst aus. Damit Privilegien erhalten bleiben, ist eine wirtschaftliche und politische Stabilität nötig. Eine entsprechende Ordnung verlangt Einsatz und Mittel. Sicherheit will versichert sein. Was ideologisch hilft, ist die (finanziell kontrollierende) Nähe zu den Medien. So nehmen Reiche in der Schweiz viel Einfluss wahr. Sie sind mächtig. 3 Prozent der privaten Steuerpflichtigen verfügen nicht nur über gleich viel Vermögen wie die übrigen 97 Prozent, sondern auch über entsprechende Macht. Und das blenden viele Reiche in ihrem Selbstverständnis aus, zumal sie doch viel Gutes tun und auch erschüttert sind, wenn ein Tsunami unzählige Menschenleben zerstört. Viele Reiche haben uns in ihrem Bestreben beeindruckt, eine bessere Welt mitzugestalten. Sie legen dabei großen Wert auf die Freiwilligkeit. Mit kritischer Distanz zu gesellschaftlichen Verbindlichkeiten. Aber ein Miteinander erfordert demokratische und soziale Prozesse, die sich am Wohl aller orientieren. Das ist unsere Option für ein Umdenken und Umlenken.

(8) Wie sich Reichtum abschottet

Reiche sind in der Schweiz zumeist diskret und stellen ihren Reichtum nicht so offensiv zur Schau, wie es in Russland oder in den USA üblich ist (vgl. Frank 2009). Multimilliardär Blocher lässt sich lieber beim Bratwurstessen an der OLMA ablichten als beim Dinieren auf seinem Schloss. Erst wenn man sich aufmacht zu den Stätten des Reichtums, durch Villenquartiere spaziert, sich in eine Hotellounge in St. Moritz setzt oder mit Jugendlichen im St. Galler Rosenberg-Eliteinternat ins Gespräch kommt, dann werden einem die sozialen Gegensätze in diesem Land vor Augen geführt. Man realisiert, dass sich Menschen in der Schweiz in einer Parallelwelt bewegen. Und dass sie – unter sich – die nach außen zelebrierte Bescheidenheit gerne ablegen. Im Kapitel 8 haben wir verschiedene Formen der räumlichen Segregation von Reichtum skizziert. Wichtig ist für uns die Erfahrung, dass die soziale Distanz und die mehr oder weniger ausgeprägten Insignien der Klassenzugehörigkeit auch sinnlich erfahrbar sind. Sie können nicht nur gedanklich eingefangen werden, sondern werden tatsächlich gesehen, gerochen, geschmeckt und gehört. Dabei werden versteckt wirkende Mechanismen sozialer Herrschaft und Unterwerfung fassbar, was oft einer soziologischen Analyse entgeht. Soziale Ungleichheit manifestiert sich nicht nur in Statistiken und Sozialstrukturanalysen.

Einen hohen Einfluss auf die Entstehung sogenannter Reichen-Enklaven und Villenquartiere hat die Steuerpolitik, die wir im Kapitel 10 behandelt haben. Darüber hinaus schaffen Reiche aber auch aktiv Räume, in denen sie unter sich bleiben können und ihre Privilegien ungestört ausleben dürfen. Ob am Suvrettahang in St. Moritz oder auf dem Edelgolfplatz, Reich und Reich gesellt sich gern.

(9) Wie Reichtum kultiviert und reproduziert wird

Doch würden sich die Reichen nur abschotten, kollabierten sie schnell. Kooptation ist das Schlüsselwort für die Kontinuität der Schweizer Wirtschaftselite. Darin hat die Schweiz eine lange Tradition – seit der Aufnahme der französischen und italienischen Hugenotten, von deren erfolgreichem wirtschaftlichen Geschick die alteingesessene Elite Zürichs, Basels oder Genfs gerne profitierte. Auch die Hayeks, Bertarellis und Ballys wurden schnell ins Schweizer Großbürgertum integriert. Vereinzelt schaffen es auch Aufsteiger aus einfachen Verhältnissen, in den Kreis der Reichen und Mächtigen vorzudringen. Sie durchlaufen zuvor häufig eine Ausbildung an der Elitebildungsstätte in St. Gallen (HSG) oder an der ETH. Diese Institutionen nehmen in der Ausbildung des ökonomischen Führungspersonals eine besondere Rolle ein. Sie verschaffen den Absolventen nicht nur eine exzellente Ausbildung, sondern haben auch eine identitätsbildende Funktion, prägen den Charakter und können zur Herausbildung eines eigentlichen Korpsgeistes beitragen, der durch die Alumni-Vereinigungen lebenslang aufrechterhalten wird. Die Hebelwirkung des durch diese Art von Beziehungen gewonnenen Sozialkapitals ist bedeutend und vor allem auch wichtig bei der Rekrutierung von Verwaltungsräten und CEOs. Wie wir in Kapitel 9 aufzeigen, reicht die soziale Herkunft nicht aus, um den starken Zusammenhalt und die Verflechtung der Wirtschaftselite zu erklären. Wichtig sind Institutionen und Prozesse, die zu einem hohen Grad an Einigkeit der Interessen und zu einem Zusammengehörigkeitsgefühl führen. Dazu gehören ähnliche Bildungsgänge, die Ausübung gleicher Sportarten (Golf, Segeln), die Mitgliedschaft in exklusiven Klubs (v. a. moderne Businessclubs), der Aufenthalt an bestimmten Ferienorten (wie St. Moritz, Gstaad), der Besuch von Benefizveranstaltungen, Opernbällen oder Kunstausstellungen wie auch die Heirat untereinander. Man fühlt sich einer kleinen Elite zugehörig und wird von den anderen auch als das anerkannt (»Wahlverwandtschaft«).

(10) Umverteilung durch Steuerpolitik

Für Reiche sind die Steuern ein besonderes Kapitel. In Kapitel 10 beleuchten wir sowohl den Steuerwettbewerb um die Reichen als auch die Debatte um Steuergerechtigkeit und um Umverteilung durch Steuern (vgl. Neumark 1970). Einkommens- und Vermögenssteuern sind ein wichtiges Mittel für den Service Public und um Ungleichheit zu reduzieren. Allerdings lassen sich Steuern durch Abzüge minimieren; sie lassen sich sparen – und zwar im Übermaß. Manche bringen es auch fertig, sie zu »vermeiden«. Oder sie hinterziehen. Steuerabzüge sollten deshalb nach oben begrenzt und wo möglich durch Steuergutschriften ersetzt werden. Eine radikale

Steuervereinfachung (Easy Tax) ist nicht die Lösung. Auch der Trend zu mehr Konsumsteuern nicht: Der schweizerische Sozialstaat hat nicht das Ausbauniveau des skandinavischen Modells. Es ist ein politischer Entscheid, wie gründlich Steuerschlupflöcher und Steuerhinterziehung bekämpft werden. Der härter werdende Steuerwettbewerb unter den Kantonen hilft dabei allerdings genauso wenig wie das Bankgeheimnis. Von manchen Kreisen wird dabei das Gespenst des »gläsernen Bürgers« an die Wand gemalt, sollte das Bankgeheimnis endgültig fallen. »Gläserne Bürger« gibt es aber schon heute. Nämlich jene Menschen aus unteren Einkommensschichten, denen von Sozialdetektiven nachspioniert wird, weil man ihnen den Missbrauch von Sozialhilfe oder Invalidenversicherung vorwirft. Gegen einheitliche Reichtums- und Erbschaftssteuern wird der Föderalismus – die geteilte Steuerhoheit zwischen Bund, Kantonen und Gemeinden – angeführt. Dabei bewirken Einkommens- und kantonale Vermögenssteuern allein längst nicht den erhofften Ausgleich, die erwünschte Umverteilung. Immerhin: Sie halten zumindest die degressiven Effekte von Mehrwertsteuer, Sozialversicherungsabgaben und Krankenkassenprämien einigermaßen in Schach. Das ist nicht wenig. Aber es ist auch nicht genug.

12 Nachlese

Wir haben in den Gesprächen mit Reichen viel Eindrückliches erfahren. »Das wurde mir am Totenbett von meinem Vater sehr klar«, erzählte uns beispielsweise Christine Cerletti-Sarasin: »Am Schluss hat man nur noch den Körper, aber auch den gibt man dann her. Das Geld nützt dann überhaupt nichts. Ich will nur sagen: Man sollte die Leute wieder zurück auf die Schiene des Wesentlichen bringen, damit sie wissen, was wirklich zählt im Leben.« Wir haben auch viel erfahren, was wir gerne weitergegeben hätten, aber bei der Autorisierung der Texte herausgestrichen wurde. Und das war die Abmachung: Wir zitieren nichts, was nicht akzeptiert ist.

Wir haben auch viele weitere Gespräche geführt und aufgezeichnet, die wir hier gerne erwähnen würden, weil sie wichtige Aspekte enthalten. Wir haben sogar mehrere Gespräche schon als Interview oder Porträt aufbereitet und in das Manuskript aufgenommen, sie aber aus Platzgründen in der vorliegenden popularisierten Fassung unserer Arbeit gestrichen. Irgendwo mussten wir die Grenze ziehen. Und das war schwierig.

Schade fanden wir auch, viele Erklärungen nur als Hintergrundinformation verwenden zu dürfen oder Aussagen anonymisieren zu müssen, die namentlich gezeichnet aussagekräftiger wären. Zum Beispiel, wie lobend sich ein zentraler Gewerkschafter über einen Unternehmer äußerte. »Zu einigen Fragen habe ich mich sehr kritisch geäußert«, schreibt auch ein ehemaliger Direktor, »ich wäre darum dankbar, nicht namentlich zitiert zu werden. Als Ehemaliger habe ich nun wirklich keine Lust mehr, mit Managern die Klingen zu kreuzen. Es reicht mir vollkommen, wenn ich diese Fragen im Kreise von sachkompetenten Kollegen kritisch diskutieren kann.« Und ein Kader eines anderen Unternehmens schreibt: »Es wäre gut, ganz zu anonymisieren, oder als Hintergrundinformation zu verwenden. Das andere löst bei uns einen ganzen Apparat aus und mit größter Wahrscheinlichkeit könnte ich meine Gedanken nicht frei äußern. Es ist zwar nicht so hilfreich und nicht so spannend, aber es ist so.«

Aber erfreut sind wir, wie groß der Zuspruch bei den Anfragen war. Von über hundert angefragten Personen gab es nur je eine, die nicht beziehungsweise abschlägig antwortete. Und wir fragten alle Personen nur einmal an. Bei einer Person, die telefonisch antwortete, notierte eine unserer Mitarbeiterinnen: »Bitte XY zurückrufen. Vermutlich ein ehemaliges Verdingkind oder so.« Bei Mäzen Matthias Eckenstein mussten wir nachfragen, ob sich sein Vorname wirklich mit tt oder nur mit einem t schreibe, wie auf seiner Visitenkarte. Er antwortete: »Da sehen Sie, wie sparsam ich bin. Auf der Visitenkarte hat sich ein Fehler eingeschlichen. Aber deswegen lasse ich nicht gleich eine neue drucken.« Eine andere Person, Moritz Suter, stellte quasi eine Bedingung für das Gespräch: »Sie müssen mir aber zuerst eine ganze Viertelstunde einfach nur zuhören und einen Flipchart bereitstellen, damit ich Ihnen das Grounding so erklären kann, dass Sie es auch verstehen.« Das Gespräch dauerte dann mehrere Stunden, und die vielen Notizblätter zur Liberalisierung der Märkte und anderem mehr erhellen wirklich viel.

Viele Gespräche zeugten von einer großen, fast ansteckenden unternehmerischen Begeisterung und von ernsthaften sozialen Anliegen; auch von der Überzeugung der einen, mit einer Restrukturierung viel Gutes zu tun, die andere für sehr problematisch halten. Bei vereinzelten Interviewten fragten wir uns, wie diese wohl in der Lage sind, ein Unternehmen zu leiten. Aber Entsprechendes fragen sich unternehmerisch Tätige bestimmt auch bei Privilegierten, die, wie wir, an einer Hochschule arbeiten dürfen.

»Denn nackt bin ich auf die Welt gekommen, und nackt gehe ich«, sagte der Stifter Branco Weiss (NZZ, 13.4.2010 a), der Hochschulen finanziell unterstützte und sich für die Nachwuchsförderung einsetzte. Mit ihm wollten wir noch über seine Motivation, über Stiftungen und die Frage der Weisheit im Alter sprechen. Aber das ist leider nicht mehr möglich. Branco Weiss ist Ende Oktober 2010 gestorben. Und mit ihm ist eine Stimme verklungen, die stets betonte, dass Reichtum verpflichtet. Von uns auf die Frage der Endlichkeit angesprochen, gab uns der Unternehmer Moritz Suter zu bedenken: »Das ist etwas Beruhigendes. Ich möchte nicht zu alt werden. Es ist eine beruhigende Vorstellung, dass man eine gewisse Zeit da ist und wieder geht.«

Wir danken allen ganz herzlich, die bei unserer Studie mitgemacht haben und mit uns weiter im Austausch bleiben!

13 Quellen

Bücher und Aufsätze

Aristoteles, *Nikomachische Ethik*, übersetzt und kommentiert von Franz Dirlmeier, Akademie Verlag, Berlin 1983.

Ashby Turner, Henry (Hrsg.), *Hitler aus nächster Nähe. Aufzeichnungen eines Vertrauten, 1929–1932*, Ullstein, Berlin 1978.

Atkinson, Anthony B., *The Changing Distribution of Earnings in OECD Countries*, Oxford University Press, Oxford 2008.

Blakely, Edward und Mary Gail Snyder, *Fortress America. Gated communities in the United States*, The Brookings Institution, Washington D.C. 1997.

Barclays Wealth und Economist Intelligence Unit, *Evolving Fortunes*, Barclays Wealth, London 2008.

Basel Economics AG, *BAK Taxation Index 2009. Effektive Steuerbelastung von Unternehmen und auf den Einsatz hoch qualifizierter Arbeitskräfte*, BAK, Basel 2009.

Baudrillard, Jean, *La société de consommation. Ses mythes, ses structures*, S.G.P.P., Paris 1970.

Bauer, Tobias und Stefan Spycher, *Verteilung und Besteuerung des Reichtums im Kanton Zürich. Eine Analyse der Staatssteuerstatistiken 1945–1994, im Auftrag der SP des Kantons Zürich*, BASS, Bern 1994.

Bauer, Tobias und Beat Baumann, *Verteilung und Besteuerung im Kanton Baselland: Beurteilung der »Initiative für einen solidarischen Steuertarif« vor dem Hintergrund der Verteilung und Besteuerung von Einkommen und Vermögen im Kanton Baselland, im Auftrag der SP Baselland*, BASS, Bern 1996.

Bauman, Zygmunt, *Consuming Life*, Polity, Cambridge 2007.

Baumann, Hans, »Verteilungsbericht 2008: Die Entwicklung und Verteilung des Arbeitseinkommens in der Schweiz«, in: Denknetz (Hrsg.), *Denknetz Jahrbuch 2008*, Edition 8, Zürich 2008, S. 102–113.

Beaverstock, J. V., P. J. Hubbard und J. R. Short, »Getting Away with it? Exposing the Geographies of the Super-Rich«, in: *Geoforum*, Nr. 54 (4), 2004, S. 401–407.

Beck, Ulrich, *Risikogesellschaft*, Suhrkamp, Frankfurt a.M. 1986.

Bendix, Reinhard und Seymour M. Lipset (Hrsg.) *Class, Status, and Power. A Reader in Social Stratification*, Free Press, New York 1953.

Beresford, Philip und William D. Rubinstein, *The Richest of the Rich. The Wealthiest 250 People in Britain since 1066*, Harrimann House, Petersfield 2007.

Bergier, Jean-François, *Wirtschaftsgeschichte der Schweiz. Von den Anfängen bis zur Gegenwart*, Benziger Verlag, Zürich 1990.

BFS Bundesamt für Statistik, *Freiwilligenarbeit in der Schweiz*, BFS, Neuchâtel 2008.

BFS Bundesamt für Statistik, *Schweizerische Lohnstrukturerhebung. Die Löhne 2006 im Überblick*, BFS, Neuchâtel 2008.

Blankart, Charles B., *Öffentliche Finanzen in der Demokratie*, Franz Vahlen, München 2001.

Blaser, Markus, »Die historischen Ursprünge der Steuerprogression«, in: *Rote Revue*, Nr. 3, 2006, S. 8–13.
Bodmer, Frank und Silvio Borner, *Crash. Marktversagen – Staatsversagen*, Rüegger, Zürich/Chur 2010.
Bodmer, Walter, *Der Einfluss der Refugianteneinwanderung von 1550–1700 auf die schweizerische Wirtschaft. Ein Beitrag zur Geschichte des Frühkapitalismus und der Textilindustrie*, Leemann, Zürich 1946.
Boltanski, Luc, *Soziologie und Sozialkritik*, Suhrkamp, Berlin 2010.
Boston Consulting Group, *A Wealth of Opportunities in Turbulent Times: Global Wealth 2008*, BCG, Boston 2008.
Boston Consulting Group, *Regaining Lost Ground. Resurgent Markets and New Opportunities: Global Wealth 2010*, BCG, Boston 2010.
Bott, Sandra, Thomas David, Claude Lützelschwab und Janick Marina Schaufelbuehl (Hrsg.), *Suisse – Afrique (18e–20e siècles). De la traite des Noirs à la fin du régime de l'apartheid/Vom Sklavenhandel zum Ende des Apartheid-Regimes*, LIT-Verlag, Münster 2005.
Bourdieu, Pierre, *Die feinen Unterschiede. Kritik der gesellschaftlichen Urteilskraft*, Suhrkamp, Frankfurt a. M. 1982 a.
Bourdieu, Pierre, »Les rites comme actes d'institution«, in: *Actes de la recherche en sciences sociales*, Nr. 43, 1982 b, S. 58–63.
Bourdieu, Pierre, »Ökonomisches Kapital, soziales Kapital, kulturelles Kapital«, in: Kreckel, Reinhard (Hrsg.), *Soziale Ungleichheiten (Soziale Welt: Sonderband 2)*, Schwartz, Göttingen 1983, 183–198.
Bourdieu, Pierre, *Homo academicus*, Suhrkamp, Frankfurt a.M. 1988.
Bourdieu, Pierre, *Die verborgenen Mechanismen der Macht. Schriften zu Politik und Kultur*, Band 1. VSA-Verlag, Hamburg 1992.
Bourdieu, Pierre, *Das Elend der Welt. Zeugnisse und Diagnosen alltäglichen Leidens an der Gesellschaft*, UVK, Konstanz 1997.
Bourdieu, Pierre, *Der Staatsadel*, UVK, Konstanz 2004.
Böhnisch, Tomke, »Gruppenbild ohne Dame? Aspekte der Selbstkonstitution einer gesellschaftlichen Elite«, in: *Oberschichten – Eliten – Herrschende Klasse*, hrsg. von Stefan Hradil und Peter Imbusch. Sozialstrukturanalyse, Band 17, Leske + Budrich, Opladen 2003, S. 175–192.
Braudel, Fernand, *Sozialgeschichte des 15.–18. Jahrhunderts*, Kindler, München 1985.
Braunberger, Gerald und Judith Lembke, *Finanzdynastien. Die Macht des Geldes*, Frankfurter Allgemeine Buch, Frankfurt a.M. 2009.
Brewer, Mike, Luke Sibieta und Liam Wren-Lewis, *Racing Away? Income Inequality and the Evolution of High Incomes*, Institute for Fiscal Studies, London 2008.
Brunner, Hansruedi, *Luzerns Gesellschaft im Wandel. Die soziale und politische Struktur der Stadtbevölkerung. die Lage in den Fremdenverkehrsberufen und das Armenwesen 1850–1914*, Rex, Luzern 1981.
Burkhard, Ulrich und Lukas Dörig, »Hort für vermögende Unternehmer mit komplexen Vermögensverhältnissen«, in: *KMU-Magazin*, Nr. 10, 2008/2009, S. 42–45.
Campbell, Colin, *The Romantic Ethic and the Spirit of Modern Consumerism*, Basil Blackwell, Oxford/New York 1987.
Capgemini und Merrill Lynch, *World Wealth Report. 10th Anniversary. 1997–2006*, Capgemini und Merrill Lynch Global Wealth Management, 2006.
Capgemini und Merrill Lynch, *World Wealth Report 2008*, Capgemini and Merrill Lynch Global Wealth Management, 2008.
Capgemini und Merrill Lynch, *World Wealth Report 2009*, Capgemini and Merrill Lynch Global Wealth Management, 2009.
Capgemini und Merrill Lynch, *World Wealth Report 2010*, Capgemini and Merrill Lynch Global Wealth Management, 2010.
Carigiet Erwin, Ueli Mäder und Jean-Michel Bonvin (Hrsg.), *Wörterbuch der Sozialpolitik*, Rotpunktverlag, Zürich 2003.
Castells, Manuel, *Der Aufstieg der Netzwerkgesellschaft*, Leske + Budrich, Opladen 2004.
Chatelain, Claude, *Steuern leicht gemacht. Praktisches Handbuch für Angestellte, Selbständige und Eigenheimbesitzer*, Beobachter-Buchverlag, Zürich 2010.

Commission externe d'évaluation des politiques publiques, *Politique cantonale en matière de déductions fiscales: Evaluation des déductions genevoises sur le revenu des personnes physiques sous l'angle de leur impact financier, de leur vérification par l'administration et de l'égalité de traitement*, Commission externe d'évaluation des politiques publiques, Genève 1998.
Corneo, Giacomo, *Öffentliche Finanzen: Ausgabenpolitik*, Mohr Siebeck, Tübingen 2009.
Credit Suisse Economic Research, *Swiss Issue Regionen: Wo lebt sich's am günstigsten? Das verfügbare Einkommen in der Schweiz*, Credit Suisse, Zürich 2008.
CS Research Institute 2010, *Global Wealth Databook*, Credit Suisse, Zürich.
Dahrendorf, Ralf, *Globalisierung und Freiheit*, Rede aus Anlass der Verleihung des Körber-Preises, Paper, Hamburg, 7.9.1999.
Dahrendorf, Ralf, *Über Grenzen. Lebenserinnerungen*, C. H. Beck, München 2002.
Dammann, Gerhard, *Narzissten, Egomanen, Psychopathen in der Führungsetage. Fallbeispiele und Lösungswege für ein wirksames Management*, Haupt Verlag, Bern/Stuttgart/Wien 2007.
Daunton, Martin J., *Just Taxes. The Politics of Taxation in Britain, 1914–1979*, Cambridge University Press, Cambridge 2002.
David, Thomas, Bouda Etemad und Janick Marina Schaufelbuehl (Hrsg.), *Schwarze Geschäfte. Die Beteiligung von Schweizern an Sklaverei und Sklavenhandel im 18. und 19. Jahrhundert*, Limmat Verlag, Zürich 2005.
Davies, James B. et al., *Estimating the Level and Distribution of Global Household Wealth*, United Nations University (UNU-WIDER), Helsinki/New York 2007.
Davies, James B. et al., *The World Distribution of Household Wealth*, United Nations University (UNU-WIDER), Helsinki/New York 2008.
Dell, Fabian, Thomas Piketty und Emmanuel Saez, *Income and Wealth Concentration in Switzerland over the 20th Century*, Working Paper Nr. 5090, Centre for Economic Policy Research, London 2005.
Diezinger, Angelika, Verena Mayr-Kleffel, *Soziale Ungleichheit. Eine Einführung für soziale Berufe*, Lambertus, Freiburg i. B. 1999.
Dohmen, Caspar, *Let's make Money. Was macht die Bank mit unserem Geld? Das Buch zum Film*, Orange Press, Freiburg 2008.
Donzé, Pierre-Yves, *Les patrons horlogers de La Chaux-de-Fonds. Dynamique sociale d'une élite industrielle (1840–1920)*, Editions Alphil, Neuchâtel 2007.
Druyen, Thomas, *Goldkinder. Die Welt des Vermögens*, Murmann, Hamburg 2007.
Druyen, Thomas, Wolfgang Lauterbach und Matthias Grundmann (Hrsg.), *Reichtum und Vermögen. Zur gesellschaftlichen Bedeutung der Reichtums- und Vermögensforschung*, VS Verlag, Wiesbaden 2009.
Duménil, Gérard und Dominique Lévy, »Neoliberal Income Trends. Wealth, Class and Ownership in the USA«, in: *New Left Review*, Nr. 30, 2004, S. 105–133.
Dyllik, Thomas und Daniel Torgler, »Bildungshintergrund von Führungskräften und Platzierungsstärke von Universitäten in der Schweiz«, in: *Die Unternehmung*, Nr. 1, 2007, S. 71–96.
Eberle, Willi und Hans Schäppi, »Eine Skizze zur polit-ökonomischen Analyse der Schweiz«, in: Denknetz (Hrsg.), *Denknetz Jahrbuch 2007*, Edition 8, Zürich 2007, S. 96–107.
Ecoplan, *Verteilung des Wohlstands in der Schweiz. Bericht in Erfüllung des Postulates Fehr vom 9. Mai 2001 (01.3246) im Auftrag der Eidgenössischen Steuerverwaltung*, Ecoplan, Bern 2004.
ESTV Eidgenössische Steuerverwaltung a, *Steuerbelastung in der Schweiz: Kantonshauptorte – Kantonsziffern 2009*, ESTV, Neuchâtel 2010.
ESTV Eidgenössische Steuerverwaltung b, *Steuerbelastung in der Schweiz: Natürliche Personen in den Gemeinden 2009*, ESTV, Neuchâtel 2010.
ESTV Eidgenössische Steuerverwaltung c, *Gesamtschweizerische Vermögensstatistik der natürlichen Personen 2007*, ESTV, Bern 2010.
ESTV Eidgenössische Steuerverwaltung d, *Direkte Bundessteuer – Natürliche Personen – Kantone – Steuerjahr 2007*, ESTV, Bern 2010 (diverse Tabellen auf: www.estv.admin.ch)

EFD Eidgenössisches Finanzdepartement und ESTV Eidgenössische Steuerverwaltung, *Das Modell Zehnder zur Eindämmung des Steuerwettbewerbs bei den natürlichen Personen: Eine Darstellung und kritische Beurteilung. Bericht des Bundesrats in Ergänzung der Stellungnahme vom 6.9.2006 zum Postulat Schelbert (06.3191) »Stopp den Auswüchsen des Steuerwettbewerbs«*, EFD und ESTV, Bern 2007.

EFD Eidgenössisches Finanzdepartement, *Kennzahlen zum Finanzstandort Schweiz*, EFD, Bern 2009.

Ethos, *Vergütungen 2006 der Führungsinstanzen. 100 grösste in der Schweiz kotierte Unternehmen*, Ethos, Genf/Zürich 2007.

Ethos, *Vergütungen 2007 der Führungsinstanzen. 48 grösste in der Schweiz kotierte Unternehmen*, Ethos, Genf/Zürich 2008.

Ethos, *Vergütungen 2008 der Führungsinstanzen. Unternehmen der Börsenindexe SMI® und SMIM®: 47 grösste in der Schweiz kotierte Unternehmen*, Ethos, Genf/Zürich 2009.

Ethos, *Vergütungen 2009 der Führungsinstanzen. Unternehmen der Börsenindizes SMI und SMIM. 49 grösste in der Schweiz kotierte Unternehmen*, Ethos, Genf/Zürich 2010.

Expertenkommission Steuerlücken, *Bericht der Expertenkommission zur Prüfung des Systems der direkten Steuern auf Lücken*, Expertenkommission Steuerlücken, Bern 1998.

Faigle-Verly, Anne, *Le Refuge huguenot à Zurich. Deux grandes figures du Refuge huguenot à Zurich: Jean-Henri Escher, Henri de Mirmand*, Société montalbanaise d'études et de recherche sur le protestantisme, Montauban 1998.

Feld, Lars, *Steuerwettbewerb und seine Auswirkungen auf Allokation und Distribution. Eine empirische Analyse für die Schweiz*, Universität St. Gallen, St. Gallen 1999.

Fleischmann, Christoph, *Gewinn in alle Ewigkeit. Kapitalismus als Religion*, Rotpunktverlag, Zürich 2010.

fög – Forschungsbereich Öffentlichkeit und Gesellschaft/Universität Zürich, *Jahrbuch 2010. Qualität der Medien*, Schwabe Verlag, Basel 2010.

Frank, Robert, *Richistan. Eine Reise durch die Welt der Megareichen*, S. Fischer, Frankfurt a. M. 2009.

Fraser, Nancy, *Die halbierte Gerechtigkeit. Schlüsselbegriffe des postindustriellen Sozialstaats*, Suhrkamp, Frankfurt a. M. 2001.

Freiburghaus, Dieter, »Geschlossene oder aufgeschlossene Gesellschaft? Schweizer Eliten«, in: Avenir Suisse, *Die neue Zuwanderung. Die Schweiz zwischen Brain-Gain und Überfremdungsangst*, Verlag Neue Zürcher Zeitung, Zürich 2008, S. 227–244.

Friedrichs, Julia, *Gestatten: Elite. Auf den Spuren der Mächtigen von morgen*, Heyne, München 2009.

Galbraith, John Kenneth, *The Affluent Society*, Hamish Hamilton, London 1958.

Geißler, Rainer, »Facetten der modernen Sozialstruktur – Modelle und Kontroversen«, in: Jäggi, Victoria, Ueli Mäder und Katja Windisch (Hrsg.), *Entwicklung, Recht, Sozialer Wandel*, Peter Lang, Bern 2001, S. 537–551.

Geißler, Rainer, »Der Ungleichheitsansatz in der Elitenforschung«, in: Hradil, Stefan und Peter Imbusch (Hg.), *Oberschichten - Eliten - Herrschende Klassen*, Leske + Budrich, Opladen 2003, S. 119–22.

Georg, Werner, *Soziale Lage und Lebensstil. Eine Typologie*, Leske + Budrich, Opladen 1998.

Goekmen, Ariel Sergio, *Wealthy Insights. Lessons from Interviews with Wealthy Families and Their Advisors. A Source Book*, Eigenverlag, Zürich 2008.

Goldscheid, Rudolf, Joseph Schumpeter und Rudolf Hickel, *Die Finanzkrise des Steuerstaates. Beiträge zur politischen Ökonomie der Staatsfinanzen*, Suhrkamp, Frankfurt a. M. 1976.

Grolimund, Sandra und Georgette Bodmer, »Einblick in die Werkstatt. Die Dienstleistungen eines Family Office in der Praxis«, in: *Denaris*, Nr. 1, 2007, S. 31–33.

Gross, Peter, *Die Multioptionsgesellschaft*, Suhrkamp, Frankfurt a.M. 1994.

Gruner, Erich, *Die Arbeiter in der Schweiz im 19. Jahrhundert. Soziale Lage, Organisation, Verhältnis zu Arbeitgeber und Staat*, Francke, Bern 1968.

Gruner, Erich, *Arbeiterschaft und Wirtschaft in der Schweiz 1880–1914, Band I: Demographische, wirtschaftliche und soziale Basis und Arbeitsbedingungen*, Chronos, Zürich 1987.

Gygax, David, *La Swiss-South African Association (1956–2000). Un organe du capital helvétique en Afrique du Sud*, Chaire d'Histoire Contemporaine de l'Université de Fribourg, Fribourg 2001.
Hablützel, Peter, *Die Banken und ihre Schweiz. Perspektiven einer Krise*, Conzett/Oesch Verlag, Zürich 2010.
Hadjar, Andreas, *Meritokratie als Legitimationsprinzip. Die Entwicklung der Akzeptanz sozialer Ungleichheit im Zuge der Bildungsexpansion*, VS Verlag, Wiesbaden 2008.
Haibach, Marita, *Frauen erben anders. Mutig mit Vermögen umgehen*, Ulrike Helmer Verlag, Königstein/Taunus 2001.
Hartmann, Michael, *Eliten und Macht in Europa. Ein internationaler Vergleich*, Campus, Frankfurt a. M. 2007.
Hässig, Lukas, *Der UBS-Crash. Wie eine Großbank Milliarden verspielte*, Hoffmann und Campe, Hamburg 2009.
Helvea und Peter Thorne, *Swiss Banking Secrecy and Taxation: Paradise Lost?*, Helvea, Geneva 2009.
Heitmeyer, Wilhelm, *Was hält die Gesellschaft zusammen?*, Suhrkamp, Frankfurt a.M. 1997.
Hindersmann, Magnus und Michael Myssen, *Die Erbschafts- und Schenkungssteuern der Schweizer Kantone*, Verlag Dr. Otto Schmidt, Köln 2003.
Hochstrasser, Josef, *Ottmar Hitzfeld. Die Biographie*, Scherz, Frankfurt a. M. 2008.
Hoffer, Thomas B., »Meritocracy«, in: Levinson, David L., Peter W. Cookson und Alan R. Sadovnik (Hrsg.), *Education and Sociology. An encyclopedia*, Routledge, New York 2002, S. 435–442.
Holcim Ltd, *Geschäftsbericht 2009*, Holcim Ltd., Jona 2010.
Holcim Schweiz AG, *Kleine Zementgeschichte*, Holcim, Zürich, Version 1.3, 24.3.2010, auf: www.holcim.ch/holcimweb/gc/CH/uploads/20100324_Zementgeschichte_v1_3.pdf
Holenstein, André, Charlotte Gutscher und Heinrich Christoph Affolter, *Berns goldene Zeit. Das 18. Jahrhundert neu entdeckt*, Stämpfli, Bern 2008.
Holliger, Carl M., *Die Reichen und die Superreichen in der Schweiz*, Hoffmann und Campe, Hamburg 1974.
Holm, Andrej, *Wir bleiben alle! Gentrifizierung – Städtische Konflikte um Aufwertung und Verdrängung*, Unrast-Verlag, Münster 2010.
Homburg, Stefan, *Allgemeine Steuerlehre*, Franz Vahlen, München 2007.
Honegger, Claudia, Sighard Neckel und Chantal Magnin, *Strukturierte Verantwortungslosigkeit. Berichte aus der Bankenwelt*, Suhrkamp, Berlin 2010.
Höpflinger, François, *Das unheimliche Imperium. Wirtschaftsverflechtung in der Schweiz*, Eco, Zürich 1977.
Horkheimer, Max und Theodor W. Adorno, *Dialektik der Aufklärung*, Suhrkamp, Frankfurt a. M. 2003/1944.
Hradil, Stefan (Hrsg.), *Differenz und Integration*, 28. Kgr. DGS, Bd. I, Campus, Frankfurt a. M. 1997.
Hradil, Stefan und Stefan Immerfall (Hrsg.), *Die westeuropäischen Gesellschaften im Vergleich*, Leske + Budrich, Opladen 1997.
Hug, Peter, *Schweizer Rüstungsindustrie und Kriegsmaterialhandel zur Zeit des Nationalsozialismus. Unternehmensstrategien – Marktentwicklung – politische Überwachung, Teil 2*, (Veröffentlichungen der UEK, Bd. 11), Chronos, Zürich 2002.
Jäggi, Victoria, Ueli Mäder und Katja Windisch (Hrsg.), *Entwicklung, Recht, Sozialer Wandel*, Peter Lang, Bern 2001.
Jeitziner, Bruno und Rudi Peters, »Regionale Einkommens- und Vermögensverteilung in der Schweiz. Was sagen die Steuerdaten?«, in: *Die Volkswirtschaft*, Nr. 12, 2007, S. 16–21.
Jeitziner, Bruno und Rudi Peters, *Regionale Einkommens- und Vermögensverteilung in der Schweiz. Untersuchung der Steuerdaten 2003 und der Entwicklung seit 1995/1996*, EFD, Bern 2009.
Jung, Joseph, *Alfred Escher 1819–1882. Der Aufbruch zur modernen Schweiz, Band 3: Schweizerische Kreditanstalt, Eidgenössisches Polytechnikum, Aussenpolitik*, NZZ Libro, Zürich 2006.

Kaelble, Hartmut, *Sozialgeschichte Europas 1945 bis zur Gegenwart*, C. H. Beck, München 2007.
Kemper, Andreas und Heike Weinbach, *Klassismus. Eine Einführung*, Unrast-Verlag, Münster 2009.
Kestel, Christine, *Über Elite. Form und Funktion von Elite-Kommunikation in der Gesellschaft der Gegenwarten*, Ludwig-Maximilians-Universität, München 2008.
Keuschnigg, Christian, *Eine Steuerreform für mehr Wachstum in der Schweiz. Mit Anmerkungen zu einem steuerpolitischen Paradigmenwechsel von Hans Rentsch*, Avenir Suisse, Zürich 2004.
Kirchgässner, Gebhard und Werner Pommerehne, »Tax harmonization and tax competition in the European Union: Lessons from Switzerland«, in: *Journal of Public Economics*, Nr. 60, 1996, S. 351–371.
Kirchgässner, Gebhard, *Vorüberlegungen zu einer Steuerstrategie des Kantons Zürich. Stellungnahme zuhanden des Zürcher Regierungsrats, Fassung vom 12.9.2007*, SIAW-HSG, St. Gallen 2007.
Kissling, Hans, *Reichtum ohne Leistung. Die Feudalisierung der Schweiz*, Rüegger, Zürich 2008.
Köhler, Ingo, *Die ›Arisierung‹ der Privatbanken im Dritten Reich. Verdrängung, Ausschaltung und die Frage der Wiedergutmachung*, C. H. Beck, München 2008.
Kornbichler, Thomas, *Die Sucht, ganz oben zu sein. Psychohistorische Dimensionen von Macht und Herrschaft*, Kreuz, Stuttgart 2007.
Kreckel Reinhard (Hrsg.), *Soziale Ungleichheiten*, Schwartz, Göttingen 1983.
Krysmanski, Hans-Jürgen, *Hirten und Wölfe. Wie Geld- und Machteliten sich die Welt aneignen*, Westfälisches Dampfboot, Münster 2009.
Kruk, Max, *Die großen Unternehmer*, Societäts-Verlag, Frankfurt a. M. 1972.
Künzi, Kilian und Markus Schärrer, *Wer zahlt für die Soziale Sicherheit und wer profitiert davon? Eine Analyse der Sozialtransfers in der Schweiz*, Rüegger, Zürich/Chur 2004.
Kuznets, Simon, »Economic Growth and Income Inequality«, in: *The American Economic Review*, Nr. 1, 1955, S. 1–28.
Leisinger, Klaus M., »Unternehmensethik und Managerethik«, in: Küng, Hans et al., *Manifest Globales Wirtschaftsethos. Konsequenzen und Herausforderungen für die Weltwirtschaft*, dtv, München 2010, S. 48–76.
Levy, René, *Die Schweizerische Sozialstruktur*, Pro Helvetia, Zürich 1997
Levy, René, »Soziale Ungleichheit«, in: Carigiet Erwin, Ueli Mäder und Jean-Michel Bonvin (Hrsg.), *Wörterbuch der Sozialpolitik*, Rotpunktverlag, Zürich 2003.
Lévy, René, *Die Schweizerische Sozialstruktur*, Rüegger, Zürich/Chur 2009.
Liebig, Brigitte, *Geschlossene Gesellschaft. Aspekte der Geschlechterungleichheit in wirtschaftlichen und politischen Führungsgremien in der Schweiz*, Rüegger, Zürich/Chur 1997.
Liebig, Thomas und Alfonso Sousa-Pouza, »The Influence of Taxes on Migration. Evidence from Switzerland«, in: *Cambridge Journal of Economics*, Nr. 30, 2006, S. 235–252.
Longchamp, Olivier, Alessandro Pelizzari und Florence Proton, *Kassenkampf. Argumente gegen die leere Staatskasse*, Rotpunktverlag, Zürich 2006.
Longchamp, Olivier und Yves Steiner, *The Contribution of the SIAF to the International Restauration of Neoliberalism*, ESSH Conference, Lisbonne 2008. www.unige.ch/ses/istec/EBHA2007/papers/LongchampSteiner.pdf
Maag, Verena, *Kaufsucht in der Schweiz. Verbreitung, Ursachen und Konsequenzen*, Rüegger, Zürich/Chur 2010.
Mäder, Ueli, *Für eine solidarische Gesellschaft*, Rotpunktverlag, Zürich 1999.
Mäder, Ueli und Elisa Streuli, *Reichtum in der Schweiz*, Rotpunktverlag, Zürich 2002.
Mann, Fritz Karl, *Steuerpolitische Ideale. Vergleichende Studien zur Geschichte der ökonomischen und politischen Ideen und ihres Wirkens in der öffentlichen Meinung 1600–1935*, Gustav Fischer, Jena 1937.
Mann, Fritz Karl, »The Fiscal Component of Revolution. An Essay in Fiscal Sociology«, in: *The Review of Politics*, Nr. 3, 1947, S. 331–349.
Mansutti, Onorio, *Kinder in Brasilien. 30 Jahre KIB. 10. März 1974 bis 10. März 2004*, Kinder in Brasilien, Basel 2004.

Manza, Jeff und Michael Sauder, *Inequality and Society: Social Science Perspectives on Social Stratification*, W. W. Norton & Company, New York 2009.
Marcuse, Herbert, *Der eindimensionale Mensch*, Luchterhand, Neuwied 1980/1964.
Marshall, Thomas H., »Staatsbürgerrechte und soziale Klassen«, in: Marschall, Thomas H. (Hrsg.), *Bürgerrechte und soziale Klassen. Zur Soziologie des Wohlfahrtsstaates*, Campus, Frankfurt a. M. 1992, S. 33–67.
Marti Urs, Das Leiden der Neoliberalen an der Gerechtigkeit, In: *Widerspruch*, Nr. 58, Zürich 2010, S. 5–14.
Marx, Karl, »Kritik des Gothaer Programms«, in: Marx, Karl und Friedrich Engels, *Werke, Band 4*, Dietz, Berlin/DDR 1973/1875, S. 13–32.
Meienberg, Niklaus, *Die Welt als Wille & Wahn. Elemente zur Naturgeschichte eines Clans*, Limmat Verlag, Zürich 1987.
Michels, Richard, *Zur Soziologie des Parteiwesens in der modernen Demokratie. Untersuchungen über die oligarchischen Tendenzen des Gruppenlebens*, Kröner, Stuttgart 1925.
Mieck, Ilja, *Handbuch der europäischen Wirtschafts- und Sozialgeschichte, Band 4: Europäische Wirtschafts- und Sozialgeschichte von der Mitte des 17. Jahrhunderts bis zur Mitte des 19. Jahrhunderts*, Klett-Cotta, Stuttgart 1993.
Mills, C. Wright, *Die amerikanische Elite. Gesellschaft und Macht in den Vereinigten Staaten*, Holsten-Verlag, Hamburg 1962.
Montesquieu, Charles-Louis de, *L'esprit des lois*, Gallimard, Paris 1995/1748.
Morger, Mario, *Die Besteuerung nach dem Aufwand aus ökonomischer Sicht*, ESV, Bern 2010.
Mullis, Daniel, *Gentrification und Neoliberalisierung. Die Berner Stadtplanung im Fokus. Eine kritische Analyse der Stadtplanungsdokumente am Beispiel des Lorrainequartiers*, Geographisches Institut der Universität Bern, Bern 2009.
Murray, Charles A., *Losing Ground. American Social Policy, 1950–1980*, Basic Books, New York 1984.
Nadoldny, Sten, *Die Entdeckung der Langsamkeit*, Piper, München 1998.
Neckel, Sighard, *Die Macht der Unterscheidung. Essays zur Kultursoziologie der modernen Gesellschaft*, Campus, Frankfurt a. M. 2000.
Neumark, Fritz, *Grundsätze gerechter und ökonomisch rationaler Steuerpolitik*, Mohr Siebeck, Tübingen 1970.
Novartis International AG, *Novartis Campus*, Hatje Cantz, Ostfildern 2009.
Oates, Wallace E, »The Effects of Property Taxes and Local Public Spending on Property Values. An Empirical Study of Tax Capitalization and the Tiebout Hypothesis«, in: *Journal of Political Economy*, Nr. 6, 1969, S. 957–971.
OECD, *Growing Unequal? Income Distribution and Poverty in OECD Countries*, OECD, Paris 2008.
Packard, Vance, *The Hidden Persuaders*, Longmans, London 1957.
Pareto, Vilfredo, *Allgemeine Soziologie*, J.C.B. Mohr (Paul Siebeck), Tübingen 1955.
Paris, Rainer, »Doing Gender«, in: *Merkur*, Nr. 649, 2003: www.uni-koblenz.de/~vladimir/breviary/paris.html (Stand 11.8.2010).
Paris, Rainer, *Normale Macht. Soziologische Essays*, UVK, Konstanz 2005.
Parma, Viktor, *Machtgier. Wer die Schweiz wirklich regiert*, Nagel & Kimche, Zürich 2007.
Parma, Viktor und Werner Vontobel, *Schurkenstaat Schweiz? Steuerflucht: Wie sich der größte Bankenstaat der Welt korrumpiert und andere Länder destabilisiert*, C. Bertelsmann, München 2009.
Pasolini, Pier Paolo, *Freibeuterschriften. Die Zerstörung der Kultur des Einzelnen durch die Konsumgesellschaft*, Wagenbach, Berlin 1979.
Peters, Rudi, *Effet des déductions sur l'impôt fédéral direct des personnes physiques. Etude menée dans le cadre de l'interpellation 04.3429 »A qui profitent les déductions fiscales?«*, ESTV, Bern 2005.
Peters, Rudi, *Répartition des revenus en Suisse: faits et tendances. Une analyse des revenus imposables de l'année 2006*, ESTV, Bern 2010.
Phillips, Kevin, *Die amerikanische Geldaristokratie. Eine politische Geschichte des Reichtums in den USA*, Campus, Frankfurt a. M. 2003.

Piketty, Thomas und Emanuel Saez, »Income Inequality in the United States 1913–1998«, in: *The Quarterly Journal of Economics*, Nr. 1, 2003, S. 1–39.

Rérat, Patrick, Ola Söderström, Etienne Piguet und Roger Besson, »From Urban Wastelands to New-Build Gentrification. The Case of Swiss Cities«, in: *Population, Space and Place*, im Erscheinen, 2010.

Rieder, Katrin, *Netzwerke des Konservatismus. Berner Burgergemeinde und Patriziat im 19. und 20. Jahrhundert*, Chronos, Zürich 2008.

Robinson, William I. und Jerry Harris, »Towards a Global Ruling Class? Globalization and the Transnational Capitalist Class«, in: *Science & Society*, Nr. 1, 2000, S. 11–44.

Rosen, Sherwin, »The Economics of Superstars«, in: *American Economic Review*, Nr. 5, 1981, S. 845–858.

Rossfeld, Roman und Tobias Straumann, *Der vergessene Wirtschaftskrieg. Schweizer Unternehmen im Ersten Weltkrieg*, Chronos, Zürich 2008.

Rothkopf, David, *Die Super-Klasse. Die Welt der internationalen Machtelite*, Riemann, München 2008.

Rousseau, Jean-Jacques, *Politische Ökonomie (Discours sur l'Economie politique)*, Vittorio Klostermann, Frankfurt a. M. 1977/1755.

Ruch, Christian, Myriam Rais-Liechti und Roland Peter, *Geschäfte und Zwangsarbeit. Schweizer Industrieunternehmen im »Dritten Reich«*, (Veröffentlichungen der UEK, Bd. 6), Chronos, Zürich, 2001.

Saager, Hansjürg und Werner Vogt, *Schweizer Geld am Tafelberg. Die Wirtschaftsbeziehungen zwischen der Schweiz und Südafrika zwischen 1948 und 1994*, Orell Füssli, Zürich 2005.

Sablonier, Roger, *Adel im Wandel. Eine Untersuchung zur sozialen Situation des ostschweizerischen Adels um 1300*, Vandenhoeck & Ruprecht, Göttingen 1979.

Sablonier, Roger, *Gründungszeit ohne Eidgenossen. Politik und Gesellschaft in der Innerschweiz um 1300*, hier + jetzt, Baden 2008.

Sarasin, Philipp, *Stadt der Bürger. Struktureller Wandel und bürgerliche Lebenswelt Basel 1870–1900*, Helbing & Lichtenhahn, Basel 1990.

Sarasin, Philipp, *Stadt der Bürger. Bürgerliche Macht und städtische Gesellschaft Basel 1846–1914*, Vandenhoeck & Ruprecht, Göttingen 1997.

Schär, Markus, *O Thurgau. Ein Kantonsführer für Fortgeschrittene*, Genus Media, Weinfelden 2002.

Schelsky, Helmut, *Wandlungen der deutschen Familie der Gegenwart*, Ardey-Verlag, Dortmund 1953.

Schilliger, Sarah, »Die soziale Reproduktion von Reichtum in der Schweiz. Eine Soziologie des Wirtschaftsbürgertums«, in: Denknetz (Hrsg.), *Denknetz Jahrbuch 2007*, Edition 8, Zürich 2007, S. 122–131.

Schilling, Guido und Research Team, *Schilling Report 2010. Transparenz an der Spitze. Die Geschäftsleitungen und Verwaltungsräte der hundert grössten Schweizer Unternehmen im Vergleich*, Guido Schilling AG, Zürich 2010.

Schmid, Christian und Daniel Weiss, »The new metropolitan mainstream«, in: Inura, R. Palosicia, *The Contested Metropolis. Six Cities at the Beginning of the 21st Century*, Birkhäuser Architektur, Basel 2004, S. 252–260.

Schneider, Markus, *Klassenwechsel. Aufsteigen und Reichwerden in der Schweiz: Wie Kinder es weiterbringen als ihre Eltern*, Echtzeit, Basel 2007.

Schnurbein, Georg von und Bethmann, Steffen, *Philanthropie in der Schweiz*, CEPS Forschung und Praxis Bd. 1, Basel 2010.

Schnyder, Gerhard, Martin Lüpold, André Mach und Thomas David, *The Rise and Decline of the Swiss Company Network During the 20th Century*, Université de Lausanne, Institut d'études politiques et internationales, Lausanne 2005.

Schulze, Gerhard, *Die Erlebnisgesellschaft. Kultursoziologie der Gegenwart*, Campus, Frankfurt a. M. 2000.

Schwarzenbach, Alexis, *Die Geborene. Renée Schwarzenbach-Wille und ihre Familie*, Scheidegger und Spiess, Zürich 2005.

Schweizerischer Bundesrat, »Bericht des Bundesrats an die Bundesversammlung zur Motion Eggenberger betreffend wirksamere Bekämpfung der Steuerdefraudation vom 25. Mai 1962«, in: Bundesblatt, II, Nr. 23, 7.6.1962, S. 1057–1117.

Schweizerischer Bundesrat, »Botschaft des Bundesrats zur Kapitalgewinnsteuer-Initiative vom 25.10.2000«, in: Bundesblatt, Nr. 50, 19.12.2000.

Sen Amartya, *Ökonomie für den Menschen. Wege zur Gerechtigkeit und Solidarität in der Marktwirtschaft,* dtv, München 2005.

Senger, Monica und Onorio Mansutti, *Good News aus Rio,* Rüffer & Rub, Zürich 2009.

Simmel, Georg, *Soziologie. Untersuchungen über die Formen der Vergesellschaftung,* Duncker & Humblot, Berlin 1983 / 1908.

Sklair, Leslie, *The Transnational Capitalist Class,* Blackwell, Oxford 2000.

SSK Schweizerische Steuerkonferenz und ESTV Eidgenössische Steuerverwaltung, *Die Erbschafts- und Schenkungssteuern. Stand der Gesetzgebung: 1. Januar 2009,* SSK und ESTV, Bern 2009.

Stamm, Hanspeter, Markus Lamprecht und Rolf Nef, *Soziale Ungleichheit in der Schweiz. Strukturen und Wahrnehmungen,* Seismo, Zürich 2003.

Statistisches Amt des Kantons Basel-Stadt, *Steuerstatistik Basel-Stadt. Auswertungen, Karten und Kommentare,* Statistisches Amt, Basel 2010.

Staub, Hans O., *Von Schmidheiny zu Schmidheiny,* Verein für Wirtschaftshistorische Studien, Meilen 1994.

Steiner, Yves, »Les riches amis suisses du néolibéralisme«, in: *Traverse,* Nr. 14, 2007.

Sterbling, Anton, »Zur Wirkung unsichtbarer Hebel. Überlegungen zur Rolle des ›sozialen Kapitals‹ in fortgeschrittenen westlichen Gesellschaften«, in: Berger, Peter A. und Michael Vester (Hrsg.), *Alte Ungleichheiten, neue Spannungen,* Leske + Budrich, Opladen 1998, S. 189–209.

Stöhlker, Klaus J., *Am See. Eine Kultur- und Sittengeschichte in 75 Kapiteln,* Klaus J. Stöhlker, Zollikon 2009.

Strahm, Rudolf H., *Warum wir so reich sind. Wirtschaftsbuch Schweiz,* hep, Bern 2008.

Straumann, Tobias, *Die Schöpfung im Reagenzglas. Eine Geschichte der Basler Chemie (1850–1920),* Helbing & Lichtenhahn, Basel 1995.

Streckeisen, Peter, »Akademisch-finanzieller Komplex«, in: *Debatte,* Nr. 9, 2009.

Streuli, Elisa, *Mit Biss und Bravour. Lebenswege von Topmanagerinnen,* Orell Füssli, Zürich 2007.

Stutz, Heidi, Tobias Bauer und Susanne Schmugge, *Erben in der Schweiz: eine Familiensache mit volkswirtschaftlichen Folgen,* Rüegger, Zürich / Chur 2007.

Suter, Rudolf, *ckdt. (Basel). Streifenlichter auf die Geschichte und Persönlichkeiten des Basler Geschlechts Burckhardt,* Buchverlag Basler Zeitung 1990.

Tanner, Albert, *Arbeitsame Patrioten – wohlanständige Damen. Bürgertum und Bürgerlichkeit in der Schweiz 1830–1914,* Orell Füssli, Zürich 1995.

The World Bank, *Where is the Wealth of Nations? Measuring Capital for the 21st century,* The World Bank, Washington D. C. 2006.

Thielemann, Ulrich, *System Error. Warum der freie Markt zur Unfreiheit führt,* Westend, München 2009.

Thiers, Adolphe, *De la propriété,* J. B. Mortier, Bruxelles 1849.

Tiebout, Charles, »A Pure Theory of Local Public Expenditures«, in: *Journal of Political Economy,* Nr. 64, 1956, S. 416–424.

Tipke, Klaus und Joachim Lang, *Steuerrecht. Ein systematischer Grundriss,* Otto Schmidt, Köln 2002.

Tschäni, Hans, *Wer regiert die Schweiz? Der Einfluss von Lobby und Verbänden,* Orell Füssli, Zürich 1983.

Ullmann, Hans-Peter, *Der deutsche Steuerstaat. Geschichte der öffentlichen Finanzen vom 18. Jahrhundert bis heute,* C.H. Beck, München 2005.

Veblen, Thornstein, *The Theory of the Leisure Class,* Augustus M. Kelly, New York 1975 / 1899.

Veblen, Thorstein, *Theorie der feinen Leute. Eine ökonomische Untersuchung der Institutionen,* S. Fischer, Frankfurt a. M. 1997 / 1899.

Veit, Otto, »Grundlagen der Steuermoral«, in: *Zeitschrift für die gesamte Staatswissenschaft,* Nr. 83, 1927, S. 317–349.

Verbist, Gerlinde, *An Inquiry into the Redistributive Effect of Personal Income Taxes in Belgium,* University of Antwerp, Antwerpen 2002.

Vester, Michael, »Kapitalistische Modernisierung und gesellschaftliche (Des-)Integration«, in: Heitmeyer 1997, 149–207.
Walpen, Bernhard, *Die offenen Feinde und ihre Gesellschaft. Eine hegemoniekritische Studie zur Mont Pelerin Society,* VSA-Verlag, Hamburg 2004.
Walker, Francis Amasa, *Political Economy,* Macmillan, London 1892.
Weber, Max, *Wirtschaft und Gesellschaf. Grundriss der verstehenden Soziologie,* Mohr, Tübingen 1980/1922.
Weck, Roger de, *Nach der Krise. Gibt es einen anderen Kapitalismus?,* Nagel & Kimche, München 2009.
Wild, Karl, *Hausi Leutenegger. Ein bisschen Glück war auch dabei,* Huber, Frauenfeld 2009.
Wirth, Hans-Jürgen, *Narzissmus und Macht. Zur Psychoanalyse seelischer Störungen in der Politik,* Psychosozial-Verlag, Gießen 2002.
Young, Michael, *The Rise of the Meritocracy 1870–2033. An Essay on Education and Equality,* Penguin Books, London 1958.
Zellweger, Thomas und Urs Fueglistaller, »Die volkswirtschaftliche Bedeutung der Familienunternehmen in der Schweiz«, in: *Schweizer Arbeitgeber,* Nr. 15, 2007, S. 30–33.
Zeyer, René, *Bank Banker Bankrott. Storys aus der Welt der Abzocker,* Orell Füssli, Zürich 2009.
Zeyer, René, *Zaster und Desaster,* Orell Füssli, Zürich 2010.
Žižek, Slavoj, »Der liberale Kommunist. Kritik der benevolenten Milliardäre«, in: *Cicero,* Nr. 7, 2006, S. 108 f.

Zeitungen und Wochenzeitungen

20 Minuten, 1.4.2010 a, »71 Millionen Bonus: Der Dagobert vom Paradeplatz«, Sandro Späth.
20 Minuten, 1.4.2010 b, »Avenir Suisse will Insolvenzverfahren«.
20 Minuten, 21.6.2010, »Dank WM: Chips-Hersteller reiben sich die Hände«, Dajan Roman.
Baslerstab, 25.2.2010, »Basler im Gewitter der Blitze«, Martin Regenass.
Baslerstab, 1.4.2010, »Jobtausch am Rhein«, Simone Morger.
BaZ, 23.2.2006, »Die noble Nestlé-Novartis-Credt-Suisse-Partei«, Denise Lachat Pfister.
BaZ, 13.12.2007, »Obwalden will flach werden«, Barbara Stäbler.
BaZ, 22.1.2009, »Swiss mit neuer Luxusklasse«, Christoph Landolt.
BaZ, 24.7.2009, »Für Roche werden die USA jetzt wichtiger. Konzernchef Severin Schwan (41) freut sich über die Fortschritte bei der Integration von Gentech«, Interview mit Valentin Handschin und Andreas Möckli.
BaZ, 31.7.2009, »Venezuela entschädigt Holcim«, mbr/sda.
BaZ, 3.8.2009, »Hier geht es um das Allerheiligste, Giovanni di Lorenzo (50), Chefredaktor der *Zeit,* sieht die Identität der Schweiz in Gefahr«, Interview mit Annette Goebel und Seraina Gross.
BaZ, 11.8.2009, »Hummlers Rückzugsgefechte«, Rudolf Strahm.
BaZ, 18.8.2009, »Regieren Vischer Advokaten Basel?«, Urs Müller.
BaZ, 21.8.2009, »Engagement und Verantwortung«, Andreas C. Albrecht.
BaZ, 24.11.2009, »Weder di Mauro bei Thyssen Krupp«.
BaZ, 30.12.2009, »Der Ex-Banker, der das Putzen neu erfindet«, Dieter Bachmann.
BaZ, 2.1.2010, »Exgüsi, wie geht's der Schweiz?«, Helmut Hubacher.
BaZ, 25.1.2010, »Hunderte reisten mit Bussen zum Eternit-Prozess«, sam/ddp.
BaZ, 27.1.2010 a, »Vasella warnt die Schweiz«, Michael Heim.
BaZ, 27.1.2010 b, »Letzte Vorbereitungen für das WEF«.
BaZ, 2.2.2010, »Wirtschaft wächst, Wohlstand auch?«, Hanspeter Guggenbühl.
BaZ, 5.2.2010, »Krokodilstränen«, Helmut Hubacher.
BaZ, 12.2.2010, »Woher das Schwarzgeld auf Schweizer Banken kommt«, oku.
BaZ, 20.2.2010, »Differenzierte Kommentare«, Maya Eggenberger.
BaZ, 25.2.2010, »Die Macht der Wirtschaft schwindet«, Daniel Zulauf.
BaZ, 1.3.2010 a, »FDP in der Kommunikationskrise. Warum an dieser Stelle kein Interview mit FDP-Nationalrat Otto Ineichen erscheint«, Gery Cavelty.

BaZ, 1.3.2010 b, »International School Basel, Weltbürger unter sich«, Miriam Glass.
BaZ, 1.3.2010 c, »Ernst Beyeler«, Todesanzeigen.
BaZ, 24.3.2010, »Ein Spiel mit Gas und Bremse«, Michael Heim.
BaZ, 25.3.2010 a, »CS kassiert eine Busse und entschädigt Roche«.
BaZ, 25.3.2010 b, »Zwei Verlage, füreinander bestimmt«, Christian Mensch.
BaZ, 26.3.2010, »Taxi, bitte!«, Helmut Hubacher.
BaZ, 27.3.2010, »Welche Aufgabe hat eine Zeitung, Avvocato?«, Matthias Geering.
BaZ, 31.3.2010 a, »Public Oeri Partnership«, Matthias Geering.
BaZ, 31.3.2010 b, »Swiss Life gewinnt etwas Zeit«, Daniel Zulauf.
BaZ, 1.4.2010 a, »Im Zweifel für die Kunst«, Christoph Heim.
BaZ, 1.4.2010 b, »Banker sind intelligente Leute«, Yvan Lengwiler.
BaZ, 1.4.2010 c, »Ein Plädoyer für neue Spielregeln«, Daniel Zulauf.
BaZ, 3.4.2010 a, »Einem geschenkten Gaul…«, Raphael Suter.
BaZ, 3.4.2010 b, »Was macht die Spaziergangswissenschaft, Frau Burckhardt?«, Annette Goebel.
BaZ, 3.4.2010 c, »Daimler kauft sich im Korruptionsprozess frei«, Joachim Rogge.
BaZ, 8.4.2010, »Daimler und Renault sind Partner«.
BaZ, 9.4.2010, »Das ist eine andere Welt«, Helmut Hubacher.
BaZ, 30.4.2010, »Das System ist krank. Sehr krank«, Helmut Hubacher.
BaZ, 19.5.2010, »Rückschläge nicht ausgeschlossen«, Rahel Koerfgen.
BaZ, 2.7.2010, »Ein etwas anderer Konzernchef«, Helmut Hubacher.
BaZ, 17.8.2010, »Amerikas Reiche werdens richten«, Dietmar Ostermann.
bz/MZ, 23.7.2009 a, »Lonza ist nicht immun, aber recht resistent«, Ruedi Mäder.
bz/MZ, 23.7.2009 b, »Schmidheiny in Turin vor Gericht. Prozess gegen den Industriellen wegen Asbest-Toten«, Dominik Straub.
bz/MZ, 24.7.2009, »Swissair-Pleitier hebt wieder ab. Philippe Bruggisser hat nach langer Durststrecke einen neuen Job bei der Airline Vista Jet«, Sven Millischer.
bz/MZ, 2.8.2009, »Paradeplatz«.
bz/MZ, 22.1.2010 a, »Kritische Aktionäre sind besser als Verbote«, Daniel Imwinkelried.
bz/MZ, 22.1.2010 b, »Obama setzt Banken weiter unter Druck«, Renzo Ruf.
bz/MZ, 23.1.2010, »Obama schockt Bank-Aktionäre«, Daniel Imwinkelried.
bz/MZ, 25.1.2010, »Wir empfangen die Crème de la Crème«, Ernst Wyrsch im Gespräch mit Christian Dorer und Martin Rupf.
bz/MZ, 31.3.2010 a, »Oeri garantiert den halben Neubau«, Yen Duong.
bz/MZ, 31.3.2010 b, »Millionen für epochalen Neubau«, Yen Duong.
Bilan, 20.6.2007, »Les nouveaux réseaux des top leaders«, Mary Vakaridis.
Bilanz, Oktober 1989, »Die 100 Reichsten«, Beat Bieri und Gabriele Moll, S. 108–114.
Bilanz, Januar 2003, »Die Blochers«, Bruno Affentranger.
Bilanz, März 2003, »Chromosomen sind so wichtig wie Shakespeare. Monatsgespräch mit Larry Summers, Präsident der Harvard University«, Medard Meier.
Bilanz, 26.3.2003, »Die Schmidheinys (Teil 1): Tödliche Milliarden«, Jörg Becher.
Bilanz, 30.4.2003, »Die Schmidheinys (Teil 2): Gewinne ohne Gewissen«, Jörg Becher.
Bilanz, 28.5.2003, »Die Schmidheinys (Teil 3): Good Governance: Anspruch und Versagen«, Jörg Becher.
Bilanz, 24.11.2004, »Prolog: Reichlich reicher«, Stefan Lüscher.
Bilanz, 23.5.2006, »Erben: Familiensache«, Harald Fritschi.
Bilanz, 19.12.2006, »Miriam Blocher: ›Ich führe ja nicht zum ersten Mal‹«, Iris Kuhn-Spogat.
Bilanz, 9.11.2007, »Kantonaler Steuerwettbewerb: Ganze Schweiz in Aufruhr«.
Bilanz, 23.11.2007, »Die 300 Reichsten: Lasst 529 Milliarden blühen«, Stefan Lüscher.
Bilanz, 5.12.2008 a, »459 Milliarden Franken: Die armen Reichen«, Stefan Lüscher.
Bilanz, 5.12.2008 b, »Die 300 Reichsten«
Bilanz, 5.12.2008 c, »20 Jahre Reichsten-Rapport: Reiches Jubiläum«, Stefan Lüscher.
Bilanz, 5.6.2009, »Familiendynastien: Wie die Grossen«, Hansjörg Ryser.
Bilanz, 31.7.2009, »Harvard Business School. Ratlos in Boston, Eva Buchhorn, Klaus Werle.
Bilanz, 4.12.2009, »Die 300 Reichsten«, Stefan Lüscher.
Bilanz, 29.1.2010, »Boni-Banker: Auf Rekordkurs«, Erik Nolmans.

Bilanz, 12.3.2010 a, »Gertrud Erismann-Peyer«.
Bilanz, 12.3.2010 b, »Post: Hasler baut ab«.
Bilanz, 12.3.2010 c, »Machtnetz von Dany Bahar: Volle Pulle«, Stefan Barmettler.
Bilanz, 12.3.2010 d, »SRG: Epochaler Umbau«, Susanne Mühlemann.
Bilanz, 12.3.2010 e, »Wer wird Generaldirektor? Gesucht: Manager aus der Privatwirtschaft«.
Bilanz, 26.3.2010, »Hedge-Funds-Rating: Die Könige der Rendite«, Harry Büsser.
Bilanz, 9.4.2010, »Von Finck: Geduld bringt Rosen«, Leo Müller.
Bilanz, 4.6.2010, »Konjunktur: Schweiz im Hoch«, Harald Fritschi.
Bilanz, 18.6.2010, »Schweiz-USA: Reise-Stopp«.
Blick, 27.5.2010, »Streit um Freis Steuer-Forderung«, Matthias Pfander und Peter Hossli.
Denkbar, Nr. 12, 2010, »Echte oder wolkige Erfolge?«, Forum Alpinum, St. Gallen, Klaus J. Stöhlker.
FAZ, 1.9.2008, »Finanzdynastien 13: Pictet. Die Kraft der Familie zum Nutzen der Bank«, Jürgen Dunsch.
Finanz und Wirtschaft, 10.9.2008, »Integrierte Betrachtung der Anlagen einer Unternehmerfamilie – Umsetzung eines Family-Office-Konzepts: Multi Family Office ist oft die optimale Lösung«, Jürg Frey und Lukas Dörig.
Forbes, 3.11.2009, »The World's Billionaires (2009)«, Luisa Kroll, Matthew Miller und Tatiana Serafin.
Forbes, 10.3.2010, »The World's Billionaires (2010)«, Luisa Kroll und Matthew Miller.
Handelszeitung, 2.7.2008, »Für jeden und jede das passende Netz. ›Netzwerken ist eine anerkannte Qualität‹«, Franz Schultheis im Interview mit Helga Wienröder.
Handelszeitung, 29.7.2008, »Netzwerke der jungen Wirtschaftselite«, Helga Wienröder, S. 47.
L'Hebdo, 24.7.2008, »La Suisse, sanatorium du néolibéralisme«, Yves Steiner
Das Magazin, 24.4.2009, »Werte-Wandel«, Daniel Binswanger.
Das Magazin, 29.5.2009, »Sturmtief über St. Gallen«, Martin Beglinger.
Das Magazin, 22.1.2010, »Woher kommen die Märchenlöhne?«, Daniel Binswanger.
Das Magazin, 29.1.2010, »Die Krux mit dem Ersparten«, Daniel Binswanger.
Das Magazin, 12.2.2010, »Die heimliche Macht des Geldes«, Matthias Ninck und Daniel Binswanger.
Das Magazin, 5.3.2010, »Blochers Aktionärsdemokratie«, Daniel Binswanger.
Das Magazin, 12.3.2010 a, »Der nächste Schock«, Daniel Binswanger.
Das Magazin, 12.3.2010 b, »Was ist eine gute Elite?«, Rico Czerwinski.
Das Magazin, 19.3.2010, »Die freisinnigen Desperados«, Daniel Binswanger.
Das Magazin, 26.3.2010, »Lektionen einer Niederlage«, Daniel Binswanger.
Das Magazin, 3.4.2010, »Verschwörung gegen die USA«, Lukas Hässig.
Das Magazin, 10.4.2010, »Die katholische Ethik und der Geist des Kapitalismus«, Daniel Binswanger.
Das Magazin, 24.4.2010, »Das beste Buch zur Krise«, Daniel Binswanger.
Das Magazin, 30.4.2010, »Perverse Effekte der Staatsgarantie«, Daniel Binswanger.
Manager Magazin, 10.3.2005, »Der Hang zum Geld«, Sibylle Zehle.
Migros Magazin, 21.6.2010, »Rappenspalte: Jan Bühlmann (22), Mister Schweiz aus Buchrain LU, möchte nächstes Jahr seine Karriere als Schauspieler vorantreiben«, Eugen Baumgartner.
New York Daily News, 22.1.2009, »Former Merrill Lynch CEO John Thain resigns from Bank of America amid bonus scandal«, Helen Kennedy.
News.ch, 21.3.2006, »Marcel Ospel verdient über 60 000 Franken pro Tag«.
NZZ, 3.2.1998, »Steuertourismus eindämmen – kantonale Fiskalhoheit achten. Für eine bessere Koordination im Steuersystem«, Carl August Zehnder.
NZZ, 17.9.2004, »Investorengruppe übernimmt Flugplatz Samedan«.
NZZ, 30.11.2005, »Die Schwarzenbach-Saga – Differenzen in Familiendingen«, Nina Toepfer.
NZZ, 19.5.2006, »Blochers Rezept gegen hohe Managerlöhne«, Gerhard Schwarz.
NZZ, 1.11.2007, »Gstaad kann potenten Steuerzahler begrüssen«.
NZZ, 23.7.2009, »Reiche Gemeinden liefern 400 Millionen Franken ab. Finanzausgleich auf Rekordhöhe«, Kuno Gurtner.
NZZ, 24.7.2009, »Porsche gibt seine Unabhängigkeit auf«, Christoph Eisenring.

NZZ, 11.8.2009, »Kein Lohndeckel für UBS-Manager. Ständerat will auch staatlich unterstützten Banken möglichst wenig dreinreden«, Christoph Stricker/sda.
NZZ, 21.10.2009, »Kalter Krieg gegen den Finanzplatz Tessin«, Ermes Gallarotti.
NZZ, 20.1.2010 a, »Direkte Konkurrenz zur ›Abzocker‹-Initiative«, Katharina Fontana.
NZZ, 20.1.2010 b, »Die Kantonsfinanzen im Spiegel der Krise«, Jörg Krummenacher.
NZZ, 23.1.2010, »Eine Lanze für das Bankgeheimnis«, Markus Felber.
NZZ, 25.1.2010 a, »Wo Steueroasen verflucht sind«, Manfred Rist.
NZZ, 25.1.2010 b, »Ein neues Kapitel für die Banken?«, Andreas Uhlig.
NZZ, 26.1.2010, »Obama packt die Wurzel des Problems nicht an«, Krim Delko.
NZZ, 27.1.2010 a, »Ein Jahrmarkt der ›Promis‹ und der hehren Ziele«, Michael Rasch.
NZZ, 27.1.2010 b, »Rekonstruktion nach der grossen Rezession«, Gerhard Schwarz.
NZZ, 30./31.1.2010, »Krise der Werte«, Gerhard Schwarz.
NZZ, 21.2.2010, »Wo die neue Macht sitzt«, Francesco Benini.
NZZ, 9.3.2010, »Fast 4000 Schweizer versteuern ein Millioneneinkommen«, Hansueli Schöchli.
NZZ, 20.3.2010 a, »Reinigendes freisinniges Gewitter«, René Zeller.
NZZ, 20.3.2010 b, »Als Folge der Krise verdrängt Symbolpolitik die Sachpolitik«, Gerhard Schwarz.
NZZ, 23.3.2010, »Holcim klagt vor Schiedsgericht gegen Venezuela: Entschädigung für Verstaatlichung gefordert«.
NZZ, 27.3.2010, »›Wir haben Strafanzeige eingereicht‹«, Credit-Suisse-Präsident Hans-Ulrich Doerig im Interview mit Ermes Gallarotti und Hansueli Schöchli.
NZZ, 1.4.2010 a, »Aus für das Humanitäre Forum«, Annagreth Mathari.
NZZ, 1.4.2010 b, »Drei Milliarden Aktienboni für Credit-Suisse-Kader«, Hansueli Schöchli.
NZZ, 1.4.2010 c, »Abgeltungssteuer«.
NZZ, 1.4.2010 d, »Von Schulden zu Eigenkapital«, Hansueli Schöchli.
NZZ, 8.4.2010 a, »Daimler und Renault besiegeln Kooperation«, Manfred Rist.
NZZ, 8.4.2010 b, »Die SP Schweiz setzt auf Nostalgie«, Claudia Schoch Zeller.
NZZ, 8.4.2010 c, »Für eine neue ökosoziale Ordnung«, Martin Woker.
NZZ, 8.4.2010 d, »Wie die SP den Kapitalismus überwinden will«, Martin Senti.
NZZ, 8.4.2010 e, »Die Vision nostalgischer 68er«, Martin Senti.
NZZ, 10.4.2010, »Die UBS leidet schwer an ihrer beschädigten Reputation«, Ernst Gallarotti.
NZZ, 13.4.2010 a, »Tue Gutes und rechne scharf«, Matthias Daum.
NZZ, 13.4.2010 b, »›Wir verdienen keinen Billig-Journalismus‹«, Kurt Imhof.
NZZ, 14.4.2010, »Investoren setzen verstärkt auf Immobilien. Grosses Interesse bei wohlhabenden Privatkunden und Pensionskassen«, Michael Ferber.
NZZ, 29.5.2010, »Finanzdirektoren halten an Pauschalbesteuerung fest. Kommission soll Reformvorschläge erarbeiten«, sda.
NZZ, 10.6.2010, »Der Eiertanz um die ›Bonussteuer‹«, Hansueli Schöchli.
NZZ, 11.6.2010, »Höhere weltweite Vermögen«, Michael Ferber.
NZZ, 21.6.2010, »Frankreichs Saubermann im Morast der Steuerflucht: Delikate Verwicklungen mit der Erbin des Oréal-Imperiums«, Manfred Rist.
NZZ am Sonntag, 11.3.2007, »Kantone kämpfen um reiche Schweizer«, Stefan Bühler.
NZZ am Sonntag, 28.12.2008, »Beverly Hills der Alpen«, Ruth Spitzenpfeil.
NZZ am Sonntag, 26.7.2009, »Die teuersten Wohnlagen der Welt«, Markus Städeli.
NZZ am Sonntag, 2.8.2009 a, »›Es war Liebe auf den ersten Blick‹, Vontobel-Chef Herbert Scheidt erklärt die Gründe für die Commerzbank-Akquisition«, Herbert Scheidt im Interview mit Markus Städeli.
NZZ am Sonntag, 2.8.2009 b, »Wo viel gearbeitet wird, sinkt die Arbeitslosigkeit«, Beat Kappeler.
NZZ am Sonntag, 9.8.2009, »Stilvoller Start ins Leben«, Martin Helg.
NZZ am Sonntag, 27.9.2009 a, »Die neue Regierung der Weltwirtschaft formiert sich«, Sebastian Bräuer.
NZZ am Sonntag, 27.9.2009 b, »Die gefährliche Illusion vom Befreiungsschlag«, Heidi Gmür.
NZZ am Sonntag, 3.1.2010, »Wachstum und Wohlstand sind auch heute noch möglich«, Beat Kappeler.

NZZ am Sonntag, 10.1.2010, »Leg dich quer, und du bist wer: Warum die Schweiz eine angriffige Wirtschaftsdiplomatie braucht«, Beat Kappeler.
NZZ am Sonntag, 17.1.2010, »Nicht Zuwanderung, sondern Mangel an Reformen führt zu Problemen«, Beat Kappeler.
NZZ am Sonntag, 24.1.2010, »Ohne Recht und Eigentum wird der Aufbau in Haiti nicht gelingen«, Beat Kappeler.
NZZ am Sonntag, 31.1.2010, »Die Verrechtlichung von Wirtschaft und Gesellschaft blockiert unser Land«, Beat Kappeler.
NZZ am Sonntag, 7.2.2010, »Biedermanns Sieg«, Birgit Voigt.
NZZ am Sonntag, 14.2.2010 a, »›Der Schweiz fehlt es an Akademikern‹«, George Sheldon im Interview mit Charlotte Jacquemart.
NZZ am Sonntag, 14.2.2010 b, »Fertig jammern – die sieben neuen Eckpfeiler des Finanzplatzes Schweiz«, Beat Kappeler.
NZZ am Sonntag, 21.2.2010 a, »›Auf Unterscheidung verzichten‹«, Eveline Widmer-Schlumpf im Gespräch mit Stefan Bühler und Markus Häfliger.
NZZ am Sonntag, 21.2.2010 b, »Wo die neue Macht sitzt«, Michael Furger und Francesco Benini.
NZZ am Sonntag, 21.2.2010 c, »›Nationalbank hat die Last auf sich genommen‹«, Thomas Jordan im Gespräch mit Fritz Pfiffner und Daniel Hug.
NZZ am Sonntag, 21.2.2010 d, »Der Euro als Währung für Süd- und Nordeuropa ist gescheitert«, Beat Kappeler.
NZZ am Sonntag, 28.2.2010 a, »Der Briefkastenkönig«, Heidi Gmür.
NZZ am Sonntag, 28.2.2010 b, »Eine Importsteuer auf Energie wäre effizienter und einträglicher als die Mehrwertsteuer«, Beat Kappeler.
NZZ am Sonntag, 7.3.2010, »An verschärften Regulierungen für die Banken führt kein Weg vorbei« Beat Kappeler.
NZZ am Sonntag, 21.3.2010 a, »Wieso Boni sinken werden«, Markus Städeli.
NZZ am Sonntag, 21.3.2010 b, »›Das ist eine Schummelei‹«, Nick Hayek im Gespräch mit Daniel Hug.
NZZ am Sonntag, 21.3.2010 c, »Schweden wäre ein gutes Beispiel für die Schweiz«, Beat Kappeler.
NZZ am Sonntag, 21.3.2010 d, »Schweizer Manager wegen Bestechung verhaftet«, Susanne Ziegert.
NZZ am Sonntag, 21.3.2010 e, »Strandleben am Zürichsee«, David Strohm.
NZZ am Sonntag, 28.3.2010 a, »Herrscher über 60 000«, Markus Städeli und Fritz Pfiffner.
NZZ am Sonntag, 28.3.2010 b, »Der grosse Zahltag kommt noch«, Fritz Pfiffner.
NZZ am Sonntag, 28.3.2010 c, »Swiss Life rennt dem Erfolg hinterher«, Charlotte Jacquemart.
NZZ am Sonntag, 28.3.2010 d, »Post verliert Geld in Deutschland«, Gabriela Weiss.
NZZ am Sonntag, 28.3.2010 e, »Zu wenig Herz vermutlich«, Margrit Sprecher.
NZZ am Sonntag, 4.4.2010 a, »Das will ich jeden Tag spüren«, Christian Gross.
NZZ am Sonntag, 4.4.2010 b, »Wieso in Südeuropa Löhne und Preise gestiegen sind, die Leistungen hingegen nicht«, Beat Kappeler.
NZZ am Sonntag, 4.4.2010 c, »Erotisches Kapital«, Martin Helg.
NZZ am Sonntag, 4.4.2010 d, »Mit Leib und Seele bei der Arbeit«, Andreas Mink.
NZZ am Sonntag, 11.4.2010, »Im Wettlauf der Finanzplätze muss die Schweiz ihre Vorteile nutzen«, Beat Kappeler.
NZZ am Sonntag, 25.4.2010, »Politik beeinflusst Anlagemärkte stärker, als uns lieb ist«, Beat Kappeler.
NZZ am Sonntag, 13.6.2010, »Ein hoher Mindestlohn bestraft die Unqualifizierten doppelt« Beat Kappeler.
NZZ Folio, Februar 2008, »Steuern. Wie der Staat uns zur Kasse bittet«.
Schweizer Illustrierte, 14.2.2005, »Hang zum Geld«, Peter Röthlisberger.
Schweizerzeit, 26.1.2007, »Die Schweiz vor einem neuen Aufbruch. Zum Wohl von Volk und Land«, Christoph Blocher: www.schweizerzeit.ch/frame_archiv.htm (Stand 11.8.2010).

Sonntag, 14.6.2009 a, »Protestaktion im Ständerat gegen Economiesuisse-Lobby«, Christoph Moser und Florence Vuchard.
Sonntag, 14.6.2009 b, »›Wir unterstützen das System, andere Firmen Parteien‹«, Urs Berger im Interview.
Sonntag, 26.7.2009, »Viele Pflanzen – und eine Kapitalistenfalle. Zu Hause bei Alfred Herbert«, Tertia Hager.
Sonntag, 2.8.2009 a, »Red-Bull-Millionär lanciert eigenen Fernsehsender«, Sacha Ercolani und Benjamin Weinmann.
Sonntag, 2.8.2009 b, »Bund kalkuliert Einnahmen viel zu optimistisch. Avenir Suisse kritisiert das Finanzdepartement von Merz«, Yves Demuth.
Sonntag, 2.8.2009 c, »Paradeplatz«.
Sonntag, 2.8.2009 d, »Jeder Dritte zahlt keine Steuern mehr«, Florence Vuichard.
Sonntag, 29.11.2009 a, »Grübel droht mit Wegzug der UBS aus der Schweiz«, Arthur Rutishauser.
Sonntag, 29.11.2009 b, »Calmy-Rey hielt mich hin – ich bin enttäuscht. Das grosse Interview mit Beat ›Beatocello‹ Richner in seinem Spital in Kambodscha«, Beat Richner im Interview mit Pascal Meier.
Sonntag, 6.12.2009 a, »Warnungen zum Trotz: Economiesuisse machte keinen Rappen locker. Der Wirtschaftsverband steht in der Kritik – selbst in der Regierung«, Othmar von Matt.
Sonntag, 6.12.2009 b, »›Ich bin kein Psychopath‹. Das grosse Interview mit Carl Hirschmann, Clubbesitzer und Unternehmer«, Carl Hirschmann im Interview mit Sacha Ercolani und Patrick Müller.
Sonntag, 13.12.2009, »Grossbanken nehmen kein Schwarzgeld mehr an«, Arthur Rutishauser.
Sonntag, 24.1.2010 a, »Bundesrat prüft Bankensteuer à la USA«, Yves Capry und Florence Vuichard.
Sonntag, 24.1.2010 b, »›Mein Werk ist noch nicht vollendet‹«, Joseph S. Blatter im Gespräch mit François Schmid-Bechtel, Patrik Müller und Chris Iseli.
Sonntag, 7.2.2010 a, »Trotz Riesenverlust: UBS zahlt 2,9 Milliarden Franken Boni«, Yves Capry.
Sonntag, 7.2.2010 b, »Frau Ospel wird Gipfeli-Prinzessin«, Benjamin Weinmann.
Sonntag, 21.2.2010 a, »Blocher in der Gerüchteküche«, Othmar von Matt.
Sonntag, 21.2.2010 b, »Bruno Gehrig soll UBS-Vize werden«, Patrick Müller.
Sonntag, 28.3.2010 a, »Kloster Beirat: Das Schweigen von Vasella und Co. Topshots wollen nicht in die Missbrauchsaffäre gezogen werden«.
Sonntag, 28.3.2010 b, »Was die Ex-Missen mit ihrem Geld anstellten«, Sacha Ercolani.
Sonntag, 28.3.2010 c, »Nie mehr Staatshilfe für Banken: Brisanter Bericht schon im Mai«, Yves Capry.
Sonntag, 28.3.2010 d, »NZZ und FDP: Die Entfremdung«, Christof Moser und Patrik Müller.
Sonntag, 4.4.2010 a, »›Wenn man kein Glück hat, darf man nicht Trainer sein‹«, Ottmar Hitzfeld im Gespräch mit François Schmid-Bechtel und Sandro Brotz.
Sonntag, 4.4.2010 b, »So luxuriös wohnt Familie Federer in Dubai«, Sacha Ercolani.
Sonntag, 4.4.2010 c, »Reiche Franzosen und Deutsche fliehen in die Schweiz«, Patrik Müller.
Sonntag, 4.4.2010 d, »Vekselberg kämpft weiter«, Yves Burkhardt und Yves Capry.
SonntagsBlick, 11.3.2007, »Steuersenkung ist in aller Munde«, Bundesrat Hans-Rudolf Merz im Interview.
SonntagsBlick, 2.8.2009 a, »Terror gegen Vasella«, Johannes von Dohnanyi und Iso Ambühl.
SonntagsBlick, 2.8.2009 b, »Zum 2. August«, Frank A. Meyer.
SonntagsBlick, 3.1.2010, »Das grosse Jammern«, Werner Vontobel.
SonntagsBlick, 10.1.2010 a, »Novartis geht auf die Bäume«, Guido Schätti.
SonntagsBlick, 10.1.2010 b, »Happy Birthday, Hausi«, Karin El Mais.
SonntagsBlick, 24.1.2010, »Hier versteckt Merz sein Steuergeschenk«, Werner Vontobel.
SonntagsBlick, 31.1.2010, »Ertappt«, Frank A. Meyer.

SonntagsBlick, 7.2.2010 a, »Millionär Schuler-Voith: Villa in St. Moritz verkauft«, Guido Schätti und Roman Seiler.
SonntagsBlick, 7.2.2010 b, »Schwan fliegt auf Basel«, Iso Ambühl.
SonntagsBlick, 7.2.2010 c, »Gläserne Bürger«, Werner Vontobel.
SonntagsBlick, 21.2.2010, »Urs Roth, Schweizer Bankerchef«, Urs Roth im Interview mit Roman Seiler.
SonntagsBlick, 28.2.2010 a, »Wir sind schlau«, Frank A. Meyer.
SonntagsBlick, 28.2.2010 b, »›Die Swisscom muss Ross und Reiter nennen‹«, Leoluca Orlando im Gespräch mit Johannes von Dohnanyi.
SonntagsBlick, 28.2.2010 c, »Griechenland als Vorbild für die Schweiz«, Werner Vontobel.
SonntagsBlick, 14.3.2010, »Der gefühlte Liberalismus«, Frank A. Meyer.
SonntagsBlick, 21.3.2010 a, »Ein Jahr danach«, Frank A. Meyer.
SonntagsBlick, 21.3.2010 b, »Grübel kein Vorbild«, Werner Vontobel.
SonntagsBlick, 21.3.2010 c, »Steuerfahnder nehmen CS-Banker ins Visier«, Roman Seiler und Werner Vontobel.
SonntagsBlick, 28.3.2010 a, »Jenseits von Gut und Böse«, Frank A. Meyer.
SonntagsBlick, 28.3.2010 b, »Minders Liste«, Roman Seiler.
SonntagsBlick, 28.3.2010 c, »Finanzkrise. Kleine Blasenkunde«, Werner Vontobel.
SonntagsBlick, 4.4.2010 a, »Der Abzocker der Woche«, Roman Seiler.
SonntagsBlick, 4.4.2010 b, »Wer bringt die Manager zur Vernunft?«, Diskussion zwischen Fulvio Pelli, Urs Schwaller, Susanne Leutenegger Oberholzer, Hannes Britschgi, Thomas Minder, Christoph Blocher und Gerold Bührer, Leitung: Hannes Britschgi.
SonntagsBlick, 4.4.2010 c, »Brady im Land der Zwerge«, Werner Vontobel.
SonntagsBlick, 4.4.2010 d, »So spart Vasella mit Billigjobs«, Werner Vontobel.
SonntagsBlick, 18.4.2010, »It's the journalism, stupid!«, Frank A. Meyer.
SonntagsBlick, 25.4. 2010, »Mein Gott Brady!«, Frank A. Meyer.
SonntagsBlick, 9.5.2010, »Die bürgerliche Partei«, Frank A. Meyer.
SonntagsBlick, 13.6.2010, »Wille zur Ohnmacht«, Frank A. Meyer.
SonntagsZeitung, 2.8.2009, »Abschlag unter Seinesgleichen«.
SonntagsZeitung, 2.8.2009, Beilage Alpha, »Soziales Kapital. Der Mehrwert-›Kitt‹«, Georg von Schnurbein.
SonntagsZeitung, 25.10.2009, »Die Anti-Minarett-Initiative schadet der Wirtschaft«, Peter Spuhler im Interview mit Beat Schmid und Benita Vogel.
SonntagsZeitung, 29.11.2009 a, »Die UBS will den Parteien wieder Geld geben«, Christoph Lauener.
SonntagsZeitung, 29.11.2009 b, »Die bürgerliche Irrealpolitik«, Roger de Weck.
SonntagsZeitung, 10.1.2010, »Aeschbis happige Gage«, Hanspeter Bürgin.
SonntagsZeitung, 24.1.2010, »›Wer behauptet, keine Ängste zu haben, der lügt oder strotzt vor Dummheit‹«, Franz Humer im Gespräch mit Victor Weber und Benita Vogel.
SonntagsZeitung, 7.2.2010 a, »Ein Hauch von Endspiel«, Thomas Held.
SonntagsZeitung, 7.2.2010 b, »UBS und Bank Bär im Schwitzkasten«, Lukas Hässig.
SonntagsZeitung, 21.2.2010 a, »Im Alleingang ging es nicht«, Roger de Weck.
SonntagsZeitung, 21.2.2010 b, »›Der Stammtisch hat sich in die Arena verlagert‹«, Oswald Sigg im Gespräch mit Balz Spörri.
SonntagsZeitung, 21.2.2010 c, »›Wir treten auf die Kostenbremse‹«, Heinz Karrer im Interview mit Matthias Halbeis und Benita Vogel.
SonntagsZeitung, 28.2.2010 a, »Menschenrechte à la carte«, Roger de Weck.
SonntagsZeitung, 28.2.2010 b, »Die Zuger Connection«, Michael Soukup.
SonntagsZeitung, 21.3.2010 a, »Der Schweizer Teufelskreis«, Roger de Weck.
SonntagsZeitung, 21.3.2010 b, »Auch Grossaktionäre schaffen ›Abzocker‹«, Victor Weber.
SonntagsZeitung, 21.3.2010 c, »Weissgeld mit Grauschleier«, Oliver Zihlmann.
SonntagsZeitung, 21.3.2010 d, »Zuger Firma schmierte Irak-Regime«, Michael Soukup.
SonntagsZeitung, 21.3.2010 e, »Das Leid der Lehman Sisters«, Martin Suter.
SonntagsZeitung, 28.3.2010 a, »Nicht christlich, sondern zynisch«, Roger de Weck.
SonntagsZeitung, 28.3.2010 b, »›Warum wir die Decharche wollen‹«, Bruno Gehring.
SonntagsZeitung, 28.3.2010 c, »›Um Träume zu verkaufen, muss man Realist sein‹«, Karl-Friedrich Scheufele im Gespräch mit Victor Weber und Baseile Bornand.

SonntagsZeitung, 4.4.2010 a, »Im Kleinen kleinlich, im Grossen grossartig«, Roger de Weck.
SonntagsZeitung, 4.4.2010 b, »Vekselberg zahlt 1,9 Mio Steuern«, Benita Vogel.
St. Galler Tagblatt, 17.11.2009, »UBS liefert Daten von US-Steuerbetrügern ab 0,25 Mio. Vermögen aus«, sda.
Süddeutsche Zeitung, 18.1.2010, »FDP-Spende. ›Rechts vom Gustl nur Dschingis Khan‹«, Hans Leyendecker: www.sueddeutsche.de/politik/fdp-spende-rechts-vom-gustl-nur-dschingis-khan-1.53870 (Stand 11.8.2010).
Tagblatt der Stadt Zürich, 27.5.2009, »Eine Stadt nur mit Reichen würde veröden«, Stadtforscher Richard Wolff im Interview mit Isabella Seemann.
Tages-Anzeiger, 13.6.2003, »Blocher will gegen Scheininvalide vorgehen«, Iwan Städler und Christoph Schilling.
Tages-Anzeiger, 20.12.2005, »Wir besteuern später wieder progressiv«, David Schaffner.
Tages-Anzeiger, 17.7.2008, »Nun richtet sich auch Federer in Wollerau ein«, Annetta Bundi.
Tages-Anzeiger, 10.10.2008, »Schweizer spendet den USA 140 Millionen«.
Tages-Anzeiger, 27.3.2009, »Die 30 bestbezahlten Schweizer Fussballer«, Stephan Roth und Sascha Rhyner.
Tages-Anzeiger, 9.4.2009, »Sind HSG-Studenten ›falsch programmierte‹ Roboter?«, Thomas Knellwolf.
Tages-Anzeiger, 5.5.2009, »Chefärzte sind für Luxus-Privatpraxis tätig«, Susanne Anderegg und René Staubli.
Tages-Anzeiger, 27.7.2009, »Die umstrittene Flat Rate Tax ist nicht zwingend ungerecht«, David Schaffner.
Tages-Anzeiger, 16.8.2009, »In der Kindertagesstätte für künftige Manager«, Denise Marquard.
Tages-Anzeiger, 20.8.2009, »Der Bund ist seine UBS-Aktien bereits los«, cpm/ap.
Tages-Anzeiger, 19.9.2009, »›Wir leben nicht im Nirwana, und der Markt ist kein Paradies‹«, Gerhard Schwarz im Interview mit Alain Zucker.
Tages-Anzeiger, 29.12.2009, »›Manchmal droht ein Gast, zu gehen. Das nehme ich in Kauf‹«, Thomas Widmer: www.tagesanzeiger.ch/leben/reisen/Manchmal-droht-ein-Gast-zu-gehen-Das-nehme-ich-in-Kauf/story/21666615 (Stand 11.8.2010).
Tages-Anzeiger, 20.1.2010 a, »Rive-Reine: Die geheimste Konferenz der Schweiz«, Constantin Seibt.
Tages-Anzeiger, 20.1.2010 b, »Gefragt ist die kollektive Vernunft«, Georg Kohler.
Tages-Anzeiger, 30.1.2010, »Finanzdirektoren versuchen, die Pauschalsteuer zu retten«, Christian von Burg.
Tages-Anzeiger, 3.2.2010, »Schweizer Steuerzahler hinterziehen jährlich Milliarden«, Marc Badertscher.
Tages-Anzeiger, 23.3.2010, »Die Seefeldisierung findet überall statt«, Janine Hosp.
Tages-Anzeiger, 31.3.2010, »70,9 Millionen für Brady Dougan«, ar/oku.
Tages-Anzeiger, 1.4.2010 a, »71 Millionen Franken Bonus für Credit-Suisse-Chef Brady Dougan«, Arthur Rutishauser.
Tages-Anzeiger, 1.4.2010 b, »Hirschmann vor dem Haftrichter«, Benno Gasser.
Tages-Anzeiger, 1.4.2010 c, »Der Max Frisch der späten Tage«, Martin Ebel.
Tages-Anzeiger, 1.4.2010 d, »Milliarden Sonderbonus für die Führung der Credit Suisse«, Arthur Rutishauser.
Tages-Anzeiger, 3.6.2010, »Die Zürcher, ihre Bank und die Sklaverei«, Bruno Schletti.
Tages-Anzeiger, 18.6.2010, »Nach dem Ja zum Staatsvertrag rechnen US-Anwälte mit Haftstrafen für UBS-Kunden«, Daniel Foppa.
Tages-Anzeiger, 6.7.2010 a, »Wo sich reuige Steuersünder auf fürstliche Rabatte freuen dürfen«, Richard Diethelm.
Tages-Anzeiger, 6.7.2010 b, »Halbjahresbilanz der Steueramnestie: Bereits weit über 1000 Selbstanzeigen«, Iwan Städler.
Tages-Anzeiger, 10.10.2010, »Steuerwunder an der Goldküste: Milchbaron zieht nicht weg«, Patrik Berger.
The Economist, 2.4.2009, »A Special Report on the Rich«.

The New York Times, 19.11.2006, »A New Class War: The Haves vs. the Have Mores«, Eric Konigsberg: www.nytimes.com/2006/11/19/weekinreview/19konigsberg.html (Stand 11.8.2010).
The Sunday Times, 25.4.2010, »The Sunday Times Rich List 2010: Rising from the Rubble«, Philip Beresford: http://business.timesonline.co.uk/tol/business/specials/rich_list/article7107182.ece (Stand 11.8.2010).
The Sunday Times Sri Lanka, 10.3.1996, »UNP's Sirisena Cooray on Puttalam Cement«, Roshan Peiris: http://sundaytimes.lk/960310/news/news3.html (Stand 11.8.2010).
The Washington Post, 28.1.2009, » Thain Subpoenaed in New York's Inquiry Into Merrill Lynch Bonuses«, Stephen Bernard und Ieva M. Augstums: www.washingtonpost.com/wp-dyn/content/article/2009/01/27/AR2009012701547.html (Stand 11.8.2010).
Weltwoche, 8.5.2003, »Blick für die Frau«, Daniela Niederberger.
Weltwoche, 27.8.2008, »Sein langer Weg zu sich selbst«, René Lüchinger.
Weltwoche, 10.6.2009, »Da suche ich noch«, Roger Köppel.
Weltwoche, 2.12.2009, »Demokratie«, Roger Köppel.
Weltwoche, 21.1.2010 a, »Personenkontrolle«.
Weltwoche, 21.1.2010 b, »Seid stolz, Journalisten!«, Christoph Mörgeli.
Weltwoche, 28.1.2010 a, »Superstar Vasella«.
Weltwoche, 28.1.2010 b, »Schweiz vs. USA«, Roger Köppel.
Weltwoche, 4.2.2010 a, »Deutsche Gier«, Roger Köppel.
Weltwoche, 4.2.2010 b, »Charakterlich nicht geeignet«, Urs Paul Engeler und Alex Baur.
Weltwoche, 4.2.2010 c, »In Gottes Davoser Aula«, Christoph Mörgeli.
Weltwoche, 4.2.2010 d, »80 Millionen mehr Umsatz dank Federer«, Andreas Kunz.
Weltwoche, 4.2.2010 e, »›Drei Grossbanken wären besser‹«, Nikolaus Senn im Gespräch mit Carmen Gasser und Tom Haller.
Weltwoche, 11.2.2010 a, »Willige Unterwerfung«, Roger Köppel.
Weltwoche, 11.2.2010 b, »Regierungsfähigkeit bewiesen«, Christoph Mörgeli.
Weltwoche, 11.2.2010 c, »Abschied mit Spektakel«, Kurt W. Zimmermann.
Weltwoche, 11.2.2010 d, »Das banalste Geheimnis der Welt«, Urs Paul Engeler.
Weltwoche, 11.2.2010 e, »Stets unberechenbar«, Karl Lüönd.
Weltwoche, 18.2.2010 a, »›Abzocker‹«, Roger Köppel.
Weltwoche, 18.2.2010 b, »Komplett überrumpelt«, Carmen Gasser und René Lüchinger.
Weltwoche, 18.2.2010 c, »›Abzocker‹-Initiative«, Johann Schneider-Ammann im Gespräch mit René Lüchinger.
Weltwoche, 18.2.2010 d, »265 000 Franken für Pius Segmüller«, Urs Paul Engeler.
Weltwoche, 18.2.2010 e, »Angriff auf die berufliche Vorsorge«, Silvio Borner.
Weltwoche, 18.2.2010 f, »Nur der Beste ist gut gnug«, Christoph Mörgeli.
Weltwoche, 18.3.2010 a, »USA vs. UBS«, Roger Köppel.
Weltwoche, 18.3.2010 b, »Burnout«, Philipp Gut.
Weltwoche, 18.3.2010 c, »Grosser Kommunikator«, André Grieder.
Weltwoche, 25.3.2010 a, »UBS-Boni«, Roger Köppel.
Weltwoche, 25.3.2010 b, »Haldimanns Höhepunkte«, Christoph Mörgeli.
Weltwoche, 25.3.2010 c, »Der menschliche Makel«, Philipp Gut.
Weltwoche, 25.3.2010 d, »Das Neidobjekt«, Hildegard Schwaninger.
Weltwoche, 25.3.2010 e, »Die Herren sollten haften«, Carmen Gasser.
Weltwoche, 31.3.2010 a, »Sommerzeit«, Roger Köppel.
Weltwoche, 31.3.2010 b, »Mehr Zeit fürs Angenehme«, Christoph Mörgeli.
Weltwoche, 31.3.2010 c, »Lang lebe die Familie«, Kurt W. Zimmermann.
Weltwoche, 22.4.2010, »Krieg und Frieden«, Roger Köppel.
Weltwoche, 29.4.2010 a, »Ungarns Huren«, Roger Köppel.
Weltwoche, 29.4.2010 b, »Oder du wirst gestaltet«, Rolf Schäuble.
Weltwoche, 29.4.2010 c, »Im SVP-Kuckucksnest«, Peter Bodenmann.
Weltwoche, 29.4.2010 d, »›Wir sorgen für den Wow-Faktor‹«, Sven Michaelsen.
Weltwoche, 27.5.2010, »Die heimliche Familie de Weck«, Urs Paul Engeler.
Work, 19.2.2010, »Bührers Marschbefehl«, Matthias Preisser.
Work, 5.3.2010, »Das Geld der Diktatoren«, Jean Ziegler.
Work, 19.3.2010, »Oder kennen Sie etwa eine Frau Vasella?«, Marie-Josée Kuhn.
Work, 1.4.2010, »König Michel lässt entlassen«, Matthias Preisser.

Work, 16.4.2010, »Enteignet die Grossbanken!«, Jean Ziegler.
WOZ, 4.9.2003, »Stephan Schmidheiny: El Conquistador«, Constantin Seibt: www.woz.ch/archiv/old/03/36/6051.html (Stand 11.8.2010).
WOZ, 28.6.2007, »Steuerdebatte: Alleine schaffts die Linke nie«, Niklaus Scherr: www.woz.ch/artikel/inhalt/2007/nr26/Schweiz/15134.html (Stand 11.8.2010).
WOZ, 9.4.2009, »Der Fall Thielemann. Übermütige Jäger«, Carlos Hanimann.
WOZ, 3.12.2009, »Die unheimlichen Lehrer der zukünftigen Banker«, Gian Trepp.
WOZ, 14.1.2010, »Dr. Model und die Nebel von Müllheim«, Wolfgang Steiger.
WOZ, 4.2.2010, »Freiheit, die der Stifter meint«, Franziska Meister.
WOZ, 11.2.2010, »Diebe, Daten, Dubiositäten«, Andreas Fagetti und Daniel Ryser.
WOZ, 1.4.2010 a, »Lemminge statt Wachhunde«, Kurt Imhof und Mario Schranz.
WOZ, 1.4.2010 b, »Die neuen Kleider der alten Eliten«, Adrian Riklin.
Die Zeit, 29.1.2009, »Industriegeschichte. Das tödliche Wunder«, Manfred Kriener: www.zeit.de/2009/06/Asbest (Stand 11.8.2010).
Die Zeit, 4.2.2010, »Der Datenlieferant«.
Die Zeit, 4.2.2010 c, »Dem Staat reicht's«, Uwe Jean Heuser und Mark Schieritz.
Die Zeit, 4.2.2010 a, »Kapitalismus 2.0«, Uwe Jean Heuser.
Die Zeit, 4.2.2010 b, »Kein Journalist kannte die Risiken«, Thomas Gocer im Gespräch mit Kerstin Bund und Götz Hamann.
Zeit-Magazin, 4.2.2010, »Deutschland, Deine Erben«, Konstantin Richter.
Zentralschweiz am Sonntag, 9.5.2010, »Ich zahle in Zug über eine Million«, Viktor Vekselberg im Interview mit Stefan Waldvogel und Jürg Auf der Maur.
Zürcher Studierendenzeitung, 7.4.2009, »Die Studierenden wurden betrogen«, Corsin Zander.

Internet

BFS Bundesamt für Statistik 2010, *Kantonale Volkseinkommen nach Empfänger 2005*, Excel-Datei: www.bfs.admin.ch/bfs/portal/de/index/themen/04/02/05/key/gesamtes_volkseinkommen.html (Stand 11.8.2010).
Center for Family Business, Universität St. Gallen: www.cfb.unisg.ch (Stand 11.8.2010).
CIA, *The World Factbook 2010:* www.cia.gov/library/publications/the-world-factbook (Stand 11.8.2010).
Denknetz (Hrsg.), *Denknetz-Infobrief Nr. 11: Steuern, Zürich 2010:* www.denknetz-online.ch/spip.php?page=denknetz&id_article=292&design=1&lang=de (Stand 11.8.2010).
EFD Eidgenössisches Finanzdepartement, *Besteuerung nach dem Aufwand (Pauschalbesteuerung):* www.efd.admin.ch/dokumentation/zahlen/00579/00608/00720/index.html?lang=de (Stand 11.8.2010).
Frey, René L., *Steuerwettbewerb – bis der Staat kaputt geht? Vortrag im Rahmen der Seniorenuniversität Basel 26. und 27. April 2006*, Basel 2006: www.crema-research.ch/bawp/2006-04.pdf (Stand 11.8.2010).
Greenpeace International, *Conning the Congo*, 2008, online im Internet: www.greenpeace.org/international/press/reports/conning-the-congo (Stand 11.8.2010).
Historisches Lexikon der Schweiz Online (HLS): www.hls-dhs-dss.ch (Stand 11.8.2010).
Holm, Andrej, *Jetzt wissen alle, was Gentrification ist.* Interview auf seinem Blog: www.gentrificationblog.wordpress.com (Stand 11.8.2010).
Homegate, Steuerwert und Eigenmietwert 2010: www.homegate.ch/homegate/article?articleId=/homegate/repositories/Article/42132.xml&level1=Kaufen&level2=Wohnen&level3=default&l=default&a=default&lang=de (Stand 11.8.2010).
KPMG Holding AG, *Relocation to Switzerland. Overview on taxation for hedge fund managers*, o.O, Mai 2010: www.kpmg.ch/Themen/18587.htm (Stand 11.8.2010).
Lumengo, Ricardo, *Dringliche Interpellation über den Finanzplatz Schweiz. Votum vom 18.3.2009*, in: Amtliches Bulletin des Nationalrats, Wortprotokoll: www.parlament.ch/ab/frameset/d/n/4807/294797/d_n_4807_294797_294803.htm (Stand 11.8.2010).
Lumengo, Ricardo, *Interpellation »Ausweitung der Zinsbesteuerung auf Nicht-EU-Staaten« vom 20.3.2009:* www.parlament.ch/D/Suche/Seiten/geschaefte.aspx?gesch_id=20093325 (Stand 11.8.2010).

Marx, Karl, *Brief an die Delegierten der Internationalen Arbeiterassoziation (IAA)*, 1866: www.marx-forum.de/marx-lexikon/lexikon_s/steuer.html (Stand 11.8.2010).
Schweizerisches Bundesgericht, 24. *Auszug aus dem Urteil der II. öffentlich-rechtlichen Abteilung i.S. Halter-Durrer und Mitb. gegen Kanton Obwalden (Staatsrechtliche Beschwerde), 2P.43/2006 vom 1. Juni 2007*, Lausanne 2007: www.bger.ch/index/juridiction/jurisdiction-inherit-template/jurisdiction-recht/jurisdiction-recht-urteile2000.htm (Suchbegriff: 2P.43/2006/fco) (Stand 11.8.2010).
Statistisches Amt des Kantons Zürich, *Gemeindesteuerfüsse 2010:* www.statistik.zh.ch/themen/18/steuerfuss_jp.php (Stand 11.8.2010).
Thielemann, Ulrich, *Illegitime Steuerflucht und unfairer Steuerwettbewerb. Stellungnahme*, Universität St. Gallen, St. Gallen 2009: www.iwe.unisg.ch/org/iwe/web.nsf/c0ee9c83ce752cc8c12569a0002ff367/a541c01333b44b4bc12575820049bad8/$FILE/StellungnahmeUTthielemann3.pdf (Stand 11.8.2010).
Travail.Suisse, *Pressekonferenz zu den Managerlöhnen: Zahlen*, Travail.Suisse, Bern, 21.6. 2010: www.travailsuisse.ch/de/system/files/Zahlen+PK+Managerlöhne,+deutsch.pdf (Stand 11.8.2010).
Vogler, Karl, *Hintergründe und Überlegungen zur Steuerstrategie des Kantons Obwalden. Referat von Karl Vogler, Co-Präsident der CSP Obwalden. 4. Inseltag der CSP Schweiz, Steuern zahlen nur die Dummen*, 10.3.2007, Halbinsel Au ZH: www.csp-pcs.ch/CSP_CH/Inseltag%202007/Inseltag%202007%20Referat%20Steuerstrategie%20Kanton%20Obwalden_Folien.pdf (Stand 11.8.2010).
WAK-N Kommission für Wirtschaft und Abgaben des Nationalrats, *Bericht zur Parlamentarischen Initiative (Pa.Iv.) Leutenegger Oberholzer: Besteuerung nach dem Aufwand. Aufhebung*, WAK-N, Bern 2004, 13.9.2004: www.parlament.ch/afs/data/D/bericht/2003/d_bericht_n_k10_0_20030458_0_20040913.htm (Stand 11.8.2010).
www.harvardclub.ch (Stand 11.8.2010).
www.instrosenberg.ch (Stand 11.8.2010).
www.kempinski.com/stmoritz (Stand 4.4.2010).
www.meudalismus.dr-wo.de/html/meudalismus.htm (Stand 11.8.2010).
www.rosey.ch (Stand 11.8.2010).
www.siaf.ch (Stand 11.8.2010).
www.swissfinanceinstitute.ch (Stand 11.8.2010).
www.steuer-gerechtigkeit.ch (Stand 11.8.2010).
www.steuerwende.ch (Stand 11.8.2010).
www.worldwide-elite.com (Stand 11.8.2010).
»Die Macht der Manager [Teil 3]« www.youtube.com/watch?v=WnNgcrAR770&NR=1 (Stand 11.8.2010).
Wikipedia-Eintrag »Dieter Behring«: de.wikipedia.org/wiki/Dieter_Behring (Stand 11.8.2010).
Zehnder, Carl August, private Website: www.inf.ethz.ch/personal/zehnder/steuern/index.html (Stand 11.8.2010).

Film, Fernsehen, Radio

»Das liebe Geld. Der Basler Daig«, Giger, Beat, DRS 1, 10.7.2009.
»Diskussion: Skipisten an Private vermieten?«, Schweizer Radio DRS, 16.09.2008.
»Grosse Umfrage: Boni verderben die Steuermoral«, Kassensturz, SF1, 1.6.2010.
»Schweizer Schwarzgeld auf deutschen Konten«, Kassensturz, SF1, 11.3.2008.
»St. Moritz, ein Wintermärchen«, SF1, 2009.
Buchholz, Britta und Scheuch, Michael, »Die Macht der Manager – zwischen Millionen und Moral«, ZDF, 2007.
Reporter 18.11.2009, »Vom Showgirl zur Hotelkönigin: Ljubas Weg nach oben«, SF1, 2009.

14 Anmerkungen

1 Die verschiedenen Angaben zu Mittals Vermögen resultieren einerseits aus dem Währungsunterschied zwischen britischem Pfund und US-Dollar, andererseits aus dem Umstand, dass es sich um Schätzungen aus unterschiedlichen Quellen handelt.

2 Eine wichtige Beteiligung war das Optik- und Feinmechanikunternehmen Wild Heerbrugg, 1921 von Jakob Schmidheiny junior, dem Bruder von Ernst Schmidheiny senior, mitbegründet. Die Firma wurde ein wichtiger Lieferant von Militäroptik für die deutsche Wehrmacht im Zweiten Weltkrieg. Damals war Max Schmidheiny Haupteigentümer (vgl. Staub 1994: 77f. / Hug 2002: 701ff.)

3 Noch 2004 wurde die Schweiz, gemessen am BIP pro Kopf, von der Weltbank unter die ersten drei reichsten Länder eingereiht. Nach Kaufkraft war die Platzierung jedoch etwas schlechter. Seither hat die Schweiz im BIP-Ranking gegenüber anderen Ländern laufend an Rang verloren.

4 Für die jahrelange Debatte um den Aktenzugang zu Clariden Leu beziehungsweise Zinskommission Leu siehe auch die Website des Kolonialismus- und Sklavereiforschers Hans Fässler: www.louverture.ch/KAMPA/KRITIKEN/leu_verz.html.

5 Etwa Peter Lardi (1970), *Empirische Untersuchungen zur personellen Einkommensverteilung in der Schweiz*, Basel; Hans Kissling (1973), *Die Umverteilung bestehender Vermögenswerte als Mittel der Vermögenspolitik*, Zürich; Urs Ernst (1983), *Die Wohlstandsverteilung in der Schweiz: Stand und Entwicklung der personellen Einkommens- und Vermögensverteilung*, Diessenhofen; René L. Frey, (1984), »Einkommensverteilung und Einkommensumverteilung in der Schweiz«, in: *Hamburger Jahrbuch für Wirtschafts- und Gesellschaftspolitik*, Vol. 29, S. 241–256.

6 Mit der Einkommensverteilung, auch aus historischer Perspektive, haben sich im Frühjahrssemester 2010 auch verschiedene Referentinnen und Referenten einer Ringvorlesung an der Universität Zürich befasst. Ihre Beiträge erscheinen im Zürcher vdf-Verlag unter dem Titel *Steuern und umverteilen. Effizienz versus Gerechtigkeit?*.

7 Mit verfügbarem Einkommen ist jene Geldmenge bezeichnet, die nach Abzug von Steuern, Sozialversicherungsbeiträgen und weiteren obligatorischen Abgaben noch zur Verfügung steht. Zieht man davon noch regelmäßige notwendige Ausgaben wie etwa die Miete und zusätzliche Versicherungsprämien ab, erhält man das kurzfristig frei verfügbare Einkommen. Die Ecoplan-Studie gelangt zu anderen, nämlich tieferen Werten für den Gini-Koeffizienten als neuere Analysen von Jeitziner/Peters beziehungsweise die Auswertung der neuesten Vermögenssteuerstatistiken, aber auch als die UNU-WIDER-Berichte, weil sie sich auf die Äquivalenzeinkommen – die nach einer bestimmten Formel zusammengerechneten Einkommen aller Mitglieder eines Haushalts – beziehungsweise Äquivalenzvermögen stützt.

8 BIP provisorische Rechnung für 2007 (aktuellster Stand jeweils auf der Website des Bundesamts für Statistik, siehe www.bfs.admin.ch).

9 Die Reichtumsvermehrung lässt sich an ausgewählten Kantonen zeigen: In der Waadt stieg die Anzahl Milliardäre zwischen 1989 und 2008 von 5 auf 13, im Tessin von 3 auf 7 und in Zug von 2 auf 6 (*Bilanz*, 5.12.2008: 93).

10 Hans Vontobel im *Magazin* (12.3.2010 b): »Wenn wir früher so stolz waren über dieses Friedensabkommen in der Metall- und Maschinenindustrie von 1937, an der Wurzel war das der gemeinsame Militärdienst. Ich identifizierte mich noch mit der Schweiz.«

11 Der Reichtum dient, wie der von uns interviewte Reichtumsforscher Peter Imbusch (Wuppertal) feststellt, als unhinterfragtes Leitbild, obwohl er Privilegierten ungerechtfertigte Vorteile bringt. Imbusch plädiert ebenfalls dafür, Reichtum im Kontext der sozialen Ungleicheit zu diskutieren und dabei zu berücksichtigen, »dass Reiche tendenziell auch eine mächtige gesellschaftliche Gruppe bilden, die über beträchtlichen Einfluss verfügt oder diesen zumindest leicht mobilisieren kann«. Die sozialwissenschaftliche Forschung hat, so Imbusch, den Reichtum bislang »eher de-thematisiert« und vereinzelte Kritiken als »etwas Tendenziöses« betrachtet. Imbusch kritisiert ferner, dass Daten nur begrenzt verfügbar sind und die Soziologie den Reichtum kaum problematisiert. Quantitative Einkommens- und Vermögensdaten fehlen. Sie sind nur unvollständig erhoben. Auch, weil die Instrumente zur statistischen Erfassung der Vermögen und des Reichtums wenig entwickelt sind.

12 Reinhard Bendix (1916–1991) und Seymour Martin Lipset (1922–2006) unterscheiden zwischen *class*, *prestige* und *power* als Merkmale sozialer Ungleichheit und Schichtung (1953). Andreas Hadjar setzt sich damit weiter auseinander. (Hadjar 2008)

13 Dazu: Neckel (2000: 206 ff.). Er diskutiert die Unterschiede zwischen Pierre Bourdieu und Gerhard Schulze.

14 Für Deutschland spricht Harald Wozniewski in einer ähnlich gelagerten Analyse vom »Meudalismus« und meint damit einen modernen Feudalismus (1999–2003; siehe www.meudalismus.dr-wo.de/html/meudalismus.htm).

15 Eine etwas andere Einschätzung nimmt Rothkopf (2008) vor, auf den wir im Kapitel »Reichtum und Macht« unter dem Aspekt der neuen globalen Klasse eingehen.

16 Deshalb wäre es auch nicht wünschenswert, so George Sheldon, arbeitslose Ausländer gerade jetzt abwandern zu lassen. Denn das hätte einen Einbruch der Nachfrage zur Folge.

17 Verena Maag geht in ihrer Dissertation (Maag 2010) ausführlich auf konsumkritische Ansätze ein.

18 Vgl. Dazu auch: Donaldson/Poynting, *Ruling Class Men*.

19 »Der Anteil der Frauen in den Geschäftsleitungen der 100 größten Unternehmen in der Schweiz ist 2010 im Gegensatz zum Vorjahr nicht gestiegen, sondern wieder leicht zurückgegangen. Es sind nun nur noch 4 Prozent (2009: 5 Prozent).« (Schilling 2010: 10) Bei den Verwaltungsräten ist der Frauenanteil mit 10 Prozent etwas höher. (ebd.: 23)

20 Als Vizepräsidenten der Expertengruppe wirkten Thomas Jordan, Direktor der Nationalbank, und Patrick Raaflaub, Direktor der Finanzmarktaufsicht (Finma), mit; als gewöhnliche Mitglieder: Aymo Brunetti (Direktor Wirtschaftspolitik des Seco), Rafael Corazza (Wettbewerbskommission), Urs Rohner (Vizepräsident der CS), Ulrich Körner (CEO der UBS), Raymund Breu (Finanzchef Novartis), Hermann Geiger (Chefjurist Swiss Re), Dieter Wemmer (Finanzchef Zurich Financial Services Group), Rolf Soiron (Präsident von Avenir Suisse, Verwaltungsrat Lonza und Holcim), Gerold Bührer (Präsident von Economiesuisse), Hans Caspar von der Crone (Rechtsprofessor) und Ernst Baltensperger (Wirtschaftsprofessor).

21 Hans-Rudolf Merz setzte sich im Bundesrat für tiefe Unternehmens- und Gewinnsteuern, degressive Steuern, Privilegien für Hedgefonds und Pauschalbesteuerungen ein. Der vom ehemaligen UBS-Chef Ospel empfohlene Bundesrat wehrte sich auch gegen eine »Bankensteuer à la USA« (*Sonntag*, 24.1.2010 a).

22 Trotz Riesenverlust zahlte die UBS für das Jahr 2009 Boni von 2,9 Milliarden Franken aus. (*Sonntag*, 7.2.2010 a) Dass es nicht eine Milliarde mehr war, geht immerhin auf eine Intervention der Finma zurück.

23 Peter Spuhler, 1959 in Sevilla geboren, schloss 1986 sein Studium der Betriebswirtschaft an der Hochschule St. Gallen ab, übernahm drei Jahre später die Stadler Fahrzeuge AG mit rund 20 Mitarbeitenden und einem Umsatz von 4,5 Millionen Franken, strukturierte die Firma um und setzte auf ein neues Fahrzeug, das sich für den modernen Nahverkehr besser eignete. Um im Schienenfahrzeugbau weiter zu reüssieren, kaufte Spuhler 1997 das Werk Altenrhein der Schindler Waggon AG. Die neue Holdingstruktur begünstigte die Expansion nach Deutschland und Osteuropa. Inzwischen hat Peter Spuhler die Leitung der Stadler Bussnang AG abgegeben. Er konzentriert sich nun als CEO mehr auf die Stadler Rail Group. Peter Spuhler präsidiert auch den Verwaltungsrat der Aebi Group und hat weitere Verwaltungsratssitze bei der Gleisag (Rorschach) und der Walo Bertschinger Central AG (Zürich). Er engagiert sich zudem bei der Stiftung Tele D (Diessenhofen), dem Arbeitgeberverband Mittelthurgau (Weinfelden), der IG Freiheit (Zürich), der Industrie- und Handelskammer Thurgau (Weinfelden) und dem Informationsdienst für den öffentlichen Verkehr (Bern). Seit 1999 gehört Peter Spuhler dem Nationalrat an. Er ist Vizepräsident der Betriebs AG des Eishockeyclubs ZSC Lions, verheiratet und Vater von zwei Kindern.

24 Mäzen Matthias Eckenstein würdigte uns gegenüber Peter Spuhler als herausragenden Politiker und Wirtschaftsführer. Die *SonntagsZeitung* (25.10.2009) fragte Spuhler, ob er bei den nächsten Wahlen wieder antrete. Seine Antwort: »Das hängt auch vom Geschäftsgang meiner Unternehmung ab. Es ist nach wie vor sehr wichtig, dass Unternehmer in der Politik sind. Wir können Verantwortung nicht einfach an Verbände und Lobbyisten delegieren.«

25 Johann Niklaus Schneider-Ammann, geboren 1952 in Sumiswald (BE), studierte Elektrotechnik an der ETH Zürich, schloss 1977 ab. Im Maschinenbauunternehmen der Familie seiner Ehefrau Katharina Schneider-Ammann diente Johann Niklaus Schneider-Ammann zunächst als Prokurist. Seit 1990 präsidiert er die Ammann Group, seit 2003 auch den Verwaltungsrat der von ihm mit sanierten Mikron Technology Group. Seit 1998 ist er auch im Verwaltungsrat der Swatch Group. Hinzu kommen weitere Verwaltungsratsmandate in der Ammobilien AG (Langenthal), der Belenas Clean Power Holding AG (Biel), der Glas Trösch Holding AG (Bützberg), der Insys Industriesysteme AG (Münsingen), der Madisa AG (Bern) und der Mikron Holding AG (Biel). Seit 1999 präsidiert Schneider-Ammann auch Swissmen, den Verband der schweizerischen Maschinen-, Elektro- und Metallindustrie. Er engagiert sich in der Vereinigung Schweizer Unternehmen in Deutschland (VSUD) und der Volkswirtschaftlichen Gesellschaft des Kantons Bern. In den Nationalrat kam Schneider-Ammann 1999. Im September 2010 wurde er zum Bundesrat gewählt. Schneider-Ammann ist Bürger von Hasle bei Burgdorf, auch »erfolgreich verheiratet« (sic!) und Vater von zwei Kindern.

26 INSEAD entstand 1957 mit dem Vertrag von Rom. Sie zielt darauf ab, eine paneuropäische Businesselite zu formieren. Das Lehrangebot orientiert sich an der Harvard Business School. Zu den Absolventen gehören auch Franz B. Humer, Verwaltungsratspräsident und ehemaliger CEO der Hoffmann-La Roche, sowie Daniel Vasella, der den Verwaltungsrat der Novartis präsidiert.

27 Die Binnenwirtschaft spielt (laut dem Interview mit Andreas Rieger) das fünfte Rad am Wagen. Aber auch die einst mächtige Maschinenindustrie hat nur noch relativ wenig Einfluss. Weitere Organisationen haben eher spezialisierte Funktionen; so der Arbeitgeberverband (Arbeits- und Sozialpolitik), die Bankiervereinigung (Bankenregulierung) oder die Branchenverbände der Arbeitgeber (Branchenwirtschaftspolitik, Berufliche Bildung) u. a. Eine Veränderung erfolgte laut Rieger auch im Parteiensystem: »In der CVP konnte der wirtschaftsliberale Flügel gestärkt und der christlich-soziale fast völlig verdrängt werden. Mit Christoph Blocher konnte die SVP in eine Partei umgewandelt werden, welche wirtschaftspolitisch letztlich fast immer – außer bezüglich der Personenfreizügigkeit – stramm neoliberal marschierte und die Banken deckte. So auch gegen Boni-Steuer. Damit konnte die Schwächung der weiterhin stramm bankentreuen FDP kompensiert werden.«

28 Wichtig sind laut Remo Gysin auch die parlamentarischen Aufsichtsfunktionen. Die Kompetenzen sind aber limitiert. So wird das Parlament etwa bei der Erarbeitung internationaler Staatsverträge nur unverbindlich konsultiert. Beim Schlusstext kann das Parlament lediglich über Annahme, Ablehnung oder Rückweisung entscheiden. Das aktuelle Doppelbesteuerungsabkommen mit den USA verdeutlicht diese Problematik.

29 Die Ständerätin veranschaulicht die Vereinnahmung der Politik am Beispiel der Krankenkassen, die mit der obligatorischen Krankenpflegeversicherung eine quasistaatliche Aufgabe übernommen haben: »Sie vergeben lukrative Verwaltungsratsmandate just an jene Parlamentarier, die in den Gesundheitskommissionen Einsitz haben und dort die gesetzlichen Rahmenbedingungen für die eigene Krankenkasse mitgestalten. Von Gewaltentrennung keine Spur. Mein Antrag auf eine Ausstandspflicht wurde abgelehnt.«

30 Die BaZ (25.2.2010) macht das u. a. am Verlust des Einflusses von Economiesuisse und der Bankiervereinigung fest. Als Beispiele dienen das hilflos wirkende Verhalten der Economiesuisse gegenüber der Abzocker-Initiative und die Haltung der Bankiers zur Abgeltungssteuer. Nicht von ungefähr gleiche die heutige Schweiz einem Orchester mit vielen Solisten, aber ohne Dirigenten, zitiert die BaZ (ebd.) Rudolf Walser, den Senior-Berater beim Thinktank Avenir-Suisse: »Wenn das wirtschaftspolitische Denken und Handeln in Einzel- und Brancheninteressen zerfällt, so ergibt sich auch kein konsistentes und glaubwürdiges Gesamtkonzept.«

31 Ein Offshore-Trust kostete einmalig 5000 Franken plus jährlich 3600 Franken.

32 Die Schweizerische Bankiervereinigung (SBV) ist der Dachverband der Schweizerischen Banken und Kreditinstitute. Ihr gehören knapp 360 Mitgliedinstitute (sowie 405 Raiffeisenbanken) und circa 16 340 Einzelmitglieder an. Die SBV wurde 1912 in Basel gegründet. Sie vertritt den Schweizer Finanzplatz gegenüber staatlichen Stellen, fördert das weltweite Image des Finanzplatzes Schweiz, führt einen offenen Dialog mit einer kritischen nationalen und internationalen Öffentlichkeit und organisiert die Selbstregulierung in Absprache mit der Eidgenössischen Finanzmarktaufsicht.

33 Lukas Hässig bescheibt in »Verschwörung gegen die USA« (*Das Magazin*, 3.4.2010), wie die Bankiervereinigung es auch zuließ, dass die Großbank UBS in den USA illegale Geschäfte betrieb.

34 Novartis unterstützt unter anderem das Kunstmseum, das Antikenmuseum oder den FC Basel (Leibchensponsor). Die Roche-Mehrheitsaktionäre Oeri und Hoffmann setzen Teile ihrer Dividende für Museen oder soziale Einrichtungen ein. Über Gigi Oeri sponsern sie auch den FC Basel. (Dazu: *SonntagsBlick*, 7.2.2010 b)

35 Die Haltung von Economiesuisse veranlasste im Dezember 2009 renommierte Unternehmen und Persönlichkeiten, den neuen Wirtschaftsverband Swissclean-

tech zu gründen, dem unter anderem ABB Secheron, Pavatex und Ringier angehören sowie die Ständerätinnen Erika Forster (FDP) und Simonetta Sommaruga (SP), aber auch Nationalrat Bruno Zuppiger (SVP). Präsident Nick Beglinger sagt: »Wenn Economiesuisse in fünf Jahren lernt nachhaltig zu denken, machen wir wieder zu.« (*Sonntag*, 6.12.2009 a: 7)

36 Der Unternehmer Johann Schneider-Ammann, Vizepräsident von Economiesuisse, erklärte gegenüber der *Weltwoche* (18.2.2010 c), vom Schulterschluss zwischen Christoph Blocher und Thomas Minder überrascht worden zu sein, und bemerkte zur Haltung der Economiesuisse: »Die Interessen der verschiedenen Branchen sind so unterschiedlich, dass es der Economiesuise nicht leichtfällt, die eine und/oder einzige Wirtschaftsmeinung frühzeitig zu setzen.«

37 Siehe www.youtube.com/watch?v=WnNgcrAR770&NR=1.

38 Viktor Parma geht auch in seinem Buch *Machtgier* (2007) ausgiebig auf das Treffen ein, dem er maßgebliche Macht zuschreibt.

39 Die *Weltwoche* (21.1.2010 a) erwähnte SP-Präsident Christian Levrat und die Gewerkschafter Martin Flügel (Travail Suisse) und Andreas Rieger, »Sozialist und Co-Präsident der ultralinken Unia« (ebd.). Der *Tages-Anzeiger* (20.1.2010 a) verneinte die Präsenz der erwähnten Linken. Die unterschiedlichen Angaben veranschaulichen die fehlende Transparenz. Wir befragten einen der verneinten Anwesenden über seine Eindrücke am Treffen.

40 Hinzu kommen weitere exklusive und teilweise mehr informelle Klubs, auf die wir nicht weiter eingehen. Im Üetliberg-Stamm treffen sich beispielsweise ehemalige Direktionsmitglieder regelmäßig zum Lunch (mit Vortrag und kurzer Diskussion). Gertrud Erismann-Peyer präsidiert den Klub. Sie war »die Stimme von SBG und UBS« (*Bilanz*, 12.3.2010 a), arbeitete zehn Jahre als Kommunikationschefin bei der Schweizerischen Bankgesellschaft (SBG) beziehungsweise der UBS und anschließend acht Jahre lang als Sekretärin des Verwaltungsrats. Im Jahr 2005 ließ sie sich mit 62 Jahren vorzeitig pensionieren. Seither nimmt sie viele Mandate wahr, sitzt im Verwaltungsrat einer Immobilienfirma (Rehalp), einer Ingenieur- und Planungsfirma (Basler & Hofmann) und engagiert sich in der Stiftung Diakonat Bethesda. Zudem ist sie aktiv im Vorstand der FDP Küsnacht.

41 Siehe Helga Wienröder: »Netzwerke der jungen Wirtschaftselite«, in: *Handelszeitung online*, 29.07.2008, www.handelszeitung.ch/artikel/Management-Netzwerke-der-jungen-Wirtschaftselite_370989.html.

42 »Wir wollen nicht, dass die 300 börsenkotierten Unternehmen zwingend ins selbe Korsett gezwungen werden«, sagt CVP-Ständerat und Fraktionspräsident Urs Schwaller (*SonntagsBlick*, 4.4.2010 b). Viele dieser börsenkotierten Unternehmen sind im Club zum Rennweg vertreten. Das mag darauf hinweisen, wie bedeutend dieser Club ist.

43 Diese Darlegung entspricht dem, was David Rothkopf (2008) in seinem Buch *Die Super-Klasse. Die Welt der internationalen Machtelite* beschreibt: Die Mitglieder dieser Klasse verkehren unter anderem auch zwecks Effizienz vorwiegend untereinander. Rothkopf knüpft dabei an den US-Soziologen C. Wright Mills an, der bereits 1956 mit seinem Buch über *The Power Elite* darlegte, wie in den USA zentrale Persönlichkeiten aus Wirtschaft, Politik und Militär eine Machtelite bilden und die demokratischen Strukturen untergraben.

44 Zu Charles von Graffenried: Margrit Sprecher charakterisierte ihn in der *NZZ am Sonntag* (28.3.2010 e) so: »Der Medien-Zar Charles von Graffenried kalkuliert kühl. Manche halten ihn für einen Raubritter. Doch was andere über ihn denken, braucht den Grandseigneur nicht zu kümmern. Sein Lebenswerk trotzt allen Stürmen.« Wir haben weiter nachgefragt, was andere denken. Graffenried arbeitet diskret, aber effizient, mit einem guten Riecher fürs Geschäft – wie ein unnahba-

rer Feldherr, der an der Junkerngasse in der Berner Altstadt und im Neuschloss Worb feudal residiert. Er schreckt nicht vor bisweilen respektlosen Maßnahmen (wie Entlassungen) zurück, wenn sie ihm dienen. Dazu braucht er keinen Club zum Rennweg und auch keinen Rotary Club.

45 Eine Ausnahme bilden da die (laut Rieger: wenig bedeutsamen) Tagungen des Vereins für Zivilgesellschaft von Tito Tettamanti, der auch Linke wie Daniel Cohn-Bendit einlädt und die Kontroverse sucht.

46 Rothkopf (2008: 201) veranschaulicht diese Bedeutung im globalen Kontext.

47 Hier handelte es sich um ein öffentliches Gespräch zwischen Thomas Held und Ueli Mäder, das, vom Theater Basel organisiert und aufgezeichnet, am 3. Februar 2009 stattfand und einen Einblick in das Denken von Thomas Held vermittelt.

48 Bei der Mont Pelerin Society handelt es sich um ein global tätiges intellektuelles Netzwerk. Der Schweizer Sozialwissenschaftler Bernhard Walpen zeigt in seiner eindrücklichen Studie die Geschichte dieses Thinktanks auf. Dieses intellektuelle Netzwerk ist nach dem Zweiten Weltkrieg auf Anregung von Friedrich August von Hayek in der Nähe von Vevey auf dem Mont Pèlerin gegründet worden, um wirtschaftsliberales Gedankengut zu verbreiten. Dabei verfolgt das Netzwerk nach Walpen eine implizit hegemoniale Strategie, die die marktradikale Weltanschauung im Alltagsverstand zu verankern versucht. Bis heute gilt die Mont Pelerin Society als Kaderschmiede des Neoliberalismus. Sie ist ein zentraler Knotenpunkt in einem weltweiten Netzwerk neoliberaler Institute und Thinktanks. Bemerkenswert ist, wie unbekannt diese machtvolle Institution geblieben ist, wenn man bedenkt, dass sie mit Friedrich August von Hayek, Milton Friedman, Maurice Allais und George Stigler alleine vier Wirtschaftsnobelpreisträger unter sich vereinte. Heute zählt die Gesellschaft mehrere Tausend Mitglieder in über fünfzig Ländern. Dazu gehören eben auch Gerhard Schwarz, bis Herbst 2010 Wirtschaftschef der NZZ, ab Herbst 2010 Direktor der Schweizer Denkfabrik Avenir Suisse, sowie Robert Nef, der Präsident des Stiftungsrats des Liberalen Instituts.

49 »Man gibt, ohne darüber zu sprechen.«

50 Nach Hans Kissling, dem ehemaligen Zürcher Kantonsstatistiker, sind es sogar ein paar Milliarden mehr (siehe Kissling 2008: 74).

51 Beat Giger: »Das liebe Geld. Der Basler Daig«. DRS 1, 10.7.2009.

52 Was sich nicht durchsetzen konnte, war das Globale Humanitäre Forum. Es wurde im Jahr 2007 als Stiftung gegründet. Dies mit maßgeblicher Unterstützung durch das Eidgenössische Departement für auswärtige Angelegenheiten (EDA). Das Konzept des Forums zielte darauf ab, ein »humanitäres WEF« mit dem ehemaligen UN-Generalsekretär Kofi Annan als Präsident zu sein. Das Forum organisierte Konferenzen und Projekte mit Wetterantennen in Afrika. Der Bund übernahm bei der Auflösung im Frühjahr 2010 die Schulden von 1,75 Millionen Franken. (NZZ, 1.4.2010 a: 10)

53 Ausgeführt in: Ralf Dahrendorf, »Globalisierung und Freiheit«, Rede aus Anlass der Verleihung des Körber-Preises, Hamburg 7.9.1999. Hier zit. nach Krysmanski 2009: 99 f.

54 Zu dieser »Internationale des Kapitals« sind nach Robinson und Harris die Trilaterale Kommission, die G-8 und die OECD zu zählen, im Speziellen aber auch das World Economic Forum (WEF). (Robinson und Harris, 2000)

55 Wal-Mart, Exxon, Shell, BP, General Motors, Chevron, Daimler AG, Toyota, Ford und Conoco/Phillips. (Rothkopf 2008: 197)

56 Julia Friedrichs geht ausführlich diesen »Spuren der Mächtigen von morgen« nach. Sie hat Eliteschulen und Eliteuniversitäten besucht, teilnehmend beobachtet, viele Gespräche geführt und beschreibt ihre Eindrücke. (Friedrichs 2009)

57 Siehe dazu: Urs Paul Engeler, »Das banalste Geheimnis der Welt«, in: *Weltwoche*, 11.2.2010, S. 24–27. Aus politischen Motiven sei das Bankgeheimnis von Sagen umwoben und mit Gerüchten garniert. In Wirklichkeit sei es ein Schutz des einfachen Bürgers, der sich bewährt habe.

58 Im April 2010 bildete Daimler eine neue Partnerschaft mit Renault-Nissan. (NZZ, 8.4.2010 a) Im gleichen Monat wurde Daimler (Mercedes) in den USA wegen Schmiergeldern angeklagt. Der vornehme Autokonzern erklärte, die Buße anstandslos zu bezahlen. Die Rede ist von 300 Millionen Franken. Hubacher (ebd.) beschreibt, wie Daimler-Boss Jürgen Schrempf die edlen Mercedes-Karossen nicht mehr genügten. Er habe noch Chrysler dazugekauft, später auch Mitsubishi. Dem bewunderten Aufstieg sei ein Absturz gefolgt. Mit Tausenden von Arbeitsplatzverlusten. Auch weil die Bosse abgehoben gelebt hätten und deutliche Zeichen der Zeit nicht wahrnehmen wollten.

59 Lewis erläutert darin, worauf die Klage gegen Goldman gründet. Die Bank verwurstete faule Hypothekarkredite in komplexe Verbriefungsvehikel, die dann, wie von Zauberhand, ein Rating als sichere Investition erhielten. Zudem war es möglich, Anleihen zu versichern, ohne sie zu besitzen. Die Käufer der Versicherungskontrakte mussten nur warten, bis der Hypothekenmarkt zusammenbrach und die mit den Hypotheken besicherten Schuldanleihen keinen Wert mehr hatten. Dann konnten sie den vollen Nominalwert der Schuldanleihen einstreichen. Das war offenbar so, auch wenn es kaum zu glauben ist. Lewis beschreibt Dutzende solcher Deals. Und er beschreibt sie als institutionelle Betrügerei. »Aber jetzt könnte ein neues Kapitel beginnen«, hofft Binswanger (ebd.).

60 Binswanger kritisiert auch, wie die *Weltwoche* (27.5.2010) den im Mai 2010 neu gewählten Direktor der Schweizerischen Radio- und Fernsehgesellschaft (SRG) als Sinnbild linker Seilschaften demontiert und auf dessen aristokratische Wurzeln fokussiert.

61 Er erinnert an die 1950er- und 1960er-Jahre. Selten habe die Wachstumsquote unter 6 Prozent gelegen. Die Arbeitskräfte hätten um 770 000 zugenommen. Auch dank günstigem Öl, das mit der Wasserkraft zusammen den Antrieb sicherte. Hinzu sei die Innovationsbereitschaft der Wirtschaft gekommen. Maschinen hätten die Arbeitskräfte am Fließband ersetzt. Solche technischen Quantensprünge seien heute auch möglich.

62 »Außerdem verlagern national festgelegte Mindestlöhne die Auseinandersetzungen auf die Straßen und ins Parlament«, schreibt Kappeler (ebd.). Und: »Eigentlich machten sich die Gewerkschaften Europas mit den Mindestlöhnen auch selbst entbehrlich.« Denn so würden Mitglieder kaum mehr einsehen, weshalb sie einen hohen Beitrag zahlen sollten, wenn wichtige Fragen anderswo entschieden würden und die Lohnfrage im Kern bereits geregelt sei.

63 In weiteren Kolumnen erklärt Kappeler in der *NZZ am Sonntag*, warum die Zuwanderung aus dem Norden kein wirkliches Problem sei (17.1.2010), die Schweiz eine angriffige Wirtschaftsdiplomatie brauche (10.1.2010), das Recht auf Eigentum wichtig sei (24.1.2010), die Verrechtlichung von Wirtschaft und Gesellschaft unser Land blockiere (31.1.2010), Banken aber mehr Regulierungen akzeptieren müssten (7.3.2010). Kappeler erklärt auch, wie die Politik die Anlagemärkte stärker beeinflusse, als uns lieb sei (25.4.2010), die Schweiz ihre Vorteile im Wettlauf der Finanzplätze stärker nutzen müsse (11.4.2010) und welche »die sieben neuen Eckpfeiler des Finanzplatzes Schweiz« (14.2.2010 b) seien. Sie machten laut Kappeler klar, dass der Wettbewerb auf keinen Steuerkunststückchen beruhe, »sondern auf Rahmenbedingungen, geformt mit gesundem Menschenverstand« (ebd.).

64 Außer folgende Ergänzung dazu, wie die Banken laut Vontobel reich geworden sind: Mitte der 1970er-Jahre kamen die westeuropäischen Arbeitskräfte auf durch-

schnittlich 40 Stunden wöchentliche Erwerbszeit. Heute sind es noch etwa 30 Stunden. Gleichwohl hat sich die Produktivität verdoppelt. Die offizielle Norm liegt jedoch weiterhin bei 40 Stunden. Diese Differenz bezeichnet Werner Vontobel als eigentliche »Blase«. Das strukturelle Ungleichgewicht mit einem Überangebot an Arbeit verursacht tiefe Löhne und hohe Gewinne. »Diese Abermilliarden haben erst die Banken fett und frech gemacht und dann den Immobilienmarkt aufgebläht. Als die Blase platzte, musste der Staat für Nachfrage sorgen.« So Werner Vontobel in seiner kurzen Kolumne (*SonntagsBlick*, 28.3.2010 c) mit der schlichten Schlussfrage: »Wie viele Krisen braucht es noch, bis wir zum Thema kommen?«

65 Schon vor Erscheinen dieser Kolumne verschacherte Multimillionär Robert Schuler-Voith (SonntagsBlick, 7.2.2010 a) seine Villa am Suvrettahang in St. Moritz für 18 Millionen Franken, nachdem das Finanzamt mit einem Dutzend Fahnder der Düsseldofer Steuerbehörde bei ihm Finanzunterlagen beschlagnahmt hatten. Bei seinen mutmaßlichen Steuertricks zählte er auf die Unterstützung der Zürcher Anwaltkanzlei Bär & Karrer und der Bank Julius Bär. Diese solle ihm laut SonntagsBlick (ebd.) geholfen haben, sein Geld über einen Trust auf den Cayman Islands zu verstecken. Zuständiger Anwalt bei Bär & Karrer war Pietro Supino, heute Verwaltungsratspräsident des Medienkonzerns Tamedia.

66 Und: »Im Alleingang ging es nicht«, folgert Roger de Weck (*SonntagsZeitung*, 21.2.2010 a) aus dem gescheiterten Versuch der Schweiz, Druck auf Libyen auszuüben. Die Schweiz strapazierte dabei den Schengen-Vertrag. Sie involvierte so, ohne Absprache, die EU. Denn Libyen revanchierte sich gleich bei allen Ländern, die den Schengenvertrag unterzeichnet hatten. Die genötigte EU intervenierte jedenfalls hilfreich zugunsten der Schweiz, die diese Solidarität erzwang, aber mit weniger Alleingang auch aus freien Stücken haben könnte.

67 In seiner Kolumne »Seid stolz, Journalisten!« (*Weltwoche*, 21.1.2010 b) begründet Christoph Mörgeli, warum unsere Medien »die kritischsten, unabhängigsten, unkorruptesten der Welt« seien. Zum Beleg berichtet er, wie ein Journalist jeweils das hohe Lob auf SVP-Bundesrat Ueli Maurer anstimmte und dann prompt von diesem eine feste Anstellung erhielt.

68 Eine interessante Machtanalyse der Ostschweiz leistet Markus Schär (2002).

69 Zit. nach: Christoph Mörgeli, »Haldimanns Höhepunkte«, in: *Weltwoche*, 25.3.2010 b: 24.

70 In unserem Gespräch rechnete Matthias Geering noch mit einer ganz anderen Variante.

71 Der ehemalige Chefredaktor der *Basellandschaftlichen Zeitung* engagiert sich heute u. a. bei Radio Basel.

72 Auch Urs Zulauf, Vizedirektor der Finanzmarktaufsicht (Finma), hält nichts von der Weißgeldstrategie (BaZ, 24.3.2010). Es sei nicht angebracht, die ausländischen Rechtsrisiken noch durch den Aufbau komplementärer Schweizer Rechtsrisiken zu erhöhen. Die zusätzlichen Pflichten zur Abklärung der Kundengelder könnten die Banken zusätzlich angreifbar machen.

73 Unsere Kollegin Elisa Streuli stellt in *Mit Biss und Bravour* (2007) Lebenswege von Topmanagerinnen vor.

74 Wir haben bei der Novartis auch weitere Interviews mit Klaus M. Leisinger, Werner Pachinger u. a. geführt. Klaus M. Leisinger ist für die Stiftung für nachhaltige Entwicklung verantwortlich. Seiner Wahrnehmung nach schenken heute viele Unternehmen dem Risikomanagement und den Menschenrechten mehr Aufmerksamkeit. Werner Pachinger ist als Chemiker in der Pharmaentwicklung tätig. Daniel Vasella betrachtet er als Glücksfall für das Unternehmen. Natürlich gebe es Diskussionen über sein Einkommen. Aber da müsse man auch fragen: »Welche

Einkommen erzielen zum Beispiel Sportler wie Michael Schumacher oder Roger Federer? Warum werden solche Summen in der Presse nicht sehr kritisiert, diejenigen von gewissen Spitzenmangern aber doch? Wer leistet für die Gesellschaft langfristig mehr?«

75 Student Sebastian Kölliker stellte in unserem Seminar Rolf Soiron vor: Rolf Soiron, 1945 in Frankfurt am Main geboren, wuchs als deutschsprachiger Belgier in mittelständischen Verhältnissen in Riehen auf. Er trat früh der Christlichdemokratischen Volkspartei (CVP) bei, die er auch im Gemeinderat Riehen und im Großen Rat des Kantons Basel-Stadt vertrat. Soiron studierte Geschichte und Kunstgeschichte. Auf die Promotion folgte 1970 eine Assistenz bei Marc Moret, dem damaligen CEO und Verwaltungsratspräsidenten der Sandoz. In diesem Chemiekonzern verantwortete Rolf Soiron 1980 mit McKinsey-Chef Lukas Mühlemann eine Gemeinkosten-Wertanalyse, die zum Abbau von 1800 Stellen führte. Es folgten vier Jahre als Geschäftsführer der Orthopädiefirma Protek und seine Rückkehr zur Sandoz als Leiter der Saatgut- und Agrarfirmen in den USA. Von 1992 bis 1993 leitete Rolf Soiron die Sandoz-Pharmasparte. Nach einem Zerwürfnis mit seinem Förderer Marc Moret kam es zu einer zweiten Trennung von Sandoz. 1993 übernahm Soiron (bis 2003) die Leitung des Zitronensäurenherstellers Jungbunzlauer. Ebenfalls 1993 begründete er die Bank am Bellevue mit, die heute zur Bellevue Group gehört. Von 1994 bis zum Frühjahr 2005 präsidierte Soiron zudem den Universitätsrat der Universität Basel. Seit 2003 präsidiert er auch den Verwaltungsrat der weltweit größten Zementherstellerin Holcim, dem er seit 1994 angehört, sowie den Verwaltungsrat des weltweit größten Zahnimplantatherstellers Nobel Biocare (bis 2010). 2005 gab er sein Verwaltungsratsmandat beim Medizintechnikunternehmen Synthes-Stratec ab und übernahm das Verwaltungsratspräsidium der Lonza Group. Holcim, Nobel Biocare und die Lonza Group beschäftigen rund 100 000 Mitarbeitende. Sie kommen zusammen auf einen Jahresumsatz, der gut über dreißig Milliarden Franken liegt. Seit 2009 präsidiert er den Stiftungsrat der Denkfabrik Avenir Suisse und ist Mitglied des Vorstandsausschusses von Economiesuisse. Außerdem wurde er ins Internationale Komitee vom Roten Kreuz (IKRK) in Genf gewählt.

76 Der Tennisspieler Roger Federer ist reicher. Die *Bilanz* (4.12.2009) veranschlagt sein Vermögen auf 200 Millionen Franken. Aber dieser Betrag dürfte bald ansteigen. (*Sonntag*, 4.4.10 b) Der Basislohn aus den Turnieren beträgt 10 Millionen Franken. Hinzu kommen die Einnahmen aus Verträgen. Zum Beispiel mit der Credit Suisse und mit Nike. Sie tragen Federer weitere 50 Millionen Franken ein. Offiziell wohnt Roger Federer in einer steuergünstigen Gemeinde im Kanton Schwyz. Ein Mega-Appartement besitzt er ferner im steuerfreien Dubai. Die günstigste Wohnung im 50-stöckigen Hochhaus, genannt »Le Rêve Tower«, kostet mehr als zwei Millionen Franken, die 6-Zimmer-Penthouse-Suite neben Federers Wohnung bereits 19 Millionen Franken. (Dazu auch: WOZ, 1.4.10 b)

76 Für Ottmar Hitzfeld, den Trainer des Schweizer Fußballnationalteams, ist klar, dass auch Fußballspieler unterschiedlich behandelt werden: je nachdem ob einer zu den wichtigsten Leistungsträgern gehört oder auf der Ersatzbank sitzt. (*Sonntag*, 4.4.2010 a) Hitzfeld bekennt sich auch zu den hohen Salären, wenn sie entsprechenden Gewinn für den Klub bringen. Luca Toni habe bei den Bayern 10 Millionen verdient und dem Verein 30 Millionen eingebracht. Also sei der Lohn in Ordnung. Hitzfeld findet auch die Boni okay, wenn Unternehmen keine Verluste machen.

78 »Ganz große Spieler zeichnen sich durch ganz große Bescheidenheit aus«, sagt Christian Gross, der frühere Trainer von Benjamin Huggel beim FC Basel. Heute trainiert Gross den Fußballclub Stuttgart (*NZZ am Sonntag*, 4.4.2010 a). In der *Weltwoche* berichtet Gross, wie er von der Matura ausgeschlossen wurde, weil er von Fußballkollege Roger Berbig »fremde Hilfe« beanspruchte. Dank dem Fußball

ist Gross dann doch noch groß und reich geworden. Besonders fasziniert ihn Markus Somms Blocher-Biografie *Der konservative Revolutionär.* An Blocher schätzt Gross »seine Leidenschaft, sein Engagement für die Sache, seine Überzeugungskraft« (*Weltwoche,* 18.3.2010 c).

79 Alex Frei verdient laut *Blick* (27.5.2010) beim FC Basel im Jahr etwa 1,5 Millionen Franken. Anlässlich eines Treffens des Schweizer Fussballnationalteams mit Sportminister Ueli Maurer (im Mai 2010) deponierte er das Anliegen, dass die Schweizer Spitzenfußballer in Zukunft weniger Steuern bezahlen müssen.

80 Maja Oeri wurde 1955 als Tochter von Vera Oeri-Hoffmann geboren, der Enkelin von Fritz Hoffmann, dem Gründer der Chemiefirma Hoffmann-La Roche. Maja Oeris Vater war Jakob Oeri, Arzt von Beruf und Sohn des Nationalrats und ehemaligen Chefredaktors der *Basler Nachrichten* Albert Oeri. Die Großmutter hieß ebenfalls Maja und heiratete nach dem frühen Tod ihres Mannes Emanuel Hoffmann den Musiker Paul Sacher. Maja Oeri gehört mit ihren vier Geschwistern zu den Roche-Erben, die im jüngsten *Bilanz*-Ranking der reichsten Schweizer mit einem Vermögen von 15,5 Milliarden Franken an zweiter Stelle genannt werden. Ihre Mutter war zeitweise die reichste Frau der Welt.

81 Es scheine so, dass der Architekturwettbewerb beziehungsweise die Evaluation der beiden letzten im Rennen verbliebenen Projekteingaben keine offene Ausmarchung gewesen sei, zumal das Unternehmen, das sich durchgesetzt habe, dasjenige sei, das die Sponsorin favorisiere und auch mit privaten Aufträgen betraue. Zudem schließe die Einzelzusage, die für den gesamten Betrag aufkommt, andere Spenden aus. Das vereinfache möglicherweise das Verfahren, bringe aber auch eine einseitigere Abhängigkeit mit sich. (ebd.)

82 Onorio Mansutti kam 1939 in Allschwil (BL) zur Welt, machte eine Berufslehre als Schriftsetzer, bildete sich autodidaktisch zum Fotografen aus und arbeitete als international anerkannter Werbe- und Modefotograf unter anderem für *Vogue* und *Harper's Bazaar.* Diese Tätigkeit brachte ihn in die ganze Welt und auch nach Brasilien, wo ihn die Not von Kindern und Jugendlichen berührte und dazu veranlasste, das Selbsthilfeprojekt beziehungsweise die spätere Stiftung »Kinder in Brasilien« zu gründen. Später folgte sein künstlerisches Projekt »Brasilea«. Der brasilianische Generalkonsul würdigte im Jahr 2000 seinen Einsatz mit dem Cruzeiro do Sul. In seiner Ausstellung »Die Nord-Süd-Empörung« sind beispielsweise zeitkritische Aufnahmen brasilianischer Fotografen von arbeitenden Köhler-Kindern zu sehen, denen »Kinder in Brasilien« den Schulbesuch ermöglicht.

83 1974 gründete Onorio Mansutti das Selbsthilfeprojekt »Kinder in Brasilien«, das 1988 in eine Stiftung umgewandelt wurde. Die Stiftung hilft armen Kindern in Brasilien, Grund- und Berufsschulen zu besuchen und später eine höhere Ausbildung zu erlangen.

84 Onorio Mansutti ist Gründer des Kulturhauses und Museums Brasilea im Rheinhafen Basel. In Brasilien lernte er den ausgewanderten Basler Walter Wüthrich (1918–2002) kennen. Von ihm erhielt Mansutti für die 2003 in Basel gegründete Stiftung Brasilea ein namhaftes Vermögen anvertraut. Stiftungszweck: »Errichtung, Betrieb und Erhaltung eines Kulturzentrums zur Förderung und Bekanntmachung brasilianischer Kultur, Konzerte, Ausstellungen bildender Kunst, insbesondere auch Fotografie, sowie durch den Betrieb einer Kunstgalerie samt Accrochage von Bildern des Künstlers Franz Widmar. Die Stiftung ist bestrebt, den Zweck in Zusammenarbeit mit weiteren Institutionen in der Regio Basiliensis sowie mit in der Region niedergelassenen Brasilianerinnen und Brasilianern zu erreichen.

85 In seinem Buch *Am See* (2009) schreibt Stöhlker über die neue Klassengesellschaft und den Luxus ohne Ende. Im Magazin *Denkbar* (Nr. 12, 2010: 27) der Stiftung

Forum Alpinum bereitet er die privilegierten Jugendlichen auf das vor, was echte von wolkigen Erfolgen unterscheidet: »In der Wirtschaft ist es heute wie im Krieg: Wer Fehler macht, ist rasch tot. Zur Ambition und Fähigkeit muss sich der eiserne Wille gesellen, den Markt ›aufzureißen‹. Wir wissen heute, dass die erfolgreichsten Unternehmer keine Gentlemen sind; jedenfalls ist mir in gut vierzig Jahren noch nie einer begegnet, der gleichzeitig beides war.«

86 In der Wirtschaftskrise soll die Zahl »angeblicher Burnout-Patienten« sprunghaft gestiegen sein, berichtet Philipp Gut in der *Weltwoche* (18.3.2010 b). Im Jahr 2008 seien deutsche Arbeitnehmende allein wegen Burnout-Symptomen fast zehn Millionen Tage krankgeschrieben gewesen. Das entspreche etwa 40 000 Personen, die ein ganzes Jahr ausfielen. Das ist schlimm und für Gut ein Grund, gegen diese Erkrankung zu polemisieren.

87 Eidgenössisches Finanzdepartement (EFD),www.efd.admin.ch/dokumentation/zahlen/00579/00608/00720/index.html?lang=de (22.4.2010).

88 www.kempinski.com/stmoritz (4.4.2010)

89 »Im Himmel droben werden wir alle gleich gelten – hier unten aber gilt die Ständeordnung!«

90 www.marcuardfamilyoffice.com (22.2.2010).

91 Siehe: Center for Family Business, Universität St. Gallen, http://www.cfb.unisg.ch/ (27.05.2010).

92 http://www.myng.org/fbn/ng.nsf/doclu/AboutUs?OpenDocument (27.05.2010)

93 Der interviewte Lehrer am Rosenberg sprach von seiner Schülerschaft stets als »meine Klientel«, was auf die Rosenberg-Philosophie hinweist: Er ist als Lehrer der »Dienstleister«, die Schülerinnen und Schüler (beziehungsweise ihre Eltern) bezahlen ihn ja auch für seine »Serviceleistung«. Entsprechend ist die Vorstellung unter den Schülern verbreitet, dass mit Geld alles erlangt werden könne:Ein Schüler versuchte den Lehrer für einen guten Französisch-Abschluss mit einer sehr großen Geldmenge zu bestechen.

94 Vgl. Die Stellungnahme von U. Thielemann: »Illegitime Steuerflucht und unfairer Steuerwettbewerb«, www.iwe.unisg.ch/org/iwe/web.nsf/c0ee9c83ce752cc-8c12569a0002ff367/a541c01333b44b4bc12575820049bad8/$FILE/Stellungnah-meUTthielemann3.pdf (11.8.2010).

95 »Wenn man nichtsdestoweniger zwischen zwei Steuersystem zu wählen hat, empfehlen wir die völlige Abschaffung der indirekten Steuern und ihre allgemeine Ersetzung durch direkte Steuern; weil [...] indirekte Steuern dem einzelnen verbergen, was er an den Staat zahlt, während eine direkte Steuer unverhüllt und einfach ist und auch vom Ungebildetsten verstanden werden kann. Die direkte Steuer regt deshalb jeden dazu an, die Regierung zu kontrollieren, während die indirekte Steuer jede Tendenz zur Selbstverwaltung zerstört«. (Marx 1866)

96 Daten des Bundesamts für Statistik: Kantonale Volkseinkommen nach Empfänger 2005, siehe: www.bfs.admin.ch/bfs/portal/de/index/themen/04/02/05/key/gesamtes_volkseinkommen.html.

97 »Gerechtigkeit im Steuerrecht ist vor allem eine Frage der Verteilungsgerechtigkeit im Sinne der aristotelischen iustitia distributiva. Es geht um die gerechte Zuteilung der Lasten und Ansprüche unter die Mitglieder der Gemeinschaft.« (Schweizerisches Bundesgericht 2007)

98 Dazu gehört etwa das Modell von Christian Keuschnigg und dem Thinktank Avenir Suisse für eine »Schweizerische Duale Einkommens-Steuer« (SDES). Es sieht einen Mix vor aus der bisherigen progressiven Einkommenssteuer, kombiniert mit einer neu nur noch proportionalen Gewinnsteuer, der Befreiung der Kapitalerträge und einer niedrigen proportionalen Teilhaberbesteuerung (vgl. Keuschnigg 2004).

99 In diesen touristischen Regionen sorgen reiche ausländische Immobilienbesitzerinnen und -besitzer für eine hohe Einkommensungleichheit (siehe Jeitziner und Peters 2009: 11).

100 Siehe Lars P. Feld, *Steuerwettbewerb und seine Auswirkungen auf Allokation und Distribution. Eine empirische Analyse für die Schweiz*, Universität St. Gallen/Bamberg 1999; Kirchgässner, Gebhard und Werner Pommerehne, »Tax harmonization and tax competition in the European Union: Lessons from Switzerland«, in: *Journal of Public Economics*, 60/1996, S. 351–371.

102 Tatsächlich wohn(t)en auch etwa die Formel-1-Piloten Kimi Räikkönen und Felipe Massa sowie Federers Tenniskolleginnen Martina Hingis und Patty Schnyder in Wollerau, allesamt mit großen Vermögen.

102 Der Median ist jener Wert, der genau in der Mitte liegt: Die eine Hälfte der Bevölkerung verdient mehr als der Median, während die andere Hälfte weniger verdient. Der Vorteil des Medians gegenüber dem bloßen (arithmetischen) Durchschnitt: extreme Werte (Ausreißer) haben weniger Einfluss.

103 Vgl. Beiträge von René L. Frey, Werner W. Pommerehne, Lars P. Feld, Gebhard Kirchgässner, Benno Torgler, Eric Schnöbel und anderen.

104 Bis Juni 2010 hatte sich die Selbstanzeige bei der US-Steuerbehörde auf 16 500 Personen erhöht. Es wurde geschätzt, dass etwa 4000 davon ein Konto bei der UBS besaßen. Das bedeutet, dass viele weitere (Schweizer) Banken solche Steuerhinterziehungs-Konten führten. (*Bilanz*, 18.6.2010)

105 Vgl. dazu das Votum von Nationalrat Ricardo Lumengo in seiner dringlichen Interpellation über den Finanzplatz Schweiz am 18.3.2009. Zum gleichen Thema siehe auch die Interpellation »Ausweitung der Zinsbesteuerung auf Nicht-EU-Staaten« vom 20.3.2009.

106 Vgl. dazu den Bericht von Greenpeace International, *Conning the Congo* (2008).

107 Bei Dividenden von »qualifizierten Beteiligungen«, siehe: Eidgenössisches Finanzdepartement, *Unternehmenssteuerreform II (Dossier)*, EFD, Bern 2007.

108 2009/2010 erarbeitete eine Arbeitsgruppe mit Hans Kissling, Werner Kallenberger und Jacqueline Badran einen Vorschlag für eine solche Bundeserbschaftssteuer in Form einer Nachlasssteuer.

109 Carl A. Zehnder schlug in seinem ursprünglichen Modell von 1998 eine Untergrenze von 800 000 Franken für die Bundessteuer, also die Reichensteuer, vor. Die Eidgenössische Steuerverwaltung veranschlagte diese Grenze jedoch bei 230 000 Franken. Siehe für die Diskussion auch Zehnders Website: www.inf.ethz.ch/personal/zehnder/steuern/index.html.

110 Die Initiative verlangte, Einkommen über 250 000 Franken zu mindestens 22 Prozent und Vermögen von über zwei Millionen Franken zu mindestens 5 Promille steuerlich zu belasten. Degressive Steuertarife sollten in der Bundesverfassung explizit verboten werden. (www.steuer-gerechtigkeit.ch) Über die Initiative wird im November 2010 abgestimmt.

15 Personenregister

Autorinnen und Autoren von Literatur und Quellen sind hier nicht separat aufgeführt. Sie finden sich auf den Seiten 407–427.

T

U

V

W

Z

James K. Galbraith

Der geplünderte Staat

Oder was gegen den freien Markt spricht

Aus dem Englischen von Peter Stäuber
352 Seiten, Klappenbroschur, 2010
ISBN 978-3-85869-417-1
Fr. 39. /€ 24,50

Freihandel, schlanker Staat, flexible Löhne – die Theorien, die vor dreißig Jahren die amerikanische Wirtschaftspolitik und danach weite Teile der Welt eroberten, sind heute noch fester Bestandteil der politischen Diskussion. Sie trugen maßgeblich dazu bei, dass sich in den USA ein Wirtschaftssystem ausbreiten konnte, das der renommierte Ökonom James K. Galbraith »Räuberstaat« nennt. Ein System, in dem private Akteure alles tun, um aus staatlicher Wirtschaftsaktivität Profit zu schlagen.

Christoph Fleischmann

Gewinn in alle Ewigkeit

Kapitalismus als Religion

288 Seiten, Klappenbroschur
2010
ISBN 978-3-85869-416-4
Fr. 34. /€ 21,50

In diesem Essay blickt Christoph Fleischmann zurück auf die Anfänge des Kapitalismus. Anschaulich legt er dar, wie die kapitalgetriebene Wirtschaft die Wahrnehmung der Welt veränderte: Die Zeit verlor ihre rhythmische Gliederung und wurde zur unendlich fortschreitenden Zeit des Kapitalwachstums. Die Habgier machte Karriere als Wirtschaftstugend Nummer eins.
Eine andere Geschichte des Kapitalismus, die die Selbstverständlichkeiten dieses Wirtschafts- und Gesellschaftssystems hinterfragt.